集美大学本科教材资助项目

船舶导航设备(船电)

主　编 ◉ 马昭胜
副主编 ◉ 钟尚坤　杨荣峰　李苙娜　王自立
主　审 ◉ 俞万能

大连海事大学出版社
DALIAN MARITIME UNIVERSITY PRESS

© 马昭胜　2025

图书在版编目(CIP)数据

船舶导航设备：船电 / 马昭胜主编. — 大连：大连海事大学出版社，2025.9. — ISBN 978-7-5632-4753-0

Ⅰ.U666.1

中国国家版本馆 CIP 数据核字第 2025TM9849 号

大连海事大学出版社出版

地址：大连市黄浦路523号　邮编：116026　电话：0411-84729665(营销部) 84729480(总编室)
http://press.dlmu.edu.cn　　E-mail:dmupress@dlmu.edu.cn

大连金华光彩色印刷有限公司印装　　　　　　　　大连海事大学出版社发行

2025年9月第1版　　　　　　　　　　　　　　　　2025年9月第1次印刷

幅面尺寸:184 mm×260 mm　　　　　　　　　　　　印张:20.75

字数:517 千　　　　　　　　　　　　　　　　　　印数:1~500 册

出版人:余锡荣

责任编辑:杨　洋　　　　　　　　　　　　　　　　责任校对:孙腾飞　陶月初

封面设计:张爱妮　　　　　　　　　　　　　　　　版式设计:张爱妮

ISBN 978-7-5632-4753-0　　　　　　　　　　　　　定价:59.00 元

内容简介

为贯彻落实党的二十大精神,响应国家倡导的《教育强国建设规划纲要(2024—2035年)》总体布局,"打造培根铸魂、启智增慧的高质量教材。落实教材建设国家事权,体现党和国家意志"。建设新时代海洋人才战略,按照交通运输部海事局《海船船员考试大纲(2022版)》的相关要求而编写本教材。

全教材共12章,主要介绍了船舶导航雷达、船舶磁罗经系统、船用陀螺罗经、全球卫星导航系统、船舶自动识别系统、航速与航程测量设备、船用测深仪、船载航行数据记录仪、电子海图显示与信息系统、船舶远程识别与跟踪系统、船舶综合驾驶台与综合航行系统、船舶动力定位系统。

本教材内容丰富,取材新颖,深浅适度,侧重应用,多方面、多层次地反映了当今船舶导航设备的技术。

本教材可作为航海类高等学校船舶电子电气工程专业和航海技术专业的教材,也可作为相关专业(轮机工程专业、船舶与海洋工程专业)师生和港航企业从事船舶导航设备研究、开发、设计、生产的船舶电气技术人员的参考用书。

前 言

船舶导航设备是面向航海类本、专科层次船舶电子电气工程和航海技术两个专业学生的一门课程。通过本课程的学习,学生可掌握船舶导航设备技术理论知识和专业基础知识,为毕业后从事船舶导航设备技术工作的学生打下理论基础和实践基础。

本书是在党的二十大胜利召开后,结合交通运输部海事局《海船船员考试大纲(2022版)》的相关要求编写而成。党的二十大强调"加强基础学科、新兴学科、交叉学科建设,加快建设中国特色、世界一流的大学和优势学科",因此,本书也是编者及参编人员结合多年从事船舶导航设备教学工作、科研工作和航海实践的经验编写而成。在本书的编写过程中,本着精选教学内容、深浅适度、主次分明、详略得当的原则,在内容阐述方面,以船舶导航设备为主题,突出实践性、实用性,力求做到文字通顺流畅、通俗易懂,以便学生学习。

本书包含船舶导航雷达、船舶磁罗经系统、船用陀螺罗经、全球卫星导航系统、船舶自动识别系统、航速与航程测量设备、船用测深仪、船载航行数据记录仪、电子海图显示与信息系统、船舶远程识别与跟踪系统、船舶综合驾驶台与综合航行系统、船舶动力定位系统。

马昭胜组织了本书的编写,制定了详细的编写提纲,并负责全书的统稿工作。全书共十二章,其中第一、七、八章由马昭胜、李茳娜和武东杰共同编写;第二、四、五章由吴德烽、刘启俊和王自立共同编写;第三、六、十章由钟尚坤、林斌和王海燕共同编写;第九、十一、十二章由杨荣峰、贾冰和郑州共同编写。

本书由集美大学的俞万能教授主审。另外,大连海事大学的牛小兵教授、刘彤教授、李建民教授、薛征宇副教授也详细地审阅了编写大纲,并提出了许多宝贵意见和建议。在编写过程中,本书还得到上海海事大学的林叶春教授、陈文涛副教授,广州航海学院的滕宪斌教授和范怀谷教授,江苏海事职业技术学院的李冰蟾副教授,江苏航运职业技术学院的倪伟副教授和唐兴文讲师,天津海运学院的赫永霞副教授,北部湾大学的尹杰冬讲师,以及集美大学轮机工程学院船舶电气教研室全体老师的帮助和支持,编者在这里一并向他们表示衷心的感谢!

本书可作为航海技术和船舶电子电气工程专业本科教材之用,也可作为相关工程技术人员的参考书。

由于受课程设置、相关教学大纲、编者水平及时间所限,全体编写人员虽倾尽全力,但不妥与错误之处在所难免,竭诚希望同行专家及广大读者批评、指正。

编　者
2025 年 1 月

目 录

第一章 船舶导航雷达 ·· 1
  第一节 雷达目标探测与显示基本原理 ··· 2
  第二节 雷达系统组成及其原理 ·· 6
  第三节 雷达基本操作 ·· 43
  第四节 雷达误差校正 ·· 49
  第五节 雷达的安装、验收与维护管理 ··· 52

第二章 船舶磁罗经系统 ·· 73
  第一节 磁的基础知识 ·· 74
  第二节 船用磁罗经的结构和指北原理 ··· 77
  第三节 磁罗经自差校正 ··· 80
  第四节 磁罗经的检查与维护保养 ··· 89
  第五节 固态电子磁罗经 ··· 91

第三章 船用陀螺罗经 ··· 94
  第一节 陀螺罗经指北原理 ·· 95
  第二节 陀螺罗经误差及其补偿 ·· 111
  第三节 陀螺罗经结构与电路 ··· 119
  第四节 陀螺罗经的日常维护与保养 ·· 141
  第五节 惯性导航系统 ·· 155
  第六节 GNSS 罗经 ·· 163

第四章 全球卫星导航系统 ··· 169
  第一节 全球卫星导航系统基本原理 ·· 170

  第二节 GPS卫星导航系仪设备及接口 …… 176
  第三节 北斗卫星导航系统 …… 185

第五章 船舶自动识别系统 …… 188
  第一节 船舶自动识别系统基本原理 …… 189
  第二节 AIS设备的基本操作 …… 202
  第三节 AIS设备的安装与检验 …… 211

第六章 航速与航程测量设备 …… 216
  第一节 船用计程仪基本原理 …… 217
  第二节 船用计程仪的接口知识 …… 223

第七章 船用测深仪 …… 230
  第一节 船用测深仪工作原理 …… 231
  第二节 船用测深仪系统组成 …… 232
  第三节 船用测深仪的接口知识 …… 238

第八章 船载航行数据记录仪 …… 243
  第一节 船载航行数据记录仪组成与功能 …… 244
  第二节 船载航行数据记录仪的操作、验收、检验与管理 …… 250

第九章 电子海图显示与信息系统 …… 255
  第一节 电子海图显示与信息系统概述 …… 256
  第二节 ECDIS的组成及功能 …… 258
  第三节 ECDIS设备接口 …… 262

第十章 船舶远程识别与跟踪系统 …… 266
  第一节 LRIT系统组成和工作原理 …… 267
  第二节 LRIT船载设备 …… 272

第十一章 船舶综合驾驶台与综合航行系统 …… 277
  第一节 综合驾驶台系统 …… 278
  第二节 综合航行系统 …… 286
  第三节 综合导航系统航行管理系统 …… 296

第十二章 船舶动力定位系统 …… 300
  第一节 船舶动力定位系统的发展 …… 301
  第二节 船舶动力定位系统的组成 …… 305
  第三节 动力定位系统的工作原理与功能 …… 307
  第四节 动力定位系统的分级 …… 310

参考文献 …… 321

第一章

船舶导航雷达

IMO(国际海事组织,International Maritime Organization)在雷达性能标准中指出:航海雷达(Marine Radar)通过显示其他水面船只、障碍物和危险物、导航目标和海岸线等相对于本船的位置,有助于船舶安全导航和避免碰撞。航海雷达亦称船舶导航雷达或船用雷达,在本章中简称雷达。雷达能够及时发现远距离弱小目标,精确测量本船相对目标的距离和方位,确定船舶位置,引导船舶航行。通过传感器的支持,雷达还具备了目标识别与跟踪、地理参考信息显示等功能。

雷达发展的技术历程大致分为三个阶段,由最初的模拟信号处理技术发展至数字信号处理技术,直到现在采用计算机信息处理技术,综合利用船舶多传感器导航信息,协助驾驶员实现安全航行。现代雷达越发趋于小功率发射,传统体制雷达的发射功率一般不超过 30 kW,固态雷达的峰值功率甚至低于 200 W。桅上型结构的雷达逐渐成为船舶应用主流,其硬件得到了极大的简化。人机交互可用性高,图形用户界面友好,从实用角度出发设计更加科学。但是,受雷达信号处理技术和数字信号处理技术的局限性所限,现代雷达也存在诸如回波失真、测量误差较大,甚至显示故障等问题,加之雷达的操作是比较复杂的,这些不足使得用户对雷达的日常操作、维护和检测提出了较高的要求。雷达是船舶驾驶台不可或缺的精密导航设备。对于船舶电子电气员(本书简称电子电气员)而言,应能够对船舶雷达的常见故障进行分析和诊断。

为了规范雷达的使用性能和生产质量,IMO 和 IEC(国际电工委员会,International Electrotechnical Commission)等国际组织颁布并多次修订了雷达的性能标准和测试标准。按照《SOLAS 公约》要求,2008 年 7 月 1 日之后装船的雷达设备应满足 IMO MSC.192(79)航海雷达性能标准规定。《SOLAS 公约》对不同吨位/类别船舶的雷达性能要求有非常具体的规定。IEC 62388 雷达性能及测试标准规定了最低操作和性能要求、测试方法和所需的测试结果应不低于 IMO MSC.192(79)的相关规定。

第一节　雷达目标探测与显示基本原理

根据交通运输部海事局《海船船员考试大纲(2022版)》对维护和修理驾驶台航行设备的要求,电子电气员应该掌握的船舶导航雷达知识,具体要求如表 1-1-1 所示。

表 1-1-1　雷达考试大纲对电子电气员的要求

序号	要求
1	5.1.1 熟悉雷达系统基本组成及其原理
2	5.1.2 了解雷达图像特点,了解雷达显示方式及其特点
3	5.1.3 熟悉测距测方位原理,掌握雷达系统基本配置、组成及其基本工作原理
4	5.1.4 了解发射机组成及工作原理,熟悉磁控管工作特性、维护和更换知识
5	5.1.5 了解雷达双工器工作特性
6	5.1.6 了解天线及微波传输系统基本组成及其工作特性
7	5.1.7 了解雷达接收机组成及基本工作原理
8	5.1.8 了解信息处理与显示系统基本组成及其工作原理
9	5.1.9 了解雷达主要技术指标(工作波段、发射功率、脉冲宽度、脉冲重复频率、天线增益、天线波束宽度、接收机灵敏度、通频带宽)
	5.1.9.1 了解雷达主要技术指标
	5.1.9.2 了解技术指标对性能的影响
10	5.1.10 熟悉雷达基本控钮/菜单操作方法
11	5.1.11 了解雷达安装步骤,掌握误差校正方法、维护与保养知识
	5.1.11.1 掌握雷达误差校正方法
	5.1.11.2 了解雷达维护与保养
12	5.1.12 了解雷达接口特性

一、雷达测量目标距离与方位

雷达通过发射微波脉冲探测目标并测量目标参数,习惯上称雷达发射的电磁波为雷达波。微波脉冲具有似光性,在地球表面以近似光速直线传播,遇到物体后,雷达波被反射。在雷达工作环境中,能反射雷达波的物体,如岸线、岛屿、船舶、浮标、海浪、雨雪、云雾等,统称为目标。这些目标的雷达反射波被雷达天线接收,称为目标回波。回波经过接收系统处理,调制屏幕亮度,最终在显示器上显示为加强亮点,回波距离和方位的测量都是在显示器上完成的。雷达通过测量目标的距离和方位确定目标相对于本船的位置,并在此基础上实现雷达定位、导航和避碰。

(一)雷达测距原理

如果雷达发射微波脉冲往返于雷达天线与目标之间的时间为 Δt,电磁波在空间传播的速度为 C(约 $3×10^8$ m/s),则目标的距离

$$R = C \cdot \Delta t/2 \tag{1-1-1}$$

电子从雷达回波图像区域中心扫描到边缘的时间(扫描线长度)正好对应于雷达所选用量程的电磁波往返传播时间。

(二)雷达测方位原理

雷达天线是定向圆周扫描天线,在水平面内,天线辐射宽度只有1°左右,所以对于每一特定时刻,雷达只能向一个方向发射,同时也只能在这个方向上接收回波。雷达天线在空中以船首为方位参考基准,环360°匀速转动,典型转速为20 rpm~40 rpm。天线所探测目标的相对方位就能够准确地显示在屏幕上,借助于电子方位线,就可以测量出目标的舷角。

除了目标离本船的距离和方位数据,雷达还能提供目标的真航向(True Course)、真航速(True Speed)、最近会遇距离(CPA)、到达最近会遇距离的时间(TCPA)、过船首的距离(BCR)和过船首的时间(BCT)。这6个目标数据来自于雷达对目标的跟踪计算,计算基础是建立在雷达目标相对位置的测量和本船运动的基础之上的。连接到雷达上的AIS设备还能提供目标的其他识别信息,雷达性能标准要求应以字母数字形式显示下列数据:数据来源、船舶识别码、航行状态、可得到的位置及其质量、距离、方位、COG、SOG、CPA和TCPA。还应显示目标舷向和报告的旋回速率。所有雷达目标信息显示符合本组织通过的《船载航行显示器导航相关信息显示性能标准》及根据SN/Circ.243通函规定的相关符号。

二、雷达图像特点

雷达显示系统将雷达传感器探测到的本船周围目标以平面位置图像(极坐标)形式显示在屏幕上,早期的雷达显示器也因此被称为平面位置显示器(PPI),如图1-1-1所示。其中图(a)为海面态势示意图,本船周围有一岛屿,另有一目标船与本船相向行驶。图(b)为海平面俯视图,可以看出本船航向为000°,目标船正航行在本船右舷,本船左舷后约245°处有一岛屿。图(c)为雷达屏幕,扫描中心(起始点)为本船参考位置,又称为统一公共基准点(Consistence Common Reference Point,CCRP)。CCRP可以由驾驶员根据需要设置,建议通常设置在船舶驾驶位置。图1-1-1中雷达量程为12 nm,即在雷达屏幕上显示了以本船为中心,以12 nm为半径的本船周围海域的雷达回波。在雷达屏幕上,船首线(Heading Line,HL)方向由本船发送舷向装置(THD)或陀螺罗经驱动,指示船首方位。发自于扫描起始点的径向线称为扫描线。扫描线沿屏幕顺时针匀速转动,转动周期与雷达天线在空间的转动周期一致。屏幕上等间距的同心圆称为固定距离标志圈(Range Ring,RR),每圈间隔2 nm,用来估算目标的距离。与固定距标圈同心的虚线圆是活动距离标志圈(Variable Range Marker,VRM),它可以由操作者随意调整半径,借助数据读出窗口的指示测量目标的准确距离。电子方位线(Electronic Bearing Line,EBL)可以通过面板操作,控制其在屏幕的指向,借助数据读出窗口的指示或屏幕

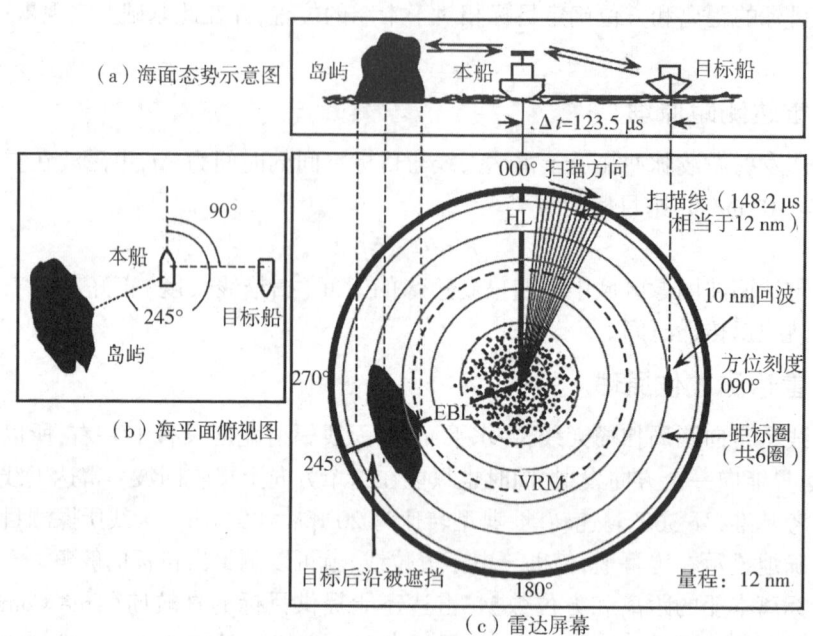

图 1-1-1 雷达基本原理图

边缘显示的方位刻度,测量目标的方位。方位刻度处于工作显示区域之外,雷达性能标准要求,应至少每隔30°有数字标识,且至少每隔5°有刻度标识。

现代雷达平面光栅显示如图1-1-2(a)KELVIN HUGHES Nucleus 3 和(b)Kongsberg Data Bridge 10™显示界面所示,雷达回波图像区域称为工作显示区域,仍然采用图1-1-1的形式,用来显示回波图像和导航避碰关键图形信息。在工作显示区域周围设有功能区域,显示传感器信息以及与雷达目标和操作有关的各种数据。此外在工作显示区域侧边,通常还设有操作菜单和显示警示信息和帮助信息的窗口等,用来设置和操作雷达。

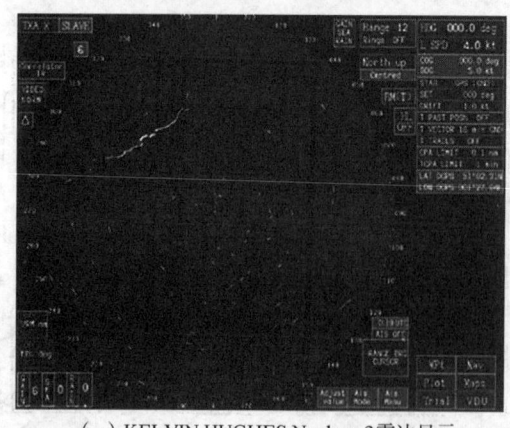

(a) KELVIN HUGHES Nucleus 3雷达显示

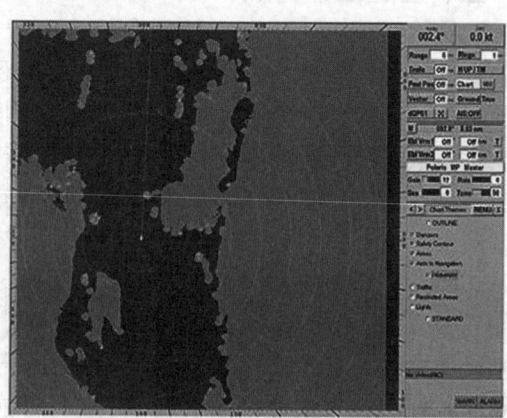

(b) Kongsberg Data Bridge10™雷达显示

图 1-1-2 现代雷达平面光栅显示

三、雷达显示方式

按照船舶运动参照系划分,雷达图像的运动模式可以相对于本船,也可以相对于水面或相对于地面。前者称为相对运动显示方式(RM),后者称为真运动显示方式(TM)。相对运动显示方式(RM)中,本船位于屏幕中心,目标回波则相对于本船运动。真运动显示方式(TM)需同时接入本船航向和航速信号。扫描中心根据所选择量程比例,在屏幕上按照本船的航向和航速移动。真运动显示方式分为对水真运动和对地真运动两种,这取决于输入的本船航速是对水航速还是对地航速。在不同的雷达图像运动模式下,根据图像的指向模式,即按照船首向的指向划分,雷达显示方式可以进一步分为舷向上、北向上和航向向上等。雷达图像的运动方式与指向方式结合,形成多种多样的显示方式,方便不同航行环境下的雷达观测,如图 1-1-3 所示。

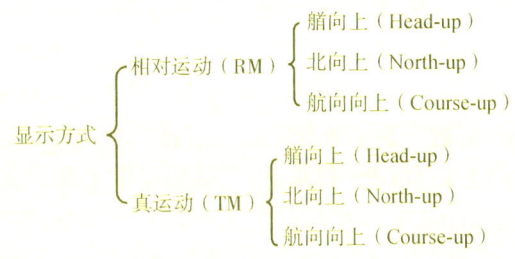

图 1-1-3　雷达显示方式

在以上显示方式中,相对运动舷向上是雷达最基本的显示方式,除雷达传感器之外,不需要连接其他任何传感器信号。此时,方位刻度盘的 0°在屏幕的正上方,无论船舶航向和航速如何变化,艏线始终指向正上方,扫描中心固定不动。当雷达航向传感器发生故障时,性能标准要求系统在 1 min 内自动切换至此显示方式,且有报警提示。值得一提的是,目前有的型号的雷达用本船航向信号同步方位刻度盘,艏线对应的方位始终指向屏幕上方,使得在这种显示方式下也能够读取到目标真方位。这种改良的艏向上(Head-up)显示方式被称为艏向上真方位(Head-up TB)显示。

在相对运动北向上(North-up)显示方式下,雷达需要输入本船首向信号,扫描中心固定不动,屏幕正上方代表罗经北,艏线指向始终跟随本船首向信号。适合于定位、导航和航向频繁机动的环境,比如船舶进港、狭水道以及大多数情况的沿岸航行。

在相对运动航向向上(Course-up)显示方式下,雷达也需要输入本船首向信号,扫描中心固定不动,屏幕正上方代表该显示方式启动时本船的设定航向,艏线指向始终跟随本船首向信号。转向结束,本船航向把定,按下航向向上(Course-up)后,雷达图像迅速整体旋转,恢复到艏线指示本船首向并指向屏幕正上方的图像状态,避免了艏向上显示方式中本船转向过程引起的目标拖尾模糊的显示缺点。其能够兼顾导航和避碰功能,适合于比较广泛水域的航行环境。

真运动显示时,雷达也同样可以具有上述三种屏幕指向方式。这种显示方式雷达需同时接入本船航向和航速信号才能够工作。真运动显示时,代表本船参考位置的扫描中心根据所选择量程比例,在屏幕上按照本船的航向和航速移动,所有目标的运动都参考本船的速度输入。真运动显示方式下,本船 CCRP 不能移动至回波显示区域之外。按照性能标准的规定,扫描中心应在不小于雷达图像显示区域半径的 50% 和不超过其 75% 的屏幕范围内移动和自动重调,并且可以随时人工重调扫描起始点,使船首方向有更大的显示视野,方便雷达观测。

第二节 雷达系统组成及其原理

一、雷达系统配置

传统的航海雷达由天线、主机、收发机和雷达信息处理与显示系统组成。为了帮助驾驶员更好地获得海上移动目标的运动参数,现代雷达基本都具备自动标绘功能,使雷达在避碰中的作用和效果得到了进一步提高。随着现代科技的发展,基于信息化平台的新型航海仪器和设备不断出现,与传统的导航雷达实现了数据融合与信息共享。电子定位系统(EPFS)通常采用卫星导航系统(GNSS,目前主要为 GPS 和北斗)为船舶提供了高精度的时间和船位参考数据,ENC 或其他矢量海图系统为船舶航行水域提供了丰富的水文地理数据,AIS 为雷达提供了目标船有效的身份识别手段。这些技术的进步,促进了航海雷达技术的发展。按照《SOLAS 公约》要求,2008 年 7 月 1 日之后装船的雷达设备应满足 IMO MSC.192(79)航海雷达性能标准规定,其系统配置如图 1-2-1 所示,其中等分虚线部分不属于性能标准要求的标准配置,而是雷达系统的扩展选装配置。

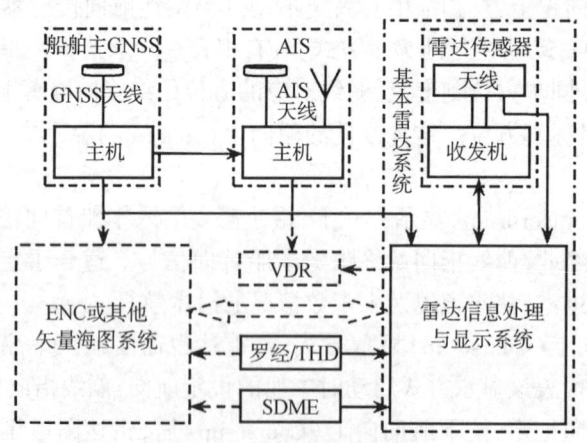

图 1-2-1 航海雷达系统配置

船舶主 GNSS 设备作为 EPFS 为系统提供 WGS-84 船位和时间基准数据;陀螺罗经或发送艏向装置(THD)为系统提供艏向数据;SDME(船舶航速和航程测量设备)通常为计程仪,提供船舶航速数据;雷达传感器提供本船周围海域的视频图像信息,信息处理与显示系统处理雷达视频,跟踪移动目标,获取目标的运动参数;AIS 报告周围船舶识别信息和动态数据以及航标数据；如果有扩展选装的海图系统提供必要的水文地理数据，则此类雷达在业界称为海图雷达（Chartradar）；其他传感网络亦可与雷达系统连接，构成能够面对各种航行情景的多功能、多任务、高精度的航行信息系统，如船舶综合航行系统、驾驶台值班报警系统等。各传感器提供的所有数据在雷达信息处理系统中共享、融合或关联，并通过显示终端给出最佳航行信息。传感器亦可以分别独立工作，即某个传感器发生故障应不影响其他传感器信息的显示。雷达图像和操作信息提供给 VDR 保存记录。系统按照综合航行系统综合信息处理原则，自动验证传感器数据的可信性、有效性、延时性和完善性，拒绝使用无效数据，如果输入数据质量变差，系统会报警提示。

脉冲体制雷达传感器采用收发一体的脉冲体制，通常由收发机和天线组成，俗称"雷达头"。信息处理系统与显示终端是基本雷达的必要组成部分，亦称"雷达终端"。根据分装形式不同，基本雷达设备可分为桅下型（俗称三单元）雷达和桅上型（俗称两单元）雷达。桅下型雷达主体被分装为天线、收发机和显示器三个箱体，天线安装在主桅或雷达桅上；显示器安装在驾驶台；收发机通常安装在海图室或驾驶台附近的设备舱室里。如果收发机与天线底座合为一体装在桅上，则称为桅上型雷达。桅下型雷达便于维护保养，多安装在大型船舶上，一般发射功率较大；而中小型船舶常配置发射功率较低的桅上型雷达，设备成本也较低，且不便于维护和保养。

基本雷达的工作原理框图如图 1-2-2 所示。原理图中的定时器、发射系统、双工器和接收系统构成了雷达收发机。

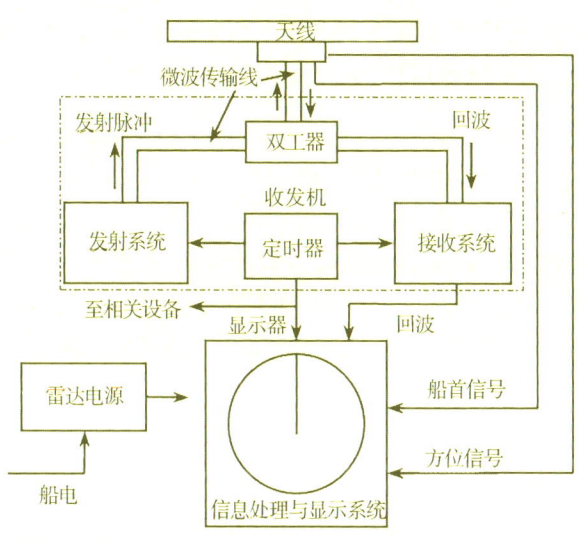

图 1-2-2　基本雷达的工作原理框图

（一）定时器

定时器或定时电路又称为触发脉冲产生器或触发电路，是协调雷达系统的基准定时电路单元。该电路产生周期性定时（触发）脉冲，分别输出到发射系统、接收系统、信息处理与显示系统以及雷达系统的其他相关设备，用来同步并协调各单元和系统的工作。

（二）发射系统

在触发脉冲的控制下，发射系统产生具有一定宽度和幅度的大功率射频矩形脉冲，通过微波传输线送到天线，向空间辐射。

（三）双工器

双工器又称收发开关。雷达采用收发共用天线，发射的大功率脉冲如果漏进接收系统，就会烧坏接收系统前端电路。发射系统工作时，双工器使天线只与发射系统连接；发射结束后，双工器自动断开天线与发射系统的连接，恢复天线与接收系统的连接，实现天线的收发共用。显然，双工器阻止发射脉冲进入接收系统，保护了接收电路。

（四）雷达天线

雷达天线具有较强的方向性和较高的增益，能够定向发射和接收微波。在发射电磁波的时候，可以将天线辐射出来的能量定向发射到目标上；在接收电磁波的时候，接收自目标返回的微弱回波，经天馈系统转换为系统可检测到的电压信号送至接收系统。

（五）雷达接收系统

雷达接收系统具有良好的选择性、较高的放大量、较宽的通频带和动态范围。能从干扰杂波里，提取并放大强度变化很大的目标回波，输出清晰视频给显示设备。

（六）雷达信息处理与显示系统

雷达接收系统输出的视频回波信号在信息处理与显示系统中进一步处理，去除各种干扰，并合并刻度测量信号、人工视频等信息，最终显示在显示器上。

（七）雷达电源

雷达电源为逆变器，直接将船电电源（如 110/120 V AC，220/240 V AC，380/440 V AC，50 Hz～60 Hz）经变频配电后，变换为雷达所需的电源。它工作稳定可靠、输出精度高、体积轻巧、故障率较低、维护方便。以 FURUNO 某型号雷达为例，其显示器单元所需电源为 24 V DC，3.2 A 和 100～230 V AC，0.9 A（100 V），其处理器单元所需电源为 3.2 A（100～115 V AC）或 1.6 A（220～230 V AC），其天线单元（X-band）所需电源为 24 V DC，4 A，200/220 V AC，2 A，3∅，50/60 Hz。

（八）雷达信号基本流程

脉冲体制雷达信号流程如图 1-2-3 所示。在触发脉冲的作用下，发射系统产生大功率发射脉冲，通过传输线送到天线辐射。在触发脉冲的同步控制下，雷达接收系统和信息处理与显示系统开始工作。根据雷达测距测方位的原理，在显示器上能够测量出目标相对于本船的距离和方位。触发脉冲周期，对应雷达发射、接收和扫描周期。举例来说，如果天线转速为 20 rpm，脉冲重复频率为 1 000 Hz，那么雷达完成一周扫描就有 3 000 次发射、接收和扫描，即发射 3 000 个脉冲，完成 3 000 次接收，在屏幕上产生 3 000 条扫描线，形成一个完整的雷达环扫画面。

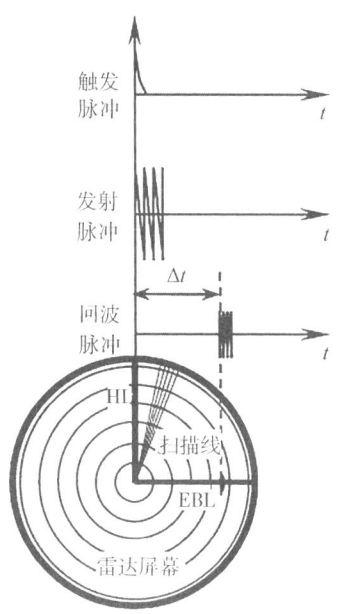

图 1-2-3 雷达信号流程

二、雷达发射系统

雷达发射系统组成原理如图 1-2-4 所示,主要由定时器(触发脉冲产生器)、预调制器、调制器、磁控管振荡器和发射系统组成。

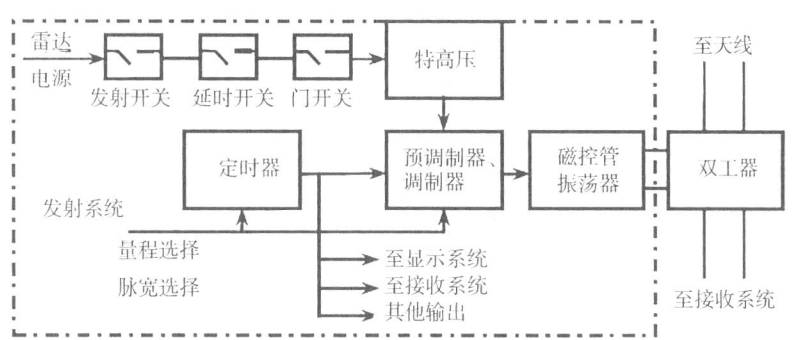

图 1-2-4 雷达发射系统组成原理

(一)定时器

定时器常被称为触发脉冲产生器,是雷达的基准定时电路。定时器处理来自雷达信息处理及显示系统的串行数据,并为收发机生成所需的控制信号。触发电路生成收发机所需的各种定时信号。现代雷达采用高稳定的晶体振荡器作为振荡源,经分频后输出频率范围在 500 Hz~4 kHz 之内的 TTL 电平脉冲,脉冲的前沿是雷达工作的基准参考时间信号。短脉冲和中脉冲的波形为三角波。触发脉冲的重复频率决定了雷达发射脉冲的重复频率。触发电路产生触发信号多路输出,其中一路触发信号送到调制器,控制发射系统正常工作;另一路触发信号送到信息处理与显示系统,经过适当延时后,控制显示系统开始扫描,消除由于信号在雷达设备中的传播而引起的固定测距误差。另外还有送至预调制器、性能监视器等组成部分的触发信号。其他系统（如 ECDIS、VDR 等）与雷达连接时，触发脉冲也作为定时信号输出，协调设备工作。

（二）预调制器

在触发脉冲的作用下，预调制器产生具有一定宽度的预调制脉冲，控制调制器工作。预调制脉冲的起始时间由触发脉冲的前沿决定，脉冲的宽度受雷达面板上量程和/或脉冲宽度选择控钮控制，以满足雷达对目标探测距离、回波强度和在距离上分辨目标的能力（距离分辨力）等观测指标的要求，获得最佳观测效果的调制脉冲的幅值与调制器的类型有关，通常为几百伏至一千伏。

（三）脉冲调制器

脉冲调制器由调制开关管、储能器、限流器和储能通路组成，其工作原理图如图 1-2-5 所示。预调制脉冲未加到调制管时，调制管截止，特高压电源经限流器—储能器—储能通路对储能器长时间充电。预调制脉冲到来时，调制开关管导通，储能器经调制管将具有一定宽度的高幅值矩形调制脉冲，直接或经由脉冲变压器耦合加到磁控管，控制磁控管的发射调制脉冲的起始时间由触发脉冲的前沿决定，调制脉冲的宽度受雷达面板上量程和/或脉冲宽度选择控钮控制，以满足操作者对目标探测距离、回波强度，距离分辨力等观测指标的要求。调制脉冲的幅值与雷达的发射功率有关。调制脉冲的幅值越高，要求特高压越高，发射功率也越大。一般幅值在 10 kV~18 kV，当然，不同调制器的幅值差异较大。

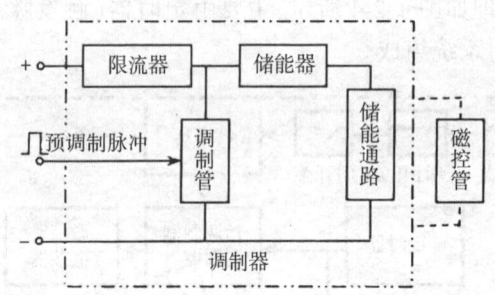

图 1-2-5 脉冲调制器工作原理

雷达的调制开关管可以为电子管或固态开关，电子管有真空管和氢闸流管，固态开关有可控硅、磁开关、金氧半场效晶体管（Metal Oxide Semiconductor Field Effect Transistor，MOSFET）、绝缘栅双极晶体管（Insulated Gate Bipolar Transistor，IGBT）等新型半导体开关。

真空电子管脉冲调制器储能元件以电容为主，称为刚性调制器，多用于 20 世纪 90 年代之前，其特点是输出功率大、输出波形好。但电子管开关效率低、故障率高、寿命短、维护复杂。氢闸流管脉冲调制器储能元件以脉冲形成网络（Pulse Forming Network，PFN）即仿真线为主，称为软性调制器。它的工作可靠性较高，维护较为方便。现代船舶导航雷达发射功率有降低的趋势，对调制开关的耐高压特性要求也降低，目前广泛采用固态开关脉冲调制器，以 PFN 为储能元件，大幅度提高了设备的工作可靠性和可维护性。

（四）磁控管振荡器

近年来，尽管雷达体制在不断发生变化，但无论在军用还是民用方面，船载雷达仍然在大量使用磁控管。目前市场上常见的船用磁控管的功率分为:S 波段雷达有 10 kW、30 kW、60 kW 等;X 波段雷达有 2 kW、4 kW、6 kW、10 kW、12.5 kW、25 kW、30 kW、50 kW、60 kW 等。合格的船用磁控管必须通过温度、盐度、湿度、动态振动、使用寿命等测试要求。

1.磁控管振荡器结构与工作特点

磁控管是一种用来产生大功率微波的电真空器件,它实质上是一个置于恒定磁场中的二极管。管内电子在相互垂直的恒定磁场和恒定电场的控制下,与高频电磁场发生相互作用,把从恒定电场中获得的能量转变成微波能量,从而达到产生微波能的目的。用于船舶导航雷达的磁控管为多腔脉冲波磁控管,不同型号的磁控管外观差别很大,X 波段 JRC 磁控管外观如图 1-2-6(a)所示,其外形设计轻巧、性能优异,不需要带任何额外的带宽过滤装置,完全满足 IMO 在伪频率上的要求。磁控管内部结构示意图如图 1-2-7 所示,磁控管由管芯和场强高达数千高斯的永久磁铁组成,管芯与永久磁铁牢固合为一体,管芯内部保持高度真空状态,结构包括阴极、阳极和能量输出器三部分。正常工作时,磁控管应由灯丝电压为阴极加热,阳极接地,阴极加负极性调制高压信号,在其内部产生等幅微波振荡,输出功率决定于调制高压值,振荡频率决定于磁控管本身结构。

目前,国产 X 波段船用磁控管谐振腔采用多工位焊接程控成型技术,阴极采用自动旋转涂覆技术,磁系统采用高矫顽力永磁材料,工作稳定性更高,预热时间更短(小于 60 s),性能比以往有了极大提升,如图 1-2-6(b)。

(a) JRC磁控管　　(b) 国产X波段船用磁控管

图 1-2-6　磁控管外观

(1)阳极

阳极由导电良好的金属材料制成,设有偶数个孔槽形、扇形或槽扇形谐振腔,每一个小谐振腔相当于一个 LC 振荡回路,众多谐振腔并联共同形成一个复杂的谐振系统。磁控管的工作频率与谐振腔的结构尺寸有关,腔数越多,腔体越小,工作频率就越高。磁控管工作时,阴极发射的电子受到阳极吸引,形成强大的工作电流,轰击阳极,使磁控管温度升高。因此,阳极需有良好的散热能力,通常采用强迫风冷。此外,为了更好地散热,阳极设计较为厚重还可带有散热片,与磁控管外壳结为一体,安装时固定在发射机输出波导上。因此从电气性能上看,磁控管的阳极是接地的。

(2)阴极

磁控管的阴极由强氧化物材料构成,具有很强的电子发射能力。正常工作之前,阴极需要大约 3 min 的预热时间,使氧化物充分加热,以提高电子发射能力,达到磁控管强电流的工作状态,延长其使用寿命。磁控管的工作寿命由阴极发射电子的能力决定,通常与输出功率成反比,为 4 000 ~ 20 000 h。雷达特高压控制电路设有自动延时开关,在雷达首次接通电源

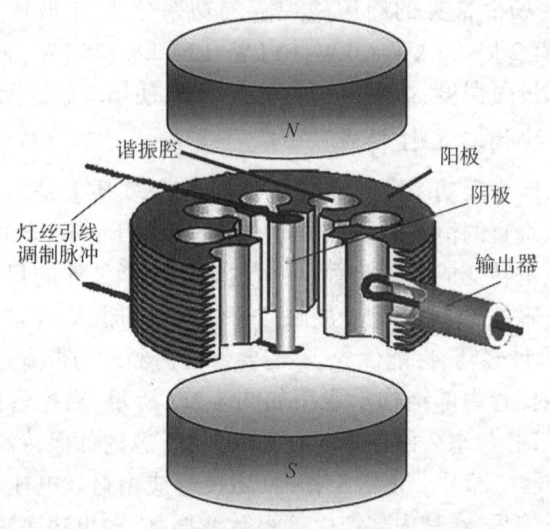

图 1-2-7　磁控管内部结构

3 min 之内,该开关保持断开,3 min 之后,开关才自动闭合,雷达发射系统进入预备工作状态。随着元器件技术的进步,某些小功率磁控管的预热时间已经缩短为 1 min。

阴极性能对管子的工作寿命影响极大,被视为磁控管的心脏。由于阳极接地,磁控管工作时,阴极需接负极性调制脉冲高压,因此引线部分应有良好的绝缘性能并满足真空密封的要求。为防止工作温度升高使阴极过热,磁控管工作稳定后可视阴极温度升高情况自动降低阴极加热电压以延长使用寿命。

(3)作用空间

阳极与阴极之间的空间构成电子与电场和磁场相互作用的空间,在磁铁恒定磁场和调制脉冲形成的恒定电场的作用下,电子在作用空间内形成等幅微波振荡,振荡功率决定于调制脉冲幅值,振荡频率决定于磁控管谐振腔的结构。

(4)能量输出器

能量输出器通常为一个同轴耦合装置,放置在阳极谐振腔高频磁场最强的地方。当磁通量变化时,耦合装置产生高频感应电流,从而在保证管子真空密封的条件下,将作用空间中所产生的微波能量无损耗、无击穿地输送到负载。

2.磁控管的正确使用

雷达收发机内通常都设有内置测量表,能够监测雷达发射系统和接收系统的某些工作参数,如电源电压、磁控管电流、接收系统混频晶体电流和调谐状态等。其中,磁控管电流是表征雷达发射系统工作状态的关键参数,它是雷达发射机工作周期内的平均电流值,通常在几至十几毫安。测量时,应与雷达设备或说明书上提供的标准值对比,如果磁控管电流在正常范围,说明雷达发射系统工作正常。如果磁控管电流值偏小或没有,同时回波质量不好或看不到回波,则应考虑磁控管老化或发射系统故障。

使用雷达时,应特别注意按照以下规范操作。

(1)人身安全

雷达工作时有高压,维护设备时,应首先断电,并对高压部件放电后再检修。需要带电作业时,应事先做好防护措施,严防高压触电,并防止电磁辐射。磁控管周围有强磁场,维护时要将手表、手机和铁磁物等物品远离。

(2)设备安全

①为延长磁控管使用寿命,开机时要充分预热 3~5 min 以上,特别是船舶靠港较长时间不使用雷达,或天气寒冷潮湿时,更应延长预热时间。如果雷达观测的间歇时间超过 10 min,可以将雷达放在预备位置。船舶在停航、坞修期间长时间不使用雷达时,应每两周开机 30 min 以上。坞修岸电供电时,应特别注意岸电电压、频率是否正常。

②为保护永久磁铁的磁场特性,严禁将铁磁物体靠近磁控管,拆卸时应使用非铁磁工具。通常磁控管备件都有特制的包装盒,使铁磁体远离管子 10 cm 以上,两备件之间相距超过 20 cm。

③对桅下型雷达而言,磁控管负载为微波传输线。如果微波传输线有变形损坏,造成负载失配,导致工作不稳定和阴极过热,严重时引起管内打火和阳极电流跌落,损坏磁控管。为保护磁控管与负载的良好匹配,应注意经常检查发射系统至天线各连接处的水密性,防止连接波导破裂或变形。如果连接波导的弯头有发热现象,应注意检查波导内是否有积水,及时处理。

3.备件

更换磁控管备件时,应先进行"老练",即提高管子内部的真空度,避免工作时造成管内打火,损坏阴极。"老练"的方法是:将雷达高压所调低 20% 左右(有些雷达不需要调低高压),置雷达于预备(Standby)状态 30 min 以上,再发射 10 min 以上。其间配合量程和脉冲宽度转换,由最小量程、最窄脉冲逐渐过渡到最大量程、最宽脉冲,再从最大量程逐渐过渡到最小量程,观察磁控管电流变化,注意屏幕现象并注意听管子工作声音,如电流表指针不抖动,屏幕扫描均匀且管子工作无放电声音,则可以关机,将高压调整到正常值,使雷达发射,确认磁控管电流平稳,扫描均匀,发射无异常声音,则"老练"结束。否则,需要延长雷达在预备状态下的预热时间。如果条件许可,备用磁控管最好每隔半年轮流使用。

(五)发射系统

发射系统是雷达的指挥中心,控制发射系统的工作状态及其参数变化,实际上就是控制了雷达整机的工作状态及其使用性能。从工作状态来看,雷达有关机、预备和工作(发射)三种状态;从使用性能来看,雷达应满足近量程、远量程、宽脉冲、窄脉冲等不同观测环境的需要。

1.雷达工作状态选择

如图 1-2-4 所示,雷达工作状态是通过控制特高压电路来实现的。

早期的雷达在发射机系统舱体门上设有一个按压开关,称为发射机安全开关或门开关。当发射系统舱体门打开时,这个开关就处于断开状态,雷达高压不能供电,发射系统不工作。这是一个保护人身安全的开关,在打开发射系统舱体时,可以避免维护人员因触及高压而发生危险。这个开关有一个维修位置,发射系统舱体门打开时,置于此位置,门开关也处于闭合状态,此时专业技术人员能够带电检测维修雷达,现代雷达通常用天线安全开关联动发射机安全开关,当切断天线安全开关时,发射机安全开关也同时被切断,阻止发射机工作,达到保护维修人员人身安全的目的。

自动延时开关的作用上面已经提到了,自动延时的时间是按照性能标准来调整的。性能标准规定,设备从冷态接通后,应能在 4 min 内正常工作,也就是说,在雷达初始接通电源到自动延时开关闭合期间,无论操作者如何操作,雷达发射系统都不能工作。目前有的雷达有磁控管温度监控电路,可以根据磁控管的温度自动调整缩短设备预热时间。

雷达发射开关设置在显示器面板上,是控制雷达发射系统工作的功能开关。当雷达开机经过足够延时时间后,置此开关于"发射"(ON 或 RUN)位置,雷达发射系统正常工作;置此开关于"预备"位置,则雷达发射系统不工作,整机处于预备工作状态。性能标准规定,在 2008 年 7 月 1 日以后新安装的雷达设备,应能在 5 s 内从预备状态进入正常工作状态。而在此之前已经安装在船的雷达,应能在 15 s 内从预备状态进入正常工作状态。

2. 雷达探测性能选择

探测远距离目标时,由于回波较弱,能够发现目标是雷达观测的关键,这时候需要雷达发射系统具有较强的发射功率,需要接收系统有较高的灵敏度,所以雷达应发射较宽的脉冲;而探测近距离目标时,回波分辨能力和保真是雷达观测的关键,这时雷达应发射较窄的脉冲,接收系统采用较宽的通频带。雷达探测性能的选择,主要是通过选择雷达量程自动实现的。如图 1-2-4 所示,量程选择开关控制了发射系统的触发脉冲产生器和脉冲预调制器,实现脉冲重复频率和脉冲宽度转换,另外,量程选择开关还同时控制了接收系统和信息处理与显示系统电路,配合发射系统共同实现雷达的不同使用性能。

(六)发射系统主要技术指标

1. 工作波段

雷达的工作波段由磁控管振荡器产生的微波振荡的频率决定。雷达应在 ITU 指配的海用雷达波段范围内发射信号,并应符合无线电规则及适用的 ITU-R 建议案的要求。雷达工作波段有 S 波段和 X 波段两个(即雷达有 10 cm 和 3 cm 两个工作波段),它们的基本参数如表 1-2-1 所示。晴好天气条件下,需要高精度的目标数据时,适合选用 X 波段雷达,但是 X 波段雷达波导信号损耗和接收机噪声均大于 S 波段雷达。而雨雪天气或其他杂波环境下,可改用具有一定抗杂波能力的 S 波段雷达。S 波段雷达的目标探测距离略远于 X 波段雷达,其波导尺寸比 X 波导雷达波导尺寸大。值得注意的是,随着雷达使用时间的增加,雷达发射频率会产生误差,对于 X 波段雷达而言,其频率波动范围一般在 ±55 MHz 之内。

表 1-2-1 雷达工作波段基本参数

波段名称	波长范围(cm)	频率范围(GHz)
S(或 10 cm)	10.34~9.70	2.9~3.1
X(或 3 cm)	3.23~3.16	9.3~9.5

国际法规对装船雷达有非常具体的规定。根据《SOLAS 公约》,航行在国际水域介于 300~3 000 总吨的货运船舶,必须至少安装一部 3 cm 波段雷达,而大于 3 000 总吨的船舶,必须安装 2 部雷达,其中至少一部是 3 cm 波段雷达。

厘米波船用雷达在远距离无线电自动定位方面优点显著,但它们在近距离上却存在参数测量精度低和信息量小的缺点。这些缺点主要体现在:在雷达成像上方位识别精度低;不容易发现近距离、低分布目标和小尺寸目标;很难获得相遇船只在受限水域以及进出港航道中安全航行船舶的分类信息,如长度、宽度、吨位等,只能通过与自动识别系统配合使用去识别目标。因此,部分学者提出用毫米波雷达作为现有船用雷达的"辅助雷达"来降低船舶事故率,提高船舶航行安全的方法。不过,目前而言,毫米波雷达主要用于军用舰载。

2. 脉冲波形与宽度

雷达采用脉冲体制周期性发射矩形微波脉冲时,脉冲的顶部必须平直,保证回波稳定清晰,脉冲的前沿和后沿必须陡直,以保证良好的距离测量精度和距离分辨能力。

雷达每个发射周期内射频脉冲振荡持续的时间称为脉冲宽度,常用 τ 表示。为满足雷达观测的需要,发射脉冲宽度随着选用量程的不同而变化,一部雷达的脉冲宽度通常有多个,范围一般在 $0.04 \sim 1.2~\mu s$。雷达在相邻的量程经常共用同一个脉冲宽度,这些相邻的量程又可称为量程段在同一个量程,有很多雷达的脉冲宽度也有几个可以选择,表 1-2-2 为 Furuno-FAR 系列雷达不同量程(段)所对应的脉冲宽度与脉冲重复频率,在 0.125 n mile 和 0.25 n mile 量程只发射 0.07 μs 窄脉冲,在 48 n mile 以上量程只发射 1.2 μs 宽脉冲,而在经常使用的 $0.75 \sim 24$ n mile 量程则提供了最多 4 个脉冲宽度选择。

表 1-2-2 雷达脉冲宽度与脉冲重复频率

量程(n mile)	0.125	0.25	0.5	0.75	1.5	3	6	12	24	48	96	120
量程段/ $\tau(\mu S)$/ PRF(Hz)		$S_1/0.07/3\,000$					$M_2/0.5~\&~0.7/1\,000$					
				$S_2/0.15/3\,000$						L/1.2/600	L/1.2/450	
						$M_1/0.3/1\,500$						

雷达宽脉冲发射能量大,有利于探测远距离目标;窄脉冲分辨目标能力强,有利于近距离雷达观测;在中等距离,为了兼顾目标的发现能力和分辨能力,设计了几个脉冲宽度供操作者选择。发射脉冲宽度还决定了信号的频谱宽度,窄脉冲具有较宽的频谱,宽脉冲的频谱则较窄,这就决定了接收机的频带宽度的设计。

3. 脉冲重复频率

雷达每秒发射的脉冲数称为脉冲重复频率,可用 fr 或 PRF(Pulse Repetition Frequency)或 PPS(Pulses Per Second)表示,其倒数为脉冲重复周期 T。雷达脉冲重复频率一般在 400 Hz~4 000 Hz。表 1-2-2 所示的雷达,一共有 5 个脉冲重复频率。

在近量程,雷达发射窄脉冲,通过提高脉冲重复频率可以增加回波的脉冲积累数量,增强回波强度并提高回波精度。在远量程,脉冲重复频率不能太高,需要保证每一次发射脉冲探测到的足够远的回波脉冲能够完全返回到雷达,再发射下一个脉冲;否则前一个发射脉冲探测到的目标,将显示在下一个扫描周期内,在屏幕上会出现二次扫描假回波,影响雷达观测。关于雷达假回波,在本教材中不做讨论,请参考雷达观测的相关资料。

4. 发射功率

采用脉冲体制的雷达发射系统,发射功率有两种度量方法。雷达射频脉冲持续期间内的平均辐射功率称为峰值功率 P_1,雷达射频脉冲周期内的平均辐射功率称为平均功率 P_m。雷达,通常以 P_1 作为性能指标定义发射功率,发射峰值功率一般在 4 kW~30 kW。

二者有以下关系

$$P_m = P_1 \tau / T \tag{1-2}$$

式中: τ 为脉冲宽度, T 为脉冲重复周期。考虑一个参考值,如果 $\tau = 1~\mu s$, $T = 1$ ms,则 P_1 是 P_m 的 1 000 倍,也就是说,雷达辐射的峰值功率虽然很大,但平均功率很小。在船上,当人离开雷达天线20 m之外，所受到的微波辐射是非常小的，如果不是长时间近距离暴露在雷达辐射范围内作业，雷达对人体的伤害可以不必考虑。

雷达发射功率越强，对远距离弱小目标的探测能力也越强，但一些无用的回波，如假回波、海浪、雨雪等杂波也会增强，而且发射系统设备成本提高，故障率也越高。因此，现代雷达通常不采用高功率发射，而是使用灵敏度更高的接收系统，来提高雷达对远距离弱小回波的发现能力。

三、双工器

双工器又称为收发开关，一方面使雷达天线具有收发共用的功能；另一方面又能够在雷达发射系统工作时，保护接收系统避免受大功率发射脉冲损坏。早期的双工器为气体放电管，目前主要采用铁氧体环流器（Ferrite Circulator）。

（一）气体放电管收发开关

气体放电管收发开关安装在天线到收发机波导的接收系统支路上，管内的空腔是一个固有振荡频率调谐在雷达发射频率上的谐振腔，充有惰性气体。雷达发射系统工作时，发射脉冲使管内两电极间放电，触发管内惰性气体瞬时电离，形成屏蔽层，阻止发射脉冲进入接收系统。当发射结束时，收发开关内的惰性气体迅速消电离，使得雷达回波能够顺利通过收发开关，进入接收系统。

气体放电管收发开关也有窄带和宽带两种，窄带收发开关工作时，需要在放电管两电极间加上800 V左右的预游离电压，使管内气体达到预游离状态，以加速管内气体电离的过程。窄带收发开关内有两个距离可调的锥形电极，调整极间间距，使腔体的固有振荡频率与发射频率一致，达到最佳回波接收效果。

还有一种适用于3 cm雷达的宽带收发开关，使用时不需要调谐。

使用气体放电管收发开关应注意以下事项：

1. 收发开关恢复时间

气体放电管收发开关管在发射脉冲结束后，到管内气体恢复预游离状态允许雷达回波通过为止，雷达不能观测到近距离回波，这段时间一般需要$0.1\sim0.3~\mu s$，称为收发开关恢复时间。也就是说，在雷达发射脉冲宽度和收发开关的恢复时间内，雷达无法接收到回波。这段时间所代表的雷达探测距离是雷达近距离探测盲区，称为雷达理论最小探测距离。

2. 收发开关调谐

收发开关调谐不佳会造成回波质量降低，甚至无法观测到回波。调谐时，雷达应开机工作10 min以上，将各旋钮调整到最佳位置，在增益减弱的状态，仔细调整收发开关，使屏幕回波最强、最清晰。

3. 收发开关状态判断与更换

收发开关工作状态不良会造成接收效果变差，甚至损坏接收系统前端电路。收发开关故障通常有两种情况，恢复时间延长或预游离点火时间延迟。如果发现雷达盲区增大，应考虑收发开关老化，恢复时间延长，予以更新。一旦发现接收系统混频晶体损坏，应首先检测收发开关预游离电压和预游离电流,并与说明书或机器标注的额定值对比,确定收发开关状态良好,再着手更换晶体。

(二)铁氧体环流器(Ferrite Circulator)

铁氧体是由铁氧化物和金属氧化物混合烧结后制成的黑褐色陶瓷状磁介质材料(又称黑磁)。铁氧体接近绝缘体,微波在其内传输,介质损耗非常小。铁氧体具有定向传输微波的特性,利用这种特性可以制成传输特性不可逆的微器件,即铁氧体环流器。

铁氧体环流器又称固态双工器,雷达常使用T形三端口环流器,在其内部内置有圆柱或棱柱形铁氧体,并在铁氧体柱上沿轴向施加恒定磁场,如图1-2-8所示。

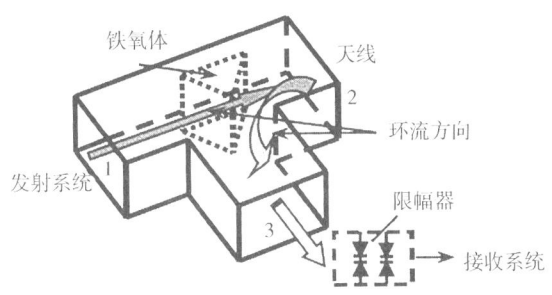

图1-2-8 铁氧体环流器

被磁化的铁氧体对通过的雷达波产生场移效应,使雷达波由端口1(发射系统)馈入时,只向端口2(天线)传输,由端口2(天线)馈入的电磁波也只向端口3(接收系统)方向偏移而不会馈入端口1(发射系统),形成定向传输电磁波的特性,实现双工器功能。显然,环流器本身不存在收发开关恢复时间的问题,因此提高了雷达近距离的探测性能。

图1-2-9是铁氧体环流器及限幅器实物。在实际使用时,会有一定比例的发射能量经环流器反向传输漏进接收系统,也会有强回波脉冲进入接收系统。为防止烧坏接收系统前端电路,在环流器和接收系统之间通常安装有微波限幅器。限幅器一般由微波二极管组成,高功率的漏脉冲触发其反向导通进入限幅状态,漏脉冲结束后到限幅二极管恢复截止,回波脉冲能够进入接收系统支路为止,需要不大于 0.2 μs 左右的电路恢复时间,称为雷达天线收发转换时间。也就是说,在发射脉冲宽度和限幅器电路恢复时间之内,雷达无法探测到回波,存在近距离探测盲区。由于限幅器电路的恢复时间短于气体放电管恢复时间,所以安装固态双工器的雷达近距离性能要好,一般盲区小于 35 m。因此,现代雷达多采用环流器作为双工器。

图1-2-9 铁氧体环流器及限幅器实物

气体放电管收发开关的恢复时间或环流限幅器的恢复时间都通称为雷达天线收发转换

时间。

四、雷达天线及微波传输系统

雷达天线及微波传输系统由微波天线及传输系统、双工器、方位编码器,以及驱动马达与动力传动装置等组成,如图1-2-10(a)所示。图1-2-10(b)中的发射性能监视器和回波箱是选配件,称为雷达性能监视器,用于监测雷达设备的工况。

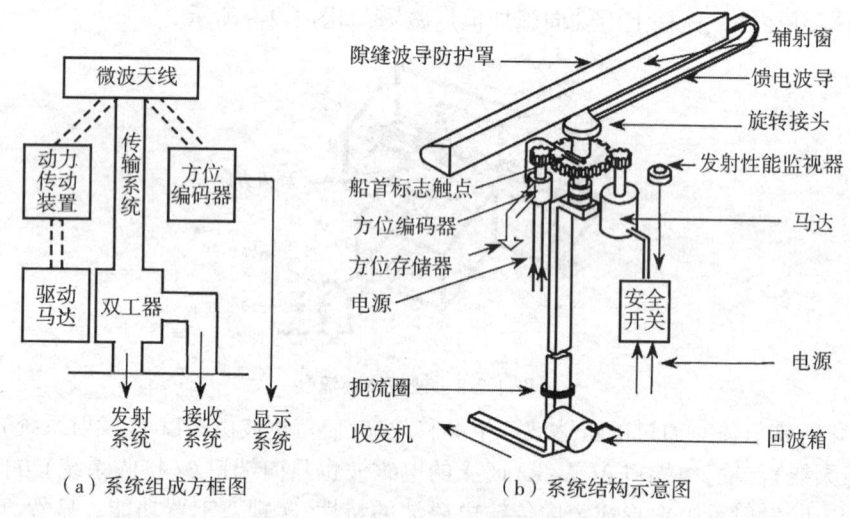

(a)系统组成方框图　　　　(b)系统结构示意图

图1-2-10　雷达天线及微波传输系统

(一)微波传输系统

微波传输系统用于在雷达收发机与天线之间的微波传输。不同波段雷达的微波传输系统也不同。对于独立的收发器单元,3 cm 波段雷达一般采用波导及其各种元件传输微波;而10 cm 雷达多采用同轴电缆及相关元件作为微波传输系统;也有少数10 cm 雷达,天线与收发机位置较近,使用波导传输雷达波。雷达天线单元和系统中其他单元之间的互联使用专用电缆。一般情况下,雷达用户手册会标明传输线相关参数、天线高度或任何其他可能导致雷达性能下降的因素。安装桅上型雷达时,不需要微波传输线连接。

1.波导管及波导元件

波导管简称波导,是由黄铜或紫铜拉制的,内壁是光洁度很高的矩形空心管。微波的波长决定了波导截面的尺寸,波长越长,波导尺寸越大。3 cm 雷达波导尺寸为23×10(mm),10 cm 波导尺寸为72×34(mm)。

(1)扼流接头

波导管及波导元件如图1-2-11所示,为了安装的需要,波导的两端都设有连接法兰,法兰盘上开设了4个固定螺栓孔。每段波导两端的法兰结构也是不同的,一边为平面,称为平面法兰或平面接头;另一边结构特殊,设有2个凹槽,称为扼流法兰或扼流接头。较浅的外槽用于安装水密橡胶圈,以保持波导连接后的水密性和气密性。内槽的深度和槽到波导宽边中点的距离是一样的,大约为$\lambda/4$(λ为波长)。在波导连接时,这个结构可以防止微波泄漏引起打火,称为扼流槽。在波导安装时,应将平面接头朝向天线,扼流接头朝向收发机连接,使得连接端头虽然没有物理面接触,却保持了微波电气的连续性。

(2)其他波导元件

如图1-2-11,为了方便雷达安装,波导需要加工成各种长度,并配有各种弯头、旋转、扭曲等。其中,宽边弯头、窄边弯头和扭波导可以改变波导走向,易于任意弯曲的软波导可以调整收发机与硬波导之间的位置差,防止安装后设备连接扭力过大。为了使天线转动的部分与固定的部分保持电气连续性,还有旋转接头,旋转接头在雷达出厂前须安装调整就位,不得随意拆卸。

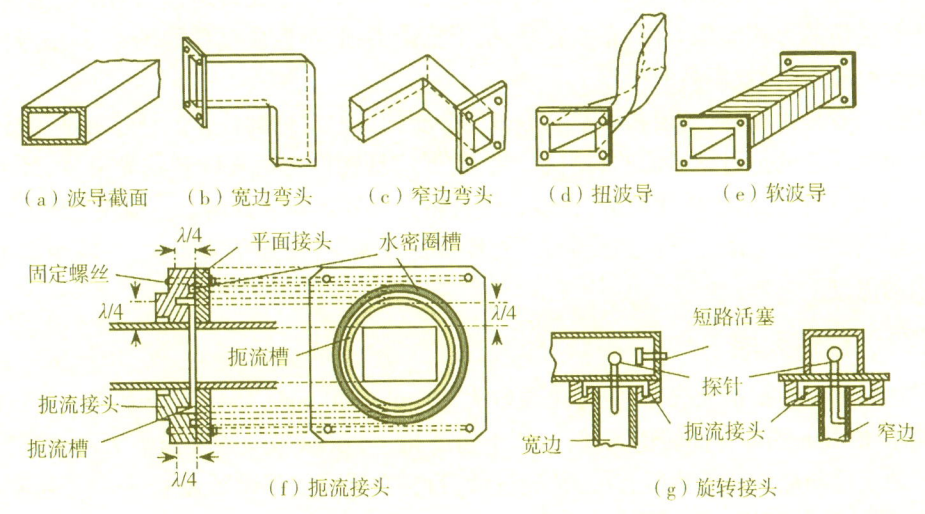

图1-2-11　波导管及波导元件

(3)波导管使用安装注意事项

①波导备件的两端都有密封盖,使用前打开,应注意检查内壁是否清洁,必要时可用纯酒精清洗。

②波导对微波有一定衰减,安装长度不宜超过20 m,弯波导不要超过5个。波导过长会导致信号传输损耗过多,不同类型波导的传输损耗亦不相同。

③软波导易老化,不宜室外安装。

④安装时平面法兰朝向天线;扼流法兰朝向收发机,并安装水密橡皮圈。连接螺栓应固定牢靠,并在安装结束后涂刷油漆防锈。

⑤收发机波导出口应覆盖云母片,防止天线漏水流入收发机。

⑥安装时要注意不应使波导受力过大,每隔1~2 m应安装固定支架,必要时要在易接触碰撞位置加装防护罩。

2.同轴电缆

同轴电缆结构如图1-2-12所示,由同轴的内外两导体组成。内导体是一根细铜管,外导体是一根蛇形管,内外导体之间有低微波损耗的绝缘材料支撑,最外层包有防护绝缘橡皮材料。同轴电缆内外导体的直径或电缆的尺寸都有严格要求。与波导相比,传输相同波长的微波时同轴电缆体积较小,安装方便。但同轴电缆也存在传输损耗,有的达到约0.1 dB/m,该值比矩形波导的传输损耗略大。功率容限较低。同轴电缆只用于10 cm雷达。

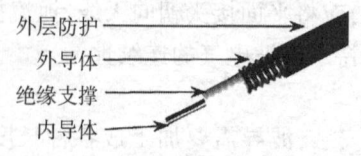

图 1-2-12　同轴电缆结构

3.光纤通信

目前,为解决现有技术中采用线缆进行信号传输的雷达系统存在布线难度大、信号传输距离短、容易受电磁干扰、图像质量差的技术问题,已出现了基于光纤通信的船用数字雷达系统。利用光纤通信的方式实施方便、布线容易、抗干扰能力强、图像质量高的优点,其信号传输方法具有安全可靠、执行效率高的特点。

光纤一般是由纤芯、包层和涂敷层等多层介质构成的对称圆柱体。纤芯由透明材料制成,包层采用比纤芯的折射率稍低的材料制成。数据信息转换为射入纤芯的光信号,经包层界面反射,使光信号在纤芯中传播前进,在接收端再将光信号还原为数据。一根或多根光纤组合在一起则形成光缆。采用光纤作为传输介质,具有传输速率高、通信容量大、传输距离远和抗干扰性强的优点。

(二)雷达天线

雷达采用定向扫描天线,天线转速通常为 20 rpm～40 rpm,适用于普通商业航行的船舶。转速高于 40 rpm 的称为高转速天线,适用于速度超过 20 kn 或上层建筑高大的快速船舶。天线转速的设计与船舶巡航速度有关,转速过低,目标在屏幕上呈跳跃显示,不利于观测;转速过高,目标回波脉冲积累数少,回波弱,不利于发现弱小目标。有的雷达天线有两个转速可以选择,现代化的快速集装箱船舶、油船、滚装客船和大型邮轮常采用这样的配置,以提高雷达在船舶不同航速、不同环境下的适应能力。

隙缝波导辐射器如图 1-2-13(a)所示,图 1-2-13(b)所示为脉冲体制雷达普遍采用的隙缝波导天线,它由隙缝波导辐射器、扇形滤波喇叭、吸收负载和天线面罩等组成。隙缝波导辐射器是将窄边按照一定尺寸和精度连续开设倾斜槽口的一段矩形波导,隙缝间隔约为 $\lambda/2$。雷达发射波从天线一端馈入隙缝辐射器,通过隙缝向空间辐射,辐射的波束与天线和喇叭口尺寸有关,波导越长,隙缝越多,喇叭口越宽大,天线的辐射波束就越窄,方向性就越好。在辐射器的另外一端有吸收负载,匹配吸收剩余的微波能量,避免微波反射造成二次辐射。喇叭口还设有垂直极化滤波器,保证辐射出去的微波是水平极化方式,整个天线的结构被密封在天线面罩内,保持水密和气密性,起到防护作用。

图 1-2-13(c)为雷达微带天线。微带天线剖面薄、体积小,具有平面结构,能与有源电路一起集成,便于获得圆极化、双极化和双频段等多功能工作。微带天线一般用于低功率雷达,图 1-2-13(c)雷达系统的最大发射功率为 5 W。

(三)方位编码器

方位扫描系统由天线基座中的方位编码器和显示器中的方位信号存储器及其相关电路组成。雷达采用编码器将天线的方位基准信号(艏方位信号)和瞬时天线角位置信号量化为分辨率高于 0.1°的数字信息,传送到信息处理与显示系统并记录在相应的方位存储单元中。方

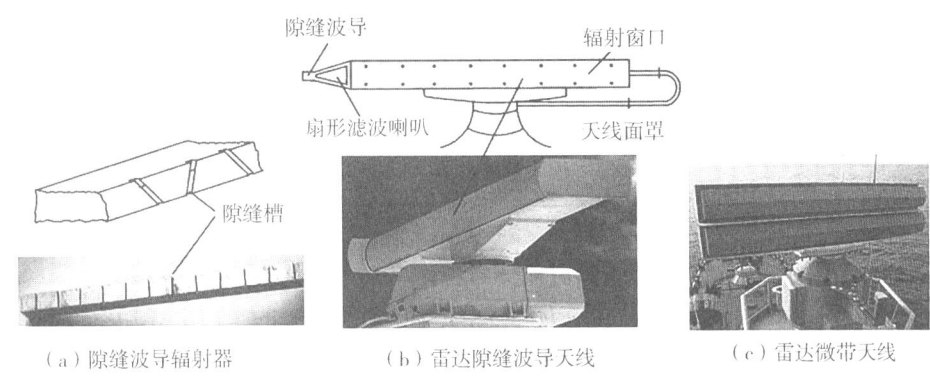

图 1-2-13 雷达天线结构

位扫描系统按照显示的要求,从存储器中读出记录的数据,驱动扫描线按照天线探测到目标的原始方位准确显示回波位置,在雷达屏幕上再现天线周围空间目标的方位关系。通过测量目标相对艏线的夹角,得到目标的方位数据。

(四)驱动马达与动力传动装置

驱动马达一般由船电供电,早期的雷达有的设有单独的天线开关,现代雷达天线通常与雷达发射开关联动运转。性能标准要求电机的驱动能力应能够使雷达天线在相对风速 100 kn 时正常工作。雷达天线通常与雷达发射开关联动运转。雷达天线基座上一般设有安全开关,有人员在天线附近维护作业时,可以切断电源,防止意外启动雷达。

为保证天线转动平稳,驱动马达的转速一般在 1 000 rpm~3 000 rpm,通过由皮带轮和/或齿轮机构组成的动力传动装置降速,带动天线以额定转速匀速转动。应每年定期检查皮带的附着力并更换防冻润滑油,做好维护保养,保证传动装置工作正常。

(五)隙缝波导天线主要技术指标

1.方向特性

为了保证雷达探测目标的方位精度和在方位上分辨目标的能力(方位分辨力),雷达采用方向性很强的天线,其雷达天线理想的辐射波束为对称扇贝形,如图 1-2-14(a)所示。在理论上常用方向性图来描述天线的辐射性能。

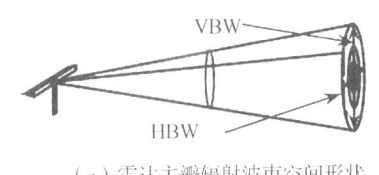

(a)雷达主瓣辐射波束空间形状

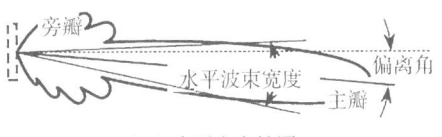

(b)水平方向性图

图 1-2-14 天线方向性

(1) 主瓣

雷达辐射波瓣中具有较强辐射的波束称为主瓣,其输出功率占雷达总辐射功率的90%以上。雷达是通过主瓣来探测目标的,如果主瓣轴线上最大功率输出为1,则方向性图上任意一点到辐射源(窗口中心点)的长度,即是该点方位辐射的相对功率值,在通常意义上,讨论天线的方向特性也是对于主波束而言的。

(2) 旁瓣

如图1-2-14(b)所示,在主瓣周围对称分布了许多弱小的旁瓣辐射,这些旁瓣辐射功率通常较弱且不稳定,每个旁瓣也都有其最大的辐射方向,远离主瓣的旁瓣辐射功率逐渐减小。按照技术标准要求,在主瓣轴向两侧±10°之内的旁瓣,电平小于−23 dB;在主瓣轴向两侧±10°之外的旁瓣,电平小于−30 dB。因此,对于雷达正常观测距离上的通常目标而言,旁瓣辐射对雷达观测不会构成重要影响。但对于近距离强回波目标而言,旁瓣辐射也会探测到该目标形成旁瓣假回波,对雷达观测构成比较严重的干扰。关于雷达假回波的知识,请参考雷达观测的相关资料。

(3) 偏离角

现代雷达天线一般设计为单端馈电,即从天线的一个端头将雷达波传输送入辐射器。如果馈入的雷达波频率与设计的隙缝波导天线额定传输频率有偏差,则沿每个缝隙槽辐射的微波相位就会有偏差,使得辐射主瓣向天线馈电远端偏离辐射窗口中点法线3°~5°,称为偏离角。这个偏离角会影响雷达方位精度。在雷达出厂时,偏离角经过校准,标记在天线基座上或安装说明书中,安装雷达时应特别注意。还应该注意的是,主瓣的偏离角会随着发射频率的变化而改变,对于X波段,大约每100 MHz偏离1°。

2. 波束宽度

天线的波束宽度是对于主波瓣而言的,定义为主波瓣上两个半功率点之间的夹角。通常考虑水平波束宽度(HBW)和垂直波束宽度(VBW)两个典型数值。为了保证雷达目标探测的方位精度和目标的方位分辨能力,天线的水平波束宽度很窄,只有1°~2°。通常在2 n mile以外的一般反射强度的目标都是在这个波束范围内被雷达探测到的,而对于距离很近或回波较强的目标,能够被雷达主波瓣探测到的角度范围会更大,甚至能够被旁瓣探测到,形成旁瓣假回波,干扰正常雷达观测。

天线的水平波束宽度(θ_H)可以用下式近似计算

$$\theta_H = 70\lambda/L \tag{1-3}$$

式中:λ 为发射波长,L 为天线口径长度。

相似地,将天线长度换成天线口径高度,同样可以计算垂直波束宽度。为了保证在船舶摇摆的恶劣环境中不丢失海面目标,雷达的垂直宽度为20°~30°。雷达垂直波束宽度或垂直波瓣范围将影响雷达在船舶安装后的最小探测距离,即雷达盲区。关于雷达盲区的知识,请参考雷达观测的相关资料。

3. 增益

天线的方向性还可以用天线的增益表示。所谓天线增益是指在输入功率相等的条件下,实际天线与理想的辐射单元在空间同一点处所产生的信号的功率密度之比。

具体地说,如果一个理想的向周围辐射均匀的全向点天线(辐射单元)其各向的辐射功率均为100%,当将此天线的辐射功率聚束向某个特定的方向辐射时,在该方向上的辐射功率将被加强,其他方向的辐射功率将被减弱或完全消失,则在辐射方向上被加强的功率与原全向辐射功率的比值,称为天线增益。

如果雷达工作波长为 λ,天线有效辐射面积为 Ar,则天线增益 G_A 可表示为

$$G_A = 4\pi Ar/\lambda^2 \tag{1-4}$$

需要注意的是,天线增益与雷达面板上的增益控制所指的增益是两种不同的概念。

4. 极化方式

电磁波在空间传播时,若电场矢量的方向保持固定或按一定规律旋转,这种电磁波便叫极化波。通常可分为平面极化(包括水平极化和垂直极化)和圆极化。当电场强度方向平行于地面时,此电波就称为水平极化波。当电场强度方向垂直于地面时,此电波就称为垂直极化波。当电波的电场大小不变,方向随时间变化,电场矢量末端的轨迹在垂直于传播方向的平面上投影是一个圆时,称为圆极化。若圆极化面随时间旋转并与电磁波传播方向成右螺旋关系,称右旋圆极化;反之,称左旋圆极化。

对于船舶导航雷达的工作环境,通常情况下水平极化波引起的海浪干扰弱于垂直极化波,所以,目前雷达天线均采用水平极化形式。在需要的时候,还可以向厂家额外订购圆极化天线。因为圆极化天线具有这样的特点:左(右)旋圆极化天线只能发射和接收左(右)旋圆极化波,而圆极化波照射到尺寸与其波长相当的对称目标时,其反射回波的极化方向为反向圆极化,因此圆极化天线对这类目标具有较强的抑制能力,可以很好地抑制雨雪回波。但对于具有对称性的小目标,如导航浮标、船舶上小尺寸对称结构的构件等也有同样的抑制作用,因而也在一定程度上减弱了目标(尤其是弱小目标)的探测能力。与目前雷达通用的雨雪抑制电路相比,虽然圆极化天线对雨雪回波有较好的抑制作用,但其性价比较低,因此圆极化天线目前只有极少数雷达作为选购件安装。使用时,要特别注意应只在雨雪天气下使用,避免丢失弱小目标的回波。

五、雷达接收系统

(一)雷达接收系统的基本组成

雷达接收系统采用超外差接收技术,主要由微波集成放大与变频器(MIC)、中频放大器、检波器、视频放大器和改善接收效果的辅助控制电路,如增益控制、海浪抑制、通频带转换电路等组成,如图1-2-15所示。

天线接收到的微弱射频回波信号,经过双工器送到接收机,低噪声微波集成放大器(MIC)由微波高频放大器和变频器组成。微波高频放大器将射频回波直接放大,能够改善射频回波信噪比,增强雷达对弱小目标的探测能力。变频器将射频回波信号转变为中频回波信号后,中频放大器对回波进行放大,中频放大器是接收机的核心,它具有宽通带、高增益、宽动态范围和低噪声等优良特性。为了改善接收效果,中频放大器的频带宽度必须与发射信号匹配良好,能够根据需要调整放大器的增益,并具有自动调整近距离增益来抑制海浪反射杂波的功能,被去除海浪杂波和放大后的中频回波信号,经过检波器,转变为视频回波信号,送至信息处理与显示系统。

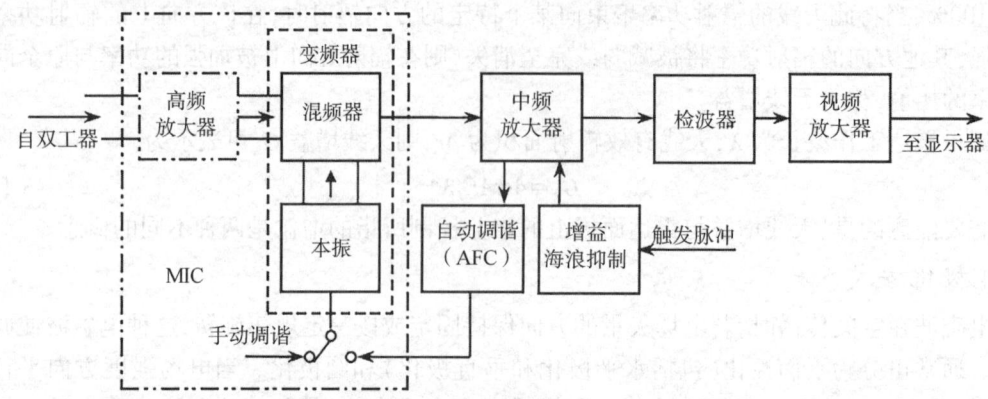

图 1-2-15　雷达接收系统框图

值得注意的是,因为微波高放器件价格昂贵,调试严格,所以很多型号的雷达在 MIC 部分不采用微波有源高放,只采用变频器。

1. 变频器

变频器由混频器和本机振荡器组成。其作用是将回波信号的载波由射频回波信号转换为频率较低的中频回波信号供中频放大器工作。

在雷达设备中,本振输出频率高于雷达发射频率一个中频值,当本振信号与回波信号差频时,输出中频信号。由于中频放大器必须工作在额定频率下才能保持较高的工作性能,而雷达的发射频率会随着电压、温度等环境的变化随时漂移,因此要求本振的输出频率必须能够随时可调,以满足雷达中频放大器的工作要求。调谐可通过显示器控制面板上的调谐控钮手动调整,也可设置为通过设备监测混频器输出的中频信号实现自动调谐。

(1) 本机振荡器(本振)

早期的雷达本振采用真空反射式速调管,现代雷达均采用耿氏二极管振荡器。耿氏二极管振荡器结构与实物如图 1-2-16 和 1-2-17 所示。

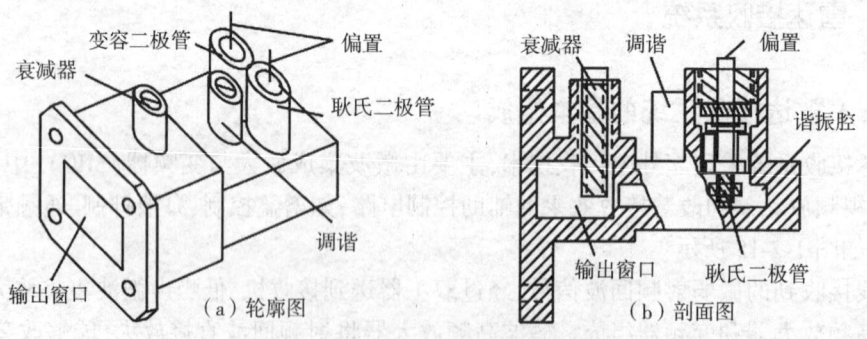

图 1-2-16　耿氏二极管振荡器结构

正常工作时,耿氏二极管和变容二极管都加有偏置电压,并且加在变容二极管的偏置电压是可以随调谐旋钮的调整而改变的。调整该电板可以在一定范围内改变振荡器的输出频率,这个调整范围应略大于磁控管频率的漂移范围,以满足雷达日常调谐的需要。

在谐振腔上还设置了一个机械调谐螺丝,能够在更大的范围内改变谐振腔的固有振荡频率。满足在更广泛的频率范围内对本振的调谐。这个工作通常在雷达安装时,或在更换磁控

图 1-2-17　耿氏二极管振荡器实物

管或本振的时候进行。在振荡器的输出窗口设有衰减器,能够调整振荡器的输出功率,使得混频晶体二极管获得最佳偏置。本振的输出功率通常为毫伏级。

(2)混频器

雷达混频器由微波晶体二极管构成,常称为混频晶体。回波信号与本振信号在晶体中差频,经过滤波后得到中频回波信号,输出到中频放大器。

混频晶体工作在低功率状态,其工作偏置由本振提供。调整本振输出功率,可以使晶体获得最佳偏置。回波信号的功率通常很低,一般为微伏级。正常工作时,晶体的工作电流可以反映混频器的工作状态。如果晶体电流为额定值(毫伏级),说明变频器(本振和晶体)工作正常,但不表明回波正常被接收。

混频晶体是非常脆弱的电子元件,过高的发射漏脉冲会烧毁晶体。如果发现晶体经常损坏,应考虑双工器和/或限幅器故障。

为了防止高频辐射击穿晶体,晶体备件一般是保存在铅封的包装内。更换晶体时,应注意使身体与机壳处于相同电位,不要用手同时接触混频二极管的正负极,防止身体感应的电磁场能量烧毁晶体。还要注意勿将晶体掉落地面,强烈振动也会损坏晶体。

测量混频晶体时,应使用万用表 $\Omega\times100$ 或 $\Omega\times1\text{ k}$ 挡,而不可使用 $\Omega\times1$ 和 $\Omega\times10\text{ k}$ 挡。否则易损坏晶体。一个好的晶体反正向电阻比值应在几百至几千之间,若比值小于 100,将影响回波效果。

需要说明的是,现代雷达接收机中,固化一体的 MIC 变频器已经基本取代了早期的本振和混频器等分立元件变频器。如果变频器发生故障,通常直接更换 MIC 整体组件。

2.中频放大器

雷达中频放大器普遍采用宽带调谐高增益对数级联放大器,这种放大器对小信号保持着较高的放大量。而随着输入信号的提高,放大倍数呈对数规律降低,扩展了放大器的动态范围。因为在不同量程段雷达发射脉冲宽度的改变会引起发射频谱的变化,所以要求接收系统对应量程段的通频带也应有相应的改变。通常在近量程发射窄脉冲,接收系统通频带较宽,回波精度较高;而远量程发射宽脉冲,通频带较窄,接收系统灵敏度较高,易于发现弱小目标。

为了适应不同观测者在不同环境下对雷达观测的要求,雷达均采用手动增益,大范围调整中频放大器的放大量,以改变回波在屏幕上的影像质量。

3.海浪杂波抑制电路

抗海浪干扰电路又称灵敏度时间控制(STC)或近程增益控制。STC 是一种随着作用距离减小而减小接收机灵敏度的技术,它是将接收机的增益作为时间的函数来实现的。

雷达波束照射在平静的海面时,不会产生海浪回波。当海面有波浪时,海浪会反射雷达辐射能量,形成鱼鳞状闪亮斑点即海浪回波,对雷达近距离观测构成干扰。中等风浪时,干扰在近距离 3 n mile~6 n mile,大风浪时干扰可达 8 n mile~10 n mile,强干扰经常会造成接收通道输出饱和,此时海浪杂波在屏幕中心形成辉亮实体回波。

当目标被海浪杂波干扰时,在触发脉冲[图 1-2-18(a)]的控制下,产生一个呈指数规律变化的增益控制波形[图 1-2-18(b)],使增益随着距离增加呈指数规律增加[图 1-2-18(c)],抑制海浪干扰后的雷达回波将会重现[图 1-2-18(d)]。

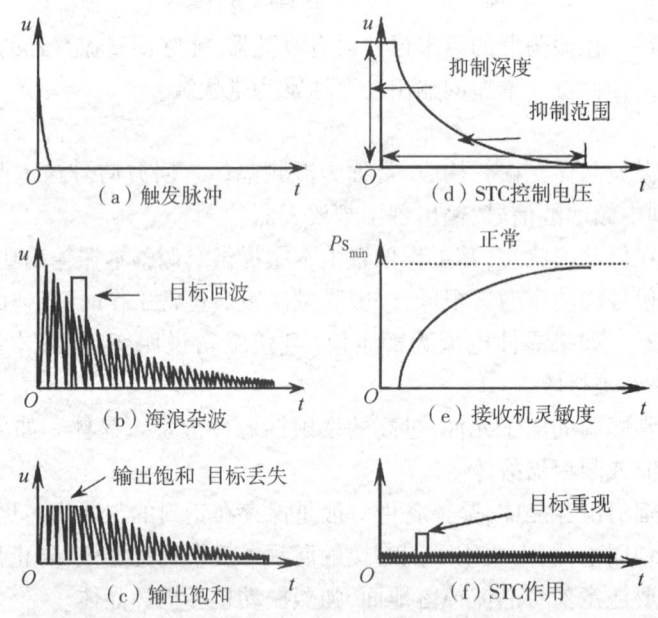

图 1-2-18 海浪干扰抑制(STC)示意图

使用 STC 后,随着抑制加深,扫描中心的回波和噪声逐渐减弱,出现"黑洞"现象。最大抑制范围可达 8 n mile 左右。适当使用 STC 的效果如图 1-2-19 所示。

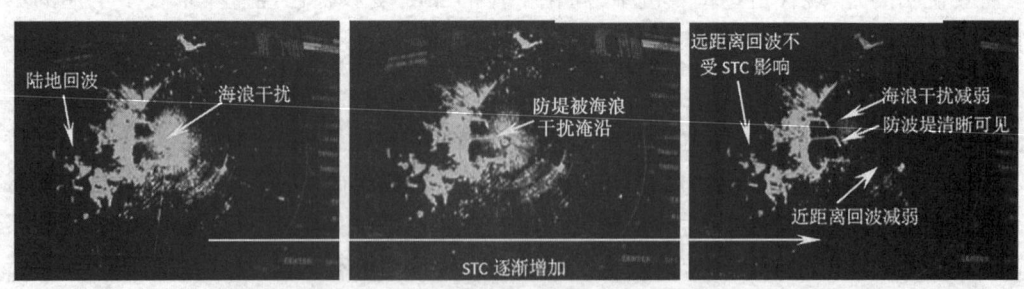

图 1-2-19 海浪干扰及其抑制

4.检波及视频放大器

经过处理的回波中频信号,经过检波器后,转变为视频回波信号。视频放大器是连接接收系统和信息处理与显示系统的一个缓冲电路,起到检波器与视频传输电缆或检波器与视频处理电路之间的隔离和阻抗匹配作用。

（二）雷达接收系统主要技术指标

1. 中频频率

根据设备的厂家型号不同，雷达中频普遍采用 30 MHz、60 MHz 或 45 MHz。

2. 灵敏度与放大倍数

灵敏度表征了接收系统接收弱信号的能力，通常由最小可辨信号功率 P_{rmin} 表示。影响灵敏度的主要因素有接收系统的噪声系数 N 和通频带 B，噪声系数越小，通频带越窄，则 P_{rmin} 越小，说明雷达能够从杂波背景中检测出弱小目标的能力越强，则灵敏度越高，有利于探测远距离小目标。

P_{rmin} 是一个与检测概率和虚警概率有关的量，是接收机输入端可检测的最小信号功率。P_{rmin} 一般可达 10^{-12} W ~ 10^{-14} W，因此要求中频放大器的放大倍数应达到 120 dB ~ 160 dB。

3. 通频带

通频带也称频带宽度，表示中频放大器能够不失真地放大回波信号的频率响应范围。通频带与放大量，以及通频带与灵敏度之间通常是相互联系。通频带越宽，对信号放大时失真越小，雷达的观测精度就越高，但雷达保持较高的放大倍数和灵敏度就越困难。反之，则有利于雷达观测远距离弱小目标，但雷达的测量精度将下降。

接收系统通频带的确定主要考虑两个主要因素：第一，接收系统的通频带应与回波信号的频谱宽度匹配，对比回波信号而言，过宽的通频带也无助于提高回波质量。通常雷达在近量程窄脉冲工作时，采用较宽的通频带；而远量程宽脉冲工作时，则采用较窄的通频带。第二，在观测远距离目标时，适当缩小的通频带能够提高信噪比，有利于发现弱小目标。

4. 抗干扰能力

雷达回波包含海浪、雨雪和同频干扰。按照性能标准规定，雷达应能够抑制各种干扰杂波，提高信噪比。

5. 恢复时间

过强的回波信号会使放大器饱和甚至过载，使接收系统暂时失去放大能力，而无法观测到强信号后的回波信号，从引起接收系统饱和或过载的强信号过后开始，到接收系统刚刚恢复正常工作能力为止所经历的时间，称为接收系统恢复时间，显然，恢复时间越短越好。

值得注意的是，在恶劣天气中，强海浪回波、强雨雪回波以及离本船较近的大型船舶的回波等，都是引起接收系统饱和或过载的因素。

6. 动态范围

雷达工作环境复杂，回波强度变化很大，使接收系统恰好达到饱和的强回波信号 P_{max} 和 P_{rmin} 之比，称为接收系统动态范围，显然动态范围大，有利于雷达观测。

六、雷达信息处理与显示系统

雷达信息处理与显示系统是雷达目标回波及各传感器信息的最终处理和显示单元，通过显示器操作控制界面能够控制雷达整机的工作。在显示器上能够观测到目标回波，并借助各种刻度标志和符号标注,测量目标的位置参数(距离和方位)和标注目标信息。雷达显示器显示符合 IMO《船载航行显示器导航相关信息显示性能标准》,显示的颜色、符号和图标标识符合 SN/Circ.243。

现代雷达应用数字信息处理方法和光栅显示技术,采用了高品质平面监视器(如 TFT、OLED 等)作为雷达信息处理显示终端。雷达信息处理采用通用或专用操作系统上的应用程序,借助专业的硬件和软件环境,将原始雷达视频首先按照距离和方位单元实时量化为数字信号,同步快速写入计算机存储器中。然后利用雷达扫描周期之间相对较长的休止期,从存储器中按照设定的速率读出数据,运用现代数字信息处理技术的最新成果,对回波数字视频进行多层面专业化处理,去除各种干扰杂波,增强有用回波的显示清晰度,最后将处理后的清晰视频再转换为模拟信号,显示在显示器上。

现代光栅雷达显示器上显示内容丰富,包括彩色海图(若连接 ECDIS)、标绘图形、雷达目标回波、回波尾迹、雷达各式图标、自动标绘图形、AIS 报告目标图标,还有操作菜单、光标等其他图标。

图 1-2-20 所示为现代雷达信息处理与显示系统的基本组成框图,包括输入/输出(I/O)接口及视频处理器、信息处理器、主控制器和综合显示与操作控制终端,基本雷达、THD、SDME、EPFS、AIS、ECDIS 等各种传感器是该系统的信息源。雷达信息处理与显示系统也会将预备/发射、脉冲宽度设置、调谐设置、性能监视器控制等控制信号输出至收发机。

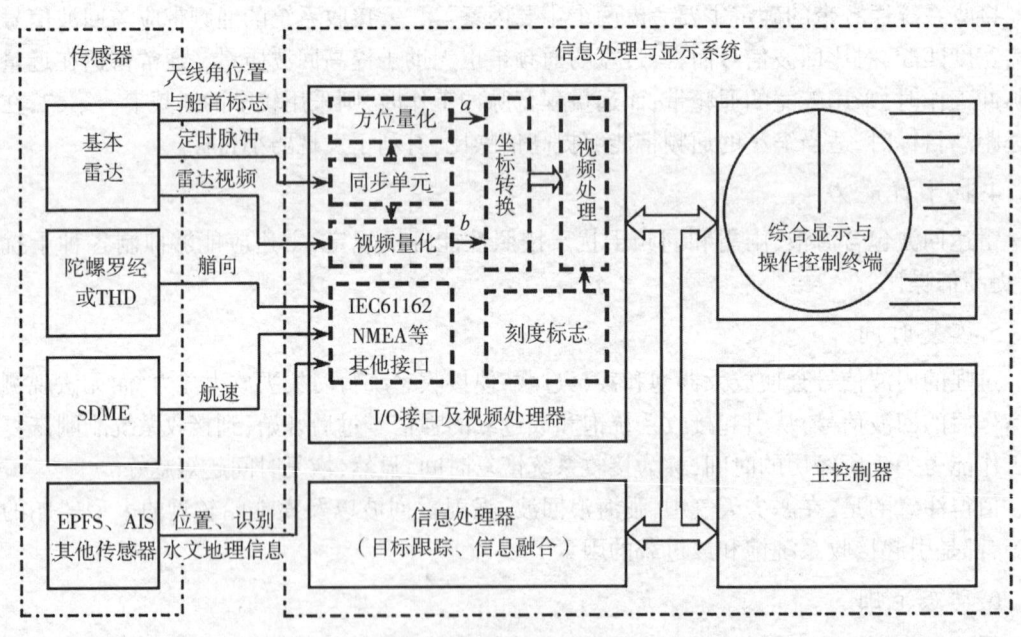

图 1-2-20 现代雷达信息处理与显示系统的基本组成

(一)控制器

主控制器是信息处理与显示系统的控制中心,主要为雷达目标跟踪与各传感器信息融合提供控制和运算控制功能。主控制器通常采用高性能工业 CPU 芯片,在总线、存储器等相关部件的配合下,协调各部分工作。工作内容主要包括:

(1)根据程序指令检测输入/输出接口数据流,监测相关数据的完善性;

(2)接受操作面板指令,处理视频信息,控制设备功能;
(3)协助信息处理器实现雷达目标跟踪和信息融合,判断碰撞危险;
(4)按照程序或驾驶员指令,组织和更新显示内容,为操作者提供需要的显示画面;
(5)按照程序设定或驾驶员指令,启动自检程序,监视设备工作状态。

(二)输入/输出接口及视频处理器

该系统由 I/O 接口、同步单元、坐标转换器、视频处理器和刻度标志产生单元等组成。

1.同步单元与测距误差

同步单元在早期雷达设备中俗称延时线,目的是协调显示与发射的起始时刻,消除系统测距误差。如果以雷达天线位置为本船基准点,雷达测得的目标到本船的距离,应该为目标前沿到雷达天线之间的距离。如果雷达发射机与显示器在触发脉冲的作用下同时开始工作,则雷达所测的目标距离势必包含了雷达发射机到天线和天线到达显示器之间的信号传输路径,因而产生了测距误差。雷达设备安装后,应调整雷达同步单元,使雷达信息处理与显示系统记录回波信息的起始时刻略晚于发射脉冲离开天线辐射窗口的时刻,以消除系统测距误差。

雷达测距误差对航行安全的影响非常大。按照新的性能标准规定,雷达测距误差不应超过所用量程的 1% 或 30 m 中的较大值。如果雷达的测距误差大于性能标准的规定,应按照雷达技术说明书中要求的步骤进行调整。

在船上,通常可以通过以下几种方法来确定雷达测距误差:

(1)如果安装了 DGPS 接收机,则可以在 DGPS 有效精度区域,利用 DGPS 确定准确船位。在海图上选择适合雷达观测的某个近目标,在海图上测量其距离,并比较该目标的雷达距离,获得雷达测距误差。

(2)船舶靠泊时,使用雷达测量港区某明显目标的距离,与其通过海图作图获得的距离比较,获得雷达测距误差。

(3)如图 1-2-21 所示,观测近距离(0.25 n mile 之内)一平直岸线或防波堤 A,如果回波呈现出弧线,则说明有测距误差;如果图像如 B,说明雷达测量的距离大于实际距离;如果图像如 C,说明测量距离小于实际距离。

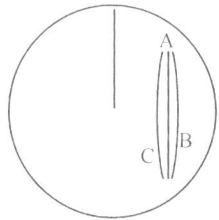

图 1-2-21 雷达测距误差测定

在条件许可时,雷达测距误差应随时查验或至少每个航次或每个月(取较小者)进行一次。

2.输入/输出接口

I/O 接口将来自传感器的模拟信号进行数字化处理(称为量化或模数转换),或将本身已经为数字信号的传感器信息编码转换分配,存入相应的存储单元。

雷达传感器信号数字化是 I/O 接口的主要任务。在主控制器的控制下,由触发脉冲同步,在总线、存储器等相关部件的配合下,将原始雷达天线方位信号和视频信号按照方位单元和距离单元实时量化为数字方位信号 a 和数字距离信号 b，并同步快速写入存储器相应的方位单元和距离单元。对于原始雷达信号的数字化过程，目前的趋势是在雷达传感器中实现信号的数字化，将数字化的触发脉冲信号、雷达视频信号、天线角位置信号和艏信号传送到信息处理与显示系统，再做进一步处理，避免了长电缆传输模拟信号容易引起干扰和衰减的问题。

图 1-2-20 中的雷达输入/输出数据类型众多，可见如下数据：

（1）输入数据

船首方向信号、航速信号、导航数据、外部雷达信号、警报 ACK 输入等。其中，导航数据可包含位置、航向、航速、LORAN-C TD、航路点、航线计划、时间、风速、风向、流速、流向、水深、水温、横摇角、纵摇角和 ROT 等数据。数据格式标准可参考 IEC61162-1、IEC61162-2。此外，若有跟踪控制单元，可通过 RS-422 接口连接。外部雷达信号作为远程显示屏操作。警报 ACK 输入信号从警报系统输入。

（2）输出数据

雷达系统数据、自动标绘数据、远程显示屏信号、外部液晶监视器信号、外部 CRT 监视器信号、警报信号等。雷达系统数据可通过串行接口输出，如 RS-232C。自动标绘数据可送至 ECDIS 使用。外部液晶监视器信号、外部 CRT 监视器信号与主显示单元的显示相同。

3. 坐标转换器

雷达传感器的发射和接收所获得的原始视频以目标的距离和方位记录为极坐标，而光栅显示方式则采用了直角坐标显示，这就要求必须通过坐标转换。将极坐标下的视频回波转换为直角坐标下的视频，再送入视频处理器与信息处理器做进一步处理，最终实现光栅化显示雷达图像信号。

4. 视频处理器

原始视频经过数字化后仍可能含有雨雪和其他雷达干扰等杂波，存在信杂比低，回波幅值起伏较大等问题，需要进一步处理，以获得更为稳定清晰的高质量雷达视频。雷达视频处理通常包括雨雪干扰抑制、同频干扰抑制、尾迹显示、恒虚警率处理、扫描相关处理、回波平均、回波扩展等。

（1）雨雪干扰抑制

抗雨雪干扰原理实际上是一个信号微分处理模块，等效为模拟电子设备中电阻和电容组成的微分电路，如图 1-2-22 所示，也称快时间常数（FTC）电路，它能够自动检测并保留目标回波的前沿。与正常的雷达有用回波如船舶、岛屿、导航标志、岸线等相比较，雨雪回波覆盖范围广、回波弱，而其他雷达有用回波一般为窄而强的回波，比较而言，去除后沿损失的能量较少，而且其前沿回波也比雨雪回波前沿清晰明亮。因此，经过微分处理后，有用视频信号与雨雪杂波的信噪比会得到显著改善。

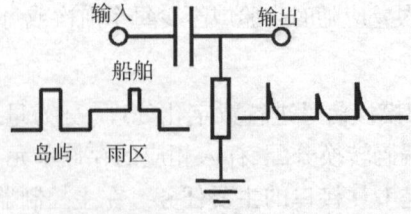

图 1-2-22　抗雨雪干扰原理

经过 FTC 电路后,去除雨雪回波弱反射的边缘和干扰能量集中的后沿后,将滤除绝大部分杂波,仅保留了微弱的雨雪集中区域前沿部分。雨雪抑制对所有目标都有效,使用后的屏幕效果如图 1-2-23 所示。

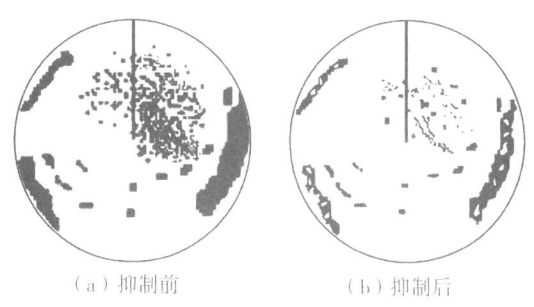

图 1-2-23　FTC 效果

(2)同频干扰抑制

相邻船舶同频段工作频率相近雷达的发射脉冲直接被本船雷达天线接收,一般发生在狭水道船舶航行密集的海域,称为同频干扰。由于这时发射与接收分别由各自雷达触发脉冲控制,因而也称为非同步辐射(非相关)干扰。同频干扰回波呈现为有特点的散乱地遍布在雷达图像显示区域的杂波,多表现为螺旋线状,其特点如图 1-2-24 所示。

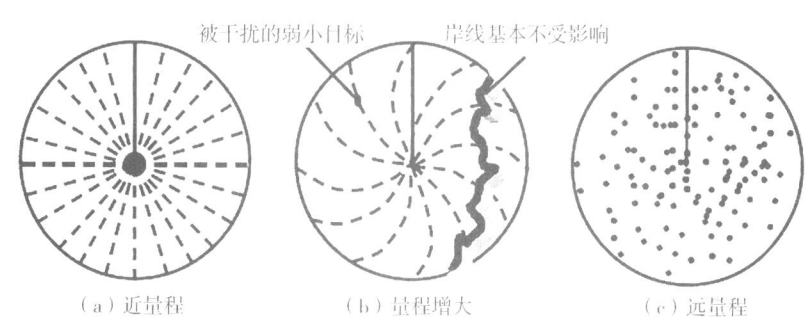

图 1-2-24　同频干扰回波图像

在量程比较小的时候,干扰在屏幕上较为分散,螺旋线效果不明显,如图 1-2-24(a)所示;随着量程增大,干扰变得密集,如图 1-2-24(b)所示;如果使用远量程,干扰回波相关性降低,干扰杂波则表现为密集混乱的图像,如图 1-2-24(c)所示。同频干扰一般发生在狭水道船舶航行密集的海域,而且可能发生多部雷达之间的相互干扰,因此实际干扰图像常常比图 1-2-24 所示混乱得多,弱小目标受干扰尤其严重。

雷达同频干扰抑制(Radar Interference Canceler-RIC 或 Interference Rejection-IR)模块,采用回波相关技术,对相邻的两条或多条扫描线进行相关(逻辑与)检测。对于目标而言,在相邻的扫描线的相同的距离单元上,都具有该目标的回波,而同频干扰杂波则不具有这种相关性。如图 1-2-25 所示,"T"表示目标回波,"I"表示同频干扰杂波。

在相邻的两条扫描线上,相同的距离处都存在信号回波,输出时认为是目标予以保留。否则,认为是干扰予以去除。FURUNO 某型号雷达的同频干扰抑制可设置 IR-1、IR-2 和 IR-3 三挡。IR-1 表示当前扫描和上一次扫描之间采用回波相关技术进行信号处理,IR-2 表示当前扫描和上两次扫描之间采用回波相关技术进行信号处理,IR-3 表示当前扫描和上三次扫描之间采用

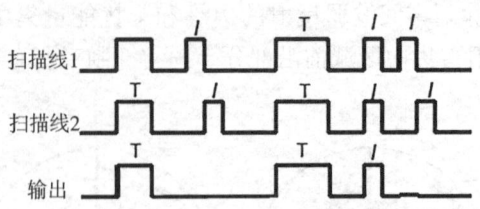

图 1-2-25　同频干扰原理

回波相关技术进行信号处理。

(3) 尾迹显示

雷达以屏幕余辉的方式记录下目标在一段时间内的运动,称为目标尾迹。通过大容量的存储器存储雷达探测到的所有目标位置的数字信息,在计算机的控制下直接扫描显示,可以使所有目标图像的尾迹得以再现。"尾迹"显示的模式在相对运动模式下,显示相对尾迹。它是目标图像和本船运动的合成,故也可以称作合成余辉。在真运动模式下,显示真尾迹,目标转向越大,真尾迹的变化越明显。两种模式的尾迹都是显示目标图像在设定时间内连续运动的轨迹。尾迹的时间长短和层次深浅通常可以设置。

值得注意的是,因为尾迹显示没有对目标的录取、跟踪,所以不能用尾迹来自动判断危险,更不能自动地发出碰撞危险警报。用真尾迹显示来观测目标与本船之间的运动态势,从目标图像的尾迹线长度与本船尾迹线长度比较,从中估算它们的速度。用真尾迹线的弯曲来发现转向的目标,观测尾迹线弯曲的大小来估算目标转向的幅度。尾迹显示在避碰过程中的应用,只能是定性的估算,尾迹不能提供精确的图示分析,也无法提供具体的精确的运动参数。

(4) 恒虚警率处理

恒虚警率处理是现代雷达普遍采用的一种抑制雷达杂波,提高目标检测和分辨能力的技术。雷达目标信号确切的检测判定,是建立在一定的信噪比、系统发现概率及虚警概率的基础之上的。雷达检测器将包含各种噪声中的真实目标信号挑出来,这需要建立一个判决规则,对噪声和目标的混合信号进行判断。由于大量噪声的存在,还需通过信号处理,对各类噪声加以抑制,维持一定的虚警概率,以避免自动检测系统中的计算机过载。噪声是一个随机过程,信号与噪声的混合波形也是随机过程,不能用一个预定的时间函数来描述,只能用概率的方法来描述。虚警概率低,则门限电平高,出现漏警。虚警概率高,则门限电平低,则出现把噪声当作目标的虚警。经恒虚警处理后,会造成一定的信噪比损失。单元平均恒虚警处理中,平均值的估值有较大起伏,会使输出杂波起伏较大。

为了便于理解,图 1-2-26 采用模拟信号波形示意了一种 CFAR 处理技术的基本原理。该技术能够自动检测回波信号[图(a)]的起伏变化,由于噪声和杂波都属于宽回波信号,而有用回波主要是窄信号。恒虚警率处理利用积分电路,能够有效跟踪宽回波电平的变化滤除有用的窄回波,取得回波变化的均值[图(b)]再从原始回波视频中减去这个均值便能够在输出信号[图(c)]中滤除各种宽回波干扰,保留有用的窄回波信号,提高目标的检测能力。

这就要求检测器的门限设置必须与杂波功率的变化相适应,使杂波环境中的目标检测虚警概率保持在一个较为理想的数值上,这种信号检测方法称为恒虚警率(Constant False Alarm Rate,CFAR)检测。通过设置不同的 CFAR 技术参数,也可以实现对海浪杂波或雨雪杂波的单独抑制,达到自动抑制海浪或自动抑制雨雪的效果。

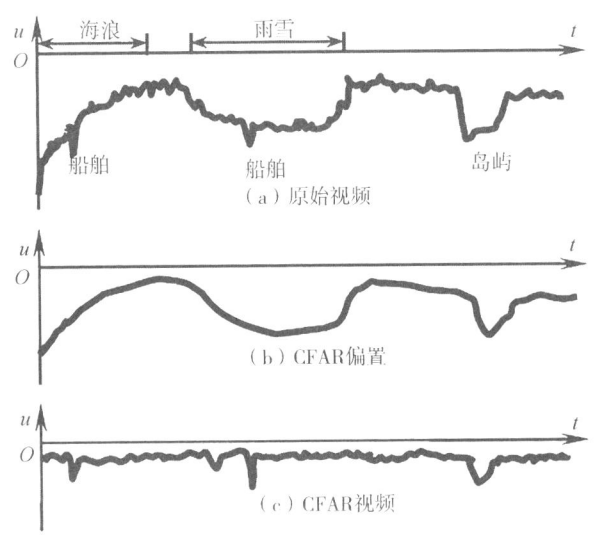

图 1-2-26　CFAR 原理示意图

恒虚警率处理是现代雷达普遍采用的一种抑制雷达杂波、提高目标检测和分辨能力的技术。雷达性能标准规定,雷达探测虚警概率为 10^{-4}。

(5) 回波平均技术

回波平均基于扫描相关技术,对连续两幅或多幅画面的回波强度进行平均化处理,稳定可靠的回波强度基本保持不变;而杂波干扰经平均后,屏幕显示亮度大幅度降低,从而提高了屏幕信号的信杂比。

(6) 回波扩展技术

回波扩展技术通过数字视频处理方法,对储存器中雷达传感器输入的数字回波图像信号进行扩展放大。回波扩展可分为方位扩展、距离扩展和方位距离扩展三个等级。方位扩展保持回波前、后沿位置不变,对回波进行横向扩展;距离扩展保持回波前沿和左、右方位位置不变,对回波后沿进行扩展;方位距离扩展则是前两者效果之和。回波扩展可以提高屏幕对小目标的检测能力,但会引起回波变形,使目标的屏幕分辨力下降。

5. 刻度标志产生单元

刻度标志产生单元产生刻度信号(如固定距标圈、活动距标圈、艏线、电子方位线等),帮助航海人员完成雷达目标观测、定位、导航和避碰功能。

(三) 信息处理器

信息处理器综合处理各传感器信息,按照综合航行系统综合信息处理原则,验证各传感器信息的完善性,实现目标跟踪和信息融合,为航海人员提供避碰功能。

(四) 综合显示与操作控制终端

综合显示与操作控制终端如图 1-2-2 所示,用于综合显示雷达信息,控制雷达的所有功能。

七、性能监视器

在航海实践中对雷达工作性能很难进行全面精确的监测。雷达性能故障(包括磁控管老化引起性能下降)若不能被及时发现,将给船舶航行带来极大的安全隐患。特别是当能见度不佳,或者航行环境简单无目标时,如何判断是雷达设备故障还是确实无目标回波,目前雷达无法实现自我检测并明示。IMO 雷达性能标准要求,自 2008 年 7 月 1 日起,船舶配备的雷达应符合其 5.7 条"雷达最优化和调谐"的规定,"当设备在工作状态时,应有措施(自动或手动操作)确定系统性能较设备安装标校时的标准有明显下降",在工程上通常认为"显著下降"为 10 dB 以上。对于国内航行船舶,《国内航行海船法定检验技术规则(2020)》规定,"应自动或手动操作以在设备处于工作状况时确定系统性能的严重下降情况(相对设备安装时校核的标准而言)"。

考虑到雷达部件中寿命有限元件和易损元件(如磁控管和 MIC)性能的下降或会严重影响雷达探测和目标跟踪性能,因此对雷达性能的监测也主要集中在这些关键的部件上。最简单的监测手段就是测量磁控管电流和晶体电流或查看调谐指示。

雷达性能监视器(Performance Monitor,PM)就是一个能指示雷达系统性能是否下降的辅助功能或装置,在整套雷达系统中属于选装装置。国内外关于船舶配备雷达性能监视器的要求早已生效。近年来,中国船级社等管理部门明确了要加强对雷达该功能进行检查的要求。

雷达性能监视器通过检测本机雷达发射信号的强度和接收机灵敏度,显示特定的性能监视回波信号图像,性能监视器能够方便地提供直观的图形显示,帮助驾驶员在一定的数值区间定性地判断收发机性能降低的水平,监测雷达性能。雷达设备安装使用后,随着工作时间的增加,性能逐渐降低,尤其是磁控管和 MIC 等寿命有限或易损元件。性能监视器可以帮助雷达技术人员在一定的数值区间定性地判断收发机性能降低的程度,为更换收发机备件提供依据。另外,在船舶周围没有其他目标时,可通过观察性能监视器图像完成雷达图像的调谐。

(一)性能监视器工作原理

PM 通过其收发天线接收雷达发射的短时(约 1 μs)高能脉冲微波信号,经检测如果接收功率达到一定的门限,则向雷达发出规则图案的同频回波;被雷达天线接收,并在显示器上成像;用户通过显示器观察,可以判断雷达收发通道综合性能是否有明显下降(10 dB)。为保证雷达接收正常,PM 发射的频率要和雷达发射的频率偏差很小,要求一个自动锁频控制(Automatic Frequency Control,AFC)即频率跟踪过程。另外,PM 要求能检测接收到的雷达功率,根据接收功率大小决定编码回波的发射功率,即 PM 要有一个功率跟踪的过程,为了和 AFC 对应,称之为自动增益(跟踪)控制(Automatic Gain Control,AGC)过程。

根据工作原理,雷达性能监视器可以分为有源雷达性能监视器和无源雷达性能监视器两种类型,每类监视器都由高频头和控制装置组成。

1.无源雷达性能监视器

无源性能监视器也称为回波箱式性能监视器,其高频头通常是一个可控的谐振腔(回波箱),有的还附加一个发射功率监测器,控制装置可以控制活塞的动作启动或停止监视器的工作,还可以调谐谐振腔的固有振荡频率。回波箱通常安装在雷达天线附近船尾方向辐射水平面下方(外置式)或在收发机内波导上(内置式),如图1-2-27和图1-2-28所示。雷达发射时,微波能量经衰减进入回波箱,雷达正常观测时,性能监视器开关关闭,控制活塞使回波箱处于失谐状态,不影响雷达观测。当闭合性能监视器开关时,控制活塞使回波箱处于谐振工作状态,进入回波箱的发射能量激起空腔谐振,并维持一定时间(如大于 5 μs),振荡能量经喇叭口输出被雷达天线接收或从回波箱返回,经接收系统处理后,在显示器上显示特定的回波图像。将该图像与标准图像比较,判断雷达工作性能。这种性能监视器体积和重量较大,结构和安装工艺复杂,工作稳定性差,对雷达性能的指示精度较低,价格比较高,目前仅有部分陈旧型号雷达仍在使用。

图 1-2-27　外置式回波箱

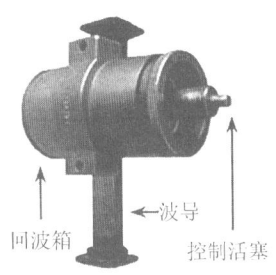
图 1-2-28　内置式回波箱

2.有源雷达性能监视器

现代雷达普遍采用应答器式有源性能监视器,如图1-2-29所示,其工作原理类似Racon。性能监视器由衰减探头、控制电路、信号产生器、微波振荡发射器等部分组成。

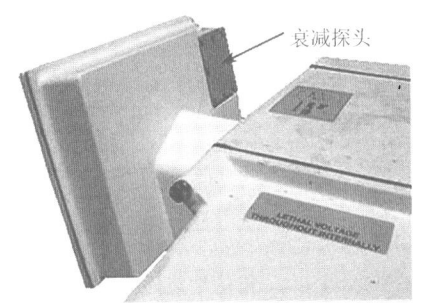
图 1-2-29　有源性能监视器

衰减探头安装在船尾方向天线水平面之下垂直波束的可见位置,控制电路提供工作电源,控制监视器工作和频率调整。监视器预置了不同级别的功率门限。性能监视器启动后,当衰减探头接收到的雷达辐射脉冲幅度超过某个预定门限时,信号产生器就产生一个与之匹配的延时编码信号,门限越高,延时越长。编码信号控制微波振荡发射器的输出经衰减探头向外辐射,辐射功率按照编码顺序递减,最后一个编码功率恰好处于雷达出厂安装时接收机最小可检测功率的临界点,辐射频率与所接收信号频率相同。辐射信号被雷达天线接收,接收系统性能越差,被检测出的编码就越少,经接收机处理,在雷达显示器上产生一个与发射和接收性能都相关的特定格式的图像,该图像能够在一定数值区间定性反映雷达发射和接收系统性能衰减情况。

(二)性能监视器成像

雷达性能监视器的编码图案回波可以有多种类型,但基本原则都是在显示器上能呈现规则的编码图案成像(环形、弧线、羽毛、波瓣等),一般能够与雷达的不规则回波区分开来。性能监视器功能开启时,选择大量程,配合宽脉冲宽度的设置,以增加 AFC 的检测时间,同时减少雷达在复杂环境中的回波图像对性能监视器观测的影响。

图 1-2-30 为 Furuno 某型号雷达性能监视器编码图像示例,该图像包含了一系列设定方位宽度和距离分隔(如 1.5 n mile)的圆弧。方位宽度取决于雷达天线方向性图。圆弧的最近距离和个数分别代表了发射和接收性能的衰减情况,如表 1-2-3 所示。

表 1-2-3 编码图像圆弧最近距离和数量与对应雷达发射和接收性能

发射性能		接收性能	
最近圆弧距离(n mile)	性能下降(dB)	圆弧数量	性能下降(dB)
12	0	4	0
9	3	3	3
6	6	2	6
<3 或没有	>10	1	>9
		0	>10

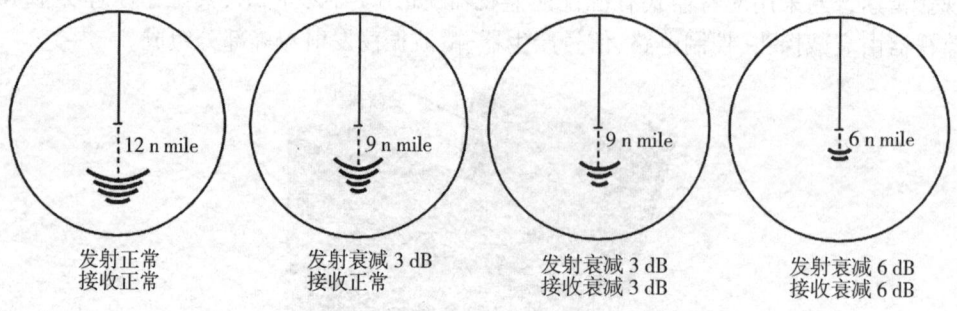

图 1-2-30 Furuno 雷达性能监视器编码图像

图 1-2-31 为 Consilium 雷达性能监视器图像,在雷达显示器上显示为一环形图案。环的距离正比于发射机的输出功率,正常情况下在 24 n mile 左右,当发射机的峰值功率降低了 10 dB 时,环形图案将出现在 12 n mile 左右;环的强度正比于接收机性能,当接收机性能降低了 10 dB 时,环形图案将从屏幕上消失;环的宽度代表了雷达调谐的质量,调谐最佳时,环的宽度最大。

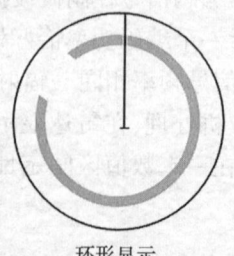

环形显示

图 1-2-31 Consilium 雷达性能监视器图像

图 1-2-32 为 JRC 某型号雷达性能监视器编码图像示例,该图像包含了一系列设定方位宽度和距离分隔的圆弧。可以增加或减小量程,使得最远的性能监视器成像点包含在 18 n mile 的 PM 图像中,对比雷达使用说明书,根据 PM 图像判断该雷达的工作状态。

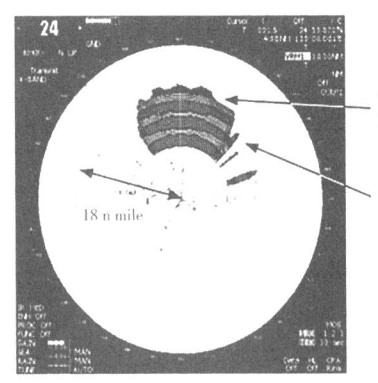

图 1-2-32　JRC 某型号雷达性能监视器图像

(三) 雷达性能监视器使用

雷达性能监视器是选装装置,安装后需要立即调试校准。雷达处于发射状态时,进入雷达安装初始化主菜单,选择雷达参数设置,选择性能监视器增益(Gain)并调整增益,调整过程中对比雷达操作说明书,观察 PM 图像变化,直至符合性能监视器的成像要求为止。注意,性能监视器的安装标校必须由雷达维保人员设置,雷达操作员不应去改变设置结果,以保证 PM 使用的正确性。一般雷达的初始化菜单都会添加加密保护,需要输入密码才能进入操作。

在开航前提前(考虑一旦发现故障后的雷达维护时间)使用雷达性能监视器监测雷达的收发性能。在空旷海域航行时,每个航行班使用性能监视器监测一次雷达性能。对雷达的工作性能有怀疑时,可随时使用性能监视器判断雷达的工作状态。雷达性能监视器的操作步骤如下:

(1) 在平静气象海况条件下,雷达正常工作 10~30 min,以保证雷达处于稳定工作状态。

(2) 选择操作说明书指定的性能监视器工作量程(如 24 n mile)。

(3) 将增益调整到较高水平,屏幕背景有较强的噪声斑点。

(4) 将接收机设置为自动调谐。

(5) 关闭海浪杂波抑制、雨雪杂波抑制、同频干扰抑制等所有杂波抑制控钮。

(6) 关闭扫描相关、回波扩展和回波平均等功能。

(7) 根据操作说明书选择合适的脉冲宽度,一般情况下应选择长脉冲。

(8) 根据操作说明书选择合适的雷达显示方式,一般情况下应选择艏向上相对运动。

(9) 使用雷达显示器面板上或屏幕菜单上的性能监视器开关(PM),启动性能监视器功能,显示屏上即出现性能监视器的监视图像。当操作者离开性能监视器菜单界面或在一定时间内(如 15 s)没有操作,性能监视器将自动关闭。

(10) 观察雷达性能监视图像,结合操作说明书,判断设备的发射功率、接收机灵敏度等性能。

雷达工作中,如果通过性能监视器成像显示发现雷达性能下降,应该及时报备并联系设备供应商。可以在每次航行结束时打开性能监视器成像进行观测,如发现问题及时报修。特别在开阔海域航行时,在雷达目标回波极少的情况下,也可以打开性能监视器进行观测,以确保雷达工作正常。注意每次使用性能监视器后,应及时关闭性能监视器,以免影响雷达安全使用。

八、新体制固态雷达系统

随着 2006 年 KELVIN HUGHES 公司研发出第一台无磁控管的新体制固态雷达传感器(Sharp Eye)应用于船舶导航,多家航海仪器公司也陆续推出了新一代固态收发机雷达。新体制固态雷达设计采用低功率、高稳定度的全固态器件发射设备取代磁控管,不需要预热和调谐,使用信号处理和智能滤波算法提高远程目标检测能力和分辨能力,其内置的多普勒信号处理技术可提高杂波抑制效果。对于满足 SOLAS 要求的船舶,目前新体制固态雷达仅限于 S 波段。

(一)固态雷达优势和局限性

全固态雷达(Solid State Radar)是一种高分辨率,低能耗的雷达系统,可在多场景中应用,如 VTS、海岸监视、智慧渔港和海洋牧场等,尤其在小目标的探测上表现突出。

1.固态雷达采用晶体管等固态器件,由于无磁控管,没有寿命受限元件,适宜长时间连续工作,平均无故障时间约达 50 000 h,雷达设备的维护成本大幅度降低。

2.固态雷达采用低功率设计,如 100 W~800 W。高能辐射射频脉冲设计,占空比(在发射周期内高电平持续时间所占的比率)高达 13%。

3.固态发射器件具有小型化、模块化、集成化、重量轻等特点。

4.在发射频率控制方面,部分固态雷达包含多频率用户选择功能。

5.固态雷达不需要进行预热可立即工作,使用中由于其信号频率的高度稳定性使得固态雷达不再需要进行调谐。

6.在雷达系统安装方式上,固态雷达类似于磁控管雷达,也分为桅上型和桅下型两类。可将雷达收发机单元和电机直接安装在旋转单元内,增强对近距离的覆盖和回波增强,电机不会暴露在大气环境中,因此极其增强了可靠性。

固态器件也有其局限性,比如磁控管的输出功率远大于固态器件,无须跟固态器件一样通过增加脉冲宽度来获得远距离的高方位分辨率,而使近距离的距离分辨率降低。虽然固态雷达可以通过脉冲压缩技术,通过对波形进行编码以便接收端可以采用与之相匹配的滤波器使信噪比达到最大化,产生一个与所用编码调制频率宽度相当的脉冲,以此来提高对复杂杂波中小目标的检测能力与距离分辨率。但是这种技术在复杂的海况下,回波形式可能因杂波与发射脉冲相互作用而发生变化,从而会产生严重的旁瓣干扰,会带来弱小目标丢失的问题。尽管磁控管存在输出频谱宽,频率不稳的问题,但随着雷达滤波技术、数据处理技术和磁控管注入锁频技术的不断发展,目前而言,磁控管仍是一种低成本、高功率的发射源,并将长期广泛应用于船载雷达。

(二)固态雷达探测技术

船用固态雷达的典型技术如下:

1. 脉冲压缩技术

固态雷达通过接收机数字脉冲压缩器实现脉冲压缩,即采用脉冲压缩技术。在接收机内对宽脉冲回波进行压缩处理得到窄脉冲的信号处理技术称为脉冲压缩技术。这种技术可以大幅度降低发射脉冲峰值功率,实现收发完全同步,较好地解决传统脉冲雷达探测远距离弱小目标与提高目标距离分辨力的矛盾,消除雷达近距离盲区,分辨径向速度不同的目标,有效地识别有用回波和杂波。

船用固态雷达的发射机采用的是固态形式的微波功率放大器件,产生中频信号,经过混频单元变频,再通过固态发射机,经天线辐射出去。固态雷达发射机输出一组特定次序的发射脉冲,包括一个 $0.1\ \mu s$ 短脉冲和两个扫频带宽约 20 MHz 的非线性调频脉冲(中脉冲和长脉冲),每个脉冲采用宽度和编码混合设计,具有唯一性,便于在接收端实现脉冲压缩。

2. 脉冲多普勒技术

固态雷达采用的脉冲多普勒技术,可提高雷达在外界杂波干扰下探测小目标的能力。通过检测雷达与目标之间的多普勒频移,从而得到雷达与目标之间的相对径向速度,采用滤波技术削弱杂波而突出杂波干扰下的运动小目标。因此,固态雷达与传统脉冲体制雷达相比有更好地抑制雨雪杂波的效果。

3. 相参技术

新体制固态雷达采用了相参技术,利用多普勒原理处理目标相对航速的径向分量,对回波在集成窄带滤波器和特定的速度区域中进行滤波处理,能够较好地分离目标和杂波,有效地提高了雷达在海浪和雨雪杂波干扰环境下对运动弱小目标的检测能力。

(三)固态雷达基本操作

图 1-2-33 所示为 Wärtsilä 公司开发的新体制 NACOS Platinum 固态雷达,该雷达使用稳定高功率固态收发器。该雷达的 14 英尺 S 波段天线采用轻量化、低剖面的设计。固态雷达天线外罩采用玻璃纤维环氧复合材料,变速箱核心为电机齿轮组件,固态脉冲压缩收发机包含在齿轮箱外壳内。其信号处理和智能滤波算法实现目标跟踪和显示,采用内置的多普勒处理技术实现杂波抑制。在操作方面,该雷达设备无须预热和调谐。除了具备固态雷达的所有特点,它采用全数字信号生成和处理,其距离分辨率比磁控管雷达高 10 倍,维护工作简单。

固态雷达S波段天线　　固态雷达显示器

1-2-33　**NACOS Platinum 固态雷达**

近年来固态器件发展迅猛,但固态雷达造价处在高位,固态器件也不易实现,固态器件能够适应的脉冲宽度在 60~70 ns,但磁控管在这方面还可以继续研究。虽然固态雷达与磁控管

雷达在原理上截然不同,但是基本操作,如开关机、雷达图像调整等操作,与磁控管雷达的操作基本一致。固态雷达易于集成现代故障诊断系统,内置完善性测试模块能够随时全面监测雷达设备工作状态,对故障及时给出报警和诊断提示信息,并能通过远程诊断系统完成设备维护工作,提高了雷达的海上应变能力。

(四)固态+磁控管雷达混合装配

目前,混合双机型装配模式融合了固态雷达技术和磁控管雷达技术,可以最大程度弥补两类体制雷达各自的局限性。比如,由一个固态收发机,一个磁控管收发机和同一套天线组成一种双机型雷达。全固态雷达作为主用雷达提供主要的雷达监视功能,而磁控管收发机作为备用雷达增强整套雷达系统的可靠性、经济性和高效性。既有固态雷达的优势,也有磁控管雷达的优势,降低了用户使用双固态收发机的成本。这种装配模式不仅可以用于船舶导航,也可以用于海岸监视。

九、多雷达系统

根据 SOLAS 公约要求,所有 3 000 总吨及以上船舶应至少安装两台套雷达系统,以达到互为备用,提高雷达设备可用性的目的,其中至少一台套必须为 X 波段。若船舶装配了多台雷达,可以选装雷达互换装置(Interswitch unit),还可以借助多雷达视频分配和视频叠加技术实现多雷达系统的装配。雷达系统对单台雷达系统故障有安全保护,当综合信息失败时,系统会自动产生故障报警。

(一)双雷达系统

按工作波段会出现两种不同的船舶双雷达配置,即两台套 X 波段雷达系统配置的同频双雷达系统,或一台套 X 波段和另一台套 S 波段雷达系统配置的异频双雷达系统。由于异频双雷达系统性能各异,实现了优缺点互补,因此船舶装备的异频双雷达导航系统具有较强的可靠性,因此,一般船常采用异频双雷达系统。雷达的最大作用距离与工作波长的平方根成正比,从在大气中的衰减看,波长越长,衰减越小,最大作用距离也越大。雷达工作波长决定脉冲前沿时间的长短。工作波长小,则脉冲前沿时间短,有利于提高测距精度,同时脉冲前沿时间短也有利于缩短脉冲宽度,提高距离分辨力。雷达工作波长越短,天线水平波束宽度越窄,则方位分辨力和测方位精度越高。正常天气时,X 波段雷达使用性能优于 S 波段雷达;雨雪天气或海况不佳时,则 S 波段雷达使用性能优于 X 波段雷达。

在同频双雷达系统中,可以互换的部件是天线、收发机、显示器、电源等,但天线与波导只能同时转换。在异频双雷达系统中,由于发射机、天线及微波传输线只能工作于同一波段,故不能单独转换,只能作为一个整体互换。显示器和电源可单独互换。采用互换装置实现的双雷达系统组成示意图如图 1-2-34(a)所示,互换装置实际上是一种开关转换电路。

图 1-2-34(b)显示了连接到局域网的雷达和控制信号的处理。如果将设置从 1 号雷达头切换到 2 号雷达头,2 号雷达回波将显示在 1 号雷达显示器上。视频信号处理,如回波扩展、回波平均和尾迹显示,可以在接收视频信号端的处理器单元完成信号控制。信号处理(如目标捕获和跟踪)是独立进行的,并将其输出到网络上。在自动标绘过程中,在切换端可以设置矢量模式/时间、航迹采样间隔时间和安全门限 TCPA/CPA。

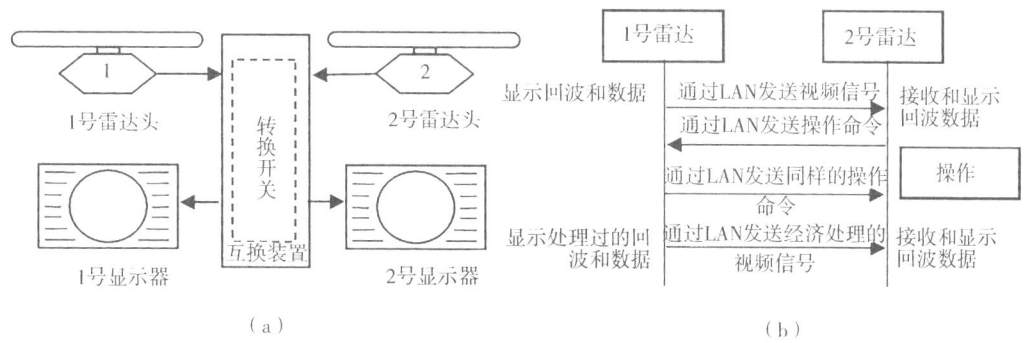

图 1-2-34 双雷达系统

从实际需求出发,雷达视频信息常常需要输出到其他航海仪器,如 ECDIS 和 VDR。此外,在大型船舶上,驾驶台两翼以及驾驶台之外的其他重要处所(如船长室)也常常需要进行雷达观测或航行监视。这就要求雷达传感器除了与主信息处理与显示系统连接外,还需要将视频信息输出到其他设备或其他副雷达信息处理与显示系统。能够完成这种功能的装置,称为雷达视频分配器。有些雷达信息分配器还具有信息缓冲能力,并可以连接计程仪、GNSS 接收机和陀螺罗经等数字化导航传感器。

(二)多雷达系统

一个多雷达系统可以包含多个已配置的正常运行的雷达系统。每台雷达都通过局域网连接,这样就可以将数据输入到一个雷达监视器以供操作者使用,如图 1-2-35 所示。提供雷达视频数据的主显示器通过将雷达互换装置连接到一个或多个从显示器单元,驾驶人员可通过菜单指定主显示器和从显示器。在任何显示系统中,都可以对雷达回波进行观测,但是只有主显示器能够操控雷达系统。

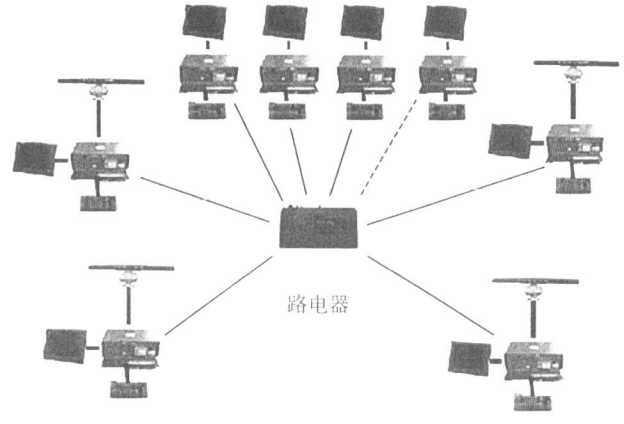

图 1-2-35 多雷达系统

Sperry 某型号多雷达互换操作菜单如图 1-2-36 所示。列出了当前信息处理与显示系统(Display C)可切换的雷达传感器列表(Transceiver A~F)和正在使用的传感器(Transceiver C),高亮显示为可选的传感器(Transceiver C 和 E),不可选的传感器显示灰色。点击对应的单项选择按钮,可实现雷达互换。后者指示当前每一个信息处理显示单元与传感器的连接控制状态(主控或辅控)。如果设备未工作,则显示灰色,但仍显示它们与传感器的连接状态。

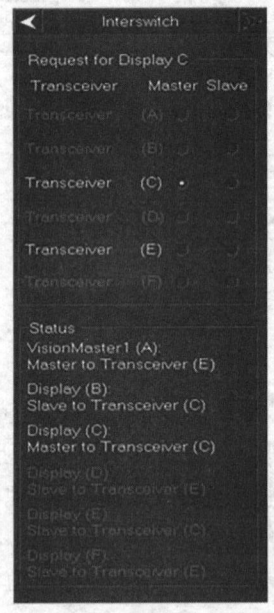

图 1-2-36 多雷达互换操作菜单

FURUNO 某型号多雷达系统初始化参数设置如表 1-2-4 所示。需要注意的是,为了使雷达的内部切换功能在网络之间正常工作,需要设置指定给网络的 IP 地址、子网掩码、默认网关和目的地址。当多部雷达与 LAN 连接时,通过在菜单中设置雷达编号,可自动分配雷达 IP 地址,若 IP 地址有误,可能导致雷达数据通信错误。更改与 LAN 连接的 IP 地址后,应重新启动与 LAN 连接的其他雷达和电源。

表 1-2-4 多雷达系统初始化参数

菜单	子菜单-1	子菜单-2	详细信息
INSTALLATION	RADAR	MAIN/SUB	设置雷达为主雷达(MAIN)或从雷达(SUB,仅作为监视器)。当设置为 SUB 时,发射被禁用。雷达监视信号从主雷达输入
	RADAR NO	1/2/3/4/5/6/7/8	当系统联网时,设置本船雷达天线编号。与局域网相连的多雷达信息可以在信息框菜单中显示,可以通过信息框(雷达互换装置功能)切换选择所有雷达天线。多雷达系统的 IP 地址可在初始化菜单中查看,IP 地址自动分配给各编号雷达。编号分配如下: 1~4 号:带发射单元(TR unit) 5~8 号:无发射单元(TR unit)
	RADAR POSN	FORE/MAINTOP/MAIN2^{ND}/MAIN3^{RD}AFT/PORT/STARBOAPD	雷达天线位置参考,此设置不用于信号处理

第三节　雷达基本操作

本节作为雷达操作入门知识,概要介绍雷达主要控制的基本操作要领及开关机的一般步骤。

一、雷达基本控件

雷达控钮可分为电源控钮、图像质量控钮、杂波抑制控钮、辅助控钮、观测控钮和显示方式控钮六大类。除了电源控钮之外,多数雷达可以通过屏幕软面板菜单和控制来控制雷达的全部功能,涉及雷达性能的关键控制还可以通过硬面板开关和控钮精确调整。

（一）电源控钮

涉及雷达电源控制的控钮包括雷达总电源、雷达电源开关和天线安全开关。雷达设计可以全天候24 h运行,除了磁控管是寿命有限元件之外,在航行期间应避免频繁启闭雷达电源开关。

1. 船电开关

雷达都设有专用的电源闸刀,通常应处于闭合通电状态。有的雷达在各机箱内设有加热驱潮电阻,当雷达不工作时,船电为其加热。

2. 电源开关

在雷达显示器操作面板上启动雷达电源开关(Power)后,除了发射机特高压电源之外,雷达所有部分都加载了电源。3 min之后,延时继电器触点闭合,雷达发射机进入准工作状态。此时屏幕指示"Standby"(预备)。

3. 发射开关

发射开关(TX或Transmit)用于控制雷达发射机的工作。当雷达处于预备状态时,启动此开关,雷达开始工作。再次操作此开关,雷达返回预备状态。

使用发射开关应注意的事项：

(1)工作间歇期暂时不用雷达时,应将雷达置于预备状态,以延长磁控管寿命。

(2)长期未使用的雷达,开机时应延长预备预热时间,驱除机内潮湿气体,让磁控管充分预热。

(3)更换新磁控管时,应注意严格按照磁控管熟练操作步骤,将雷达预热30 min以上。

4. 天线安全开关

很多雷达在天线基座上还设有安全开关,当技术人员进行设备维护工作时,可以断开此开关,保护人员安全。

（二）图像质量控钮

控制雷达图像质量的主要控钮有屏幕亮度、增益、调谐和视频亮度（对比度），控制雷达图像的辅助控钮，如回波扩展、回波平均等。

1.屏幕亮度

传统 PPI 雷达亮度控制的是扫描线本身的亮度，雷达图像刷新率与天线的扫描周期一致，大约需要 3 s，屏幕亮度的保持需要依靠荧光粉的余辉实现，因而无法实现高亮度显示。现代光栅扫描雷达与传统的 PPI 雷达的亮度控制原理完全不同。现代雷达显示器采用了计算机监视器，亮度调整是通过控制高达 100 Hz 以上的光栅刷新率来完成的，因而能够非常方便地实现高亮度扫描，屏幕亮度的调整只要与环境光配合适度即可。

2.增益

增益控钮用于改变雷达接收单元中频放大器的放大量，调整增益控制时，雷达图像应出现回波和噪声强弱的变化，其初始最佳调整位置应使噪声斑点刚刚看得见。如图 1-3-1 所示。

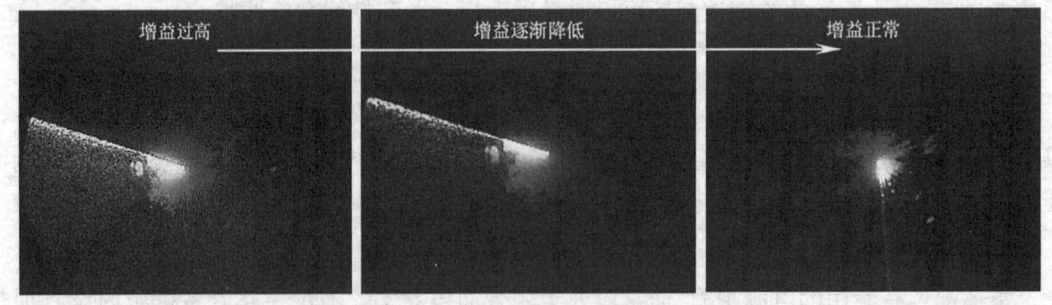

图 1-3-1　增益调整

值得注意的是，有些船载雷达在开机后会自动调用噪声抑制处理程序，因此，在调整增益后无法显示明显的噪声，此时调整增益应重点注意观察回波显示区域的弱目标，不能在减小增益时使弱回波消失。

当校准雷达测距、测方位误差时，在精确测量参考目标之前，应适当降低雷达增益，这可以在一定程度上提高测量精度。

3.调谐

调谐控钮用于调整本振输出频率，保证变频器的输出稳定在额定中频。雷达设有调谐指示，调整时应使调谐指示为最大，然后再仔细调整该控钮，使回波饱满清晰。调谐位置不佳时，会出现回波边缘不清晰、亮度不饱和、视频稀疏、对比度差等现象。由于雷达发射频率随电压和温度等环境因素的变化随时漂移，因此现代雷达都设有自动调谐（AFC/AUTO-TUNE）控制，随时保持调谐处于最佳状态。使用自动调谐时，建议首先人工调谐雷达到最佳状态，然后开启自动调谐，对比人工调谐与自动调谐图像的差别，确认自动调谐效果满意，方可使用。

（三）杂波抑制控钮

现代雷达的杂波抑制控钮包括海浪抑制（SEA/STC）和自动海浪抑制（AUTO-SEA）、雨雪抑制（RAIN/FTC）和自动雨雪抑制（AUTO-RAIN）、同频干扰抑制（RIC/IR）、回波扩展（ECHO-STRETCH）、回波平均（ECHOAVERAGE）、噪声抑制（NOISE REJ）和扫描相关（SCAN CORRE-

LATION)等。

1. 海浪抑制和自动海浪抑制

海浪抑制又称灵敏度时间控制、扫描增益或近程增益控制,用于抑制近距离海浪反射杂波。其调整准则是根据实际海况的观测需要适当调整 STC,尽可能保证发现海浪中弱小回波或清楚观测所关注的目标,切勿将 STC 调整过深,否则会导致弱小目标的丢失。

自动海浪抑制可以自动控制与接收电平对应的 STC 波形电平。它计算出与近距离信号电平对应的最佳海杂波衰减曲线,并产生 STC 电压。确定衰减曲线的参数包括计算模型、STC 条件、海况、缺省天线高度以及初始化菜单中的近/中/远 STC 曲线。自动海浪抑制和自动雨雪抑制功能应在回波环境简单的雨雪覆盖海域使用。在艏向上的不稳定显示方式下,船舶偏荡引起回波不稳定,弱小目标容易被自动系统当作杂波抑制。因此,有的雷达设计在艏向信号丢失后,会禁止自动海浪抑制功能。除了使用同频干扰抑制控件,也可以更改发射波段。

2. 雨雪抑制和自动雨雪抑制

雨雪抑制能够较好地抑制雨雪干扰,同时提高回波的距离分辨力。其调整准则与 STC 类似,应根据实际降水情况和观测需要适当调整 FTC,尽可能保证发现雨雪中弱小回波或清楚观测所关注的目标,切勿将 FTC 调整过深,否则会导致弱小目标的丢失。

与自动海浪抑制类似,自动雨雪抑制通常适用于回波环境简单的雨雪覆盖海域。如果雨雪中各种回波强度反差较大,设备的厂家和型号不同,雷达处理效果不一定完全一致,因此应根据观测效果谨慎使用,避免自动系统将弱小回波当做杂波抑制。

3. 同频干扰抑制

同频干扰通常发生在狭水道或港口等船舶密集的区域,而且常常是多台雷达相互作用,对雷达观测干扰极大。由于同频干扰抑制采用了扫描相关检测技术,对相邻的两条或多条扫描线做相关检测,因此使用时,对于回波不稳定的弱小目标抑制非常大。一般是在同频干扰对雷达观测构成严重影响时才应使用。

4. 回波扩展

回波扩展技术通过数字视频处理方法,对储存器中雷达传感器输入的数字回波图像信号进行扩展放大。

5. 回波平均

回波平均基于扫描相关技术,用于突显目标信号,将其与海杂波、雨杂波等不需要的信号区分开来,对连续两幅或多幅画面的回波强度进行平均化处理,稳定可靠的回波强度基本保持不变。而杂波干扰经平均后,屏幕显示亮度大幅度降低,从而提高了屏幕信号的信杂比。

6. 噪声抑制

当白噪声出现在整个雷达屏幕上时,可以开启噪声抑制功能。噪声抑制处理时,接收信号被输入延迟电路,并通过电路延迟端子的输出平均处理输出。通过平均化过程,强信号变弱,弱信号(如噪声)的电平降低。

7. 扫描相关

扫描相关应在方位稳定的显示方式下工作,当方位稳定装置失效 1 min 之内,扫描相关功能将自动关闭。扫描相关能够有效地消除屏幕杂波和噪声,但在大风浪中对目标边缘信息的损失也很大,尤其容易丢失近距离高速运动和近距离大幅度转向的弱小目标。

以上这些技术对回波处理的效果在很大程度上取决于雷达的硬件以及软件环境,因此不同时期和不同型号的雷达,同样的功能可能存在着较大的差异。

(四)辅助控钮

雷达面板还设有辅助控制控钮,如中心调整、面板亮度调整、标绘照明控制、艏线消隐、性能监视等,其详细功能如下:

(1)中心调整(OFF-CENTER),也称为偏心显示,用于调整控制扫描起始点的位置。部分型号雷达设置两个控钮,分别控制起始点左右和上下移动。船舶进出港或需要扩大显示某区域回波范围时可使用此功能。需要注意的是,使用偏心显示时,若需要使用 EBL 测量目标方位,应注意 EBL 的起始点位置,避免产生方位测量误差。

(2)面板亮度调整(PANEL ILLUMINATION)。面板亮度用来调整操作面板上控钮指示灯和显示菜单的亮度,以便适应在各种环境光线下识别雷达面板控钮和菜单的位置。

(3)标绘照明控制(PLOTTING ILLUMINATION)。传统 PPI 雷达设有标绘照明控钮,用于调整屏幕周围刻度盘的亮度,照明亮度应以不影响雷达屏幕观测为宜。

(4)艏线消隐(HL)。一般情况下,此功能设置为一个自动复位按键。按住此按键时,艏线暂时消失,以便于观测被艏线覆盖住的目标回波;松开按键时,艏线恢复原状。部分雷达的艏线消隐功能会将屏幕导航附加信息同时消隐,如固定距标圈、活动距标圈、电子方位线、PI 线等信息,但是这些附加信息会随艏线的恢复而恢复。

(5)性能监视(PM)。性能监视器是雷达选购部件,该设备用于监视雷达性能。尤其在平静的大洋上航行时,如果周围没有可观测目标,可以借助性能监视器确定雷达设备的"健康"状况。

(五)观测控钮

观测控钮用于测量目标位置和判断目标动态。直接用于测定目标位置的控钮通常包括量程(RANGE)选择、尾迹(TRAIL)、固定距标圈(RR)、活动距标圈(VRM)、电子方位线(EBL)和光标(CURSOR)等。

(1)量程选择。雷达性能标准要求,雷达应提供 0.25、0.5、0.75、1.5、3、6、12 和 24 n mile 的量程。一般情况下,雷达在以上强制设置的量程之外还设计了其他量程,常见的最小量程有 0.125 n mile,最大量程 96 或 120 n mile。改变量程时,雷达发射机和接收机的多项技术参数随之改变。

(2)尾迹。现代雷达普遍具备尾迹显示功能,用于判断目标动态。尾迹长短通常可以在 30 min 之内以分钟步进调整,并可以随时清除尾迹。尾迹分为相对尾迹和真尾迹两种,真尾迹又有对水和对地之分。

(3)固定距标圈。RR 为雷达提供了度量目标距离范围的参考刻度标识,雷达用于导航时通常将 RR 显示出来,但亮度不宜过强,避免影响对目标的观测。在 0.75 n mile 以下量程,RR 一般为 3 个,甚至 2 个;而在 1.5 n mile 以上量程,通常有 6 个 RR。

(4)活动距标圈。雷达至少提供 2 个活动距标圈 VRM,用于精确测量目标的距离。如果目标在海面雷达探测地平之外,其前沿不能被探测到,应该测量目标回波的后沿。

(5)电子方位线。雷达至少提供 2 条电子方位线 EBL,应能够相对艏向测量和相对真北测量,可测量工作显示区域内任意点目标的方位,在显示边缘最大系统误差为1°。

(6)光标。现代数字雷达屏幕上光标的位置以相对本船的距离和方位指示出来,如果将光标设置为L/L(经度/纬度)显示模式且GNSS数据有效时,将光标放置于被测目标回波上,则可读取到目标的位置数据。在光标数据显示区域,光标位置有连续的数字示值,提供测量自统一公共基准点的距离和方位,和/或光标位置的经度与纬度,二者交替或同时显示。

(六)显示方式控钮

关于显示方式,前面已经讨论过。这里需要补充的是,使用真运动显示方式时,除了运动中心重调(Reset)按钮之外,雷达一般还设有手动速度输入、航迹校正和零速开关。

手动速度输入用于人工输入船舶速度,代替计程仪或电子定位系统自动输入船舶速度。

航迹校正用于输入风流压差,如果输入准确,可以通过这种方法获得对地速度。

在真运动显示方式时,使用零速开关,可以暂时停止真运动显示。实际上,这时的屏幕相当于相对运动偏心显示方式。雷达提供的偏心显示将所选天线位置设定在距工作显示区域中心至少50%半径范围内的任意点,一般在离工作显示区域中心至少50%但不超过75%半径范围内的任意点,这是可提供自动设定本船位置以便获得前方最大视野的便捷措施。

雷达性能标准给出了雷达显示器上导航相关图标标识和信息,部分常见的雷达和AIS图标标识如表1-3-1所示。

表1-3-1 本船图标标识

图标标识名称及说明	显示图标标识
本船—真实比例轮廓。与本船图标标识同色的粗实线显示本船真实比例轮廓,指向舯向,舯向始于CCRP	
本船—简化图标标识。在海图模式下(有或没有雷达图像)本船显示为简化图标标识	
本船—最小化图标标识。在雷达模式下本船显示为包含舯线和正横线的最小化图标标识	
雷达天线位置	
速度矢量。与本船图标标识同色的粗短划线,始于CCRP,沿COG或CTW延伸,长度为用户选择时间间隔内本船航程	
过去航迹—过去位置。在过去航迹线上与本船图标标识同色的直径小于1.5 mm的实心圆点,以用户选择的时间增量内本船航程为间隔排列	
雷达跟踪目标。雷达跟踪目标显示为以目标跟踪位置为中心直径为3 mm的粗实线圆	
雷达跟踪目标—危险目标。判断为危险的雷达跟踪目标,显示为直径5 mm的红色圆	

续表

图标标识名称及说明	显示图标标识
休眠 AIS 目标。指向为艏向或 COG(艏向信息缺失时),与目标图标标识同色的粗实线构成的等腰锐角三角形,中心为目标报告位置	
AIS 报告目标速度矢量。短划线始于目标跟踪/报告位置,延伸向 COG 或 CTW,长度为本船速度矢量的时间间隔内目标的航程。危险目标显示为红色并闪烁	
丢失雷达目标。丢失目标图标标识显示为以目标图标标识为中心的 2~3 mm 红色实线"×",用户确认前一直保持闪烁,确认后丢失目标图标标识和其目标图标标识从显示区域删除	

二、雷达基本操作方法

(一)开机前准备工作

雷达开机前应做好准备工作,首先要确定天线上是否有人员或障碍物,特别是大风浪过后,应仔细检查天线周围是否有索具脱落,影响天线的转动。

开机前还应当检查操作面板上重要控钮的位置是否合适,应将所有抗干扰控钮和回波增强处理控制预置在最小(不起控)位置。

(二)开机步骤

(1)开启雷达电源,等待 3~5 min 用以磁控管预热;
(2)待雷达进入"预备"状态,将发射开关置"发射";
(3)调整亮度,应使屏幕亮度与环境适应,适于观测;
(4)调整增益,使噪声斑点刚刚看得见;
(5)调整调谐,在调谐指示达到最大时,再微调调谐确认回波饱满、清晰;然后置调谐于自动调谐,并确认回波质量不低于手动调谐的最佳效果,否则采用手动调谐;
(6)需要时,使用各种抗干扰电路和雷达图像质量辅助控制装置。

值得注意的是,当雷达电源关闭后不久重新启动时,磁控管保持已预热状态。在这种情况下,可以缩短预热时间。预热时间的变化来自于 SPU 板上电容器检测电压的变化。

(三)关机步骤

(1)将所有抗杂波控钮置于关闭状态;
(2)将雷达电源关闭。

值得注意的是,若关机前更改雷达设置,需要至少等待几秒钟,然后关闭电源,这样更改的设置才能保存在闪存中。

(四)操作注意事项

光栅扫描雷达采用高性能监视器,实现了高亮度显示,且所有量程的亮度均匀,不存在"疲劳"现象,因此在量程改变、关机和开机时的操作就简便多了。开关机时通常只开关电源,并注意将所有的杂波抑制控钮设为最小(不起控),而无须进行其他控钮操作。对近年生产的综合航行系统(INS)中的雷达设备,不使用雷达时,可将雷达置于预备状态,以保持INS的系统设置。

现代光栅扫描雷达图像不存在屏幕边缘失真,选择量程时,可以选择包含目标的最小量程,将目标显示在工作显示区域半径1/2之外,获得雷达的最大观测精度。光栅雷达采用了数字信号检测与处理技术,一方面将原来在模拟信号系统中无法检测出来的目标边缘的微弱回波信息更多地保留下来,采用了更为复杂的视频分层技术;另一方面在技术上还需要进一步完善,降低量化、坐标转换和信号处理等诸多环节的系统误差和随机误差。高性能监视器扩展了屏幕的动态范围,有效地控制了屏幕饱和,因此在操作光栅显示器时,可以适当提高亮度和增益,有利于改善数字信号处理技术引起的回波闪烁现象。

第四节 雷达误差校正

雷达误差包括距离误差和方位误差。就雷达测距和测方位而言,涉及的误差包括了系统误差、随机误差和使用者操作误差三类。作为电子电气员,应根据航行环境对雷达系统误差做出判断并能够校正系统误差。

一、雷达测距误差

雷达测距误差包括定时误差、统一公共基准点误差、像素误差、脉冲宽度误差、活动距标圈误差等,其中像素误差、脉冲宽度误差不涉及维护校正,在这里仅介绍定时误差、统一公共基准点误差和活动距标圈误差导致的距离误差。

(一)定时误差

由于天线单元与处理器单元之间的信号传输线长度不同,扫描定时存在差异而产生定时误差。如果安装了多部雷达天线,应补偿所选天线距离测量误差。典型现象:0.25 n mile 量程上的"平直"目标(例如防波堤、桥墩),其回波将在屏幕上显示为内凹或外凸,显示的目标回波距离也不准确。具体的调整方法与不同厂家不同型号的雷达有关,通常包括以下步骤:

(1)在气象海况平静、靠泊或锚地周围环境适宜的情况下,选择北向上相对运动显示方式,雷达量程不大于0.25 n mile,使用雷达测量选择的某明显固定目标的距离,与通过海图作图获得的距离比较,获得雷达系统距离误差。

(2)参考所用雷达技术说明书,按照说明书规定的步骤进行调整。现代雷达只要按照说明书操作显示器菜单调整目标回波相对雷达图像扫描起始点的延迟时间即可完成。

(3)电源维护保养调整后须核实剩余误差,确认雷达测距系统误差满足标准要求。

(二)统一公共基准点误差

自本船的测量(例如距离标识圈、目标距离和方位、光标、跟踪数据)均相对于统一公共基准点CCRP(例如驾驶位置)。雷达性能标准要求,如果安装了多部天线,雷达系统应提供对每部雷达天线不同位置的偏差补偿方法。当选定任何雷达传感器时,雷达应自动实现偏差补偿。雷达 CCRP 偏差补偿设置应在安装时完成,偏差补偿量的不准确会导致在雷达显示器上测量目标的距离时产生相对于 CCRP 的距离误差。设置前首先应校准雷达定时误差,然后按照技术说明书规定的步骤设定和调整 CCRP 的位置。调整步骤与定时误差调整类同。

(三)活动距标圈误差

雷达至少提供 2 个活动距标圈 VRM,VRM 用于精确测量目标的距离,VRM 存在误差会导致测量目标距离产生误差。对于 PPI 雷达而言,VRM 误差校正工作一般可随时查验,或至少每个航次或每个月(取较小者)查验一次。使用前可与 RR 校准,该项现代雷达不需要驾驶员单独校准 VRM。雷达性能标准要求,固定距离圈 RR 的系统精度应为所用量程最大距离的 1% 或 30 m,取较大者。

二、雷达测方位误差

雷达测方位误差包括波束宽度误差、像素误差、艏线误差和罗经复示器指示误差、统一公共基准点误差、天线主瓣偏离角与波束不对称误差等。其中波束宽度误差、像素误差、天线主瓣偏离角与波束不对称误差等不涉及维护校正,在这里仅介绍电子电气员工作中需要关注的艏线误差和罗经复示器指示误差、统一公共基准点导致的方位误差。雷达性能标准规定,不考虑稳定传感器和传输系统类型的局限,当船舶回转速率基本与相应船级规范相符时,雷达显示的方位校正精度应在 0.5° 之内。

(一)艏线误差

艏线是当天线主波瓣指向与船舶龙骨平行时,在屏幕上产生的一条亮度增强的扫描线。艏线是雷达测方位的基准线,其误差会引起雷达目标测量的相对方位和真方位的误差。艏线误差的查验工作一般每个航次或每个月(取较小者)进行一次,以保证雷达测方位精度。

现代雷达艏线以电子方式产生只需打开显示器雷达操作菜单调整目标回波相对艏线延迟时间即可消除方位误差,具体的调整方法与不同厂家不同型号的设备有关,通常包括以下步骤:

(1)在气象海况平静、靠泊或锚地周围环境适宜的情况下,选择艏线向上相对运动显示方式,在 0.125 和 0.25 n mile 之间选择一个静止目标回波,最好位于艏线附近,操纵 EBL 控钮测量并读取目标方位。用雷达和方位分罗经同时观测同一目标的相对方位,计算出相对方位误差。若是海图上能找到该目标,也可以测量海图上静止目标的方位,计算出实际方位和雷达屏幕上测量方位的误差。

(2)参考所用雷达技术说明书,选择方位调整菜单,按照说明书规定的步骤调整回波相对于艏线的方位,直到相对方位误差消除。

(3)调整后需核实剩余误差,确认雷达艏线误差满足标准要求。

(二)罗经复示器指示误差

罗经复示器指示误差会产生雷达艏线和目标真方位读数的固定误差。消除这种误差可以通过对比雷达罗经复示器与主罗经的方位示数,将示数调整到与主罗经一致即可。罗经复示器指示误差的查验工作一般每个航次或每个月(取较小者)进行一次,以保证雷达测方位精度。

(三) 统一公共基准点误差

雷达 CCRP 偏差补偿设置应在安装时完成,偏差补偿量的不准确会导致在雷达显示器上测量目标方位时产生相对于 CCRP 的方位误差。设置时应按照技术说明书规定的步骤设定和调整 CCRP 的位置。

FURUNO 某型号雷达初始化参数设置设有密码保护,雷达测距和测方位校准、天线位置、Conning 位置等部分参数设置如表 1-4-1 所示。

表 1-4-1 雷达初始化设置部分参数

菜单	子菜单-1	子菜单-2	详细信息
ECHO ADJ	CABLE ATT ADJ	AUTO/MANUAL (0~73)	输入到处理器单元的视频信号的电平取决于天线电缆的长度。此功能补偿天线电缆造成的信号损失 AUTO:根据噪声级通过计算自动进行调整 MANUAL:手动进行调整以产生少量噪声
	HD ALIGN	(0°~359.9°)	艏线误差校准,用于校正目标及其回波的方位误差
	TIMING ADJ	(0~409 5)	由于电路和天线系统传输线导致的发射延时(TXdelay)调整,用于校正目标及其回波的距离误差
	DEFAULT ANT HEIGHT	5/7.5/10/15/20/25/30/35/40/45 m More 50 m	选择自海平面的天线高度
OWN SHIP INFO	SCANNER POSN	BOW (0~999 m)	指示雷达天线在本船标记中位置的数据。还可以将雷达天线位置成为参考点[可在雷达显示屏幕上的(REF POINT)框中显示]
		PORT (0~99 m)	
	GPS1 ANT POSN	BOW (0~999 m)	设置 GPS 天线位置。该数据用于计算光标位置(纬度、经度)。GPS 的输入端口为: GPS1:导航端口 GPS2:日志、航迹控制、HDG、RS-232、局域网(INS)
		PORT (0~99 m)	
	GPS2 ANT POSN	BOW (0~999 m)	
		PORT (0~99 m)	
	CONNING POSN	BOW (0~999 m)	设置 Conning 位置,指示本船标识中的 Conning 位置。可以将 Conning 位置设置成为测距、VRM/EBL 标记和光标的参考点[可在雷达显示屏幕上的(REF POINT)框中显示]
		PORT (0~99 m)	

第五节 雷达的安装、验收与维护管理

一、雷达安装

雷达探测到的信息对船舶航行安全具有重要作用,雷达正确的安装有助于最大限度地发挥其性能。雷达设备的安装和初始化设置通常在船舶建造、修理或在港期间,由船舶所有人,或船舶设计者,或船厂,或雷达生产商,或雷达供货商指定的技术人员完成,电子电气员对设备位置的确定负有一定责任,并负责安装后的验收工作,验收后由船长签字认可。对于电子电气员来说,了解雷达安装的相关知识及其注意事项,对雷达安装监督、验收是十分必要的。

(一)安装前勘验与准备

安装雷达前的勘验准备工作非常重要,如果必要,电子电气员应协助准备相关文件,通常包括:

(1)从船舶首尾及左右舷和俯视视角提供详细的船舶配置比例图,标识已经安装在船的雷达设备天线与其他设备天线的位置,标识雷达天线位置周围的建筑结构和可能的货物装载,比如桅杆、烟囱、高层建筑和可能的集装箱货物等,避免影响雷达性能。还应当标识天线附近的旋回物件,如起货吊杆工作时的转动范围。

(2)图示标识雷达天线的选位及其最大旋转空间。

(3)在驾驶台布置图上标明雷达显示器、收发机等设备单元的安装场地。

(4)雷达生产商提供雷达安装手册,审验设备型式认可证书,确认雷达各单元安装位置及其连接易于操作,确认雷达的传感器连接适宜操作。

(5)检查并确认雷达安装配件及工具齐全。

(6)如果是在旧址上改装雷达,应书面确认先前的线缆、传输线是否可以利用,新装雷达电缆通道、固定等影响安装的因素。

图 1-5-1 是雷达安装接线图。

(二)天线安装

正确的天线位置对保证雷达系统性能至关重要。天线位置要远离烟囱,避免高热和有腐蚀作用的不良环境,尽量安装在与船舶龙骨正上方的驾驶室顶桅或独立的雷达桅之上。雷达天线的选位应考虑周围建筑物的反射干扰和其他发射机的电磁干扰、考虑建筑物遮挡、阴影扇形与探测距离、设备吊装的方便等因素。

1.电磁干扰

考虑到雷达天线与其他设备天线不互相构成电磁干扰,天线的位置应满足:

(1)雷达天线与无线电发射和接收天线保持安全距离,同时应尽量避免和电源线平行。如测向器应放置在远离雷达天线单元的地方,以免干扰测向器,相隔距离最好为 2 m 以上。

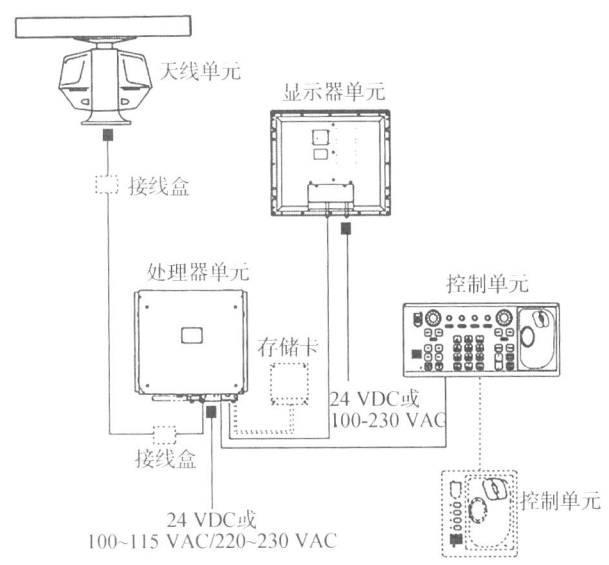

图 1-5-1 雷达安装接线图

(2)雷达天线辐射窗的最低沿应高于安装平台安全护栏 0.5 m 以上。

(3)两副雷达天线之间的仰角应大于 20°,垂直距离不小于 1 m,如图 1-5-2 所示。

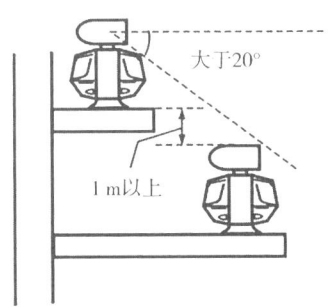

图 1-5-2 双雷达天线安装位置

(4)如果天线单元太靠近磁罗经,则会影响磁罗经的工作,为避免影响磁罗经精度,应确保天线安装满足磁安全距离。

2.与船舶建筑物的相对位置

(1)天线单元通常安装在驾驶室上方、雷达天线杆上或合适的平台上。将天线单元定位在视角开阔的位置,应远离可能引起反射的建筑物。

(2)天线的转动应不受周围物体的影响,在单元四周留置足够的空间,以便维护和检修。

(3)来自通风井、烟囱和其他排气孔的沉淀物和气体排出的高温废气会影响天线的性能,热气会腐蚀天线,使发射波失真,天线收发单元不可安装在高温区域。

3.观测视野

通风井、桅杆或起重架不能位于船首方向(特别是-5°~5°范围内)天线单元的垂直波束宽度内,不使船首方向和右舷出现阴影扇形区域,尽量减小建筑物遮挡角,以免雷达画面上出现盲区和假回波。天线高度应高于前方桅杆,与前桅顶连线的夹角不小于 4°,兼顾观察远距离目标和减小最小作用距离。

(1)天线高度

雷达天线的高度应能够使雷达有最好的目标视野。无论船舶载货情况和吃水差,从雷达天线位置到船首的视线触及海面处,其水平距离不应该超过500 m或两倍船长的较小者,如图1-5-3所示。

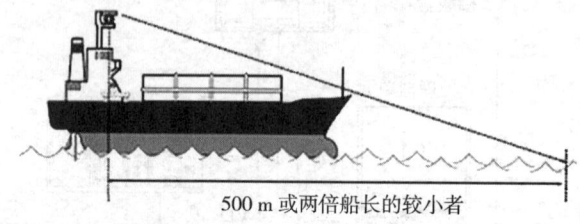

图1-5-3　雷达天线安装位置

(2)雷达视野

安装天线单元,将由桅杆等物体导致的阴影扇形区降至最小,而且不应出现在从正前方到左右舷正横后22.5°的范围内,如图1-5-4所示。在余下的扇区内,不应出现大于5°的独立的或整体之和大于20°的阴影扇形。需要注意的是,两个间隔小于3°的阴影扇形应视为一个阴影扇形。

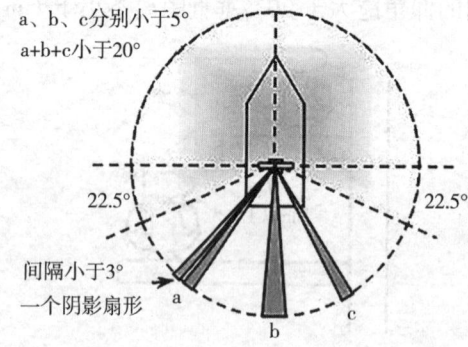

图1-5-4　阴影扇形分布

4.安装注意事项

天线和处理器单元之间的信号线长度多为15 m(标准)、30 m和50 m。不管长度为多少,信号线必须完好无损,即严禁续接。天线基座安装时应保证天线旋转平面与主甲板平行,如有前方标志,则标志线应在艏线±5°以内。天线周围除应有足够的供天线旋转的空间外,还应有供安装和维修工作必需的平台和不低于0.9 m的保护栏杆。天线单元在提至安装平台前已组装好。提升时不能握住辐射器提起天线单元,而应握住天线单元的底座完成安装。

天线基座的安装钢板和天线基座的接触面要加有保护措施,以防止不同金属之间电化学腐蚀,并使用抗腐蚀的螺栓、螺母、垫片等,可以涂抹硅酮密封剂以防腐蚀。采用的螺栓应与安装孔相符,螺栓由下向上装配,螺帽在上,拧紧后加装备帽,以免松动,并用接地线将该单元接地。将天线单元置于橡皮垫片上,调整该单元以使其基座的船首标记面向船首方向。

如果为了给雷达提供足够的旋转间隙而将天线安装于平台边缘附近,由于其自身的重量,天线单元会在船只振动和颠簸时上下摆动。这样会使天线单元基座的压力过大,从而损坏天线单元。为避免发生这样的情况,需要重新定位天线单元或加固安装平台。雷达性能标准要求,天线的设计应能在所安装天线船舶等级可能遇到的相对风速下启动和连续工作,天线旁瓣应满足标准规定的系统性能要求。

(三)收发机安装

收发机通常安装驾驶台附近通风良好的设备间、海图室或驾驶台内,尽可能安装在天线的正下方,安装位置高度及周围空间要便于维修。收发机单元应远离热源处,以防止热量在单元内聚集,远离雨淋或水溅处,其侧边和后部应留有足够的空间以便维修,应与磁罗经保持足够的磁安全距离,避免罗经发生偏差。

1. 桅下型雷达

为保证波导与收发机出口端妥善连接,收发机和天线之间所用的波导长度,必须精确测量。波导宜成直线走向并尽可能地短,有效长度最大不超过 25 m,弯波导不宜超过 5 个。波导走向始终保持扼流圈法兰朝向收发机,尽量避免使用软波导。收发机出口和天线入口端的波导面应分别加专用的隔水薄膜。舱室外的波导,应加装波导支架及防护罩,以免受外力而造成机械损伤。波导的连接应采用厂家提供的专用波导螺栓、螺母,波导连接处要使用密封胶圈,并经气密试验和泄能试验合格,然后涂漆保护处理。电缆和波导穿过舱壁或甲板时,应加护套和规定的防火填料,防止损伤并确保甲板水密。

对于 S 波段雷达的微波同轴电缆的弯曲程度(最小半径),必须符合产品标准的规定。

2. 桅上型雷达

桅上型雷达收发机与天线的连接应采用制造商提供电缆,标配电缆长度通常为 25 m 左右,也可以订购使用 30 m 或 50 m 的加长线缆,但不可随意加长或剪短电缆改变长度。

(四)显示器安装

雷达显示器可嵌入安装于驾驶台控制台面板上或桌面上。显示器装在驾驶室内无强电磁辐射、远离热源和干燥的地方,以防止热量在单元内积聚。显示器元侧面和后面尽可能留有足够的空间,以便于维修。将显示设备放置于远离雨淋或水溅处。显示器应配置硬木底基座,用合适的螺栓固定,基座高度应考虑电缆引入的方便和弯曲度。显示器的朝向应使观察雷达图像者面向船首,有足够两个观察者同时观看的空间,便于观察操作和不影响瞭望。主雷达显示器应安装在驾驶台右舷侧。如果显示器单元太靠近磁罗经,则会影响磁罗经的工作,应与磁罗经保持足够的磁安全距离,避免罗经发生偏差。大部分的船载雷达品牌,其桌面安装显示器单元可选用手柄,白天亮度太大时,还可使用选用防护罩遮蔽屏幕。

安装时,两条电缆连接至显示单元,一条来自处理器单元的信号线和来自船舶主电源的电源线。信号线附带一个预先连接的插头,用来连接显示器单元。连接至处理器单元的一般有四条电缆,分别为:天线单元电缆、显示单元电缆、控制单元电缆和电源线,除电源线之外,其他电缆都附带有一个预先连接的插头,用来连接处理器。

显示器控制单元可以安装在监视器前方桌面上,根据控制单元与处理器单元之间信号线的长度选择安装位置,用固定板水平或倾斜安装都可以。

(五)接线

雷达设备各单元机箱应接地良好,电缆的屏蔽应可靠接地,接线应尽量短以避免信号衰减,并远离高频辐射线缆,与其他设备线缆应垂直交叉以避免磁场耦合,户外接线要注意防水,

各传感器的连接,应根据产品标准的要求,接在规定的接口上。

(六)电源单元

雷达电源单元不包含通常的操作控制按钮。因此,可将其安装于任何隐蔽的垂直或水平位置,有时可安装于驾驶室控制台内部。值得注意的是,应选择一个干燥且通风良好的位置,并注意电源与磁罗经的磁安全距离,以防止磁罗经发生偏移。

(七)与传感器的连接

雷达与必备传感器之间的连接,如 AIS、GNSS、指向设备、速度与航程测量设备的连接应符合 IEC-61162 标准的连接要求。

(八)启用初始化与安装报告

现代雷达启用初始化是雷达安装的重要步骤之一。确认安装接线无误后,安装技术人员须按照设备制造商提供的安装手册以及 IMO"船载雷达设备安装导则"的要求完成设备启用初始化,内容通常包括:

1. 初始化参数设置

若要在屏幕上标记本船形状,则在菜单上进行选择时,输入本船长度和宽度以及天线的安装位置。雷达的 AIS 报告信息功能需要 GPS 信息,还需要输入 GPS 天线的安装位置。输入驾驶室中的 Conning 位置,可将该位置指定为 CCRP 位置,这部分初始化设置参见表 6-4。设置不发射雷达脉冲的区域,即发射扇区抑制,一般可以在雷达初始化设置中指定停止发射的方位范围。安装完毕后,还需要输入初始化调谐。

2. 初始化误差校准

艏线误差、方位误差和测距误差校准参数的输入,设置参见表 6-5。

3. 接口设置和阴影扇形测定

应对接收各传感器数据的串口进行初始设置(波特率、端口、数据位、检验位、停止位等),并检查数据传输是否正常。若安装了两台或两台以上雷达,每台雷达上的初始化设置(扫描位置设置除外)都应该相同。

以上初始化内容及其可能引起的雷达性能的局限性,应以文字和图示记录在安装报告,作为雷达验收记录附录保留。雷达安装后测定的近距离盲区半径,阴影扇形区域应以图示标注。

二、雷达验收

(一)雷达初装后验收

雷达安装后或维修后应进行验收工作,并记载在雷达日志中。船舶所有人主管部门或船舶电子电气员对新安装的雷达应按照以下内容实施验收,将验收过程如实记录,按照设备生产商提供的资料填写验收清单,在安装工程报告上签字,并将所有在安装期间产生的文件归档保存,同时做好雷达日志记录。

1. 外观检查

首先应对雷达设备的安装场地、安装工艺进行外观检查。天线、收发机、显示器的安装位置和实施工艺应满足上述雷达设备安装规范,尤其应注意雷达阴影扇形应满足规范要求,各机件稳固牢靠,电缆连接及绑扎紧固坚实,对易振动产生摩擦的部位应加装防护,易于腐蚀的位置应有防腐处理,防火、水密处理措施得当。还应特别注意仔细核对所有的传感器及设备内部电气线路连接准确无误。

2.通电验收

(1)通电之前应确认天线附近没有任何障碍物,确认电源电压符合要求。

(2)加电时仔细观察各部件,确认无打火,设备运转声音和谐,无烟尘和异味。

(3)观察天线顺时针转动均匀且无异常振动,旋转平面与主甲板平行,转速符合雷达说明书的技术指标。

(4)操作雷达各控钮,手感舒适,雷达图像对控钮的控制反应正确,雷达扫描平稳,图像稳定,目标回波清晰。

(5)设备自测试电表指示的设备参数与技术说明书提供的额定数值相符。

(6)采用不同显示方式在不同量程分别测量孤立清晰小目标,与其他航海手段对比,确认雷达测距、测方位精度满足 IMO 雷达性能标准的要求。

(7)作图记录雷达阴影扇形和目标最小观测距离。

(二)雷达维修后验收

雷达维修后的验收工作根据故障的不同而有所区别,但每次验收均应确认雷达对各控钮操作反应正确,雷达回波清晰,图像稳定。对于某些故障,维修后需要调整测距或测方位误差,应与维修工程师确认。如维修方位扫描系统或更换磁控管后,应核实方位精度;如更换磁控管后,应重置磁控管工作时间,按照磁控管的老练技术要求进行有效预热。核实磁控管电流及各种脉冲宽度情况下磁控管的工作状况。正常使用的磁控管更换依据为:10 kW 以下使用寿命可参考 2 万小时,25 kW 以上使用寿命可参考 0.4 万小时。磁控管实际寿命参见雷达说明书。维修距离扫描系统或改变信号电缆长度后应核实测距精度。有些维修涉及了系统初始化的内容或进行了电路调整,应仔细核实传感器信息和雷达图像的质量。

雷达维修应记录在雷达日志中,通常应记录故障现象、报修时间、修理安排和修理后的雷达工况等。

三、雷达故障查找

雷达系统对所有报警准则的报警原因均有明确标识。雷达性能标准要求:雷达应有一个便于通信的双向接口,使雷达报警能传送至外部系统,且能从外部系统使雷达的音响报警静音。出现报警音和信息显示后,可根据故障报警指示描述和说明书上的故障诊断流程进行排查,初步确定故障原因,及时向船东报告雷达故障信息,联系设备服务供应商并做好记录。发生故障时间、故障现象、维修时间、消耗物料及维修后运行状态均应记录并保存。也可以通过翻查雷达维修保养记录簿,核对雷达以往故障记录,或了解雷达各子部件的更换时间,以了解系统运行情况是否与这些记录内容有关。

(一)雷达故障测试系统

基本上,雷达故障测试系统都会具备系统自测功能,可以开启雷达自测程序进行初步检

查。以FURUNOFAR某型号雷达为例,其系统自测程序项目包括以下内容:

(1)蜂鸣器检查(Buzzer check)。

(2)检查程序编号检查(Checking of program number)。

(3)处理器单元监视器检查(Checking of processor unit monitor)。

(4)射频单元监视器检查(Checking of RF unit monitor)。

(5)面板按键检查(Key checking)。

(6)处理器单元中终端板上串行端口的输入语句检查(Checking of input sentences of serial ports on the terminal board in the processor unit)。

该雷达的I/O端口还可通过环回测试(Loopback Test)进行检查,打开Loopback Test功能后,SIO的检查项目将按顺序切换,若检查端口功能正常,则显示"OK"(正常),如果功能不正常,则显示"−"。环回测试检查结果及其含义如表1-5-1所示。

表1-5-1 Loopback Test检查结果及其含义

测试项	测试结果	波特率	详细描述
AIS	OK/−	38.4 kbps	在测试中,系统向AIS端口发送固定测试字符,如果收到,则判断为OK
艏向传感器	OK/−	38.4 kbps	固定测试字符从前端串行发送到HDG端口,如果收到,则判断为OK
计程仪	OK/−	38.4 kbps	固定测试字符从前端串行发送到LOG端口,如果收到,则判断为OK
导航仪	OK/−	38.4 kbps	固定测试字符从ECDIS(TD)发送到NAVIGATOR,如果收到,则判断为OK
TRK	OK/−	38.4 kbps	在测试中,系统向TRK端口发送固定测试字符,如果收到,则判断为OK
RS-232C	OK/−	4.8 kbps	RS-232C的环回测试,在测试中,发送固定测试字符,如果收到,则判断为OK
按键I/O	OK/−	19.2 kbps	测试模式的命令被发送到控制单元,如果程序号返回,则判断为OK
RF I/O	OK/−	115.2 kbps	发送测试模式的命令,如果程序号返回,则判断为OK
报警I/O	1000−> 0100−> 0010−> 0001	——	在测试过程中,显示屏按以下顺序变化: "1000−>0100−>0010−>0001"。EXT报警输出(ON/OFF)与之同步。 除ALARM-4以外,ON/OFF操作与ALARM1-3相反。 1000:ALARM-1(#1-2),0100:ALARM-2(#3-4), 0010:ALARM-3(#5-6),0001:ALARM-4(#7-8), 注:ALARM1-3(ON/OFF)的优先级应先在菜单中设置

(二)雷达传感器故障

雷达系统故障排除时,可以从雷达设备和其传感器之间的通信层面考虑,或从雷达系统的物理连接层面出发,反推找到设备故障或传输问题。雷达系统的连接如图1-5-5所示。雷达必备传感器若发生工作故障或是数据传输故障,雷达显示器上也能发出报警。

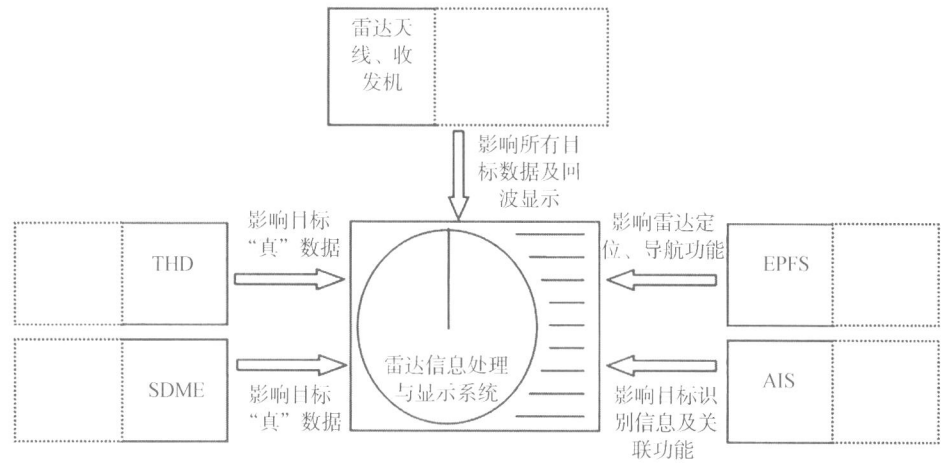

图 1-5-5　雷达系统连接框图

雷达测距误差和测方位误差对目标的跟踪精度影响较大,将会影响所有目标数据和回波显示。天线故障导致雷达脉冲辐射异常,直接反应在无回波或回波异常,雷达扫描线的显示状况一定条件下反映出天线的旋转状况。回波显示异常也可能来自于收发机内故障,可通过电流测量、性能监视器启动等方法检查。

艏向指示器(THD)一般采用陀螺罗经作为艏向传感器,其故障可能导致艏向传输中断或艏向误差增大等问题。航速航程测量设备(SDME)一般采用计程仪作为航速传感器,其故障可能导致航速传输中断或航速误差增大等问题。艏向和航速误差直接导致目标"真"数据误差,即真航向、真航速、真矢量和预测危险区域(PAD)数据或图形显示的误差。

电子定位系统(EPFS)一般采用 GPS 作为本船位置传感器,若本船经纬度信息无法获得,雷达显示器将无法显示光标(Cursor)的经纬度信息,基于 EPFS 的 AIS 报告目标精度亦会受到影响,这终将影响雷达定位和导航。AIS 误差直接影响对目标的识别和对雷达跟踪目标与 AIS 报告目标的关联。若本船 AIS 存在误差,则影响所有目标的关联;若单个目标 AIS 存在误差,则只影响该目标的关联。

从 AIS 单元发送的报警信息一般通过 ALR 语句描述,报警信息会以一定的时间间隔输出一次。AIS 信息发射停止、AIS 天线故障、CH87B/CH88B/CH70 通道传输停止、MKD 连接不良或故障、EPFS 定位信号丢失等情况可能触发雷达显示屏上显示 AIS 设备的报警。

(三)雷达报警显示

当检测到报警或错误时,雷达显示屏报警框中会持续显示报警信息并发出报警提示音。按下报警确认键(ALM ACK)时,警告蜂鸣声停止。常见的报警提示框所显示的报警信息可分为这几类:包括信号丢失报警、AIS 报警、工作进程提示、自动标绘报警等。

1.信号丢失报警

信号丢失报警包括:无法从艏向传感器输入艏向信号时显示的艏向信号丢失报警;无法从速度传感器 LOG(BT)或 LOG(WT)输入航速信号时显示的航速信号丢失报警;无法从位置传感器输入船位信号和船速(若提供)时显示的位置传感器信号丢失报警;触发信号丢失报警;

未检测到中频的视频信号报警;天线不旋转时,来自天线的"B.P"信号报警;未检测到来自天线的 Heading 信号报警;对于 IMO 船舶,未收到 DTM(WSG-84)语句时显示 DATUM 错误;当 MARK 标记和 LINE 航线的存储点数超过容量时,显示"MEMORYFULL"报警。

2. AIS 报警

AIS 报警包括:检测到 AIS 报告目标的 CPA 和 TCPA 在安全门限设置范围内时,显示的碰撞危险报警(COLLISION),危险目标会闪烁、变红并发出报警音;在雷达侧检测到丢失 AIS 报告目标时显示丢失报警(LOST),比如某型号雷达规定在 AIS 目标的 5 个报告间隔内无法收到目标时或当目标在 6 min 内无法接收报告时;无法计算对地航速(SOG)时显示对水航速(WT);无法从 AIS 设备接收 AIS 数据(VDO)时显示接收报警(RECEIVE),如古野部分型号 AIS 设备中,VDO 数据每 1 s 输出 MSG 内容 1 次;雷达设置警戒范围后,当 AIS 报告目标进入警戒区域后,显示闯入报警(GUARD);由于没有 SOG/COG 数据,无法计算显示的 CPA 和 TCPA,在这种情况下,AIS 数据显示的 CPA 和 TCPA 数据将显示"*"标记;接收到超过容量的 AIS 报告目标时,将显示"TARGETFULL"报警。

3. 工作进程提示

雷达执行一些操作时,会在报警框中显示工作进程提示,常见的工作内容包括:显示调谐初始化;性能监视器(PM)开启并自动显示 PM 信号,此时雷达量程、脉冲宽度和信号处理均被同步调整;用户默认值(USER DEFAULT)显示,通常在用户设置 FUNCTION 按键功能时显示;启动 SART 信号时显示"SART",此时,雷达量程、脉冲宽度和信号处理均被同步调整。其他工作进程,如 WR 卡数据显示、RD 卡数据显示、初始化输入、删除文件、电源重置等都可显示在此框中。

4. 自动标绘报警

自动标绘报警包括:检测到目标 CPA 和 TCPA 在雷达安全门限设置范围内时,显示的碰撞危险报警(COLLISION),危险目标会闪烁、变红并发出报警音;雷达设置警戒范围后,当跟踪目标进入警戒区域后,显示闯入报警(GUARD);如果在预设扫描时间内未检测到跟踪的目标回波,则该目标将被视为丢失目标,将显示目标丢失报警(LOST),如果在丢失目标次数内又重新找回目标,则不视为丢失目标,即使在目标成为丢失目标后,跟踪仍将继续;目标自动跟踪单元 CPU 停止时,显示跟踪器错误报警;当自动和手动捕获目标的数量达到最大数量时显示目标数量溢出报警(TARGETFULL),一般情况下,手动和自动捕获目标数量可以在菜单中调整。

报警提示框中除了上述四种报警提示信息之外,不同型号雷达可能还能出现这些信息:艏向数据输入设置不当,将出现艏向设置报警(HEADING SET);局域网通信故障报警,如部分雷达显示"CHK INT-SW"报警;值班报警功能,当设置的值班报警时间到时,会显示"WATCH"报警;当船舶到达设定的航路点范围时,显示到达"ARRIVAL"报警;当控制单元的 CPU 与处理器单元 SPU 板上的主 CPU 之间的通信被禁用时,发出报警信息;当控制单元无法接收 TxD 时,显示"KEY"报警;当控制单元无法接收到来自处理器单元的 TxD 时,显示"SYSTEM FAIL"报警;当 TR 单元和处理器单元 SPU 板的主 CPU 之间的通信被禁用时,显示"RF"报警;水深小于设置深度时,显示深度报警;当航迹误差超出偏航设置的范围时,显示偏航"XTE"报警;当跟踪目标进入或离开报警范围区域(ALARM)时,显示"TARGET"报警;当船舶超出设定的走锚距离时,显示锚位监视"ANCHOR WATCH"报警。如果每次关闭雷达电源时"HDG"都显示为

"000.0",则重点检查电池是否已到使用寿命的终点,若已到使用寿命,应立即更换电池。

以 SPERRYVISIONMASTER FT 雷达为例,其雷达警报等级按紧迫程度依次分为 0—Emergency、1—Distress、2—Primary 和 3—Secondary 四个等级,列举部分警报及其优先级如表 1-5-2 所示。

表 1-5-2 SPERRYVISIONMASTER FT 雷达警报及优先级

优先级	警报类型	警报描述	优先级	警报类型	警报描述
0	Distribution Service Error	分配服务未运行		Pulse Length Error	脉冲宽度错误
	Lost Connection	失去与分配服务模块的连接		Standby/Transmit Error	发射机的待机/发射错误
1	Operator Failed Vigilance	在 0 s 内未给出对操作员警惕性问题的正确响应		Transceiver BITE	机内测试设备报警
2	AFC Mode Error	收发器的自动调谐模式出现问题		Transceiver Comms Failure	收发机通信失败
	Authorization Failure	授权失败		COG Unusable	从 GPS 无法获取 COG
	Azimuth Error	每一次旋转的方位角与标准值不同	2	DTM Unusable	从 GPS 无法获取基准面偏移数据
	Heading Marker Error	至少 10 s 没有收到船首标识信号		POSN Unusable	从 GPS 无法获取位置数据
	HDG Unusable	无法通过 I/O 口接收 Gyro 的艏向信号		SET/DRIFT Unusable	从 GPS 无法获取 SET/DRIFT
	Lost Echo Reference	水深参考丢失		SOG Unusable	从 GPS 无法获取 SOG
	Low Video Level	视频水平已经下降到最低阈值以下		STW Unusable	从 GPS 无法获取 STW
	Radar Video Failed	雷达视频无法显示		TOD Unusable	从 GPS 无法获取时间
	PCIO Reset	I/O 已重新启动		Data Log Disabled	无法登录进入日志数据库
	PCIO USB Comms	I/OUSB 通信失败	3	Monitor Comms Error; No Response	系统无法通过串口与显示器通信
	Interswitch Comms	内置交换通信失败		AIS Interface Error	不能接收 AIS 消息
	ROT Unusable	ROT 数据无法使用		Invalid Datum In Use	正使用的大地坐标系不是 WGS84

(四)雷达回波图像异常

一般情况下,雷达厂商会将该品牌雷达可能出现的故障现象及故障解决方案记录于使用手册中,甚至可能查询到相应故障的查验流程。表 1-5-3 为 SPERRYVISIONMASTER FT 雷达故障现象及可能存在的问题。其中,检查流程最为复杂的要属无回波图像或回波图像存在但图像有误等故障,这类现象涉及的可能故障点存在雷达设备本身或包含传感器在内的整个雷达系统之内。

表 1-5-3 SPERRYVISIONMASTER FT 雷达故障现象及可能存在的问题

故障现象及描述	可能存在的问题	故障现象及描述	可能存在的问题
显示区域无图像	亮度过低 显示屏电源故障或显示屏故障 连接显示器电缆故障 显示单元处理器损坏	"发射/预备"故障报警	数据传输线故障 定时器电路故障 I/O 电路故障
显示区域有图像但图像有误 图像变化与显示方式设置不符,图像冻结、雷达图像显示区域外文字丢失或错误显示等	显示设置不正确 显示单元处理器损坏	视频亮度过低报警	视频连接线故障 I/O 电路故障 供电故障 接收机电路故障 触发器电路故障 磁控管故障 限幅器故障
显示器端口错误报警	端口设置不正确 输入端无数据 连接线损坏或接触不良 I/O 电路板损坏或未供电	触发故障报警	触发器电路故障 调制器电路故障 输入单元故障 数据线故障
控制面板无响应 雷达显示器硬面板操控无响应	连接线损坏 控制面板损坏或按键接触不良	内置交换通信故障报警	数据线故障 内置交换机故障 I/O 电路故障
目标跟踪功能失效	视频/数据线损坏 I/O 电路损坏 处理器 SC(扫描转换)卡损坏	收发机通信故障报警	数据线故障 触发器电路故障 收发机输入电路故障 I/O 电路故障
方位、艏向错误报警	天线未旋转 数据传输线故障 I/O 电路故障 触发器电路故障 方位和艏向标志电路故障	收发机内置测试装置(BITE)故障报警	调制器电路故障 电源电路故障 磁控管故障 接收机输入电路故障 天线控制单元故障

有时,通过雷达操作也可初步判断雷达的部分故障原因。例如,雷达的过去位置功能(Past Position)可以用来检测雷达自动跟踪设备应对机动航行时的目标跟踪性能,当本船或目标大幅度机动造成被跟踪目标丢失时的船舶机动参数即为雷达能够维持对目标正常跟踪的极限能力。此时过去位置的记录可以直观地指示出在船舶机动航行状态下雷达目标跟踪的极限能力。若雷达装配有性能监视器,打开雷达 PM 功能,通过对比 PM 成像与雷达说明书,也可以初步判断雷达系统的工况。

若雷达跟踪目标总是很快丢失并报警,检查 A/D 转换器的发射输出时间间隔,再打开过去位置功能,并通过更改间隔时间查看过去位置是否正常显示,还可以检查是否由于船速变化异常导致的目标丢失,进而查看传递船速信号的 GPS 或计程仪的连接是否正常。当然,也可以调整电缆衰减设置(CABLE ATT ADJ)查看目标回波是否正常。

特定情况下,当雷达跟踪目标相对速度超过 100 kt 时,雷达跟踪器可能无法跟踪目标。假设本船速度是 40 kt,而目标船正以 40 kt 的速度向你驶来,此时目标相对速度是 80 kt。当天线以 42 rpm 的高转速旋转时,目标的踪迹回波、杂波、随机噪声或其他目标均可能丢失。

目前,通过船舶雷达故障诊断系统也可以通过自动测试软件进行系统的控制,在测试的过程中船员根据故障的现象进行观察,对雷达的不同状态进行测试诊断。然后通过知识库对采集到的知识进行评价和分类,并且对形成的规则表进行处理,最后实现雷达系统的故障诊断和维护。该诊断系统的基础是准备描述雷达故障状态的特征,故障特征描述的准确性直接决定了诊断结果的正确性。

四、雷达维护保养

对于大多数采用电子电路表面组装技术(Surface Mount Technology,SMT)组装的雷达印制电路板(Printed Circuit Board,PCB)而言,若有故障只能通过更换 PCB 板进行维修。而且,如果不使用专用测试设备,也很难进行部件级的故障诊断。报告故障时,一般需提供船名、设备型号、系统软件版本、船舶停靠信息、船舶代理人、联系人和尽可能详细的故障描述等信息。

雷达维护保养分为定期和不定期两类,可根据不同的维护保养内容制定相应的维护保养计划。维护保养工作涉及的参加人员、工作时间、工作内容、使用器材、消耗物料的种类和数量等应做好相关记录,并作为电子电气员或二副交接班工作的一项内容。船舶所有人应提供雷达维护保养计划中所需要的备品和备件。船舶所有人或船舶管理公司有义务对船舶雷达日常维护保养计划完成情况进行监督和审核,并提出意见加以完善。

特别需要注意的是,一旦雷达主电源连接到收发机中的电源单元,所有主电源组件上都会出现高压电。即使在装置关闭时,也存在此电压。只有当设备与电源隔离时,高压才会被移除。因此,在进行雷达设备的维护、保养、检修时,要把人身安全视为第一要素。

(一)定期维护保养

1.天线与微波传输系统维护保养

(1)天线旋转环节轴承每半年加油一次。操作方法如下:

关机,将天线安全开关置"OFF"位置。用油枪在天线旋转环节轴承加油。加油前应清洁加油孔处污物。

(2)天线金属齿轮传动系统每半年清洁油泥并重新加油一次。操作方法如下:

关机,将天线安全开关置"OFF"位置。打开天线端盖,清除齿轮组污油,清洁过程人工不断转动天线辐射器,然后重新加油。

(3)天线蜗轮蜗杆变速齿轮箱每年检查一次油量,需要时补加油量。操作方法如下:

关机,将天线安全开关置"OFF"位置。透过变速齿轮箱油量观测窗观测齿轮箱油液面高度,当发现液面高度低于下限刻度时,从注油孔补加专用齿轮箱油,达到下限和上限刻度之间适当位置即可。如果齿轮箱油变质,则需要重新换油。应同时打开注油孔和排油孔,用容器在排油孔处盛装排出的废油。然后按照换油程序,先加入少量齿轮箱油,开机待天线转动数圈后,停机。再次排除清洁齿轮箱的废油后,加入额定量齿轮箱油。

(4)金属波导法兰(扼流关节)和波导支架紧固情况每半年查验一次。检查波导是否开裂

(若开裂,立即更换),检查波导法兰处的密封情况和波导、电缆穿过甲板的防火、水密情况等。

(5)天线基座(减速齿轮箱)和金属波导外表面每半年油漆一次,并对固定螺栓的锈蚀情况做仔细检查,以免因锈蚀降低其强度,摔坏无线部件。橡胶波导外表面不能刷油漆。

(6)隙缝天线辐射器防尘罩上的油灰至少每半年用清水或热肥皂水清洁一次,不准加涂油漆。

(7)天线电机、电机电刷和电池需要定期更换,更换时间参看该雷达说明书。

2. 发射机维护保养

(1)发射机空气滤清器每季度清洁一次。操作方法如下:

关机。打开收发机盖板,清洁空气滤清器进气滤器和出气滤器。通常进气滤器灰尘严重。带有滤芯的滤器,可将滤芯拆下用清水洗净再回装。

(2)发射机高压器件静电吸尘每半年清洁一次。操作方法如下:

关机。打开收发机盖板,拆下发射机及防止高压触电保护罩,用毛刷轻轻地清洁高压器件上的干灰尘,用酒精轻轻地清洁油污。清洁结束,装配防止高压触电保护罩,回装发射机。

(3)在磁控管使用寿命达到前及时更换磁控管,备用磁控管定期交替使用。磁控管是一种铁磁性物质,更换磁控管时,随身磁性物件(如手表)要提前卸下。使用非磁性螺丝刀将其取下再更换新磁控管。新磁控管安装好后,打开电源,检查磁控管电压。完成"老练"过程,即在预备状态等待约 30 min。雷达置于发送状态后,检查磁控管电流,正常情况下,当调整雷达量程时,随着量程的增大,磁控管电流也会有增大的现象。由于新磁控管发射频率有所变化,需要在"调谐初始化"中粗调调谐。最后,在菜单中把发射时长(即磁控管发射时长)重置为"0"。注意,磁控管内部是真空状态,需要轻拿轻放。

(4)每 3 个月检查一次各种电缆接头和连接器是否牢固可靠。

3. 显示器维护保养

(1)显示器风扇滤清器每 3 个月清洁一次,清洁过程与发射机空气滤清器清洁方法类同。

(2)显示器高压器件(高压变压器、高压引线)静电吸尘每半年清洁一次。显示器高压器件清洁与发射机高压器件静电吸尘清洁相同。

(3)显示器表面在开航前及航行期间需每天清洁。清洁时可以使用防静电喷雾,但不要用其他任何清洗剂,应使用软棉布擦拭。

4. 电源维护保养

(1)电源空气滤清器每 3 个月清洁一次,清洁过程与发射机、显示器空气滤清器清洁方法类同。

(2)雷达供电系统热保护继电器触点每年检查一次,根据实际情况清洁或更换。操作方法如下:

关机,用电表电阻挡最小量程测继电器触点接触情况。遇到接触不良的触点用专用触点清洗剂(喷罐)对准触点清洗,清洗后仍然接触不良的触点,要予以更换。

(3)如遇雷达电源跳电故障,一般是电路局部短路或开路,或是元器件老化、性能下降引起的过流、过压而导致的保险丝熔断或过流、过压保护。操作方法如下:

确定故障可能涉及的范围,寻找故障点可采用分割、隔离的方法,逐步缩小故障的范围。总之,对于雷达电源的发展,小型化、模块化、标准化是其发展的总体趋势。

（二）不定期维护保养

雷达不定期维护保养工作包括：雷达工作半小时后，检测磁控管电流，将测试结果与额定值比较，记录比较结果；雷达工作半小时后，检验调谐指示是否变化，在调谐电压由最小到达最大的调谐过程中，调谐指示应出现由小变大，再由大变小的变化过程，过程中应能够出现较为明显的2个或2个以上的极大值，并记录变化结果；观测舰线误差，校正舰线误差；观测真方位误差，校正真方位误差；观测距离误差，校正距离误差；显示器面板各控件使用性能检查，操作控件时同时观察雷达图像反应是否正常；对雷达接口单元，应检查电缆的连接安全性，包括各视频/数据电缆、电源连接线等。

如果接收机MIC单元损坏，则接收监控值会发生很大变化。单独更换MIC时，如果目标船舶的雷达回波进入MIC，可能会损坏MIC。因此，在更换MIC时，务必船舶房间或其他室内进行更换工作，以防止雷达波进入MIC。更换后，确保执行"调谐初始化"。

当雷达系统程序需要更新时，需要注意的是，更新程序时不要关闭雷达电源，也不要中途取消更新，将电脑连接到雷达端口（如RS-232C）以更新程序。所有雷达程序都可以在同一过程中完成系统更新，方法是单击一个适用的批处理文件并按照电脑上显示的说明操作。

其他维护工作，如更换雷达电缆接头，其操作步骤如下：

(1) 拆下位于天线机架底的电缆接头的固定螺栓，取出夹环、压接垫圈、平垫圈。
(2) 将信号线穿过天线安装架的孔，在距电缆接头约800 mm的位置切断电缆。
(3) 剥开距电缆头的树脂套，切掉外层和内部的树脂套，保留25~30 mm。
(4) 展开网面层，直至屏蔽线的根部，抽出内部芯线，抽出的部分用胶带缠绕。
(5) 将平垫圈穿过信号线，再穿过一个平垫圈，将露出平垫圈的部分剪切整齐。
(6) 将压接垫圈、平垫圈、夹环穿过信号线。
(7) 将信号线放入天线安装台架的孔内，用力按入平垫圈。
(8) 用固定螺栓紧固夹环，螺栓紧固要均匀受力。

五、雷达接口特性

船用导航雷达功能失灵将会造成极大的经济损失和人员安全事故。目前，随着硬件的可靠性正在逐步提高，船用雷达设备的风险主要来源于软件的可靠性问题。船用雷达软件在整个船用导航雷达体系中起着举足轻重的作用，一旦其发生故障将导致整个系统瘫痪的严重后果。船用导航雷达软件主要由应用层、中间件和驱动层组成，每一层之间以接口连接。雷达系统需要连接必备的几类传感器给其提供必要的数据，也需要把雷达数据传至其他仪器或设备，与这些仪器、设备与雷达之间也以接口进行连接。

（一）通信标准

雷达系统及其传感器的信号格式应满足的通信协议，主要包括IEC发布的IEC 61162协议，由NMEA协会发布的NMEA 0183和NMEA 2000协议。

雷达的舰向、速度、警报和导航等多类信号必须满足IEC 61162-1和IEC 61162-2协议。雷达数据通信格式如图1-5-6所示。

NMEA 0183通信协议主要定义了船载电子设备在串行数据总线上的电信号需求、传输协

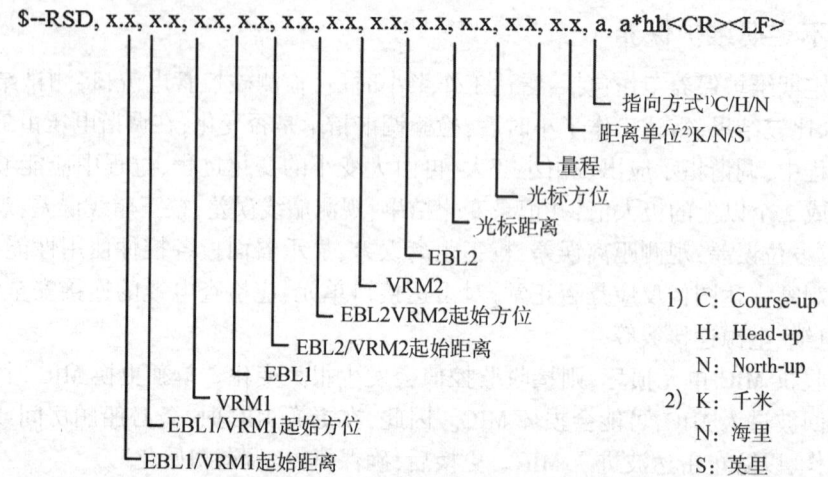

图 1-5-6 IEC61162-1 雷达数据通信格式

议及计时和数据格式。目前，NMEA 0183 已更新至 4.11 版本。NMEA 0183 的数据语句基于 ASCII 码。NMEA 0183 已成为 GPS 导航仪所传输信号格式的标准协议。雷达系统中基于 NMEA 0183 的信息源类型如表 1-5-4 所示。

表 1-5-4 雷达系统中基于 NMEA 0183 的信息源类型表

信息源	标识符	信息源	标识符	信息源	标识符
自动舵	AG/AP	BNWAS	BN	GNSS	GN
AIS（A/B 类）	AI	VHF	CV	欧盟 Galileo 系统	GA
ECDIS	EI	测深仪	SD	俄罗斯 GLONASS 系统	GL
磁罗经	HC	VDR	VR	美国 GPS 系统	GP
陀螺罗经	HE	多普勒计程仪	VD	中国北斗系统	GB
雷达	RA	电磁式计程仪	VM	印度 IRNSS 系统	GI
转向率指示器	TI	Loran C	LC	日本 QZSS 系统	GQ

NMEA 2000 协议则是基于 CAN 总线的开放标准。目前，CAN 总线技术在雷达控制系统中的应用日渐广泛。CAN 总线采用多主竞争式结构，节点之间不分主从，但有优先级之分，可实现点对点、一点对多点及广播方式传输数据，具有多主站运行和分散仲裁的串行总线以及广播通信的特点。NMEA 2000 是船舶设备级数据通信标准，定义了一种双向通信的串行数据通信网络。该协议能够实现串行数据通信的最低要求，符合该标准的设备能够在单一信道上能够共享数据，包括指令和状态。NMEA 2000 的核心是总线的访问仲裁机制、网络管理等功能，由 CAN 控制器完成，电气、机械接口由 CAN 接口电路实现。由于 NMEA 2000 网络是一种总线式结构，数据、指令以及状态信息共享一条传输介质，传输速率相比较 NMEA 0183 串行接口，提高了 25 倍左右。

（二）雷达系统接口

接口是雷达系统与其他设备或系统的边界，是雷达系统的内部电路。雷达 I/O 接口由微控制器控制，它负责将外部数据以多种格式接收和传输到处理器。通过输入接口，雷达接收传感器信息，并对其进行完善性检测；通过输出接口，雷达向其他设备提供雷达视频信息。雷达的输入输出接口包括雷达传感器(雷达天线和收发机)接口、陀螺罗经或发送艏向装置(THD)接口、速度和航程测量设备(SDME)接口、电子定位系统(EPFS)接口、自动识别系统(AIS)接口、ECDIS 接口和 VDR 接口等,其中电子定位系统(EPFS)和 ECDIS 接口是输入/输出双向接口。现代雷达的接口传感器板通常搭配多个高速串行输入接口和低速串行输入接口,调制速率对应不同特征端口设置不同的波特率(4 800 bit/s~38 400 bit/s)。当然,接口传感器板也提供多个附加端口,连接至收发机、脉冲式计程仪、通过继电器触点的系统运行指示器、报警和通过 I/O 电路输出至蜂鸣器等。

1. 输入接口

输入接口将传感器信息输入雷达系统。如果信息格式不符合雷达设备的要求,则需要通过接口进行格式转换,设备互连应采用双导体屏蔽双绞线。根据传感器信息不同,接口可分为数字接口和模拟接口。

(1) 数字接口

较新型的航海仪器都采用数字型接口,不需要格式转换,连接较为简便。对于雷达采用的串行通信协议的扩展接口,常见的串行接口可分为 RS232、RS422 和 RS485 等,部分雷达也配备 USB 接口(Universal Serial Bus,通用串行总线)进行数据通信。

(2) 模拟接口

型号较为陈旧的陀螺罗经和计程仪通常为模拟设备,其输出的模拟信号需要通过信号转换接口,将信号转换为雷达设备可接收的信号格式。

①陀螺罗经接口

陀螺罗经接口是一种将罗经航向信号变换成雷达能够接收的角位移信号或电信号的装置,它一方面是雷达设备的内部电路,同时也是陀螺罗经的负载。根据工作原理不同,模拟信号陀螺罗经可分为同步型和步进型两种,提供的模拟量信号分别为自整角机电压或步进电机电压,其对应航向角位移信息的比例关系通常为 $1°/r$、$2°/r$ 或 $4°/r$,其中 r 表示自整角机或步进电机转子的一转。接口电路将模拟罗经信号转值后,供模拟信号处理与显示系统直接使用;或模拟罗经信号经 A/D 变换器,转变为数字信号,供数字信息处理与显示系统使用。雷达的罗经信号接收电路在设计上满足阻抗匹配和负载均衡,一般应使接收电路的等效输入阻抗大于发送器的输出阻抗,以保证信息传输的精度。A/D 变换器的线线输入阻抗应大于 200 kΩ。为保证罗经信号正确传输,连接电缆应采用屏蔽电缆,且屏蔽层和接地线应有一个公共点。图 1-5-7 为模拟信号陀螺罗经与雷达设备的典型连接,其中(a)为罗经自整角发送机和雷达自整角接收机的典型连接,(b)为罗经步进发送机和雷达步进接收机的典型连接,(c)为罗经自整角发送机或罗经步进发送机与 A/D 变换器的典型连接。

②计程仪接口

计程仪输出信号通常为 200 脉冲/n mile,也可以是 100 脉冲/n mile、400 脉冲/n mile 或 2 000 脉冲/n mile 等,接口电路将该信号按照比值计数,获得船舶速度。

2. 输出接口

输出接口可将雷达视频信息输出到其他导航设备或系统。IEC 雷达性能测试标准要求雷达至少应具有向 VDR 输出 RGB 格式(1 280×1 024 像素)的模拟视频信号输出接口,如果雷达的显示性能与 RGB 格式不兼容,则需要有 DVI(Digital Visual Interface)或以太网接口,网络带

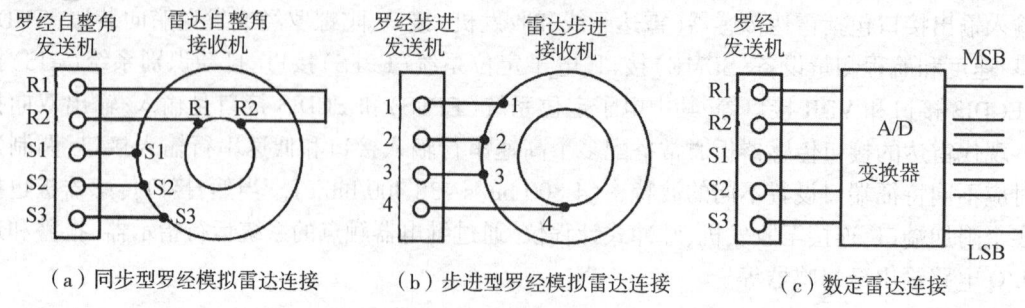

图 1-5-7 模拟信号陀螺罗经与雷达设备的典型连接

宽应达到至少每 15 s 传输一幅完整的雷达屏幕截图。

3. 雷达接口实例

下面以国内外两个品牌的航海雷达为例介绍雷达接口类型、连接方式及其定义。雷达使用电缆线连接电源和传输信号,以国产智森航海雷达为例介绍雷达接口连接及其定义。电源线带有标准接口的一端连接显示单元,另一端由两根引脚线组成连接电源适配器。显示单元连接线如图 1-5-8(a)所示。带标准接口的一端连接显示单元,另一预制端连接到收发机内的接线排上。注意,17 根电缆线预制引脚名称必须与接线排上的名称一一对应,其中:1—视频;5—接地;6,7—触发;8—方位;9,10,11—脉冲宽度;13—调谐;17—船首。预制端引线用多种颜色进行功能区分,连接各传感器的雷达输入信号数据线如图 1-5-8(b)所示。传感器连接端的接口标准为:GPS—RS-232;AIS,罗经—RS-485;计程仪—TTL;VDR—标准 15 芯视频接口。在信号数据格式方面,GPS、AIS 和罗经分别满足 NMEA 0183 协议,计程仪信号输入为 200 脉冲/n mile。在进行雷达系统连线时,应尽可能使用制造商提供的连接线,或达到雷达安装说明书中对连接线的基本要求。

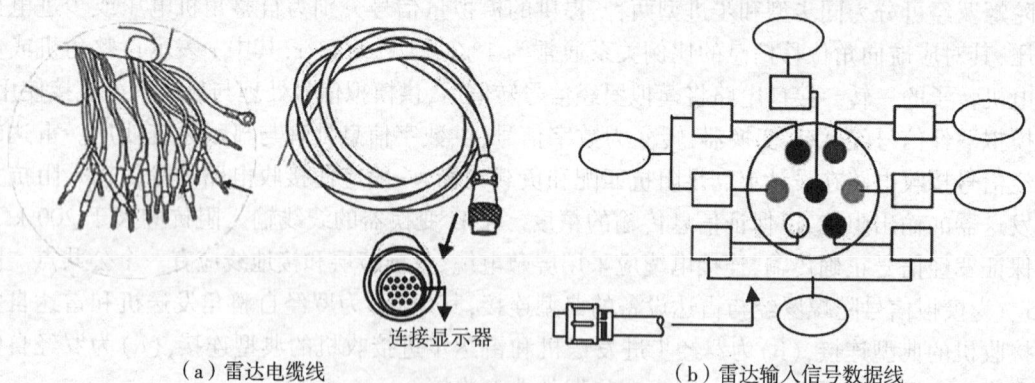

(a)雷达电缆线　　　　　　(b)雷达输入信号数据线

图 1-5-8　显示单元连接线

SPERRYVISIONMASTER FT 雷达输入输出配置如表 1-5-5 所示。尤其需要注意的是,应按照要求设置传输波特率,若是波特率设置不一致,会导致数据传输异常。

表 1-5-5　SPERRYVISIONMASTER FT 雷达输入输出配置

端口	波特率(bit/s)	传感器	串口类型
COM3	38 400	罗经	RS-232 或 RS-422
COM3	4 800	计程仪	RS-232 或 RS-422

续表

端口	波特率(bit/s)	传感器	串口类型
COM4	9 600	监视器	RS-422
COM5	38 400	AIS	RS-232 或 RS-422
COM7	4 800	GPS	RS-232 或 RS-422
COM8	4 800	内置交换机	RS-232 或 RS-422

FURUNOFAR 某型号雷达的传感器输入输出配置情况如表 1-5-6 所示。标准电源单元由处理器单元、监视器单元、控制单元和天线单元组成。串行信号用作每个单元之间的控制信号。雷达自动标绘功能集成在 SPU 板中,性能监视器作为选件集成在天线单元中。内置交换机间功能通过局域网连接运行。天线单元和处理器单元之间的通信通过 RS-422/115.2 kbps 进行,处理器单元和控制单元之间的通信通过 RS-422/19.2 kbps 进行,两者都使用异步通信方法。通过 HUB-100 连接,最多可连接 8 个该系列雷达。INS(ECDIS)支持 LAN 和串行端口 (RS-422/4 800 bps)连接。

表 1-5-6 FURUNO 雷达传感器输入输出配置

传感器	信号	I/O	硬件连接	语句	详细信息
艏向传感器	HDG A	IN	RS-422 IEC 61162-1 IEC 61162-2 (4 800~ 38.4 kbps 可调)		HDT 建议使用 38.4 kbps,以使自动标绘功能有效
	HDG B				
导航仪	NAV A	IN	RS-422/C.Loop IEC61162-1 IEC 61162-2 (4 800~ 38.4 kbps 可调)	GGA、GLL、RMC、BWR、BWC、RMB、ZDA、DPT、DBT、DBS、MTW、MWV、VWT、VWR、VDR、WPL、RTE、DTM、VBW、VHW、VTG、HDT PFEC、GPatt	位置数据语句可以到自测显示界面进行核查
	NAV B				
计程仪(仅限串行数据)	LOG A	IN	RS-422/C.Loop IEC 61162-1 IEC 61162-2 (4 800~ 38.4 kbps 可调)		
	LOG B				
A/D 转换器	AD DATA H	IN	C.Loop	AD-10 格式	
	AD DATA C				
	AD CLK H				
	AD CLK C				
AIS	AIS TD A	OUT	RS-422 IEC 61162-2 (38.4 kbps)	ABM、BBM、SSD、VSD	对 IMO 类型船舶,当 DTM 不是 WGS-84 时,AIS 不显示
	AIS TD B				
	AIS RD A	IN		ALR、VDO、VDM、ACK	
	AIS RD B				
ECDIS	ARPA A	OUT	IEC 61162-1 (4 800 bps)	TTM	
	ARPA B				

续表

传感器	信号	I/O	硬件连接	语句	详细信息
航迹控制	TRK TD A	OUT	RS-422 IEC 61162-1 IEC 61162-2 (4 800~ 38.4 kbps 可调)	ECDIS 相关语句： OSD, PAESP, TTM, PFEC, RAssd, RSD	可以在自检屏幕上查看位置数据语句。 注：关于 GPS 浮标参考句，如果是 SPU Ver.50.08 及之后版本，无法接收 ECDIS 和 NAV 参考语句。只能接收左侧 GPS 浮标语句项
	TRK TD B				
	TRK RD A	IN	RS-422/C.Loop IEC 61162-1 IEC6 1162-2 (4 800~ 38.4 kbps 可调)	ECDIS 相关语句： GLL, GGA, FUGLL, DTM, OSD, ZDA, DPT, MWV, PAESP, PAESC, PAESF, PLSPL, PLSPS, PAESW, PAESN 导航相关语句： GGA, GLL, RMC, BWR, BWC, RMB, ZDA, DPT, DBT, DBS, MTW, MWV, VWT, VWR, VDR, WPL, RTE, DTM, VBW, VHW, VTG, HDT, PFEC, Gpatt GPS 浮标参考句： $ GBBLV, $ XXGLL, $ XXTLL, $ GBBLV	
	TRK RD B				
LAN	INS 端口号： 10028	IN	100 Base-Tx	FURUNO 网络命令[1]： F-NET ECDIS 相关语句： GLL, GGA, FUGLL, DTM, OSD, ZDA, DPT, MWV, PAESP, PAESC, PAESF, PLSPL, PLSPS, PAESW, PAESN 导航相关语句： GGA, GLL, RMC, BWR, BWC, RMB, ZDA, DPT, DBT, DBS, MTW, MWV, VWT, VWR, VDR, WPL, RTE, DTM, VBW, VHW, VTG, HDT, PFEC, GPatt	FURUNO 网络命令[1]：当未添加 FURUNO 的 LAN 头字段时，无法接收
		OUT	100 Base-Tx	FURUNO 网络命令[2]： F-NET ECDIS 相关语句： OSD, PAESP, TTM, PFEC, RAssd, RSD	FURUNO 网络命令[2]：添加 FURUNO 的 LAN 头字段并发送
	导航 端口号： 10021	IN	100 Base-Tx	除了 HDG 数据之外的句子	将雷达连接到局域网时，可以将自己的数据发送给其他雷达
		OUT	100 Base-Tx	除 HDG 数据外，正在使用的 NMEA 语句	

【复习与思考】

1. 请叙述航海雷达测量目标距离和方位的基本原理。
2. 简述雷达图像相对运动模式和真运动模式的特点。
3. 请叙述 CCRP 在现代雷达中的意义。
4. 试画出雷达系统配置框图,叙述航海雷达各部分作用。
5. 试画出雷达发射系统的基本框图,显示器面板上的哪些控钮与发射机技术指标相对应?
6. 请叙述航海雷达与各传感器接口的特点。
7. 请简述雷达发射机的工作原理。
8. 请叙述磁控管使用注意事项。
9. 请说明雷达接收机前端限幅器的作用及其对雷达探测的影响。
10. 简述雷达铁氧体环流器的作用。
11. 请叙述雷达微波传输线的种类和应用。
12. 船舶导航雷达通常采用哪种结构形式的天线?天线转速为多少?
13. 简述雷达阴影扇形区域产生的原因及测定方法。
14. 试画出雷达接收系统的基本框图,简述各部分作用。
15. 雷达接收系统的主要技术指标有哪些?对雷达探测有什么影响?
16. 试画出雷达信息处理与显示系统的基本框图,简述各部分作用。
17. 简述抗雨雪干扰的基本工作原理。
18. 简述同频干扰抑制与扫描相关的基本工作原理。
19. 简述恒虚警率技术的基本工作原理。
20. 船舶装备的雷达系统配置形式有哪些?
21. 试述雷达互换装置(interswitch)的种类和作用。
22. 简述新体制固态雷达在航海中的应用特点。
23. 讨论船载固态雷达与磁控管雷达的各自的优缺点有哪些?
24. 简述雷达性能监视器的作用。
25. 请综合分析雷达系统测距误差的成因,说明调整雷达测距误差的方法。
26. 请综合分析雷达系统测方位误差的成因,说明调整雷达方位误差的方法。
27. 雷达电源控钮有哪些?分别起什么作用?
28. 简述 GAIN、TUNE 控制的作用及最佳调整状态。
29. 简述雷达开机前的准备及正确的开关机步骤。
30. 简述雷达天线安装时需考虑的因素。
31. 请叙述雷达系统安装完工后的验收要求。

32. 请叙述雷达定期维护保养事项。
33. 请叙述雷达不定期维护保养事项。

第二章

船舶磁罗经系统

磁罗经(magnetic compass)用于船舶导航历史悠久。它是利用地球磁场吸引磁针指北的原理制造的指向仪器,可为船舶指示航向,用于定位和导航。安装在钢铁结构船舶上的磁罗经由于受船磁的影响,磁针不指向磁北,而是指向地磁力与船磁力的合力方向,即罗北方向。罗北偏离磁北的误差称为磁罗经自差。使用磁罗经时,必须事先知道磁罗经的自差。《SOLAS公约》第Ⅴ章第19条规定:

①所有船舶,不论其尺度大小,均应设有1台经过适当校正的标准磁罗经或其他装置,独立于任何电源,用于确定船舶首向并在主操舵位置显示其读数;

②所有150总吨及以上的船舶和不论尺度大小的客船,除满足①的要求外,还应设有1台可与①中所述的磁罗经进行互换的备用磁罗经,或其他装置,用于通过替换或双套设备执行①所述的功能。

第一节 磁的基础知识

一、磁的基础知识

1. 磁铁

天然磁石的分子式为 Fe_3O_4，磁石或钢铁经磁化制作的器件称为磁铁(magnet)。磁铁是一种相互间具有吸引力或排斥力的物体，分为天然磁铁(natural magnet)和人造磁铁(artificial magnet)。

磁铁之间相互吸引或排斥的特性称为磁铁的磁性(magnetism)。磁铁磁性最强的位置称为磁极(magnetic pole)。磁极的磁性强弱用磁量表示。磁量有正磁量(+m)与负磁量(-m)之分。同一块磁铁磁极的正负磁量相等。具有正磁量的磁极称为磁铁的 N 极，通常涂成红色；具有负磁量的磁极称为磁铁的 S 极，通常涂成蓝色或黄色。同性磁极相斥，异性磁极相吸。

磁铁磁极之间的相互作用力称为磁力(magnetic force)，用 F 表示，其大小用下式表示：

$$F = K \frac{m_1 m_2}{r^2} \tag{2-1-1}$$

式中：

K——比例系数，由介质决定其大小；

m_1、m_2——两磁铁磁极的磁量；

r——两磁铁磁极之间的距离。

磁铁磁极的磁量与两磁极之间距离的乘积称为磁矩(magnetic moment)，用 M 表示，其大小用下式表示：

$$M = mL = 2ml \tag{2-1-2}$$

式中：

m——磁极的磁量；

l——磁铁两磁极之间距离的一半(如图 2-1-1 所示)。

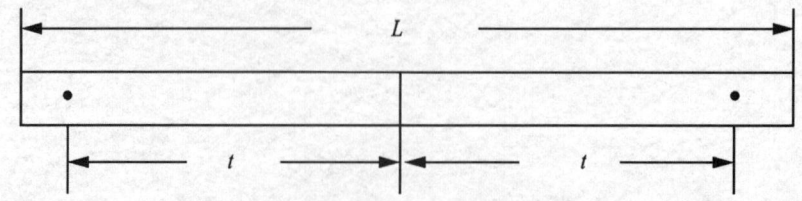

图 2-1-1 磁矩示意图

磁铁磁力作用的空间范围称为磁场(magnetic field)。磁场性质用磁场强度(H)描述。磁场中某点的磁场强度是单位正磁量在该点所受的作用力的大小，用下式表示：

$$H = \frac{m}{r^2} \tag{2-1-3}$$

式中：

m——磁极的磁量；

r——磁场中某点到磁极的距离。

磁场强度处处相等的磁场称为均匀磁场。

磁场可以用磁力线来描述，在磁铁的外部，磁力线是从磁铁的 N 极出发，经由外部空间回到磁铁 S 极，再经磁铁内部到 N 极形成闭合曲线。磁力线上某点小磁针 N 极所指的切线方向就是该点磁场强度 H 的方向。

2.磁化

原来没有磁性(或磁性不明显)的物质，经过一定的物理过程而具有了磁性，这个物理过程称为磁化(magnetization)。物质被磁化的特性用磁化强度(J)描述，根据磁化特性将物质分为磁性物质(magnetic substance)和非磁性物质(non-magnetic substance)。磁性物质又称为铁磁性物质，即通常说的能够被磁化的物质，如钢铁、钴、镍等金属物质。非磁性物质即通常说的不能被磁化的物质，如铜、橡胶、塑料、木材等。

物质的磁化特性还可以用磁滞回线描述。磁滞回线是物质磁化过程中磁化强度的变化曲线。H 为外磁场强度，J_s 为饱和磁化强度，J_r 为磁化后的磁化强度，又称为剩磁，使剩磁变为零所需要的反向外磁场强度 $-H_c$ 称为矫顽力。如图 2-1-2 所示，(a)为硬铁的磁滞回线，(b)为软铁的磁滞回线。

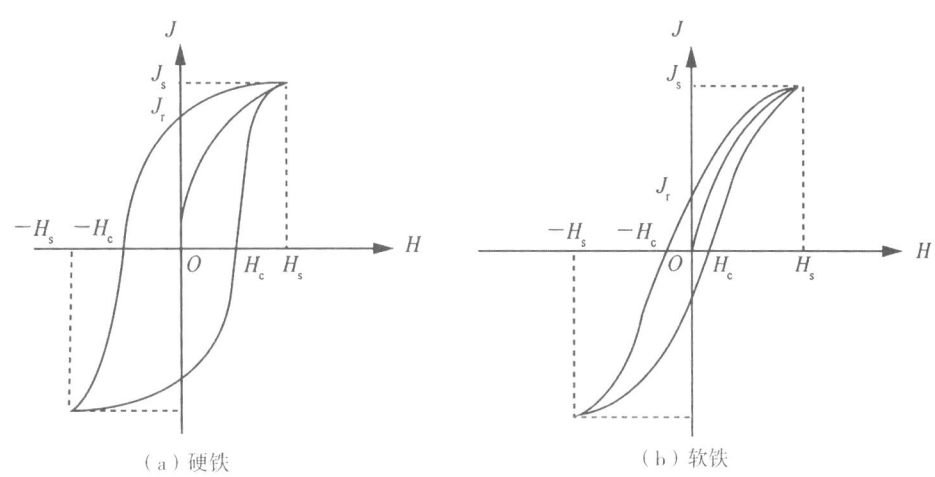

图 2-1-2　磁滞回线图

根据磁化特性不同，磁性物质分为硬铁和软铁。硬铁比较难磁化，一旦被磁化就具有了很大的剩磁，去除其磁性需要很强的反向磁场，即硬铁具有剩磁大、矫顽力大的磁化特性。硬铁磁化时磁滞回线所包围的面积较大[如图 2-1-2(a)所示]。属于硬铁的材料有钨钢、钴钢等。

二、地磁场

地球是一个天然的磁性球体,具有磁铁一样的特性,由地球磁体形成的磁场称为地磁场(Earth's magnetic field)。地球表面较小范围内的磁场可以看作均匀磁场,地磁场如图2-1-3所示。

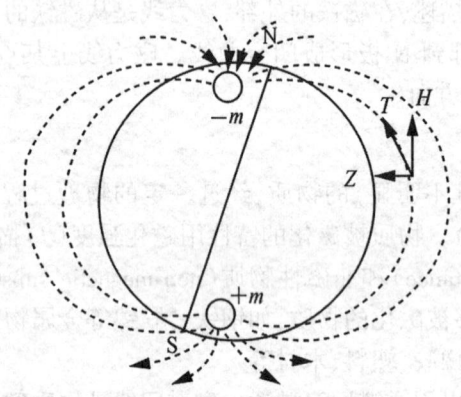

图 2-1-3　地磁场

地球上两个磁性最强的位置称为地磁极,位于地球深处。靠近地理北极的地磁极称为地磁北极(N_m),具有负磁量。靠近地理南极的地磁极称为地磁南极(S_m),具有正磁量。地磁极的位置并非固定不变,北、南地磁极以椭圆形轨迹各自绕地理北极、南极旋转,旋转一周约650年。

地球上,连接两磁极的直线称为磁轴。在地球表面及空间,磁力线从地磁南极出发回到地磁北极。磁力线上,自由悬挂的小磁针 N 极所指的方向即为地磁力(T)的方向。小磁针垂向平面称为该点的磁子午面,磁子午面与地理子午面的水平夹角就是磁差V_{ar}。对于地磁场中任意一点,其磁场强度可通过"该点处单位正磁量所受到地磁力合力的方向"来表示。由于在磁罗经学中把磁罗经周围的地磁场看作均匀磁场,所以,在这个均匀磁场中各点的地磁力大小相等,方向为磁力线的切线方向。某点的地磁力可以分解为沿水平方向的地磁水平分力(horizontal force,用 H 表示)和沿垂直方向的地磁垂直分力(vertical force,用 Z 表示),如图2-1-4所示。

地磁水平分力与地磁垂直分力由下式表示:

$$H = T\cos\theta \tag{2-1-4}$$

$$Z = T\sin\theta \tag{2-1-5}$$

上式中的 θ 为地磁水平分力 H 与地磁力 T 之间的夹角,称为磁倾角(magnetic dip)。磁倾角有正负之分,北半球磁倾角在水平面之下,其符号规定为正(+);南半球磁倾角在水平面之上,其符号规定为负(-)。

地球上磁倾角为零的各点的连线称为磁赤道,它是一条不规则的曲线,南北两磁极的磁倾角各为-90°和+90°。在磁赤道上,地磁水平分力 H 最大,而地磁垂直分力 Z 为零。在两磁极上,地磁水平分力 H 为零,而地磁垂直分力 Z 最大。地磁水平分力 H 是磁罗经指北的必需条件之一。

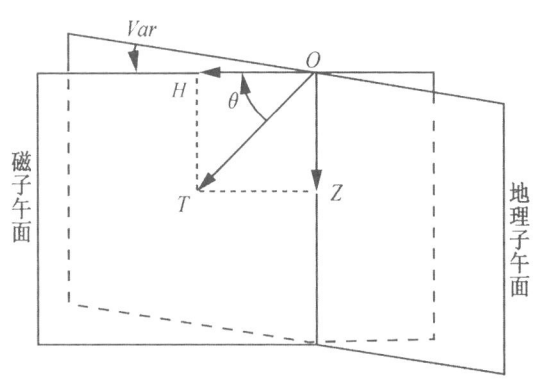

图 2-1-4　磁子午面与地理子午面

磁差 V_{ar}、地磁水平分力 H、磁垂直分力 Z 和磁倾角 θ 称为地磁四要素,只要知道其中一些要素,就可以求得另外的要素。船上备有"等磁差线图""等水平力线图""等垂直力线图"等,供相关人员查用。

第二节　船用磁罗经的结构与指北原理

一、船用磁罗经的结构

中、大型船舶上安装的磁罗经,一般由罗经盆(compass bowl)、罗经柜(compass binnacle)和自差校正器(deviation corrector)三大部分组成,如图 2-2-1 所示。

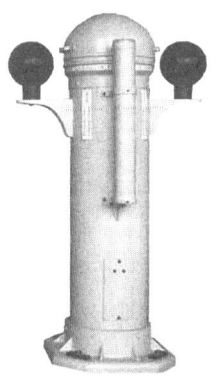

图 2-2-1　磁罗经

1. 罗经盆(罗盆)

罗盆的结构如图 2-2-2 所示,是磁罗经的主要部分,它的灵敏器件具有指示方向的能力,因此也被称为磁罗经的指向部分。

图 2-2-2　罗盆

罗盆主要由罗盘、轴针、轴帽、液体、罗经基线、注液孔、空气膨室(罗盆分为上、下两部分,无空气膨室)、玻璃盖、壳体等组成。

罗盘是罗盆中有指向能力的器件,它由卡面、刻度、磁针、浮室、轴帽等组成。罗盘卡面一般由云母、塑料或硬纸板等非磁性材料制成,正面有 $0°\sim360°$ 的刻度和 $8\sim16$ 个罗经点刻度,用于读取方向;反面固定有 $2\sim6$ 根细磁针,磁针的数量和磁针的 NS 极轴线要严格与卡面刻度的 $0°\sim180°$ 线对称和平行,所有磁针的磁极都应在同一圆周上,产生罗盘的磁矩。罗盘中心是正面凸起的圆形水密浮室,内充氢气以增大罗盘的浮力。

大型罗经的罗盘反面正中心嵌有宝石轴帽,由轴针支承,使罗盘能够绕垂直轴自由旋转并保持水平。

轴针固定在罗盆内中心的壳体上,尖端一般由铱金制成,比较耐磨。轴针尖端必须保持尖锐,否则罗盘灵敏度将不正常。必要时轴针可以拆下送厂磨尖或更换。

船用磁罗经属于液体磁罗经,即罗盆内充满液体。我国磁罗经液体一般采用 45% 的纯酒精(absolute alcohol)和 55% 的蒸馏水(distilled water)的混合液体,其中酒精的作用是降低液体的结冰点,使结冰点降为 $-26℃$,沸点为 $83℃$。这种液体的黏滞性在 $-20\sim50℃$ 范围内不变。也有采用煤油或硅油作为磁罗经液体的。磁罗经液体对罗盘起支承作用,提高了罗盘灵敏度;对罗盘起阻尼作用并减小罗盘的振动,使罗盘指向稳定。罗盆应具有良好的水密性,盆内液体必须保持充满,不允许存在气泡,以免影响罗经的正常使用。

罗盆上的船首线标志又称为罗经基线,用来读取船舶的航向。安装磁罗经时,必须使罗经基线与船首尾线重合(或平行),否则罗经将产生基线误差,影响航向精度。

注液孔位于罗盆壳体的侧面,用于注入罗经液体,排除罗盆内的气泡,应保持良好的水密性。

有的罗盆分成上室和下室,中间隔开。上室充满液体,下室只充入约 2/3 的液体,上、下室均水密,液体只由一根很细的导管连通,称为毛细管,用来调节上室的液体数量。当气温较高时,上室的液体膨胀,通过毛细管使上室液体流到下室一些,防止罗盆玻璃盖被液体胀破。当气温较低时,上室液体体积收缩,通过毛细管从下室吸一些液体到上室,防止上室产生气泡。不分上、下室的罗盆,在罗盆底部设有空气膨胀室,以此来保证罗盆内液体热胀冷缩时罗盆玻璃盖不被胀破或罗盆内产生气泡。

磁罗经的罗盆一般用铜或铜合金等非磁性材料制成。罗盆上装上同规格的方位圈或方位仪,可以用来观测物标的罗方位,如图 2-2-3 所示。

2. 罗经柜

罗经柜一般由铜、铝或铜铝合金等非磁性材料制成,用来支承罗盆和安放自差校正器。罗经柜由柜帽和柜身两部分组成,柜身上端装有常平环,罗盆装在常平环上,可使罗盆始终保持

图 2-2-3　方位圈

水平状态。罗经柜底座固定在船舶的安装甲板上。柜身内装有纵、横向支架,用于安放水平校正磁铁。柜身内罗盆正下方还有一根垂直向非磁性金属圆筒,用于放置可上下移动的垂直磁铁。在柜身上端左、右舷方向有安放软铁球(软铁盒)的支架。柜帽用来罩住罗盆,保护其不受风吹、雨打、日晒等。

3.自差校正器

磁罗经的自差校正器按其特性分为永久磁铁(permanent magnet)和校正软铁(compensating bar);按其与罗盆的相对状态又分别称为水平磁铁、垂直磁铁、水平软铁和垂直软铁;也习惯称为纵向磁铁、横向磁铁、垂直磁铁、软铁球(或软铁片)和佛氏铁。磁罗经自差校正器按其各自的作用分为半圆自差校正器、象限自差校正器、倾斜自差校正器和次半圆自差校正器。自差校正器的作用是校正磁罗经的各类自差。

二、磁罗经指北原理

磁罗经的罗盘由轴针、轴帽和液体支承等组成,具有绕垂直轴旋转的自由度,罗盘上的磁针受地磁水平分力 H 的作用,使罗盘的"0"度指示磁北。

地磁水平分力 H 称为磁罗经的指北力。在磁赤道附近,H 很大,磁罗经指向性能最好,在两磁极附近,H 几乎为零,磁罗经将不能指向。当磁罗经安装在钢铁船舶上时,磁罗经的指北力受船磁的影响而减小,减小量用 λH 表示。λ 称为磁罗经指北力系数,船上标准磁罗经的 λ 一般为 0.8~0.9,操舵磁罗经的 λ 一般为 0.6~0.8。

三、磁罗经的分类、安装、检测和使用

(一)磁罗经的分类

船用磁罗经按照作用和安装位置分为标准磁罗经(standard magnetic compass)、操舵磁罗经(steering magnetic compass)、救生艇磁罗经(life-boat compass)和应急磁罗经(emergency magnetic compass)。

按照磁罗经罗盘卡面的尺寸分类:罗盘卡面直径为 190 mm 的称为 190 罗经,由于指向精度较高,一般为大、中型船舶使用;罗盘卡面直径为 165 mm 的称为 165 罗经,一般为中、小型船舶使用;罗盘卡面直径为 130 mm 的称为 130 罗经,一般为小型船舶使用;罗盘卡面直径为 100 mm 的称为 100 罗经,一般为救生艇使用。

有罗经柜支承的磁罗经为立式磁罗经,固定安装的磁罗经多为立式磁罗经;没有罗经柜支

承而只有罗盆的磁罗经一般称为台式磁罗经,例如救生艇罗经。

(二)磁罗经的安装

磁罗经应尽可能安装在船磁影响小、便于观测的地方。不论是标准磁罗经还是操舵磁罗经,都应安装在船舶首尾面内,以使罗经左右两舷的软铁对称,减小剩余自差。磁罗经周围开敞,视野开阔,有利于观测周围物标方位;标准磁罗经安装在驾驶室顶部的罗经甲板,一般情况下,船舶倾斜15°时不影响对周围物标的观测。

安装标准磁罗经时,可利用船首柱、船尾旗杆或船舶烟囱将罗经安装在船舶首尾面上,如图2-2-4所示。先将罗经连同安装底座一起放在选好的船首尾面(船首尾线一般有钢铁焊缝为标志)上的位置。罗盆上放好合适的方位圈(或方位仪),使罗盆上船首尾基线分别朝向船首尾方向,将方位圈的"0"刻度与罗经首基线重合并移动罗经使艏基线与旗杆中心重合。再转动方位圈使其"0"刻度对准烟囱垂直方向中线,观测并转动罗经尾基线与烟囱垂直方向中线重合,这样经反复几次,就可以使罗经首尾基线与船首尾面准确重合,将罗经及其安装底座固定即可。固定罗经时,要求基线误差小于0.5°。操舵磁罗经的安装方法与标准磁罗经的安装方法相同。

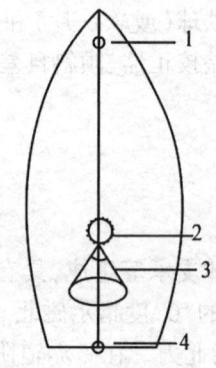

图 2-2-4 安装示意图

1—艏柱;2—罗盘;3—烟囱;4—旗杆

第三节 磁罗经自差校正

一、磁罗经自差的产生

(一)磁罗经自差的产生原因

1.船磁

现代船舶的船体及设备基本都是用钢铁材料制造,受地磁场磁化产生了磁性,称为船磁。船磁对安装在船上的磁罗经罗盘的作用力称为船磁力(ship magnetic force)。船磁力使罗盘的

"0"刻度由原来所指的磁北方向偏离改为指示罗北方向,这样就使磁罗经产生了除磁差以外的指向误差,即自差。因此,磁罗经产生自差的根本原因就是船磁的影响。一般来说,安装在钢铁船舶上的磁罗经都会产生自差。

2.船磁力

船舶的钢铁材料按照其磁化特性分为硬铁和软铁,船磁也分为硬铁船磁和软铁船磁。硬铁船磁又称为永久船磁(ship permanent magnetism),软铁船磁又称为感应船磁(ship induced magnetism)。硬铁船磁对罗盘的作用力称为硬铁船磁力,也称为永久船磁力(ship permanent magnetic force)。软铁船磁对罗盘的作用力称为软铁船磁力,也称为感应船磁力(ship induced magnetic force)。受船舶类型、船舶形状、硬软铁的分布及数量、钢铁的磁化特性以及磁罗经的安装位置等因素影响,各船的硬铁船磁力和软铁船磁力的大小、方向以及变化规律各不相同,且非常复杂,在此不做定量分析,只以一般商船船磁力的情况,利用罗经坐标系进行简单分析,找出自差的变化规律,便于校正和使用。

罗经坐标系是把罗盘视为一个点即坐标原点 O;船首尾方向为坐标纵轴(OX 轴),规定向船首方向为正方向;船左右舷方向为坐标横轴(OY 轴),规定向右舷方向为正方向;垂直甲板方向为坐标垂直轴(OZ 轴),规定向下为正方向,如图 2-3-1 所示。

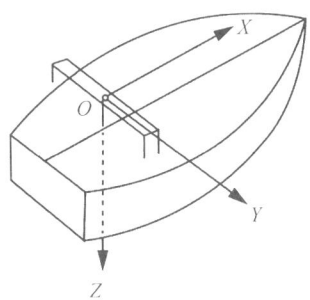

图 2-3-1 罗经坐标系

作用在罗盘上的硬铁船磁力可分解为罗经坐标系三个坐标轴上的分力,即 OX 轴(首尾)方向的分力 P、OY 轴(正横)方向的分力 Q 和 OZ 轴(垂直甲板)方向的分力 R,如图 2-3-2 所示。分力 P 称为纵向硬铁船磁分力,分力 Q 称为横向硬铁船磁分力,分力 R 称为垂直向硬铁船磁分力。

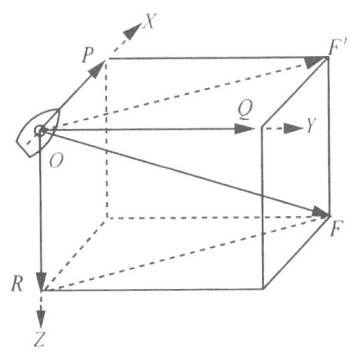

图 2-3-2 永久船磁力的分力

硬铁的特性是难以磁化,一旦被磁化,其剩磁大,矫顽力也大,因此硬铁船磁分力 P、Q、R 的大小和方向与造船修船时船首方向、船舶硬铁的分布与数量、磁罗经的安装位置等有关,而且是使磁罗经产生自差的主要船磁力。同一艘船舶在一定情况下,可认为其硬铁船磁力的大小、方向不变。

当船舶航向为磁东或磁西时,硬铁船磁分力 P 产生最大自差,如图 2-3-3 所示。除了南北磁航向上的分力 P 不产生自差外,在其他航向上都产生大小不等的自差。

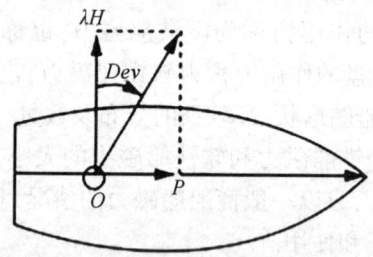

图 2-3-3　磁东或磁西航向时分力 P

当船舶航向为磁北或磁南时,分力 Q 产生最大自差,如图 2-3-4 所示。分力 Q 除了在磁东和磁西航向上不产生自差外,其他航向上都产生大小不等的自差。

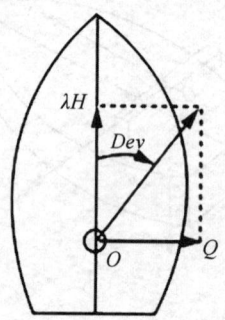

图 2-3-4　磁北或磁南航向时分力 Q

硬铁船磁分力 R 当船舶正平时不产生自差。当船舶倾斜(摇摆)时,分力 R 在水平方向的分力将产生自差,如图 2-3-5 所示,(a)为船舶横倾时分力 R 产生的自差,(b)为船舶纵倾时分力 R 产生的自差。

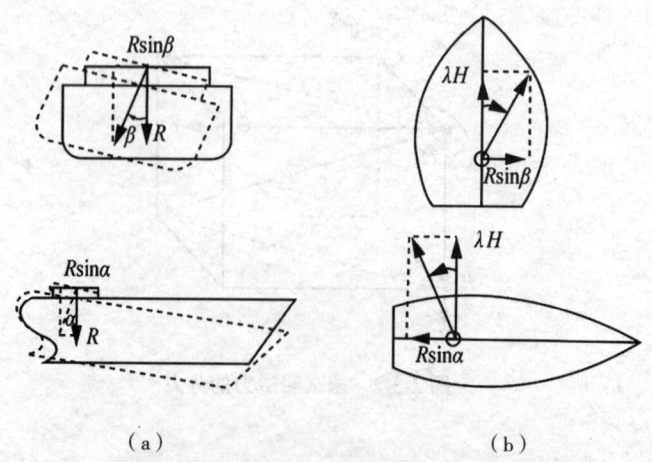

(a)　　　　　　　　　　(b)

图 2-3-5　分力 R 的分解

因为软铁的磁化特性是易磁化、被磁化后剩磁小、矫顽力小,所以它不但与船舶软铁的分布与数量、磁罗经的安装位置有关,而且还与船舶所在的地理纬度和航向有关。软铁船磁力的大小和方向变化复杂,但一般较小,使磁罗经产生的自差也较小。为了便于分析软铁船磁力产生的自差,将软铁船磁力在罗经坐标系各坐标轴上的分力简化为用特殊位置的软铁杆表的 a、b、c、d、e、f、g、h、k 九个软铁系数表示,如图 2-3-6 所示。

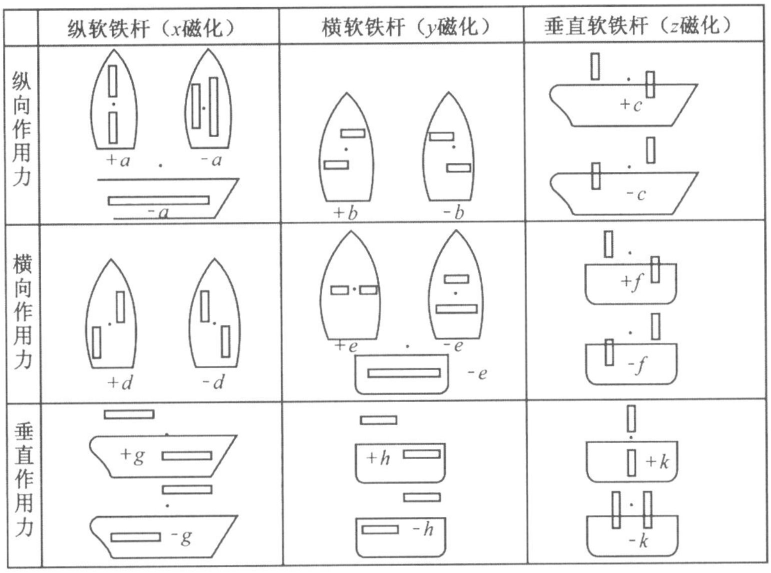

图 2-3-6 软铁系数示意图

软铁系数的大小、符号与船舶软铁的分布和数量以及磁罗经的安装位置有关,与船舶所在的地理纬度和航向无关。一般商船的九个软铁系数的情况如下:软铁系数 a 符号为负,很大,由船首尾方向连续分布的软铁产生;软铁系数 e 符号为负,很大,由左右舷方向连续分布的软铁产生;软铁系数 c 符号为负,较大,由船垂直向分布的(一般认为主要是烟囱)软铁产生;软铁系数 g 和 k,一般较小;只要磁罗经安装在船舶首尾面上,软铁系数 b、d、f、h 可认为近似为零。

从以上分析可知,软铁系数 a、e、c 较大,对磁罗经指向的影响较大,会使磁罗经产生较大的自差,在磁罗经自差校正中,必须消除其影响。软铁系数 b、d、f、h 其值近似为零,对磁罗经指向的影响可忽略不计。软铁系数 g、k 大小一般,一般情况下对磁罗经指向的影响也可以忽略不计。

(二)磁罗经自差的分类及变化规律

1. 船舶正平时的磁罗经自差公式

$$Dev = A + B\sin CC + C\cos CC + D\sin 2CC + E\cos 2CC \tag{2-3-1}$$

式(2-3-1)又称为磁罗经剩余自差公式,当磁罗经自差校正后,剩余自差小于±3°时,可以用于计算任意航向的自差,磁罗经校正师绘制磁罗经自差表(曲线)时,利用此公式计算每隔10°或15°航向的自差。

2. 磁罗经自差的分类及主要变化规律

（1）半圆自差

硬铁船磁力 P、Q 产生的自差,除了与这两个船磁力的大小、方向有关外,还与船舶所在的地理纬度和航向有关。

P 力产生的自差与航向呈正弦规律变化,可由下式表示:

$$Dev_B = B\sin CC \tag{2-3-2}$$

式中:

B——近似半圆自差系数,其大小与 P、c 和地理纬度有关;

CC——罗航向。

Q 力产生的自差与航向成余弦规律变化,可由下式表示:

$$Dev_C = C\cos CC \tag{2-3-3}$$

式中:

C——近似半圆自差系数,其大小与 Q、f 和地理纬度有关。

与航向成正弦和余弦规律变化的自差称为磁罗经的半圆自差(semicircular deviation),如图 2-3-7 所示。

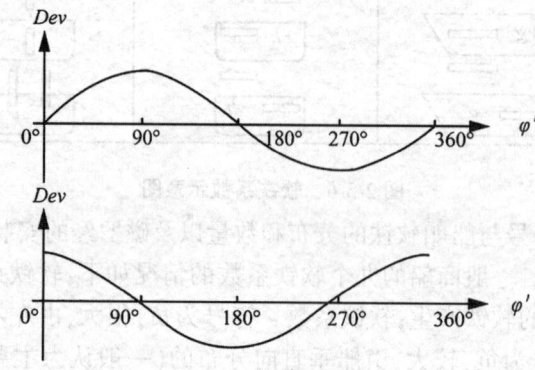

图 2-3-7 半圆自差

半圆自差值在 N、E、S、W（0°、90°、180°、270°）四个基点航向上最大。一般商船的 P、Q 力很大,所以 P、Q 力产生的半圆自差也很大,必须进行校正。

（2）象限自差

由软铁系数 a、e 表示的软铁船磁力产生的自差,除了与这两个船磁力的大小、方向有关外,还与二倍航向成正弦规律变化,可由下式表示:

$$Dev_D = D\sin 2CC \tag{2-3-4}$$

式中:

D——近似象限自差系数,其大小与 a、e 有关。

当 b、d 表示的软铁船磁力不为零时,产生的自差除了与两个船磁力的大小、方向有关外,还与二倍航向成余弦规律变化,可由下式表示:

$$Dev_E = E\cos 2CC \tag{1-3-5}$$

式中:

E——近似象限自差系数,其大小与 b、d 有关(一般商船的 b、d 近似为零,Dev_E 可忽略不计)。

磁罗经这种与二倍航向成正弦规律和余弦规律变化的自差称为磁罗经的象限自差(quadrantal deviation),如图 2-3-8 所示。

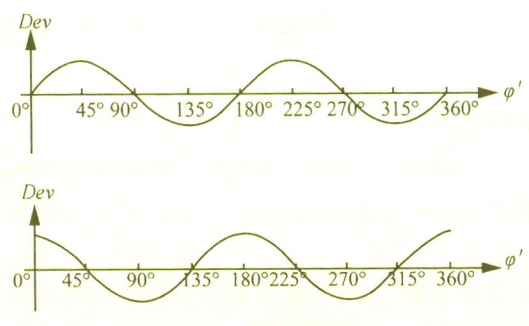

图 2-3-8　象限自差

象限自差 Dev_D 在 NE、SE、SW、NW(45°、135°、225°、315°)四个隅点航向上最大。由于一般商船的 a、e 较大,产生的象限自差也较大,必须进行校正。

(3)倾斜自差

当船正平时,硬铁船磁力 R 垂直作用于磁罗经的罗盘,不会使罗盘产生水平方向的偏转而产生自差。但当船舶倾斜(摇摆)时,R 在水平方向的分力就会使磁罗经产生自差。这种主要由硬铁船磁力 R 产生的自差不仅与 R 本身的大小、方向有关,还与船舶所在的地理纬度、航向和船舶倾斜角度有关,这种由于船舶倾斜而使船磁力产生的自差称为磁罗经的倾斜自差(heeling deviation)。由于船舶纵向倾斜(摇摆)而产生的倾斜自差称为纵倾自差,由于船舶横向倾斜(摇摆)而产生的自差称为横倾自差。因为一般商船的 R 很大,所以船舶倾斜时 R 产生的倾斜自差也很大,必须进行校正。

(4)次半圆自差

由软铁系数 c 表示的软铁船磁力产生与航向成正弦规律变化的自差,称为磁罗经的次半圆自差。由于一般船舶的这一软铁船磁力较大,必须进行校正。

(5)恒定自差

由于磁罗经没有安装在船舶首尾面上而使软铁系数 b、d 所表示的两个软铁船磁力不能近似为零,磁罗经罗盘磁针的 NS 磁轴线与罗盘 0°~180°线不平行,罗经基线与船首尾面不重合(或平行),计算自差时使用的磁差不精确,测量物标方位时使用的方位圈(仪)有缺陷等原因使磁罗经产生的自差称为磁罗经的恒定自差(constant deviation),且这种自差的大小、符号皆不随航向、船舶状态、纬度等因素的变化而变化。磁罗经若按照要求安装、结构精良、计算时使用计算正确的磁差,其恒定自差一般很小,无须进行校正。

二、磁罗经自差的校正

现代运输船舶多为几万吨到几十万吨的大型和超大型钢铁船舶,机械设备也多为钢铁材料制造,所以船磁很强,可使船上磁罗经产生十几度到几十度的自差。船上的磁罗经若有这么大的自差,再加上磁差,磁罗经的指向误差会达到几十度,且变化复杂。若不对磁罗经进行校正,使用磁罗经确定方向会非常不便,稍有疏忽,将危及船舶安全;磁罗经的自差大意味着产生自差的船磁力就大,在某些航向时船磁力将抵消磁罗经的指北力,使磁罗经在一般纬度时也不能指向或指向精度太差而不能使用;观测法求磁罗经自差比较烦琐,一般只求4个基点航向和4个隅点航向上的自差,其余航向上的自差利用自差公式计算求得。为了保证计算的自差精确到0.1°,磁罗经在各航向上的最大自差不能超过±3°。鉴于以上原因,必须对磁罗经自差进行校正。

(一)磁罗经自差的校正

船舶校正磁罗经自差,目前基本采用以大小相等、方向相反的外磁力(校正器磁力)抵消船磁力的方法,即硬铁船磁力用永久磁铁磁力抵消,软铁船磁力用校正软铁产生的感应磁力抵消。

校正磁罗经自差的方法有多种,远洋船舶多采用爱利法消除磁罗经的半圆自差和象限自差,校差时需要通过观测法求得自差。观测自差的方法分为观测物标方位法和观测航向法。观测物标方位求磁罗经自差的方法是校正自差时采用的主要方法,最常用的是观测叠标方位求自差,此方法测差精度高,观测计算简便,但是必须在有叠标的海区才能使用。为了方便船舶磁罗经的校正,我国许多港口、修造船厂附近都有比较理想的叠标海区。其次,观测太阳低高度时的方位求自差的方法,在校差时也经常被采用,可不受海区限制,测差精度能够满足要求。观测单一物标方位求自差的方法和观测陀螺罗经航向与磁罗经航向求自差的方法有时也被采用。

1.什么情况下需要校正磁罗经自差

需要校正自差的磁罗经:
(1)新建造的船上的磁罗经。
(2)修船(包括大修、中修、岁修)后船上的磁罗经。
(3)船舶发生过剧烈振动(如碰撞、搁浅、触礁、雷击等)的磁罗经。
(4)船上的罗经安装位置改变以后。
(5)不计恒定自差时,标准磁罗经的自差超过±3°时(操舵罗经自差超过±5°时)。
(6)船舶在一个固定航向上停靠一个月以上时的磁罗经。
(7)大量装运铁磁性货物卸货后船上的磁罗经。

2.校正磁罗经自差的一般顺序

(1)鉴于磁罗经的各类自差校正时的相互影响,为了校差的便利,新造船舶上的磁罗经校差顺序为:
①减小象限自差。
②近似校正次半圆自差。
③校正倾斜自差。
④校正半圆自差。
⑤校正象限自差。

(2)旧船上的磁罗经都曾经校正过自差,已安放有各类自差校正器,校差顺序为:
①校正倾斜自差。
②校正半圆自差。
③校正象限自差。

3. 校正磁罗经自差时应注意的事项

（1）应选择天气好、风浪较小时进行。

（2）校差前船上应准备好：大比例尺海图、应悬挂的信号旗、备用校正器、方位圈（仪）、防磁表、磁罗经记录簿等。

（3）应悬挂"OQ"旗（表示我船正在校正磁罗经自差）。

（4）船上所有设备应处于正常航行状态。

（5）应由 2 人协同进行。

（6）每一航向上应至少稳定 2 min。

（7）暂时不用的校正器应远离磁罗经。

（8）在罗经柜内安放纵向校正磁铁时，应对称安放并尽量离罗盆远一点。

（9）校差结束时，应将各校正器的名称、位置、数量等详细记录在磁罗经簿。

4. 磁罗经自差的校正

（1）倾斜自差的校正

倾斜自差主要是由硬铁船磁力 R 产生的，校正倾斜自差是在磁罗经罗盘下方安放垂直磁铁抵消 R。

抵消 R 有两种方法：

一种方法是船舶停靠码头，船体正平，船首朝向磁东（或磁西）方向，利用测量垂直磁力的倾差仪（vertical force instrument），首先测量当地的地磁垂直分力 Z，将倾差仪的测量读数调在 λZ 值，然后将磁罗经罗盆取下，把倾差仪安放在罗经盆的位置，在罗经柜内安放垂直磁铁（vertical magnet）并上下调整，使倾差仪的测量磁铁水平，也就是使罗盘在垂直方向所受的磁力 Z' 等于当地的地磁垂直分力 Z 与 λ 的乘积时（$Z'=\lambda Z$），R 力就能够被抵消。λ 为磁罗经的指北力系数，$\lambda = 1 + \dfrac{a+e}{2}$。一般商船 a、e 的符号均为负，因此 $\lambda<1$。

另一种方法是当船在风浪中摇摆时，船上磁罗经罗盘左右抖动不停，这是由于 R 没有被精确抵消造成的。可通过上下移动罗经柜内已有的垂直磁铁调节，直到使罗盘停止抖动，然后将垂直磁铁固定。

（2）半圆自差的校正

半圆自差主要是由水平方向的硬铁船磁力 P、Q 产生的。校正半圆自差多采用爱利法，即在产生最大半圆自差的航向，观测自差，使用相应的校正器校正自差，将 P 和 Q 抵消。具体做法是航向为 N（000°）（校差开始可任选一基点航向），观测自差 Dev_N，在罗经柜内安放横向磁铁（athwart magnet）（NS 极朝向左右舷方向的磁铁），将自差 Dev_N 校正为零；船转向为 E（090°），观测自差 Dev_E，在罗经柜内安放纵向磁铁（longitudinal magnet）（NS 极朝向船首尾方向的磁铁），将自差 Dev_E 校正为零；船转向为 S（180°），观测自差 Dev_S，调整或增减罗经柜内的横向磁铁，将 Dev_S 校正一半（将 Dev_S 只校正一半而不是校正为零，是为了去掉为抵消 Q 由横向磁铁多加的校正磁力，使各航向上的自差最小）；船转向为 W（270°），观测自差 Dev_W 调整或增减纵向磁铁，将自差 Dev_W 校正一半（原因同上）。

（3）象限自差的校正

磁罗经的象限自差主要是由软铁系数 a、e 表示的水平方向的软铁船磁力产生的。象限自差的校正一般采用与校正半圆自差相同的方法,即在产生最大象限自差的航向,观测自差,使用相应的校正器校正自差,将产生这一自差的船磁力抵消。具体做法是航向为 NE(045°)(可任选一隅点航向),观测自差 Dev_{NE},安放并调整软铁球(片)(compensating bar),将自差 Dev_{NE} 校正为零;船转向为 SE(135°)或 NW(315°),观测自差 Dev_{SE} 或 Dev_{NW} 调整软铁球或调整增减软铁片,将自差 Dev_{SE} 或 Dev_{NW} 校正一半(原因与校正半圆自差相同)。

(4)次半圆自差的校正

软铁系数 c 表示的主要是由垂直方向烟囱磁性产生的软铁船磁力,其产生磁罗经的次半圆自差,因其比较小且变化复杂,一般参考同类型船舶,安放佛氏铁(Flinders' bar)进行校正。安放佛氏铁圆柱时,应将长柱放在上边,短柱放在下边。

(5)恒定自差的处理

对于磁罗经的恒定自差,可根据产生恒定自差的原因分别对待,主要有以下几种情况:

①对于 b、d 不等于零产生的恒定自差,应将罗经安装在船首尾线上。

②对于求自差时使用的磁差不正确,应使用计算准确的磁差。

③对于罗盘磁针轴线与罗盘 0°~180°线不平行产生的恒定自差,应更换新罗盘。

④对于使用的方位圈(仪)误差产生的恒定自差,应使用精确的方位圈(仪)。

⑤对于罗经基线与船首尾线不重合(或不平行)产生的恒定自差,应调整罗经基线与船首尾重合(或平行)。

校正半圆自差时,可按照下列口诀移动罗经柜内的纵向磁铁和横向磁铁:

东东上,西西上,东西下,西东下。

口诀中第一个字"东"或"西",是指自差符号,即自差是东自差还是西自差;

第二个字"东"或"西",是指罗经柜内已放置的磁铁的红端(N 极)是朝向"东"还是朝向"西";

第三个字"上"或"下",是指将罗经柜内的磁铁往上移动(靠近罗盘)还是往下移动(远离罗盘)。

校正象限自差时,可按照下列口诀移动软铁球(片):

一、三象限大,软铁往里靠;

一、三象限小,软铁往外移;

二、四象限大,软铁往外移;

二、四象限小,软铁往里靠。

口诀中"一、三"或"二、四",是指航向所在的象限;"大"或"小",是指磁方位比罗方位大还是磁方位比罗方位小,即是东自差还是西自差;"往里靠"或"往外移",是指软铁球(片)是靠近罗盘还是远离罗盘。

(二)磁罗经自差表和自差曲线

1.磁罗经自差表和自差曲线的绘制

船上标准磁罗经的自差经过校正后,剩余自差一般不超过±1°,最大不超过±3°。必须由磁罗经校正师绘制磁罗经自差表和自差曲线,置于驾驶台或海图室内,用于驾驶人员查取磁罗经自差和海事部门检查。

(1) 计算近似自差系数

船舶正平时的磁罗经自差计算公式(2-3-1)中 A、B、C、D、E 近似自差系数,是由磁罗经校正师在磁罗经自差校正后,观测 4 个基点航向上的剩余自差 Dev_N、Dev_E、Dev_S、Dev_W 和四个隅点航向上的剩余自差 Dev_{NE}、Dev_{SE}、Dev_{SW}、Dev_{NW} 计算求得,其计算公式如下:

$$A = \frac{Dev_N + Dev_{NE} + Dev_E + Dev_{SE} + Dev_S + Dev_{SW} + Dev_W + Dev_{NW}}{8} \quad (2\text{-}3\text{-}6)$$

$$B = \frac{Dev_E - Dev_W}{2} \quad (2\text{-}3\text{-}7)$$

$$C = \frac{Dev_N - Dev_S}{2} \quad (2\text{-}3\text{-}8)$$

$$D = \frac{(Dev_{NE} + Dev_{SW}) - (Dev_{SE} + Dev_{NW})}{4} \quad (2\text{-}3\text{-}9)$$

$$E = \frac{(Dev_N + Dev_S) - (Dev_E + Dev_W)}{4} \quad (2\text{-}3\text{-}10)$$

A、B、C、D、E 单位为"度",有正负之分。

(2) 计算每隔 10°或 15°航向的自差

计算求得 A、B、C、D、E 5 个自差系数后,将其代入自差公式(2-3-1)中,计算每隔 10°或 15°航向的所有自差。

(3) 绘制自差表和自差曲线

将观测和计算的 36 个或 24 个航向的自差,按航向(CC)顺序排列绘制成自差表(deviation table)和描绘成自差曲线(deviation curve)。计算的 4 个基点和 4 个隅点航向的自差与观测所得的这些航向的自差之差应小于 0.5°,否则可能存在观测误差。绘制的自差曲线应是光滑的,不能有明显的凸起或凹进(无角点),否则说明计算或观测的自差有错误,应重新观测计算和绘制自差图表。

2. 磁罗经自差表的使用

驾驶员可以根据航向在磁罗经自差表上查取任意航向的自差,还应经常观测磁罗经自差,将观测的自差与自差表的自差进行比较,随时掌握自差情况,保证磁罗经的正常使用。

第四节 磁罗经的检查与维护保养

一、磁罗经的检查

为了保证船上的磁罗经始终能够正常工作,船舶驾驶员应经常对磁罗经进行检查,以确认其各部件是否完好、指向性能是否良好、工作是否正常等。

主要常规检查有：

1. 磁罗经罗盘半周期的检测

检查磁罗经罗盘半周期(semi-period)的条件是：船应靠在码头上；船上、岸上的大型钢铁机械不工作；标准磁罗经的自差应不超过±3°；罗盆内的液体温度应为20±3 ℃。

检测方法是：记下磁罗经航向，用磁铁将罗盘向左(或向右)引偏40°以上，使磁铁远离罗经(至少3 m以上)，使罗盘自由恢复航向。当引偏前的航向刻度第一次过船首基线时，启动秒表。当罗盘回转，引偏前的航向刻度第二次过基线时，停止秒表，秒表读数应为12±0.5 s(190罗经和165罗经在纬度40°以下地区时)。再以同样的方法向右(或向左)引偏一次，所测半周期也应与以上所测相等，说明磁罗经半周期正常。若所测磁罗经的半周期超出正常值(12±0.5 s)较大，则不符合要求。

检查磁罗经的半周期是检查磁罗经罗盘磁针的磁性是否正常。若半周期太大，说明罗盘磁针磁性减弱。当罗盘偏离正常指向后，恢复到正常指向将需要较长时间，此时将产生较大的指向误差甚至不能正常指向。磁罗经的半周期不符合要求时，应将罗盘送厂修理或更换新罗盘。

2. 磁罗经罗盘灵敏度的检测

检查磁罗经罗盘灵敏度的条件：首先是检测的磁罗经罗盘半周期正常，其次是船应靠在码头上；船上、岸上的大型钢铁机械不工作；标准磁罗经的自差应不超过±3°，罗盆内的液体温度应为20±3 ℃。

检测方法是：记下磁罗经航向，用小铁磁体将罗盘向左(或向右)引偏2°～3°，然后使小铁磁体远离罗经(至少1 m以上)，使罗盘自由恢复航向。以同样的方法再向右(或向左)引偏罗盘，然后使小铁磁体远离罗经，使罗盘自由恢复航向。若罗盘能够恢复到偏前的航向，则说明罗经的灵敏度良好。若罗盘不能恢复到引偏前的航向，但新航向与引偏前的航向误差不超过±0.2°，则罗经的灵敏度符合要求。若航向误差超过±0.2°，则罗经的灵敏度不符合要求。

检查磁罗经的灵敏度是检查轴针与轴帽之间的摩擦力是否正常，若轴帽完好，此摩擦力大小主要取决于轴针是否尖锐。若灵敏度不符合要求，应将轴针送厂检修或更换新轴针。

3. 罗盆内气泡的检查与消除

磁罗经的罗盆(上室)内不允许有气泡(bubble)存在，有了气泡就应该消除，否则将影响观测精度。但在消除气泡前应首先查找产生气泡的原因，将其消除。

产生气泡的原因有两种：一是罗盆的水密性不好，漏水、漏气，产生气泡；二是罗盘的浮室漏水，浮室内的氢气逸出产生气泡。

消除气泡的方法是：将罗盆从罗经柜上取下，找出产生气泡的原因并修复，然后将罗盆放在垫有棉纱的平台上，注液孔朝上，旋下注液孔螺塞，将气泡从罗盆内排出，从注液孔向罗盆内注入罗经液体，直到罗盆内气泡完全消除，再将罗盆复原。

4. 校正器的检查

磁罗经的校正器是决定磁罗经能否保持正常工作的重要器件，必须维护和保管好。对于永久磁铁，要保证不生锈、极性标志清晰。备用的永久磁铁应异极相靠，排放于盒子里保存，应防止高温、潮湿、摔打，以免磁性减弱。

软铁校正器的磁力是用来抵消软铁船磁力的，不应具有永久磁性，保管时应远离强磁场。

检查磁罗经上的校正软铁是否具有永久磁性的方法是:船靠码头,船首指向隅点方向,记下航向,将软铁球(或软铁片或佛氏铁)方向改变180°,看航向是否变化,若无明显变化,说明校正软铁无永久磁性;若航向有明显变化,则说明校正软铁已有永久磁性,应采取摔打、淬火等措施消去永久磁性。

另外,还应经常检查,罗盆应始终保持水平,罗盆内液体应无色透明、不变质、无沉淀,照明设备完好,等等。

二、磁罗经的使用与保管

1.磁罗经的使用注意

(1)磁罗经是一种磁性仪器,铁磁物体不得随意靠近。
(2)标准磁罗经自差不应大于±3°(除恒定自差外)(操舵磁罗经自差除恒定自差外不应超过±5°)。
(3)测航向、方位时,身上不能带有铁磁物体,罗盆应水平。
(4)每2h要与陀螺罗经核对一次航向,转向稳定后,也要与陀螺罗经核对航向。
(5)有条件时应经常观测自差。
(6)大量装卸铁磁货物时应重新校正自差。

2.维护与保管

(1)经常检测罗经的灵敏度、半周期。
(2)经常检查罗盆内是否有气泡,若有气泡应及时消除。
(3)对标准磁罗经平时应盖好盖子,并罩好帆布罩。
(4)经常检查校正器是否完好。
(5)罗经周围不得随意放置铁磁物体。

磁罗经与下列物体应保持的最近距离为:烟囱6~10 m;可转动的大通风筒4.5~6 m;可移动的大铁材4.5~5.5 m;可移动的铁门窗或铁梯2~3 m;另一磁罗经3 m;大探照灯6~7 m;小探照灯3.5~4.5 m;扬声器6~7 m;雷达2~3 m;大发电机11~12 m;小发电机6~7 m;鼓风机4.5~6 m;信号灯3.5~4.5 m。

第五节 固态电子磁罗经

固态电子磁罗经是近年来发展起来的一种指向设备,其基本工作原理仍是在外界磁场作用下指示磁北。固态电子磁罗经的核心部分为磁性传感器,利用磁传感器感应外界磁场并输出为电信号,经数模转换和微处理机计算后,得出船舶数字航向。固态电子磁罗经没有转动的机械部件,不需要罗经液体的支撑,故称固态磁罗经。与传统磁罗经相比,固态电子磁罗经具有体积小、重量轻、指向精度高、数字化等特点。

固态电子磁罗经主要有以下几种类型：

一、霍尔罗经

利用在船舶首尾方向和左右舷方向安装固定的特殊工艺制造的半导体材料的霍尔传感器，利用霍尔效应原理检测船舶相对于地磁北的方向，即霍尔电压经数字电路转换为磁罗经数字航向信号，再经微机处理与控制，输出精确的磁罗经航向信息，这种罗经称为霍尔罗经。

所谓霍尔效应，即在磁场中的半导体薄片（如图2-5-1所示），沿 X 轴（如船舶首尾方向）方向通入电流，若磁感应强度（如地磁水平磁力 H）方向沿其 Y 轴，即电流方向与磁感应方向垂直，则薄片中的正电荷在洛伦兹力作用下向垂直于 X 轴、Y 轴所在平面方向聚集，结果在薄片上、下表面形成正、负电荷的积累，出现电势差，即霍尔电压 U_H。

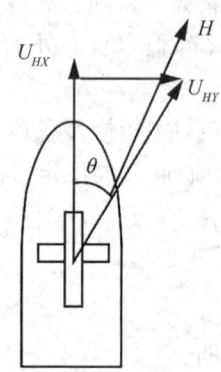

图 2-5-1　霍尔效应

$$U_{HX} = U_H \cdot \cos\theta \tag{2-5-1}$$

式中：

U_{HX}——船舶首尾方向的霍尔电压；

θ——船首与磁感应方向的夹角，即船舶磁航向（MC）。

二、磁通门罗经

利用在船舶首尾方向和左右舷方向安装固定的由高导磁软铁材料（如坡莫合金）制造的双铁芯或环形磁传感器（探头），利用磁通门原理检测船舶相对于地磁北的方向，即磁通门信号，经数字电路转换为磁罗经数字航向信号，再经微机处理与控制，输出精确的磁罗经航向信息的罗经称为磁通门磁罗经。

所谓磁通门效应，即磁通门传感器的两根铁芯上的激磁线圈反向串联，两铁芯中激磁磁场方向在空间是反向的，如图2-5-2所示。当两铁芯形状尺寸和电磁参数完全对称时，两铁芯中的磁通在测量线圈中产生的感应电势互相抵消，输出为零。当沿芯轴方向施加外部磁场时（如地磁场），其中一个铁芯先于另一个铁芯磁性饱和，造成测量线圈中的感应电势不能互相抵消，输出波形不对称，主要成分是激磁频率的二次谐波，因为由外磁场产生感应电压的幅值与施加的外磁场成正比，故可以通过测量与外磁场成正比的二次谐波分量来测量外磁场方向，即地磁的方向(H)，求得船舶的磁航向(MC)。

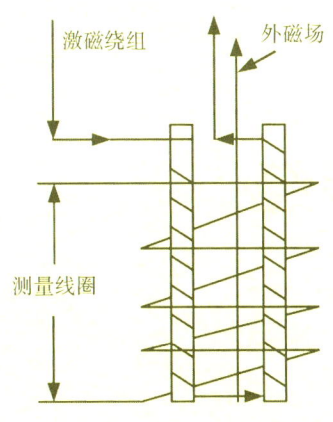

图 2-5-2　磁通门效应

三、磁阻(巨磁阻)罗经

利用在船舶首尾方向和左右舷方向安装固定的由高导磁软铁材料(如镍铁合金)制造的磁传感器集成芯片，利用传感器的磁阻或巨磁阻效应原理检测船舶相对于地磁北的方向，即磁阻或巨磁阻信号，经数字电路转换为磁罗经数字航向信号，再经微机处理与控制，输出精确的磁罗经航向信息的罗经称为磁阻或巨磁阻磁罗经。

所谓磁阻(巨磁阻)效应，是指导体电阻受磁场影响而产生变化的现象。当外磁场(如地磁场)平行于磁体内部的磁化方向时，磁体电阻几乎不随外磁场变化；而当外磁场偏离磁体内部磁化方向时，则磁体电阻小，随着外磁场的增大，磁体电阻急剧变化；当外磁场达到一定场强时，磁体电阻趋向于饱和而基本不变。可通过磁阻(巨磁阻)效应测量外磁场的方向，即地磁场的方向(H)，求得船舶的磁航向(MC)。

【复习与思考】

1. 地球上磁倾角有什么特点？
2. 简述罗盆的结构及其作用有哪些。
3. 简述磁罗经指北原理。
4. 简述磁罗经自差的产生原因有哪些。
5. 简述半圆自差含义。
6. 什么情况下需要校正磁罗经自差？
7. 简述罗盆内气泡的检查与消除的过程。
8. 简述霍尔罗经的工作原理。

第三章

船用陀螺罗经

船舶指向设备为船舶在海上航行提供指向信息,船舶指向信息为船首向信息或航向信息,是船舶安全航行的重要助航信息。现代航海仪器、设备,如自动舵、航海雷达、ECDIS、AIS 和 VDR 等都需要输入和记录船首向信息。未来在海、陆、天信息相融合的智慧化航海上,船舶指向信息仍然是一项不可缺少的基本信息。

现代船舶上常用的指向设备有:陀螺罗经、磁罗经、光纤陀螺罗经和 GNSS 罗经等。涉及磁罗经的有关内容见本教材的第二章。

陀螺罗经的主要优点包括:

(1) 不依赖于外部的声、光、磁等信息,能够自主地寻找真北。

(2) 不受磁干扰影响,指向误差小;安装位置不受限制。

(3) 指向精度高;多个复示器,有利于船舶自动化。

(4) 与自动控制技术相结合,为船舶提供自动操舵功能,大大节省了驾引人员的时间和精力。

(5) 现代的陀螺罗经都允许接入磁罗经信号,从而可以实现磁罗经操舵。虽然这种操舵方法的精度与陀螺罗经相比较差,但是为操船提供了一种辅助手段。

陀螺罗经的主要缺点包括:

(1) 必须接通电源才能工作,工作原理和结构较复杂。

(2) 启动时间长,需在开航前 4~5 h 启动罗经。

当前,船用陀螺罗经的规范性性能标准主要概括如下:

(1)《关于电罗经性能标准的建议案》[IMO A.424(XI)决议]。

(2)《船舶和航海技术——船用陀螺罗经》(ISO 8728:2014)。

(3)《海上导航和无线电通信设备和系统—通用要求—测试方法和要求的测试结果》(IEC 60945)。

(4)《关于船舶首向发送装置(THD)性能标准的建议案》[MSC.116(73)决议]。

光纤陀螺罗经是以光纤陀螺为核心测量元件的设备,能够提供载体的航向角、横摇角、纵摇角和载体三个轴的角速率以及航向旋回速率等运动信息。与陀螺罗经相比,光纤陀螺罗经具有启动时间短、测量精度高、动态性能好、结构简单、尺寸小、重量轻等优点。光纤陀螺罗经采用了全固态无运动部件——捷联式惯导系统,可靠性高,在服务期间无须维修,已经成为船用指向仪器中的一员,在航海上得到了应用。

GNSS 罗经的稳定时间一般在 4 min 以内,随动性能高、静态指向精度高、耗电少,已经在航海上实际应用,尤其是随着我国北斗卫星导航系统的建成和全面应用,未来在信息化航海上,GNSS 罗经必将得到进一步的广泛应用。

根据交通运输部海事局《海船船员考试大纲(2022 版)》对维护和修理驾驶台航行设备的要求,电子电气员应该掌握的船舶罗经设备知识,具体要求如表 3-1 所示。

表 3-1 船舶罗经设备对电子电气员的要求

序号		要求
1	5.5.1	理解陀螺罗经指北原理(陀螺仪、视运动、控制力矩、阻尼力矩)
2	5.5.2	掌握陀螺罗经基本操作知识,掌握误差及其消除方法
	5.5.2.1	掌握陀螺罗经基本操作知识
	5.5.2.2	掌握各类误差
	5.5.2.3	掌握具体型号罗经误差及其调节
3	5.5.3	掌握陀螺罗经结构与电路
	5.5.3.1	掌握主罗经结构(灵敏部分、随动部分和固定部分)
	5.5.3.2	掌握陀螺罗经电源系统
	5.5.3.3	掌握陀螺罗经随动系统
	5.5.3.4	掌握陀螺罗经传向系统
4	5.5.4	掌握陀螺罗经与其他航行设备的接口测试与连接
5	5.4	惯性导航系统:了解惯性导航系统的基本原理

第一节 陀螺罗经指北原理

陀螺罗经,俗称电罗经,是利用陀螺仪(Gyroscope)的特性,在地球自转运动的影响下,借助力矩器使陀螺仪主轴自动找北,并精确跟踪地理子午面的指向仪器。它可用来指示船首向和测定物标方位,以及作为方位稳定设备等。陀螺罗经的核心部件是陀螺仪。

一、陀螺仪及其特性

(一)陀螺仪

工程上将高速旋转的陀螺转子及其悬挂装置叫作陀螺仪。如图 3-1-1 所示,陀螺仪由转子、转子轴(主轴)、内环、内环轴(水平轴)、外环、外环轴(垂直轴)、基座等组成。陀螺仪主轴借助悬挂装置绕其几何中心可以指向空间任意方向。陀螺仪主轴作为指示方向的指针,如果能够稳定地指向地理真北,陀螺仪就成为实用的陀螺罗经。重心与几何中心重合的陀螺仪称为平衡陀螺仪。不受任何外力矩作用的平衡陀螺仪称为自由陀螺仪。陀螺罗经的陀螺仪的转子可绕三个轴旋转,具有三个自由度,称为三自由度陀螺仪。

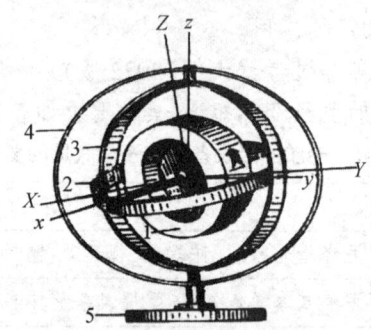

图3-1-1　陀螺仪的结构
1—转子;2—内环;3—外环;4—固定环;5—基座

(二)陀螺仪的特性

1.陀螺仪的定轴性

不受任何外力矩作用的陀螺仪的主轴将保持其空间初始指向不变的特性,称作陀螺仪的定轴性(Gyroscopic Inertia)。如图3-1-2所示,即使陀螺仪的基座倾斜,陀螺仪主轴仍然水平指向空间某一方向。

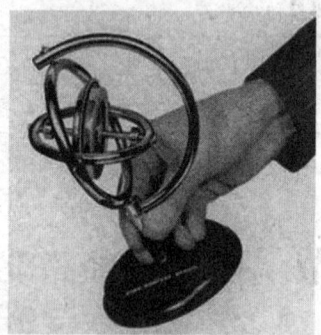

图3-1-2　陀螺仪的定轴性

2.陀螺仪的进动性

在外力矩的作用下,陀螺仪主轴的动量矩H矢端以捷径趋向外力矩M矢端的特性,称为陀螺仪的进动性(Gyroscopic Precession),可记为$H \rightarrow M$。

表示陀螺仪转轴性能的主要物理参数是陀螺仪主轴动量矩H,它描述了转子高速旋转运动的强弱状态与方向

$$H = \frac{1}{2}mr^2\Omega = I\Omega \tag{3-1-1}$$

式中:
　　m——转子的质量;
　　r——转子的半径;

I——转子的转动惯量；

Ω——转子的旋转角速度。

由于主轴动量矩的大小与转子的转动惯量及角速度成正比，实际中可通过提高转子的转动角速度来获得较大的动量矩。主轴动量矩的方向与转子旋转角速度的方向相同，满足右手法则。考虑到动量矩矢量具有方向性，在后面叙述中用主轴动量矩矢量表示主轴的指向。

确定在外力作用下产生外力矩的方向法——右手法则，如图 3-1-3 所示。伸开右手，掌心正对着支点 O，四指沿着力的方向触到力的作用点，伸开大拇指，则大拇指所指的方向便是外力矩 M 的矢量方向。图中力 F 平行于 OZ 轴作用于 OX 轴上，外力矩 M_Y 作用于 OY 轴正向。

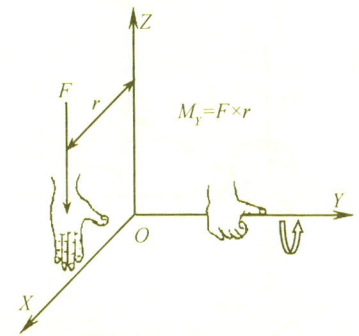

图 3-1-3　力矩方向的判断

若在陀螺仪主轴正端由上至下作用一个外力 F，如图 3-1-4 所示，根据上述右手法则，陀螺仪受外力矩 M_Y 作用时，转子动量矩矢端（矢量端点）将绕着垂直轴以捷径向外力矩 M_Y 转动，我们称这种运动为进动。这就是陀螺仪的进动特性，可简记为 $H \rightarrow M$。

陀螺仪主轴动量矩 H 矢端进动快慢，用进动角速度 ω_P 表示，当动量矩 H、外力矩 M 与进动角速度 ω_P 三者相互垂直时，有

$$\omega_P = \frac{M}{H} \tag{3-1-2}$$

式（3-1-2）称为陀螺仪的进动公式。它的物理意义是很明显的，一个陀螺仪，当 H 为常数时，在外力矩 M 的作用下，表现出陀螺仪的进动特点，显然 M 越大，进动越快。当 $M=0$ 时，$\omega_P=0$，表现出陀螺仪的定轴性。若 M 为常数时，且仅是很小的常值干扰力矩，则陀螺仪的 H 越大，进动角速度越小，表明主轴越不易改变空间指向，即主轴越稳定。

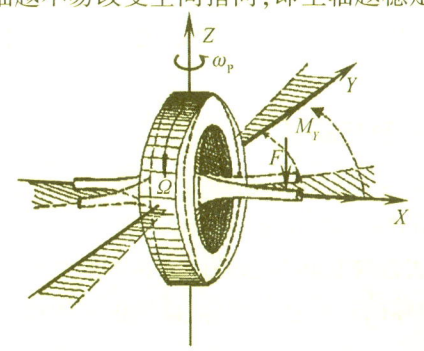

图 3-1-4　陀螺仪进动特性

Ω—陀螺仪自转角速度；F—外力；M_Y—外力矩；ω_P—进动角速度

应当明确,陀螺仪主轴的运动与静止是相对宇宙空间而言的。陀螺仪的定轴性和进动性是可以互相转化的,其转化要看有无外力矩的作用。无外力矩作用时,陀螺仪主轴相对于空间保持定轴;有外力矩作用时,陀螺仪主轴则相对于空间做进动运动。在陀螺罗经中,当主轴偏离真北时,需要应用陀螺仪的进动性,施加相应的外力矩,控制主轴找北;当主轴指北时,则需要应用陀螺仪的定轴性,设法减少有害力矩的影响。

3.陀螺仪的进动线速度

如图 3-1-5 所示,主轴上各点的线速度 u_p 为

$$u_p = \omega_p \cdot r \tag{3-1-3}$$

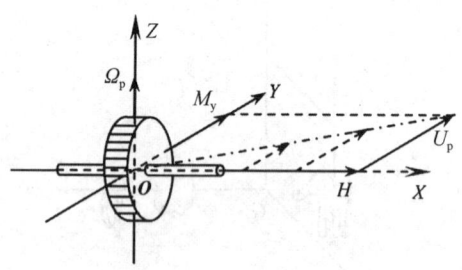

图 3-1-5 进动线速度

r 是主轴上某点到陀螺仪中心的距离。在动量矩矢量 H 的末端,与陀螺仪中心的距离 r 正好等于矢量 H 的长度。

所以

$$u_p = \omega_p \cdot H \tag{3-1-4}$$

已知

$$\omega_p = \frac{M}{H} \tag{3-1-5}$$

所以

$$u_p = \frac{M}{H} \cdot H = M \tag{3-1-6}$$

式(3-1-6)说明,这一点的进动线速度 u_p 在数值上正好等于力矩 M 的值,在力学中称为赖柴尔定理。它表示动量矩矢量末端的进动线速度的大小与方向同外力矩矢量的大小与方向相同。在后续讨论主轴的运动中,常用进动线速度 u_p 表示主轴在外力矩 M 的作用下主轴进动的方向和快慢。

(三)陀螺仪主轴空间指向描述

陀螺仪的运动是相对宇宙空间的绝对运动,而载体却是相对地球运动的,故讨论载体的运动方向,应通过分析陀螺仪相对地理坐标系的运动来获得。

地理坐标系 $ONWZ_0$:代表地球自转与船舶运动在内的牵连运动体。如图 3-1-6 所示,地理坐标系 $ONWZ_0$ 是一个代表地球的右手直角坐标,该坐标系的特点是 ON 始终水平指北,OW 始终水平指西,OZ_0 始终指天顶。

第三章　船用陀螺罗经

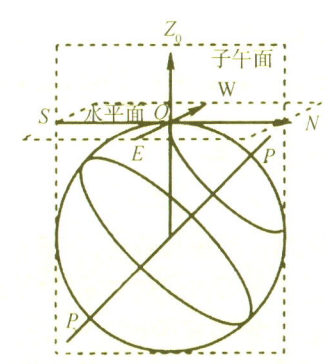

图 3-1-6　地理坐标系

表示陀螺仪运动的坐标系是陀螺坐标系 $OXYZ$。坐标系原点取在陀螺仪的几何中心点 O，OX 轴与陀螺仪主轴 1 重合，OY 轴必须与内环轴 2 重合，如图 3-1-7 所示，OZ 轴与外环轴 3 重合，构成右手直角坐标系。

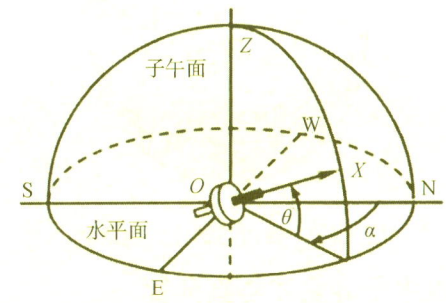

图 3-1-7　主轴相对地理坐标系运动

陀螺仪主轴 OX 相对地理坐标的运动由下列两个参量——方位角 α 和高度角 θ 表示，如图 3-1-8 所示。

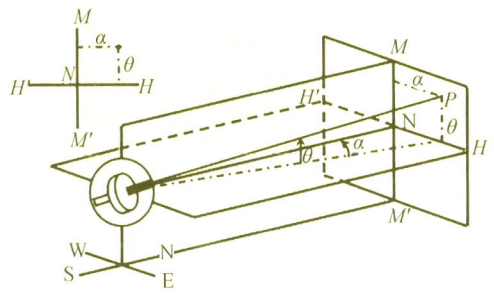

图 3-1-8　陀螺仪主轴投影

方位角 α 是陀螺仪主轴在地平面上的投影与地平面上真北线 ON 之间的夹角。以子午面为基准，主轴偏子午面西时，方位角为正；主轴偏在子午面东面时，方位角为负。

高度角 θ 是主轴 OX 与主轴在地平面投影线之间的夹角。以水平面为基准，主轴上仰于地平面之上时，高度角为负；主轴下俯于地平面之下时，高度角为正。

显然 $OXYZ$ 坐标系与 $ONWZ_0$ 坐标系有这样的关系：

当 OX 轴与 ON 轴重合指北，OY 轴与 OW 轴重合指西时，OZ 与 OZ_0 轴重合指天顶。

为了简单明了地表示陀螺仪主轴在地球上所指的方向，以及其运动情况，常用投影图来讨

99

论陀螺仪主轴的运动状况。如图 3-1-8 所示，P 点为陀螺仪主轴投影点，其横坐标和纵坐标分别表示陀螺仪主轴指北端偏离子午面的方位角 α 与偏离水平面的高度角 θ。

二、自由陀螺仪在地球上的视运动

在地球上，自由陀螺仪的基座跟随地球一起转动，如图 3-1-9 所示，在地球的北半球，若将自由陀螺仪放在 A 点，使其主轴位于子午面内并指真北，由于地球自西向东转，经过一段时间后，它转到 B 点，因陀螺仪的定轴性，主轴仍将指示空间方向不变，但相对子午面主轴指北端已向东偏过了角 α。人们在地球上看陀螺仪主轴相对地球的这种运动，称为陀螺仪的视运动。

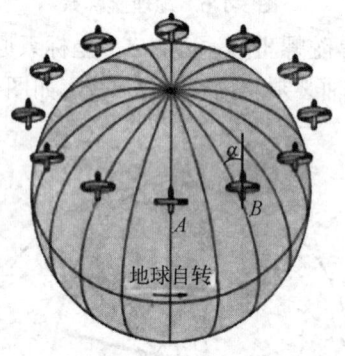

图 3-1-9　自由陀螺仪的视运动

（一）地球自转角速度水平分量和垂直分量

陀螺仪主轴相对地球的运动，就是相对地球的子午面和水平面的运动。

在北纬任意纬度处，如图 3-1-10 所示，可以将地球自转角速度 ω_e 分解到 ON 轴和 OZ_0 轴上，得到两个分量 ω_1 和 ω_2，在 ON 轴上的 ω_1 称为水平分量，在 OZ_0 轴上的 ω_2 称为垂直分量。

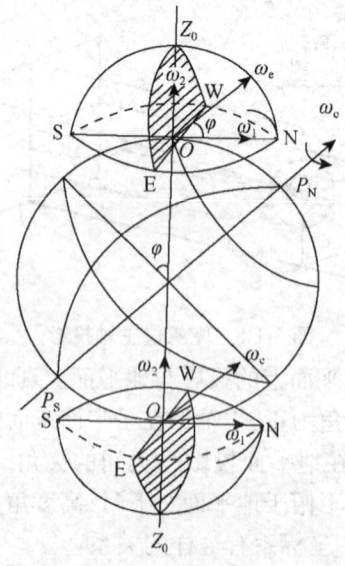

图 3-1-10　地球自转角速度的分解

显然,在北纬有

$$\begin{cases} \omega_1 = \omega_e \cos\varphi \\ \omega_2 = \omega_e \sin\varphi \end{cases} \quad (3\text{-}1\text{-}7)$$

显然,在南纬有

$$\begin{cases} \omega_1 = \omega_e \cos\varphi \\ \omega_2 = -\omega_e \sin\varphi \end{cases} \quad (3\text{-}1\text{-}8)$$

因为南纬时分解得到的 ω_2 矢量指向地心,即指 OZ_0 轴的负半轴,所以 ω_2 为负值。

在北纬,地球子午面以 OZ_0 轴为转轴在旋转,旋转角速度就是 ω_2,子午面的北半平面不断地向西偏转。

因此,在北纬,地球的子午面以 OZ_0 轴为转轴旋转,旋转角速度为 ω_2,子午面的北半平面不断地向西偏转;地球的水平面以 ON 轴为转轴旋转,旋转角速度为 ω_1,水平面的东半平面不断下降,西半平面不断上升。

(二)陀螺仪视运动规律

当陀螺仪主轴置于子午面内时,由于在北纬子午面北半平面向西偏转,主轴指北端将偏到子午面的东边。在南纬,由于 ω_2 反向,北半平面向东偏,因此陀螺仪主轴的指北端向西偏。

当陀螺仪主轴偏离子午面时,由于 ω_1 的影响,水平面东半平面下降而西半平面上升,陀螺仪主轴相对水平面产生东升西降的视运动。主轴在高度上的视运动不但和 ω_1 有关,还和方位角 α 有关,如图 3-1-11 所示。

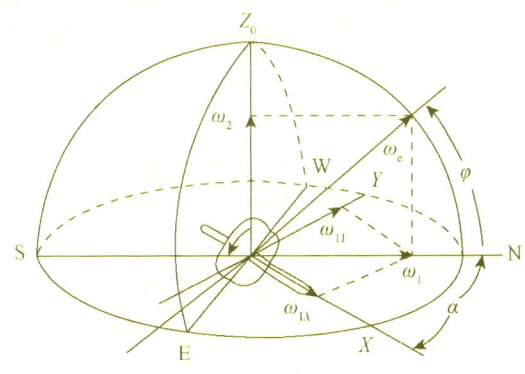

图 3-1-11　陀螺仪的视运动

陀螺仪的视运动规律如下:

陀螺仪主轴指北端相对子午面"北纬东偏,南纬西偏",偏转线速度大小为 $H\omega_2$;陀螺仪主轴指北端相对水平面"偏东上升,偏西下降,东升西降",升降线速度大小为 $H\omega_1\alpha$。

依照前述,陀螺仪主轴的运动可以由主轴动量矩矢量 H 线速度表示,则有 $V_2 = H\omega_2$。V_2 称为由 ω_2 引起的方位视运动,如图 3-1-12 所示。

$V_1 = H\omega_1 \sin\alpha \approx V_1\omega_1\alpha$。$V_1$ 称为由 $\omega_1\alpha$ 引起的高度视运动,如图 3-1-13 所示。

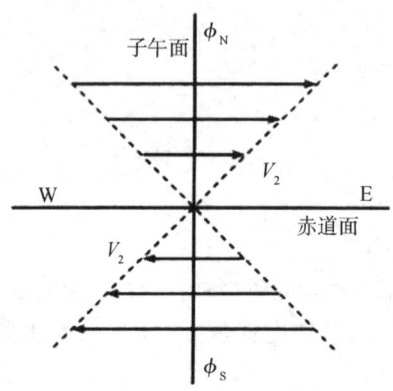 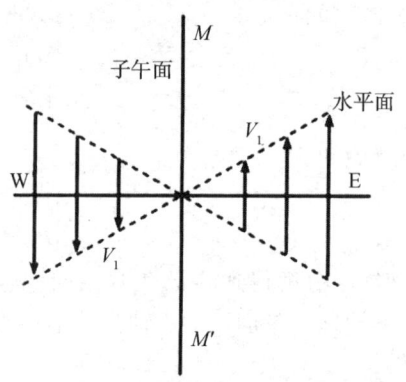

图 3-1-12　相对子午面视运动线速度　　图 3-1-13　相对水平面视运动线速度

三、变陀螺仪为陀螺罗经

分析自由陀螺仪主轴视运动可知，若使 $\alpha = 0°$，即自由陀螺仪主轴指北时，角速度 $\omega_1 \alpha = \omega_e \cos\varphi \cdot \alpha$ 将不产生影响。但角速度 $\omega_2 = \omega_e \sin\varphi$ 将引起自由陀螺仪主轴指北端相对于子午面北纬东偏、南纬西偏，产生方位上的视运动。因此 ω_2 是影响自由陀螺仪不能指北的主要因素。

要想使陀螺仪稳定指北，必须要克服 ω_2 的影响。即设法使陀螺仪主轴指北端以 ω_2 的角速度跟随子午面偏转，使主轴相对子午面稳定并在子午面内，陀螺仪就成为主轴指示地理南北方向的陀螺罗经。为使陀螺仪主轴指北端与子午面同步偏转，利用陀螺仪的进动特性，如图 3-1-14 所示。对陀螺仪施加一个外力，产生一个外力矩 M_Y，控制陀螺仪绕 OZ 轴进动，并满足

$$\omega_{pz} = \frac{M_Y}{H} = \omega_2 \tag{3-1-9}$$

使陀螺仪主轴稳定指北，这就是陀螺罗经指北的基本原理。

因此，为克服地球自转角速度的垂直分量 ω_2 对陀螺罗经的影响，陀螺仪必须设置专门的控制设备用以产生控制力矩 M_Y。

综上所述，陀螺仪的视运动使得陀螺仪主轴不能够稳定地指示地理真北（子午面），利用陀螺仪的进动性，对陀螺仪施加合适的外力矩（控制力矩和阻尼力矩），使主轴进动速度等于地球自转速度，当陀螺仪主轴稳定地指示子午面时，陀螺仪就变为陀螺罗经。

（一）下重式罗经产生控制力矩的方法

产生控制力矩的方法有：重心下移法、液体连通器法和电磁控制法。

将陀螺仪的重心沿垂直轴下移，产生控制力矩的方法称为重心下移法，这种方法制成的罗经称为下重式罗经。

当陀螺仪主轴升高一个 θ 角度时，重力 mg 产生力矩 M_Y，M_Y 的方向指 OY 轴正向，如图 3-1-15 所示，M_Y 的大小可用下式表示：

$$M_Y = -mga\theta = -M\theta \tag{3-1-10}$$

式中：

m——陀螺球的质量；

g——重力加速度；

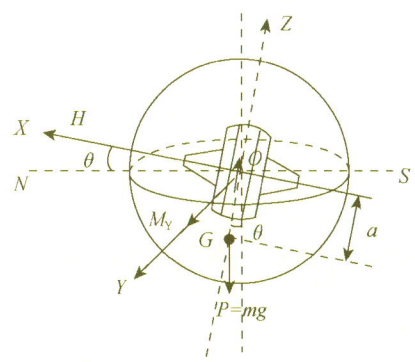

图 3-1-15　控制力矩的产生

a——重心到中心的距离。以 M 表示 mga，称为下重式罗经的最大控制力矩，当罗经设计制造完成后，最大控制力矩 M 为定值。

重心下移的陀螺仪类似于一个机械重力摆，因此，陀螺罗经是利用重力摆效应获得控制力矩的，故称为摆式罗经。

假设起始时刻 t_1，将重心下移的陀螺球放置在赤道上的位置 A_1 处，如图 3-1-16 所示，主轴水平指东，此时陀螺球的重心 G 和几何中心 O 在同一垂线上，重力 mg 的作用线通过几何中心 O，因此重力 mg 相对几何中心 O 的力矩为 0，陀螺球处于自由状态，不发生任何进动。

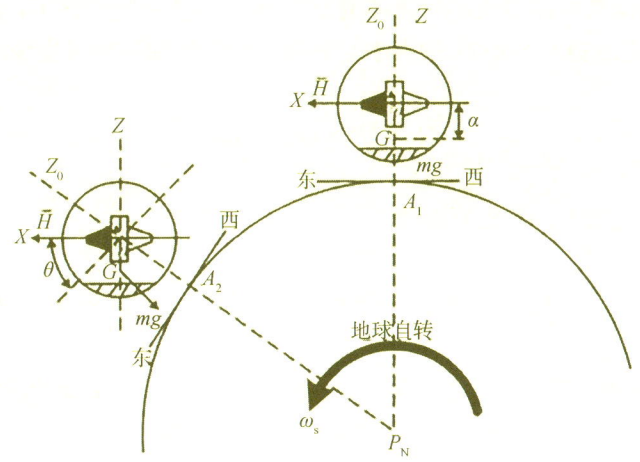

图 3-1-16　主轴自动找北

经过一段时间，由于地球的自转，下重式陀螺球位于 A_2 处。由于定轴性，陀螺球主轴相对宇宙空间保持其初始方向不变，然而，位于 A_2 位置的观察者发现，陀螺球主轴 OX 相对于水平面升高了一高度角 θ。此时把重力 mg 分解为两个量即 $(mg)_X$ 和 $(mg)_Z$。

由于 $(mg)_Z$ 作用线通过几何中心 O，所以 $(mg)_Z$ 对几何中心 O 的力矩等于 0；分力 $(mg)_X$ 对于几何中心 O 的力矩为 M_Y，作用在陀螺仪的水平轴 OY 上，并指 OY 轴的正向即指向读者。

在重力控制力矩 M_Y 的作用下，陀螺球主轴 OX 的正端则绕垂直轴 OZ 正向方向进动，方位角 θ 由原来的 90°指东逐渐减小并向子午面的北端靠拢。

若陀螺仪主轴 OX 的正端初始指西，在 M_Y 的作用下，陀螺仪主轴 OX 则绕垂直轴 OZ 的负向 M_Y 方向进动，其方位角 α 由原来的 270°逐渐减小并向子午线的北端靠拢。

综上所述，不管下重式罗经其陀螺球主轴指北 OX 偏在子午面的哪一边，由于视运动而使罗经主轴指北端偏离水平面后所产生的重力控制力矩 M_Y 均能使陀螺球主轴指北端向子午面北端靠拢。因此，下重式陀螺球具有自动找北的性能。

（二）液体连通式罗经产生控制力矩的方法

在平衡陀螺仪上挂上盛有水银的水银器（或液体连通器），往液体连通器中注入适量的高密度液体（如水银或其他化学溶剂）产生控制力矩的方法是水银器法或称液体连通器法，根据这种方法制成的罗经称为液体连通器式罗经，如图 3-1-17 所示。

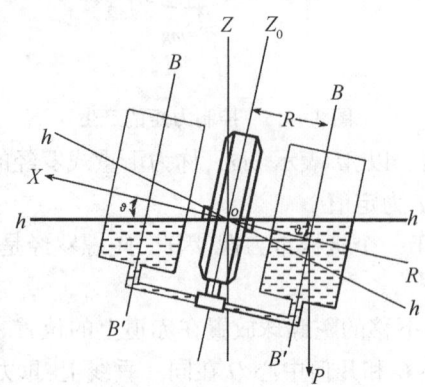

图 3-1-17　液体连通器

当主轴倾斜时，低端容器形成多余液体的重力产生一个沿陀螺仪 OY 轴作用的重力力矩 M_Y。液体连通器产生的控制力矩 M_Y 的大小与罗经结构参数和陀螺仪主轴高度角 θ 有关，可表示为：

$$M_Y = 2R2S\rho g\theta = M\theta \tag{3-1-11}$$

式中：

R——容器中心轴线到 OZ 轴的距离；

S——容器的截面积；

ρ——液体的密度。$2R2S\rho g$ 对于给定的液体连通器系一常量，可用 M 表示，称为最大控制（摆性）力矩，则 $M_Y \approx M\theta$。

把罗经主轴水平地放在赤道上，如图 3-1-18 所示，主轴正向 OX 及动量矩 H 自西指东。在位置 A 时，由于主轴水平，所以 $M_Y = 0$。随着地球自转到了位置 B，由于视运动，主轴 OX 相对水平面上升 θ 角，产生重力控制力矩，在图示状态下，M_Y 垂直纸面向外，指南极方向，陀螺仪主轴 H 矢端将向南进动，具有寻找南极的性能，或者说主轴的另一端（OX 反向）具有寻找北极的性能。因此，重力控制力矩 M_Y 能使陀螺球主轴指北端向子午面北端靠拢，具有自动找北的性能。

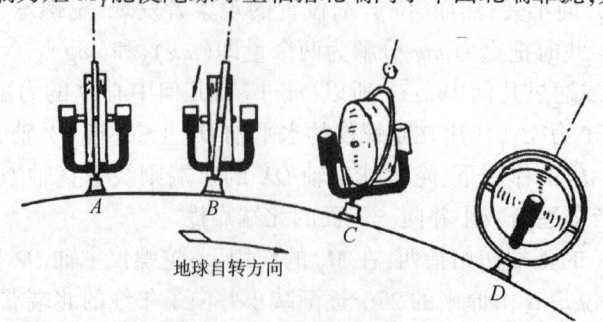

图 3-1-18　主轴 OX 自动找北

上述两类,实际上都是利用重力摆效应获得控制力矩的,前者为正摆效应,后者为负摆效应,所以合称为摆式罗经。

设 u_2 为控制力矩 M_Y 引起的主轴指北端运动线速度,则

$$u_2 = H\omega_{pz} = H \cdot \left(-\frac{M\theta}{H}\right) = -M\theta \qquad (3\text{-}1\text{-}12)$$

式(3-1-12)表明,u_2 的大小与主轴偏离水平面的高度角 θ 成正比,变化规律如图 3-1-19 所示。

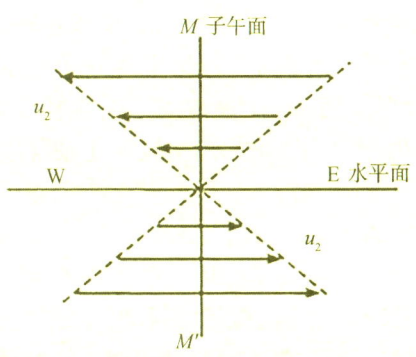

图 3-1-19　控制力矩产生进动线速度

(三)摆式罗经等幅摆动

陀螺仪主轴在控制力矩及地球自转的影响的运动趋势可以通过作用在陀螺仪主轴上的线速度来分析,图 3-1-20 中 r 点为主轴稳定位置,此时 $\theta = \theta_r, \alpha = \alpha_r = 0°$。由于 $V_2 = H\omega_2$,对于某一纬度是定值;$V_1 = H\omega_1 \alpha$,正比于方位角 α;$u_2 = M_Y = -M\theta$,正比于高度角 θ。

(1)假设开始时主轴偏东 α 角,但在水平面上 A 点,主轴有东偏视运动线速度 V_2;还有上升视运动线速度 V_1;因为 $\theta = 0°$,所以 $M_Y = 0$,则 $u_2 = 0$,主轴以 V_1 和 V_2 的合成线速度运动,向东、向上运动。

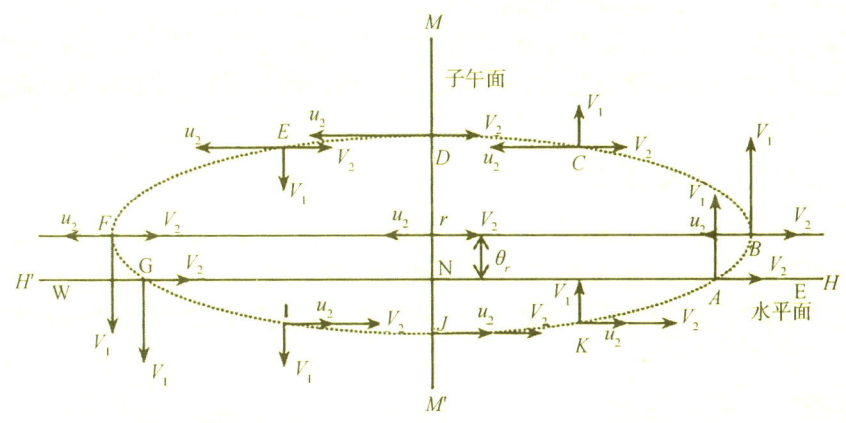

图 3-1-20　主轴等幅摆动运动轨迹

(2)当主轴升高出现 θ 角时产生进动线速度 u_2,结果主轴以 V_1、V_2、u_2 的合成速度,运动到 B 点。主轴升高 θ_r 角时主轴东偏的线速度 V_2 恰好等于主轴向西进动线速度 u_2,合成线速度为 V_1;使主轴将继续上升,一旦离开 B 点则主轴抬高角度 $\theta > \theta_r$,使得 $u_2 > V_2$,此后主轴向上又向西

运动,主轴自动找北,θ 角越大,α 角越小。

(3)到达 D 点时,主轴进入子午面,$\alpha=0°$,所以 $V_1=0$,但是,$u_2>V_2$,故主轴继续向西运动。一旦偏离到子午面之西,主轴出现下降的视运动线速度 V_1;因为 $u_2>V_2$,主轴合成线速度运动是向下又向西运动。

(4)一直运动到 F 点,仍是 θ_r 平面上一点,同时由于 $V_2=u_2$,主轴仅以 V_1 向下运动,一旦离开 F 点,因为 $\theta<\theta_r$,使得 $u_2<V_2$,则主轴指北端开始向下又向东运动,到水平面上的 G 点。

(5)到达 G 点时,因为 $\theta=0$,所以 $u_2=0$,主轴以 V_1 和 V_2 的合成线速度运动,离开了 G 点,主轴偏到水平面之下,由于 θ 不为 0,则马上又产生 u_2;由于主轴在水平面之下,u_2 是向东,这时主轴是向下又向东运动。主轴自动地找北,θ 角继续增大,α 角不断减小,直到子午面的 J 点。

(6)到达 J 点时,主轴进入子午面,$\alpha=0$,所以 $V_1=0$,主轴以 V_2 和 u_2 的合成线速度向东运动。一旦离开子午面,出现 α 角,产生 V_1(方向向上),则主轴合成线速度运动向东、向上运动,又回到水平面的 A 点。

这样继续下去,主轴将做椭圆运动。

分析可知,位于北纬 φ_N 处仅有控制力矩作用的摆式罗经,在 ω_1、ω_2、重力控制力矩 M_Y 的共同作用下,罗经主轴指北端将围绕真北方向做等幅摆动,主轴的摆动轨迹为一椭圆。

主轴指北端摆动一周所需的时间称为等幅摆动周期。等幅摆动周期 T_0 的大小为

$$T_0 = 2\pi\sqrt{\frac{M}{M\omega e\cos\varphi}} = 2\pi\sqrt{\frac{M}{M\omega 1}} \tag{3-1-13}$$

可见,等幅摆动周期 T_0 与罗经结构参数 H、M,以及船舶所在地理纬度 φ 有关,而与主轴起始位置无关。当罗经结构参数 H、M 确定后,T_0 随纬度的增加而增大。

为了消除摆式罗经的第一类冲击误差,在罗经设计纬度 φ_0 上必须使 $T_0=84.4$ min,此时的 T_0 称为舒拉周期。

等幅摆动椭圆的短半轴与长半轴之比称为椭圆的扁率 e。当纬度一定时,对结构参数已确定的罗经来说,扁率 e 系一常数,且与摆动振幅无关。通常 e 取 1/30~1/25。表明主轴若在高度上变化 $\Delta\theta$,则在方位上将引起的偏离 $\Delta\alpha$ 为 $\Delta\theta$ 的 25~30 倍。

仅有控制力矩作用的摆式罗经能够自动找北,但不能稳定地指北,因此还不是真正的陀螺罗经。欲使摆式罗经主轴自动找北且稳定指北,必须施加阻尼力矩,变等幅摆动为减幅摆动,最终使主轴稳定指北。

(四)摆式罗经减幅摆动

在陀螺罗经中,是对陀螺仪施加阻尼力矩,使主轴的方位角 α 和高度角 θ 按减幅摆动规律变化,便能自动抵达其应有的稳定位置。根据这一原理,对陀螺罗经的自由振荡可有两种阻尼方法,一种是水平轴阻尼法,即液体阻尼器法;另外一种是垂直轴阻尼法,即采用陀螺房西侧重物法。

1. 水平轴阻尼法

(1)定义

阻尼设备产生的阻尼力矩作用于罗经的水平轴 OY 上,通过压缩椭圆长轴,以实现阻尼的方法,称为水平轴阻尼法,如图 3-1-21 所示。显然,在施加于水平轴上的阻尼力矩的作用下,将使罗经主轴北端 OX 产生绕垂直轴 OZ 的阻尼进动。主轴指北端做阻尼进动的线速度用符

号 u_3 表示。

下重式罗经均采用水平轴阻尼法,其阻尼力矩由液体阻尼器产生,因此这种罗经也称为液体阻尼器罗经。

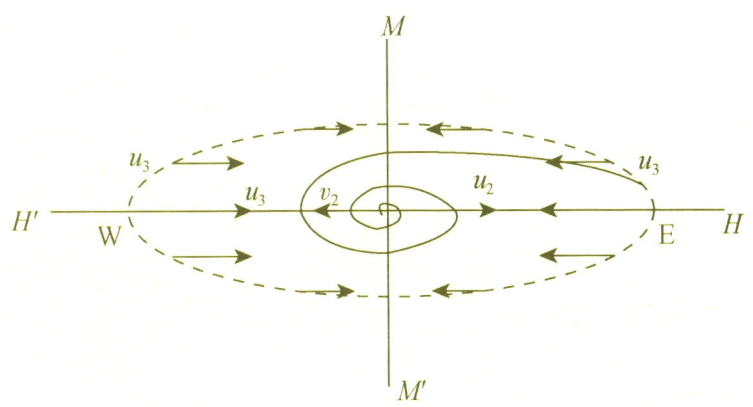

图 3-1-21 水平轴阻尼线速度指向和主轴稳定位置

u_2—控制力矩引起的线速度;v_2—视运动线速度;u_3—阻尼力矩引起的线速度(阻尼进动线速度);

MM'—子午面;HH'—水平面

(2)液体阻尼器构成及作用

在陀螺仪的主轴 OX 轴的方向装一个液体阻尼器,内装黏度很大的阻尼油液。阻尼器南、北各有一个油室,下面有连通管,上面有通气管,如图 3-1-22 所示。设计时要求油液的流动周期比主轴高度角 θ 的变化周期落后 1/4 周期(有一个形成过程)。当罗经主轴偏在子午面之东时,北容器有多余液体,阻尼力矩 M_d 指西,阻尼进动线速度 u_3 指西;当罗经主轴偏在子午面之西时,南容器有多余液体,阻尼力矩 M_d 指东,阻尼进动线速度 u_3 指东。M_d 总是指向子午面,因而阻尼力矩起的作用是把主轴压向子午面,使主轴趋向稳定位置。

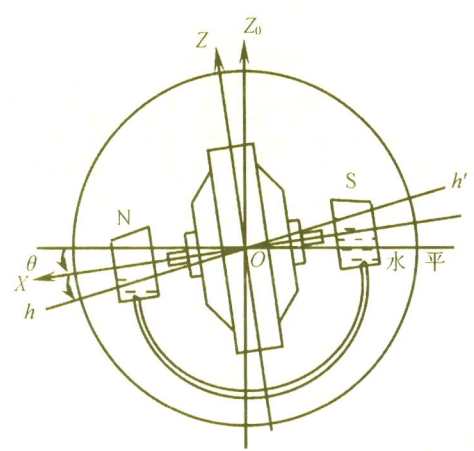

图 3-1-22 液体阻尼器

液体连通器罗经在其陀螺房正西侧安放了一个大约 30 g 的阻尼重物,用于产生阻尼力矩。阻尼重物的重力 mg,在陀螺球垂直轴产生阻尼力矩 M_{ZD},属于垂直轴阻尼方式。阻尼力矩 M_{ZD} 的大小由下式表示:

$$M_{ZD} = M_D \theta \tag{3-1-14}$$

式中:

M_D——最大阻尼力矩,由罗经结构参数决定。这种由阻尼重物获得阻尼力矩的罗经也称为重物阻尼罗经。

(3)稳定位置

当液体阻尼器罗经陀螺球主轴稳定时,主轴在稳定位置的线速度是 $u_2 = v_2 + u_3$,多余液体角 β 与陀螺球主轴新稳定位置的高度角 θ_r 相等,即 $\beta = -\theta_r$,则有:

$$\begin{cases} \alpha_r = 0 \\ \theta_r = -\dfrac{H\omega 2}{M - C} \end{cases} \quad (3\text{-}1\text{-}15)$$

式中:

(α_r, θ_r)——主轴稳定位置;

H——动量矩;

M——最大控制力矩;

C——液体阻尼器液体的流动系数。当罗经投入使用时,H、M、C 都是定值。由式(3-1-15)可知,在北纬静止基座上,陀螺罗经主轴的稳定位置在子午面内,并相对于水平面抬高一个 θ_r 角。

2. 垂直轴阻尼法

(1)定义

由阻尼设备产生的阻尼力矩作用于罗经的垂直轴 OZ 上,通过压缩椭圆短轴以实现阻尼的方法,称为垂直轴阻尼法。显然,在施加于垂直轴上的阻尼力矩的作用下,将使罗经主轴北端 OX 产生绕水平轴 OY 的阻尼运动。主轴指北端做阻尼运动的线速度用符号 u_3 表示之,如图 3-1-23 所示。液体连通器式罗经和电磁控制式罗经通常均采用垂直轴阻尼法。

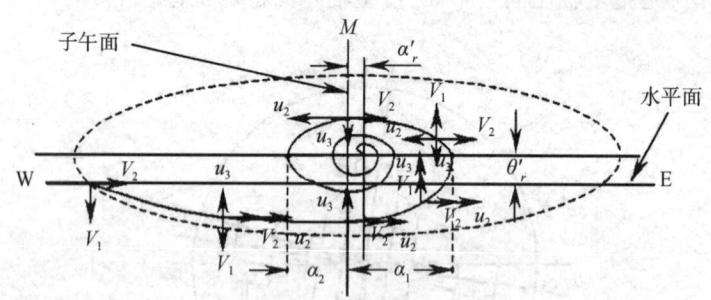

图 3-1-23 垂直轴阻尼运动轨迹

(2)垂直轴阻尼法结构特点

液体连通器式罗经采用垂直轴阻尼法,在陀螺马达外壳上方略偏西的位置,放一小块阻尼重物,罗经典型结构如图 3-1-24 所示。

阻尼重物在转子壳上方略偏西位置,其中心线与 OZ 轴的距离为 l,当主轴 OX 倾斜正 θ 角时,阻尼重物 $m_D g$ 对 O 点产生 OZ 轴负向的力矩 M_Z

$$M_Z = -m_D g \sin\theta \cdot l \approx -m_D g\theta \cdot l = -M_D \theta$$

上式称为垂直轴阻尼的阻尼力矩的通用表达式。其中,$M_D = m_D g l$,m_D 称为阻尼重物的质量,g 称为重力加速度,M_D 称为最大阻尼力矩。

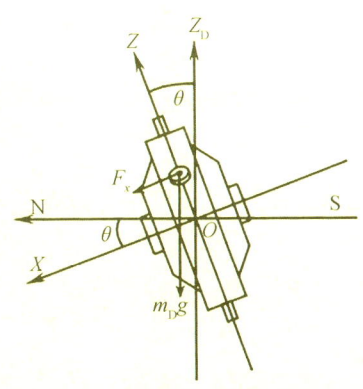

图 3-1-24　陀螺阻尼西侧重物

（3）稳定位置

主轴指北端稳定在平衡位置 r 处时，$u_2 = V_2$，$u_3 = V_1$，即 $-M\theta_r = H\omega_2$，$M_D \theta_r = H\omega_{1\alpha r}$，经分析求得液体连通器式罗经新的稳定位置为：

液体连通器罗经采用垂直轴阻尼法，其主轴最终稳定位置为

$$\begin{cases} \alpha_r = -\dfrac{M_D}{M}\tan\varphi \\ \theta_r = -\dfrac{H\omega_2}{M} \end{cases} \quad (3\text{-}1\text{-}16)$$

可见，由于采用了垂直轴阻尼法，液体连通器罗经主轴最终稳定位置不在子午面上，而是偏离子午面一个角度，形成了一个指向误差，这个误差只与纬度有关，也叫纬度误差。斯伯利系列罗经属于液体连通器罗经，都采用了垂直轴阻尼法。因此，斯伯利系列罗经都存在纬度误差。

（五）阻尼运动及其参数

1.阻尼运动曲线

加上阻尼力矩后，陀螺仪主轴在方位上的运动规律符合图 3-1-25 所示曲线。该曲线称为罗经主轴在方位上的阻尼摆动曲线，即 α-t 关系曲线，它可由航向记录器记录下来，或者由驾驶员根据时间记录方位角变化的数值后绘制而成。

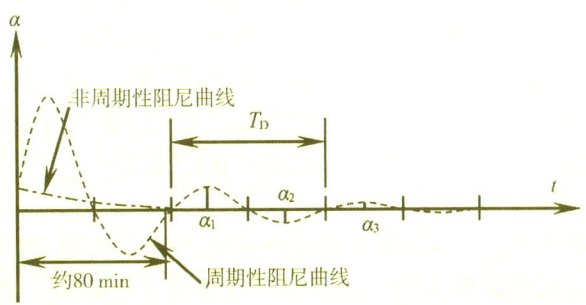

图 3-1-25　罗经主轴在方位上的阻尼摆动曲线

α—方位角；t—罗经启动时间

①下重式罗经阻尼摆动曲线：由两部分组成，第一部分为非周期性阻尼曲线，约 80 min 后

达到初始值的 1%,如图 3-1-25 的虚线部分所示;第二部分为周期性阻尼曲线,经 4 h 后达到初始值的 1%。

②液体连通器式罗经摆动曲线:幅度按指数规律衰减的周期性减幅摆动曲线。

2.阻尼因数

阻尼因数 f 又称衰减因数,它表示主轴在方位角上减幅摆动的快慢程度。罗经的阻尼因数 f 可表示为

$$f = \frac{\alpha_1}{\alpha_2} = \frac{\alpha_3}{\alpha_4} = \cdots = \frac{\alpha_n}{\alpha_n + 1} \tag{3-1-17}$$

式中:

f——阻尼因数,取值范围为 2.5~4,一般取 3。

3.阻尼周期

阻尼周期 T_D 表示罗经做减幅摆动时主轴做阻尼摆动一周所需的时间。它与罗经的结构参数 H、M 和船舶所在纬度有关。在纬度一定时,阻尼周期 T_D 大于无阻尼(等幅摆动)周期 T_0。

4.罗经稳定时间

从航海的角度来看。罗经稳定时间为自罗经启动到主轴经减幅摆动至其指向精度满足航海精度要求(±1°)所需的时间。稳定时间不仅与罗经的结构参数和所在地的纬度有关,还与启动时罗经指北端的初始位置(方位角和高度角)有关。通常罗经稳定时间约为 4 h,所以船舶驾驶员一般在开航前 4~5 h 启动罗经。为了缩短稳定时间,有些罗经设有快速稳定装置,使主轴指北端预先接近其稳定位置。

四、电磁控制式陀螺罗经

电磁控制式陀螺罗经简称电控罗经,它是在平衡陀螺仪的结构上设置了一套电磁控制装置的新型陀螺罗经。电磁控制式罗经与下重式罗经、液体连通器罗经等机械摆式罗经相比较,根本区别在于施加力矩的方式不同。机械摆式罗经是采用机械控制方法直接给陀螺仪施加力矩,而电磁控制式罗经是通过一套电磁控制装置间接给陀螺仪施加力矩的。

如图 3-1-26 所示,三自由度平衡陀螺仪的主轴 OX 水平放置,其动量矩 H 矢端沿主轴 OX 的正端,即动量矩指北。在水平轴 OY 上安装电磁摆 1,在水平轴 OY 和垂直轴 OZ 上安装水平力矩器 3 和垂直力矩器 5,在电磁摆与力矩器之间接入方位放大器 4 和倾斜放大器 2。电磁摆是电磁控制式罗经产生控制力矩和阻尼力矩的元件,当主轴出现高度角时,电磁摆就能产生摆信号,控制随动系统,使储液缸在高度上和方位上分别产生位移,水平扭丝和垂直扭丝受扭,分别产生沿陀螺球水平轴向的控制力矩和沿陀螺球垂直轴向的阻尼力矩。力矩器是将电信号输入量变为力矩输出量的变换装置。

当主轴指北端自水平面上升或下降一高度角 θ 时,电磁摆也倾斜相同的高度角 θ,产生并输出与高度角 θ 成正比的摆信号,经方位放大器和倾斜放大器放大后分别输至水平力矩器及垂直力矩器。水平力矩器将产生与高度角 θ 成比例的、作用于水平轴向的控制力矩 $M_Y = K_Y\theta$。与此同时,垂直力矩器将产生与高度角 θ 成比例的、作用于垂直轴向的阻尼力矩 $M_Z = K_Z\theta$。K_Y 与 K_Z 分别称为施加于水平轴向和垂直轴向的力矩电控系数,均为常量,$K_Y\theta$ 将使主轴具有找

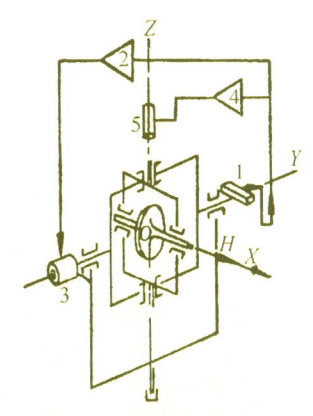

图 3-1-26　电磁控制式陀螺罗经的工作原理图
1—电磁摆；2—倾斜放大器；3—水平力矩器；4—方位放大器；5—垂直力矩器

北性能，$K_Z\theta$ 将使主轴的摆动得到衰减直至稳定指北。

电磁控制式陀螺罗经和液体连通器罗经相同，在北纬 φ 处静止基座上稳定时主轴指北端自水平面上升角度 $\theta_r = -\dfrac{H\omega_2}{K_Y}$，且自子午面偏东角度 $\alpha_r = -\dfrac{K_Z}{K_Y}\tan\varphi$。对于参数 K_Y 与 K_Z 已确定的罗经而言，主轴指北端在方位角 α 上稳定时偏东的角度 α_r 仅与纬度 φ 有关，故称为纬度误差，用符号 $\alpha_{r\varphi}$ 表示。

电磁控制式罗经主要有如下优点：

（1）其结构参数的选择不受舒勒条件的限制，并可根据需要予以改变；

（2）启动时，增大施加于水平轴和垂直轴的力矩电控系数 K_Y 与 K_Z 之值，即减小阻尼周期 T_D 之值，使电磁控制式罗经工作于强阻尼状态，用以缩短其稳定时间；

（3）待主轴接近其稳定位置时，再将 K_Y 和 K_Z 值恢复至正常工作的数值，使电磁控制式罗经工作于弱阻尼状态，用以提高罗经的指向精度；

（4）消除 ω_2 的影响、补偿和消减有害力矩的干扰等均可用电路实现，这将有利于简化罗经的机械结构和提高指向精度。

第二节　陀螺罗经误差及其补偿

陀螺罗经具有一系列的系统误差，如速度误差、纬度误差、冲击误差、摇摆误差和基线误差。为提高陀螺罗经的使用精度，这些系统误差均应予以消除或补偿。

一、速度误差

（一）速度误差的定义

前述陀螺罗经稳定位置都是建立在罗经基座处于静止状态的基础上，即船舶没有运动速度。基座运动引起罗经主轴的牵连运动速度发生变化,必然造成罗经稳定位置发生变化,使罗经产生误差。船舶在做恒向恒速运动时,陀螺罗经主轴的稳定位置与航速为零时主轴的稳定位置在方位上的夹角 α_{rv} 称为速度误差。注意,速度误差仅指船舶做恒向恒速运动时出现的指向误差,不考虑任何加速度的影响。

1.速度误差产生原因

船舶恒向恒速航行时,如图 3-2-1 所示,航速 V 在子午圈和纬度圈切线上的分量为

$$\begin{cases} V_{\text{N}} = V\cos C \\ V_{\text{E}} = V\sin C \end{cases} \quad (3\text{-}2\text{-}1)$$

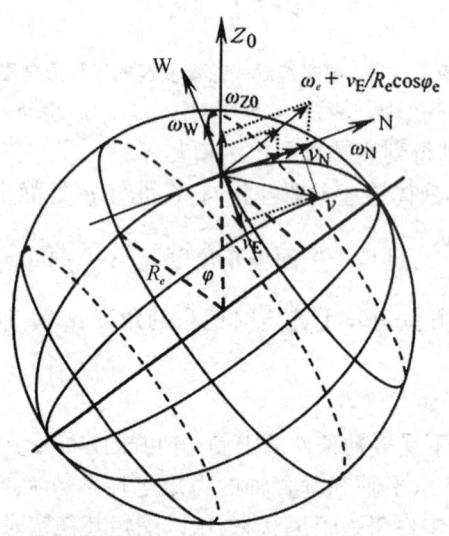

图 3-2-1 航速引起的牵连运动角速度

式中:V_{N} 及 V_{E} 分别称为船舶航速的北向分量和东向分量,C 为船舶真航向,V_{N} 使地理坐标系绕 OW 轴以角速度 V_{N}/R_e 做相对地心的转动,其角速度矢量将指 OW 轴正向。V_{E} 使地理坐标系绕地轴 $P_{\text{N}}P_{\text{S}}$ 以角速度 $V_{\text{E}}/R_e\cos\varphi$ 转动,其角速度矢量将指向地球北极,与地球自转角速度 ω_e 同向。

由此得到包括地球自转和船舶做恒向恒速航行引起的牵连运动角速度在地理坐标系 $ONWZ_0$ 各坐标轴上的分量为

$$\begin{cases} \omega_{\text{N}} = \omega_1 + \dfrac{V_{\text{E}}}{R_e} \\ \omega_{\text{W}} = \dfrac{V_{\text{N}}}{R_e} \\ \omega_{Z_0} = \omega_2 + \dfrac{V_{\text{E}}}{R_e}\tan\varphi \end{cases} \quad (3\text{-}2\text{-}2)$$

上式表明水平面将以 ω_{N} 绕 ON 轴旋转,如陀螺罗经主轴不指北而存在一个方位角 α,将产生高度上的东升西降视运动线速度 $V_1 = H(\omega_1 + V_{\text{E}}/R_e)\alpha$;子午面将绕 OZ_0 轴旋转,引起陀螺罗经主轴方位上的视运动。

如图 3-2-2 所示,在 φ_{N} 处,船舶在地球表面上航行,由于船舶存在航速的北向分量 V_{N},使

罗经主轴相对船舶所在的水平面上升,上升的线速度为 $V_3=H(V_N/R_e)$。

由图 3-2-3 可见,罗经主轴在 r_1 处的稳定条件被破坏。

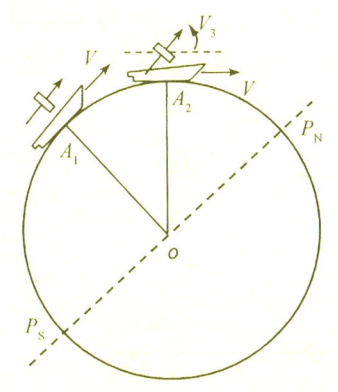

图 3-2-2　北向分量引起主轴新的视运动

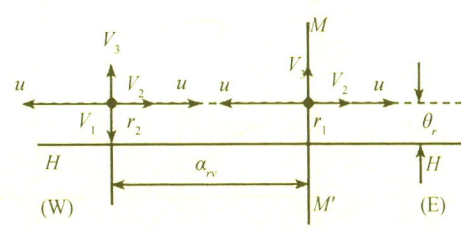

图 3-2-3　速度误差物理实质

为此,罗经主轴则必须自子午面向西偏离一个方位角,以便产生向下的视运动线速度 V_1,当罗经主轴自子午面向西偏离方位角 α_{rv} 时,$V_1=V_3$,满足等式 $(\omega_1+V_E/R_e)\alpha_{rv}=V_N/R_e$ 时,则罗经主轴将获得新的稳定位置 r_2,此时

$$\alpha_{rv}=\frac{\dfrac{V\cos C}{R_e}}{\omega_1+\dfrac{V\sin C}{R_e}}=\frac{V\cos C}{R_e\omega_e\cos\varphi+V\sin C} \tag{3-2-3}$$

这就是速度误差的计算公式。

对于航行在中纬度区域的船舶,由于 $V\sin C\ll R_e\omega_e\approx 900$ kn,1 rad=57.3°,因此速度误差公式尚可简化为:

$$\alpha_{rv}=\frac{v\cos C}{R_e\omega_e\cos\varphi}=\frac{v\cos C}{900\cos\varphi}\cdot 57.3°=\frac{v\cos C}{5\pi\cos\varphi}(°) \tag{3-2-4}$$

式中:

R_e——地球半径;

ω_e——地球自转角速度;

φ——船舶所在地理纬度;

v——船舶航速;

C——船舶航向。

2.速度误差特性

从速度误差公式可以看出它具有下列特性:

(1)速度误差仅与船舶航速 v、航向 C 及所在地纬度 φ 有关,与罗经结构参数无关。因此,只要船舶恒向恒速航行,任何类型罗经都有这种误差,即原理性误差,也是陀螺罗经的共性之一。

(2)速度误差随船速而变化,船舶航速 V 越大,速度误差越大;反之亦然。

(3)由于 $\cos\varphi$ 随纬度 φ 的增高而减小,因此 φ 增高时,速度误差增大;若 φ 高过 70°,$R_e\omega_e\cos\varphi$ 变得很小,与 $V\sin C$ 可以比拟,简化公式计算精度降低,应采用完整公式计算速度误差。

(4)速度误差随船舶航向 C 而变,如图 3-2-4 所示,在 0°和 180°航向上,即正北、正南时,速度误差最大;在 90°和 270°航向上,即正东、正西时,速度误差为零;在 0°~90°,270°~360°区间内,即偏北方向航行时,速度误差的符号为正,为偏西误差(W);在 90°~270°的区间内,即偏南方向航行时,速度误差符号为负,为偏东误差(E)。这里的正负号是按我们所选择的坐标而确定的,与航海上所采用的坐标符号正好相反,希望读者注意。

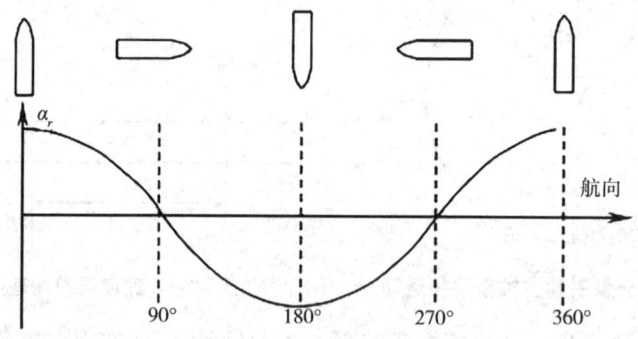

图 3-2-4 速度误差与航向关系

3. 速度误差的消除

(1)查表法

按不同的船舶航速 v、航向 C 和所在地纬度 φ 计算速度误差 α_{rv} 后,编制成表格或绘成图表。使用时,先根据船舶航速、罗经航向和所在地纬度,在表中查取速度误差值;再根据罗经航向确定符号,代入公式:真航向=罗经航向+速度误差,确定船舶真航向。

(2)外补偿法

利用一套解算装置,根据误差公式计算出误差的大小和符号,从罗经的航向读数中扣除误差的方法,称为外补偿法。传统罗经通过转动罗经航向基线或罗经航向刻度盘零度来补偿。基线转动的角度应等于速度误差值,而罗经刻度盘零度转动的角度与速度误差 α_{rv} 等值反向,如图 3-2-5 所示。

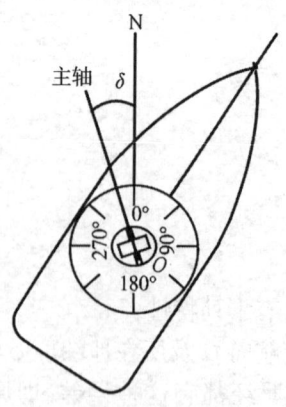

图 3-2-5 转动刻度盘法
ON—真北;δ—误差

现代数字罗经可以直接输入 GNSS 导航仪的船位信息和计程仪的航速信息,自动计算和补偿误差。

需强调的是,外补偿法仅从罗经航向读数中扣除误差值,虽然补偿后罗经刻度盘上读取的航向为不包含误差的真航向,但并未改变罗经主轴偏离真北的稳定位置。

(3)内补偿法

利用一套解算装置,计算并输出与误差相等的补偿力矩,抵消引起误差的因素的影响,使主轴稳定在子午面内,从根本上消除误差的方法,称为内补偿法。

陀螺罗经通常采用向垂直轴施加速度误差补偿力矩 $M_{ZD} = H\dfrac{V_N}{R_e}$,产生补偿力矩进动线速度,抵消引起误差的航速附加视运动线速度 V_3 的方法,来消除误差,如图 3-2-6 所示。

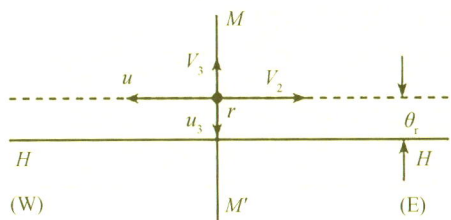

图 3-2-6　速度误差内补偿效果

实际中,陀螺罗经都设有误差补偿器,船舶航行中通过调整补偿器上的相应控钮及开关,消除罗经速度误差。当船舶航速变化较大(如 5 kn 以上)或航行纬度变化较大(如 5°以上)或航向变化较大(如 15°以上)时,需调整相应控钮,消除误差。

二、纬度误差

1.纬度误差产生原因

在上节讨论具有垂直轴阻尼的陀螺罗经时已指出,在静止基座上主轴指北端稳定位置并不恰好位于子午面内,而是偏离子午面一个角度 α_r,当罗经的结构参数 M、M_D 确定后,α_r 角仅与地理纬度 φ 有关,故称为纬度误差。纬度误差的大小与纬度的大小有关,符号与纬度极性有关。

纬度误差产生的原因是采用了垂直轴阻尼法。因此,纬度误差是采用垂直轴阻尼法罗经特有的误差。

2.纬度误差消除方法

实践中,对纬度误差的补偿方法有外补偿法和内补偿法两种:

(1)外补偿法

外补偿法是利用一套解算装置,根据误差公式计算出误差的大小和符号,从罗经的航向读数中扣除误差的方法。外补偿法消除误差可通过转动罗经航向基线或罗经航向刻度盘零度来补偿。基线转动的角度应等于纬度误差值,而罗经刻度盘零度转动的角度与纬度误差 $\alpha_{r\varphi}$ 等值反向。补偿后罗经刻度盘上读取的航向即为不包含误差的真航向。需强调指出,外补偿法仅从罗经航向读数中扣除误差值,并不改变罗经主轴的稳定位置。

现代数字陀螺罗经可以输入卫星导航仪的船位信息,自动地完成对纬度误差的补偿。

(2)内补偿法

在实践中,纬度误差内补偿方案有两种:对陀螺罗经的水平轴 OY 施加纬度误差补偿力矩或对陀螺罗经的垂直轴 OZ 施加纬度误差补偿力矩。这是一种抵消引起误差的多余力矩,使主轴可稳定在子午面内,从根本上消除误差的方法。

需要说明的是,补偿力矩的符号与罗经所在的纬度极性有关,如将符号取反,不仅不能消除误差,反而会使误差增大一倍。因此,在使用内补偿法进行罗经纬度误差补偿时应正确判断纬度的极性。

在实践中,纬度误差内补偿方案有两种:

①对陀螺罗经的水平轴 OY 施加纬度误差补偿力矩,即 $M_{Y\varphi}=H\omega_2$,其产生补偿力矩进动线速度 u'_2 抵消了视运动线速度 V_2,如图 3-2-7 所示。

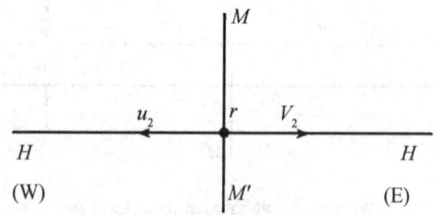

图 3-2-7 水平轴补偿力矩的效果

②对罗经的垂直轴 OZ 施加纬度误差补偿力矩,即 $M_{Z\varphi}=\varepsilon H\omega_2$,其产生补偿力矩进动线速度 u'_3 抵消了阻尼力矩进动线速度 u_3,如图 3-2-8 所示。

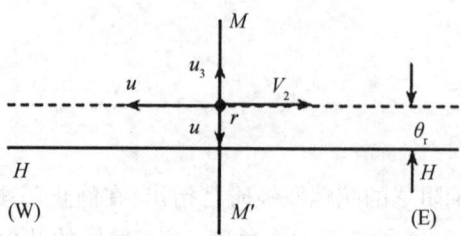

图 3-2-8 垂直轴补偿力矩的效果

三、冲击误差

船舶机动(变速变向)航行时产生的惯性力对罗经作用,引起罗经主轴偏离新的稳定位置形成的误差,称为冲击误差(Ballistic Error)。冲击误差分为两种:惯性力作用在陀螺罗经重力控制设备上而产生的冲击误差,称为第一类冲击误差(Ballistic Deflection Error);惯性力作用在阻尼设备上而产生的冲击误差,称为第二类冲击误差(Ballistic Damping Error)。

1.第一类冲击误差

当船舶机动终了时,可能出现下列三种情况:

(1)主轴正好进动到新的稳定位置 r_{v2},如图 3-2-9(a)所示。此时,主轴虽然偏离真北 α_{rv2} 的角度(这是一个速度误差值),但经过补偿后,罗经不存在冲击误差。

(2)主轴在船舶机动航行的持续时间内,尚未来得及由旧的稳定位置 r_{v1} 转向机动终了时的新稳定位置 r_{v2}。而是落后于 r_{v2} 位于 1 的位置,如图 3-2-9(b)所示。

(3)在船舶机动航行的持续时间内,罗经主轴的进动超过了机动终了时的新稳定位置 r_{v2} 而抵达 1 处,如图 3-2-9(c)所示。

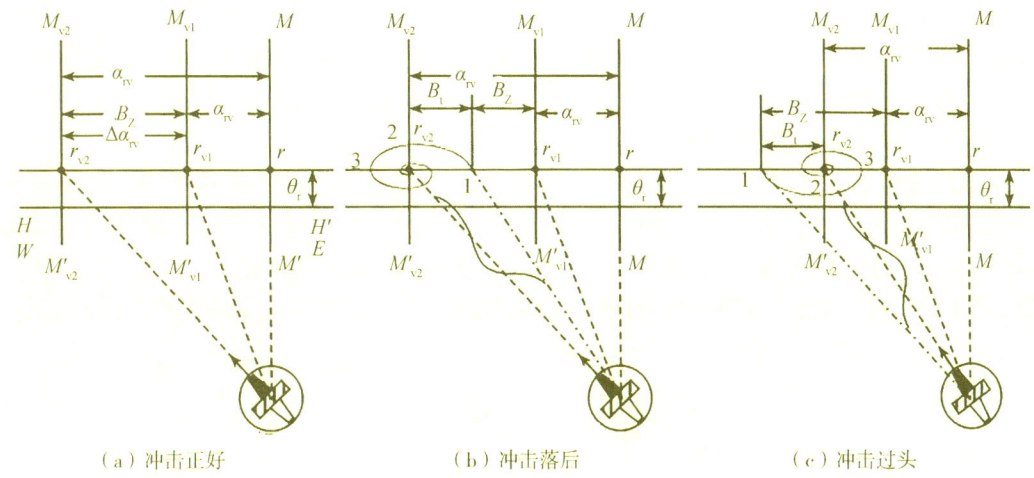

(a)冲击正好　　　　　　(b)冲击落后　　　　　　(c)冲击过头

图 3-2-9　冲击终了时主轴的指向

在后面的两种情况下,当船舶加速终了,惯性力消失后,罗经主轴并不恰好到达新的稳定位置 r_{v2},而会与新稳定位置有一偏差 B_1,称为第一类冲击误差。

通常在船舶机动终了时,第一类冲击误差值 B_1 为最大。由于陀螺罗经具有阻尼减幅运动的特点,第一类冲击误差在船舶机动终了后经 1 h 左右即可消失。因此船舶驾驶员在机动期间或机动终了后约 0.5 h 内读取罗经航向时应考虑该误差。

不产生第一类冲击误差 B_1 的非周期过渡条件:

在船舶机动过程中,因惯性力的作用,陀螺主轴指北端产生进动,进动旋转角称为冲击位移,用 B_Z 表示。分析可知,当 $B_Z = \Delta\alpha_{rv}$ 时,将不产生第一类冲击误差。此时有下列关系:

$$B_Z = \frac{M_j}{H}\Delta t = \frac{F_j\alpha}{H}\Delta t = \frac{mj\alpha}{H}\Delta t$$

$$= \frac{mag}{Hg}\Delta V\cos C \qquad (3-2-5)$$

$$= \frac{M}{Hg}\Delta V\cos C = \frac{M}{Hg}\Delta V_N$$

说明罗经的等幅摆动周期 $T_0 = 84.4$ min 时,在船舶机动航行时间内,主轴将由机动开始时的旧稳定位置非周期地过渡到机动终了时的新稳定位置,而不产生第一类冲击误差。该非周期过渡条件是由德国数学家舒拉(Schuler)于 1923 年首次得出的,故通常又称为舒拉周期。

因机械摆式罗经等幅摆动周期与 $\omega_1 = \omega_e \cos\varphi$ 有关,罗经只能在某一特定纬度 φ_0 上使其等幅摆动周期为 84.4 min,以此来确定罗经的动量矩 H 和最大摆性力矩 M 等罗经结构参数。所对应的纬度称为设计纬度 φ_0。

2. 第二类冲击误差

以液体阻尼器罗经为例,当惯性力作用在阻尼设备上时,阻尼器中液体将沿惯性力的方向流动,造成两端容器中液体不等,产生惯性力矩,引起主轴进动,偏离稳定位置后产生第二类冲击误差。

第二类冲击误差在船舶机动终了时较小,其最大值约在机动终了后经 1/4 阻尼周期时出现,经 1 h 左右即可消失,故船舶驾驶员在机动期间或机动终了后约 45 min 内读取罗经航向时应考虑该误差。

经分析得知,对于摆式罗经,冲击误差 B 有如下特点:当船舶所在纬度低于设计纬度时,第二类冲击误差和第一类冲击误差的符号相反;当船舶所在纬度高于设计纬度时,第二类冲击误差和第一类冲击误差的符号相同。

船舶机动终了时,总的冲击误差为第一类冲击误差 B_I 和第二类冲击误差 B_{II} 之和。当船舶所在纬度 $\varphi<\varphi_0$ 时,B_I 与 B_{II} 符号相反,总冲击误差减小,一般不做处理;当船舶所在纬度 $\varphi>\varphi_0$ 时,B_I 与 B_{II} 符号相同,总冲击误差增大。所以在机动时,应关闭阻尼器,如图 3-2-10 所示。所以,设计罗经时,一般会适当提高设计纬度 φ_0,使船舶在大多数情况下的总冲击误差减小。

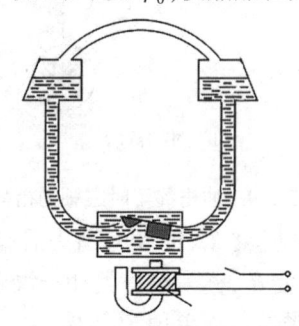

图 3-2-10　阻尼开关控制液体流动通路

四、摇摆误差

陀螺罗经的摇摆误差(Rolling Error)是指船舶摇摆时周期性变化的惯性力作用于陀螺罗经的重力控制设备上产生的指向误差。船舶在风浪中摇摆是周期性的,摇摆时会有周期性惯性力出现,这种惯性力作用在罗经上,使罗经产生误差。罗经的摇摆误差与罗经的结构参数、罗经的安装位置、船舶摇摆姿态、船舶所在纬度和船舶摇摆方向等参数有关。特别是浪向为隅点舷角(如 045°、135°)方向时,产生的摇摆误差最大。

船用陀螺罗经在结构上均采取了减振和平衡环装置,有效地减轻了船舶摇摆的影响。各系列陀螺罗经还采用如下方法进一步克服摇摆误差。

1. 下重式系列陀螺罗经

下重式陀螺罗经在陀螺球内将单个陀螺转子换成两个主轴互相垂直的陀螺转子来消除摇摆误差,如图 3-2-11 所示。两个转子的动量矩可合成北向动量矩用于找北和指北,而合成东西动量矩为零,其作用效果与单转子陀螺球具有相同的特性。但两个转子的动量矩形成的稳定面,可使陀螺球不随船舶一起摇摆。

2. 液体连通器系列陀螺罗经

斯伯利系列罗经的液体连通器利用高黏度硅油的阻尼作用,使液体连通器内液体的流动周期远远大于船舶摇摆周期,从而有效地消减了摇摆误差。

3. 电磁控制系列陀螺罗经

阿玛-勃朗系列罗经在敏感主轴高度角的电磁摆内充满黏性很大的硅油,对摆锤进行强

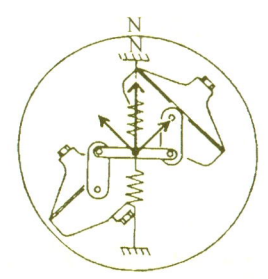

图 3-2-11 双转子陀螺球

阻尼,使电磁摆不随船舶摇摆,从而减小了摇摆误差的影响,也就是利用在电磁摆内充满高黏度液体的阻尼作用来消除摇摆误差。

五、基线误差

随着船舶驾驶自动化程度的提高,陀螺罗经的主、分罗经上都有用来读取航向的基准线,称为基线(Lubber Line)。安装罗经时,若罗经的基线与船首尾线不平行,则产生基线误差(Lubber Line Error)。基线误差的大小及符号不随时间变化,它是一种固定误差。基线偏右舷时产生西误差,基线偏左舷时产生东误差。

第三节 陀螺罗经结构与电路

现代船用陀螺罗经,按其灵敏部分具有转子的个数可分为单转子和双转子两大类型;按其结构特征和工作原理可分为安许茨、斯伯利和阿玛-勃朗三个系列。

任何一个系列的陀螺罗经,均由主罗经及其附属装置组成。主罗经是陀螺罗经的主要部分,具有指示船舶航向的性能。附属装置包括:分罗经、航向记录器、罗经电源(变流机或逆变器)、电源控制装置和报警装置等。IMO 有关陀螺罗经的性能标准指标,都是基于纬度在南、北纬 60°以内的前提提出的。

一、与船用陀螺罗经相关的基本概念

(一)陀螺罗经结构

(1)设备应能在规定的振动、湿度、温度和电源变化的条件下连续工作。

(2)陀螺罗经刻度盘的分度应以 1°或其分数的间隔进行等分。分度误差应小于±0.2°。刻度盘应从 000°起顺时针方向至 360°止,每隔至多 10°应有数字表示。

(3)陀螺罗经应有足够的照明,并有调光装置以便能随时看清刻度盘上的读数。

(4)主罗经和分罗经的壳体上应刻有陀螺罗经安装基准线,用于指示船舶首向。陀螺罗经的底座应有便于安装的识别标记,使陀螺罗经基准线位于船舶纵中剖面。陀螺罗经的基准

线应能被移动,以便将陀螺罗经的基线安装误差校正为零。

(5)陀螺罗经应有校正速度误差和纬度误差的装置,或用图表或表格的方法进行速度误差和纬度误差的校正。

(6)应采取措施尽力消除或抑制陀螺罗经与船上其他设备间的电磁干扰。

(二)稳定时间

根据制造商说明书,开机后6 h内陀螺罗经应达到稳定。

(三)稳定点误差

(1)在任意航向上的稳定点误差应不超过$±0.75°×\sec\varphi$(φ为罗经所在地的纬度);航向读数值与稳定点航向之差的均方根值应小于$±0.25°×\sec\varphi$。

(2)一次启动与另一次启动间的稳定点误差的重复性精度应在$±0.25°×\sec\varphi$误差的重复性精度内。

(四)剩余误差的校正

在航速为20 kn时,速度误差校正和航向误差校正后,剩余稳定状态误差不应超过$±0.25°×\sec\varphi$。

(五)速度变化的影响

航速快速变化20 kn引起的误差不应超过±2°。

(六)航向变化的影响

航速为20 kn时,快速变换航向180°引起的误差不应超过±3°。

(七)主罗经和分罗经的同步

一旦分罗经和主罗经同步,在所有工作情况下主罗经和分罗经之间的最大读数误差不应超过±0.5°,纬度误差校正和速度误差校正应设定为零。

接下来,将分别叙述安许茨4型陀螺罗经、安许茨22型陀螺罗经以及斯伯利MK37型陀螺罗经、斯伯利NAVIGAT XMK2数字陀螺罗经的构成和Arma-Brown 10型陀螺罗经。

二、安许茨4型陀螺罗经

安许茨系列陀螺罗经属于液浮支承的双转子摆式罗经。其灵敏部分为陀螺球,控制力矩通过降低陀螺球重心的方法获得,阻尼力矩则由液体阻尼器产生。

(一)主罗经结构

1.灵敏部分

安许茨4型陀螺罗经主罗经的灵敏部分是一个直径为252 mm,充有氢气的密封陀螺球,球的重心垂直下移8 mm,以达到产生下重式控制力矩的目的。球内装有灯形支架,支架上方装有液体阻尼器,用于产生阻尼力矩。支架中间装有两个相同的陀螺马达,其产生的两个动量矩合成陀螺球的主轴动量矩指向,用于找北、指北。支架下方装有电磁上托线圈,通电后产生电磁上托力辅助液体支承陀螺球形成指向空间任意方向的陀螺仪,如图3-3-1所示。依照前述的陀螺罗经指北原理可知,液浮加电磁上托线圈辅助支承的陀螺球,其主轴在下重式控制力矩和液体阻尼力矩的共同作用下自动找北并稳定指北。

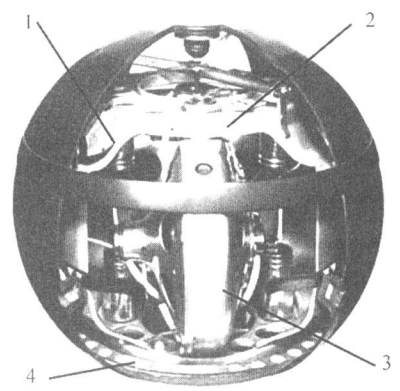

图 3-3-1　陀螺球(内部)

1—液体阻尼器;2—灯形支架;3—陀螺马达;4—电磁上托线圈

陀螺球(外部)如图 3-3-2 所示。陀螺球壳是由黄铜压制成的较小的上半球和较大的下半球组成,除电极外,球的外表面均由绝缘橡胶覆盖。顶部和底部以及球的赤道部分分别装有石墨硬橡胶构成的顶电极、底电极和赤道电极(两窄一宽),经球内导线与陀螺马达相连,形成输入陀螺马达三相交流电的通路。陀螺球赤道带上刻有 0°~360°航向刻度,以便从主罗经后部观察窗读取船舶的航向。在宽赤道电极两端有导电性能良好的炭精电极(其夹角为175°),称为随动电极,构成随动信号的测量元件和通路。

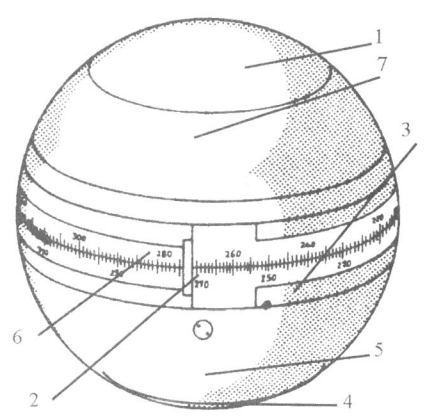

图 3-3-2　陀螺球(外部)

1—顶电极;2—随动电极;3—窄赤道电极;4—底电极;5—下半球;6—宽赤道电极;7—上半球

为了对陀螺马达的轴承进行润滑,在陀螺球的底部存装有一定量的润滑油,在存放、清洁和拿取陀螺球时,不能使陀螺球倾斜角超过 45°或将陀螺球倒置,以免润滑油黏到球内其他部件上,影响陀螺球的正常工作,缩短其使用寿命。

2.随动部分

安许茨 4 型陀螺罗经主罗经的随动部分由随动球、方位电机和刻度盘等组成。

随动球部分由随动球球体、蜘蛛架、中心导杆和汇电环组成,如图 3-3-3 所示。

随动球球体由上、下两个半球、赤道环、电木柱和有机玻璃块等组成。球内顶部和底部分别装有顶电极和底电极，上、下两个半球的赤道环装有赤道电极。除电极外，其他部分都包装以硬橡胶覆盖绝缘。随动球各电极分别与陀螺球各电极对应。当两球间充满支承液体后，对应电极间的液体形成陀螺球的供电通路。

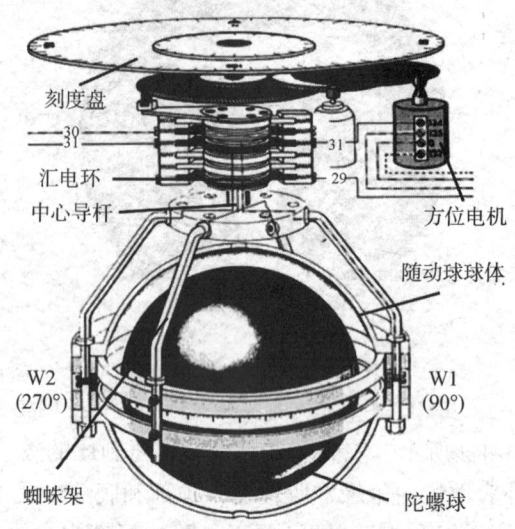

图 3-3-3 随动球部分

在赤道环间的电木柱中，有一对内表面装有石墨硬橡胶电极的电木柱（其夹角为180°），电极位置和陀螺球的随动电极相对应，称为随动球的随动电极，用以产生并传送随动信号。有机玻璃块内、外中央各刻有一条水平刻线，用以检查陀螺球在随动球内的高低。随动球上下有透孔，随动球外部的支承液体可以由这些透孔进入随动球。

中心导杆与蜘蛛架为涂有绝缘橡胶的空心导管，与汇电环相连的导线穿过中心导杆与蜘蛛架，构成传送电能到随动球电极的通路。

随动球借助中心导杆穿过固定部分的罗经桌，并用轴承支承在罗经桌上，通过传动齿轮与方位随动电机相连。当方位随动电机转动时，通过传动齿轮带动随动球转动。与方位齿轮相连的还有航向刻度盘，刻度盘的零度与随动球南北轴保持一致。当随动球转动时，刻度盘也同时转动。若随动球的南北轴与陀螺球主轴一致，则刻度盘的零度方向即为陀螺球主轴指向。

3. 固定部分

安许茨4型陀螺罗经主罗经固定部分由储液缸、罗经桌、平衡环、金属托架、罗经盖和罗经箱等组成，如图 3-3-4 所示。

（二）电路系统

安许茨4型陀螺罗经的电路系统由电源系统、随动系统、传向系统和温度控制系统组成。

安许茨4型陀螺罗经的电源系统由变流机和电源控制箱组成。这种形式的电源系统称为交流变流机系统。陀螺马达高速旋转，要求的电源频率较高，正常的船电只有 380 V/50 Hz 或 400 V/60 Hz，故需要专门的电路对船电进行频率和电压的转换。变流机由电动机和发动机组成，利用船电驱动电动机转动，带动发电机发出陀螺罗经所需的用电，频率为 333 Hz，电压为 110 V 的三相交流电。当陀螺马达接通电源后，其转速可达 20 000 r/min。

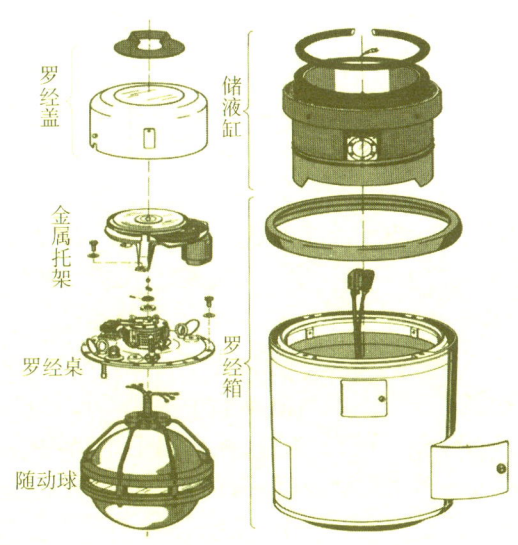

图 3-3-4　固定部分

随动系统控制随动部分跟随灵敏部分转动，并将灵敏部分指示的航向反映到航向刻度盘上。因此，随动系统中必须具有能够检测出灵敏部分和随动部分位置偏差的随动敏感元件，利用敏感元件获得的偏差信号控制方位随动电机，驱动随动部分跟踪灵敏部分。当随动部分与灵敏部分位置一致时，敏感元件输出信号为零，方位随动电机停止转动。

安许茨 4 型陀螺罗经随动系统的随动敏感元件是信号电桥，陀螺球与随动球的随动电极间液体电阻和放大器前端输入变压器初级线圈的感抗构成了惠斯通电桥。如图 3-3-5 所示，信号电桥的输入端为变压器的中心抽头 28 和赤道电极输入端 29，输出端为随动电极 30、31。

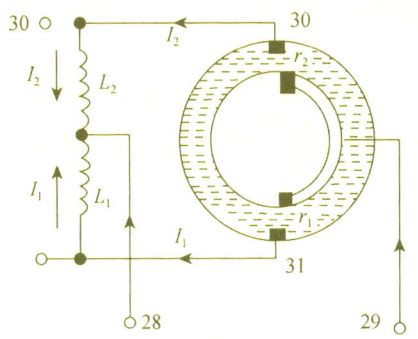

图 3-3-5　信号电桥

当随动球南北轴、刻度盘零刻度与陀螺球主轴保持一致时，随动电极间液体电阻和同电桥平衡输出信号为零；当船舶转向时，陀螺球指向不变，随动球、刻度盘和船舶的基线随船转动，随动电极间距离发生变化，液体电阻发生改变，引起电桥失衡。电桥输出的信号经放大器放大后，驱动方位电机带动随动球和刻度盘向船舶转向的反方向旋转，以减少随动球与陀螺球间的位置偏差。当随动球和刻度盘零刻度与陀螺球再次保持位置一致时，电桥重新平衡，输出信号为零，方位电机停转，此时船舶的基线所指的刻度盘度数即为船舶新的航向。

传向系统的作用是将主罗经的航向变化精确地传送给分罗经、航向记录器等复示航向的设备。陀螺罗经的传向系统由航向发送器、分罗经信号分配器和航向接收器组成。安许茨 4

型陀螺罗经采用自整角机的传向系统,称为交流同步式传向系统,传向精度为0.1°。

由于安许茨4型陀螺罗经陀螺球的支承方式采用液浮加电磁上托线圈的方式,支承液体的浮力与支承液体的密度有关,而支承液体的温度直接影响了支承液体的密度,所以为保证罗经正常工作,必须保持支承液体恒温。支承液体的工作温度为$(52\pm3)°$。

安许茨4型陀螺罗经的温控系统由微动开关、乙醚管、加热器、电风扇和蜂鸣器等组成。乙醚管敏感支承液体温度的变化,当支承液体温度升高时,乙醚管向上膨胀,乙醚管的中心导杆控制安装在其上面的水平板向上移动。水平板上安装了3个微动开关,分别控制加热器、电风扇和蜂鸣器的工作接通和断开,每个微动开关的闭合高度由微动开关上的调节螺钉调节,由乙醚管中心导杆控制水平板上不同高度的调节螺钉来完成微动开关的通断控制。

图3-3-6所示为温度控制系统框图。当液温低于49 ℃时,加热器处于加热状态;当液温达到49 ℃时,加热器断开;当液温达到52 ℃时,电风扇工作;当液温超过57 ℃时,蜂鸣器接通,此时,应立即采取相应措施,若采取措施后仍不能使液温正常,则应立即关机,停止使用。

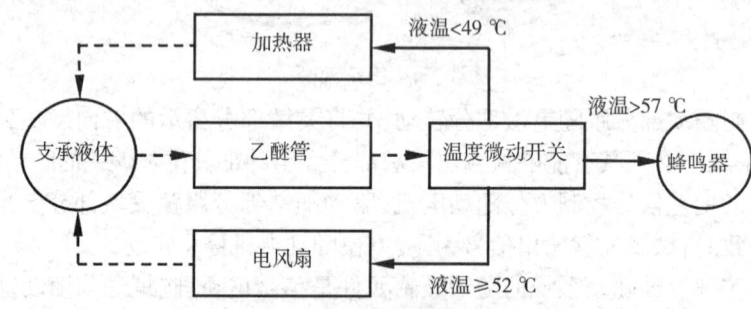

图3-3-6 温度控制系统

三、安许茨22型陀螺罗经

安许茨22型陀螺罗经的基本原理与安许茨4型陀螺罗经相同,但在结构和电路系统上有较大改进,其采用微处理器数字信号控制、网络总线控制和模块化产品技术,自动化程度高,功能增强。

其特点可归纳为:

(1)利用其他导航传感器的数据输入,可以自动或手动进行误差修正,从而提高了指向精度和动态测量技术,可为高速船提供航向信息。

(2)具有快速稳定功能,使找北稳定时间由3 h缩短到1 h。

(3)使用数字化同步传向,可以以数字形式显示航向、自动校准分罗经及其他航向复示器,并用打印机替代航向记录器。

(4)经转换装置可提供多种数字和模拟传向系统,还可以提供船舶转首角速率功能。

(5)网络连接以及多接口和多信息格式输入输出方式,可依据不同用户的要求,方便地连接多个主罗经或其他导航设备,以具备组合定向和航向监控功能。

(6)为减少能耗和噪声,提高可靠性,采用直流静止逆变器低压直流供电系统,当船电不工作时,仍可使用备用直流电源供电。

(7)控制电路的集成化、信号传输的网络化、电源耗能的减少,为设备结构小型化提供了有利的条件。

安许茨 22 型陀螺罗经有简化型和完整型两种配置。安许茨 22 型陀螺罗经简化型配置包括主罗经、分罗经及选购件的快速稳定操作单元、交直流转换器和附加输出箱等组件。完整型配置包括主罗经、分罗经、操作单元和信号控制分配器、选购件交直流转换器和多罗经互换器等组件。

采用典型的 CAN 总线连接方式的安许茨 22 型陀螺罗经的组成如图 3-3-7 所示。

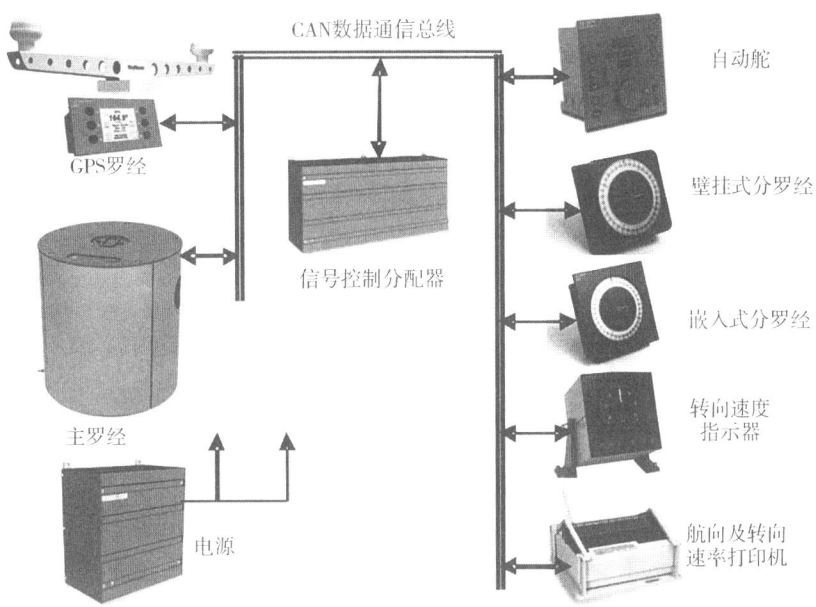

图 3-3-7　采用典型的 CAN 总线连接方式的安许茨 22 型陀螺罗经的组成

安许茨 22 型陀螺罗经主罗经的组成同样包括灵敏部分、随动部分、固定部分和电路系统。

（一）灵敏部分

安许茨 22 型陀螺罗经的灵敏部分是一个小型陀螺球。与安许茨 4 型陀螺罗经相比有以下特点：

(1) 陀螺球外表面也有顶电极、底电极和赤道电极，顶电极和底电极只用于构成陀螺马达单相交流电供电通路，陀螺球赤道带上的赤道电极是一条半圆周形带状电极，构成随动信号通路。

(2) 陀螺球内抽至真空后充氦气，陀螺马达用油脂润滑。

(3) 采用液浮加液压辅助支承方式，用离心泵替代电磁上托线圈。

陀螺球的重心低于球心，产生下重式控制力矩。内部装有液体阻尼器产生阻尼力矩。

（二）随动部分

随动部分主要由随动球组件、减振波纹管摆式连接器、方位齿轮和汇电环组件等组成。

随动球组件由随动球、离心水泵及其他附件等组成，见图 3-3-8。

随动球与陀螺球电极相对应，上、下半球内表面装有帽状的顶电极和底电极。在下半球赤道东、西两侧，对准陀螺球赤道电极，装有两个随动电极，用于检测随动球与陀螺球的偏差角，输出随动信号。

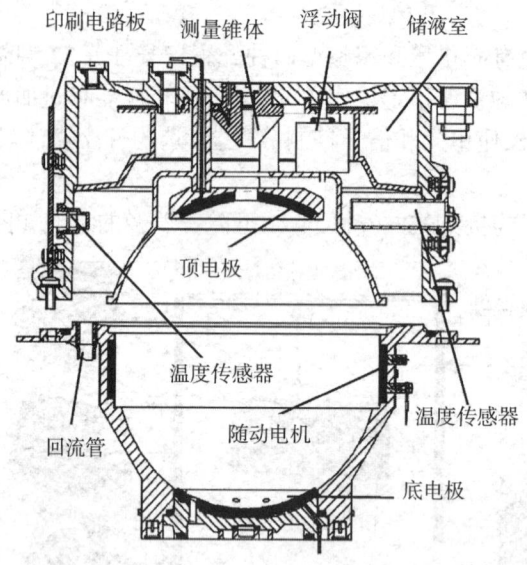

图 3-3-8　随动球组件

随动球是一个充满液体的密封球,起到储液缸的作用。上半球上部与一个储液室相连接,盛有 230 cm³ 的蒸馏水。当随动球内的支承液体由于蒸发而减少时,储液室内的蒸馏水通过浮动阀自动补充。

在支承液体导流区域内,装有一个筒式加热器,在温度控制器的控制下对罗经支承液体加温。

上半球顶部中央装有一个透明测量锥体,用以观测随动球内支承液体的液面高度。

上半球球壳上还装置一块印刷电路板,通过插头及扁状导线与汇电环相连接。印刷电路板与支承液体导流区域内的温度传感器相连,可检测支承液体的温度。印刷电路板上还装有过温保护装置和离心水泵移相电容。

上半球外侧装有一个小型离心水泵,由导流管将泵与下半球导流区相连接,形成支承液体的循环通路。

随动球通过四个快速拆卸机构与摆式连接器相连,使随动球在船舶摇摆时保持直立状态。摆式连接器的上部装有编码器,并经传动皮带轮与方位随动电机相连。整个随动部分在方位电机的带动下可以绕中心轴旋转 360°。

(三) 固定部分

固定部分主要由支承板及安装在其上的部件和罗经箱等组成。支承板上部有数字显示器的观察窗,其下方固定一个汇电环组件,传感器的印刷电路板、方位随动步进电机和电风扇等均固定于支承板的相应位置上。安许茨 22 型陀螺罗经的主罗经结构固定部分如图 3-3-9 所示。

(四) 电路系统

安许茨 22 型陀螺罗经的支承板上安装了三块印刷电路板,随动球上安装了一块印刷电路板,它们分别是电源印刷电路板、输入输出接口印刷电路板、传感器印刷电路板以及陀螺球印刷电路板。罗经的电路系统可由电源系统、随动系统、传向系统、温度控制系统和信号检测系

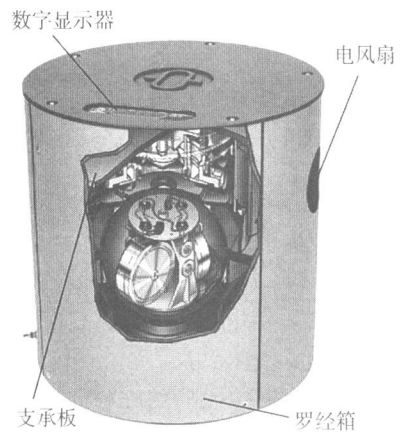

图 3-3-9　主罗经结构固定部分

统组成。除电源系统外,所有功能的实现都是由不同的传感器检测输出不同的信号,由主控制器进行处理来实现的。

1. 电源系统

安许茨 22 型陀螺罗经的电源系统主要由电源电路板上几个稳压电路和 55 V/400 Hz 逆变器组成。稳压电路的作用是将 24 V DC 船电转换成电子传感器所需的各种稳定的直流电。输出的电压为±12 V DC、±15 V DC、+5.7 V DC 和+5 V DC。逆变器的作用是将直流 24 V DC 船电转换成陀螺球及离心泵所需要的单相 55 V/400 Hz 电源,经随动球顶电极、底电极,支承液体,陀螺球顶电极、底电极送入陀螺球;再由球内的移相电容转换成三相交流电为陀螺马达供电,其额定转速为 12 000 r/min。

2. 随动系统

随动系统由传感器电路板上的随动敏感元件、运算放大器、微处理器、随动电机控制器和随动步进电机等组成。

随动传感器采用信号电桥。随动系统电路框图如图 3-3-10 所示。交流随动信号先经运算放大器放大,再经 A/D 转换器输至微处理器的输入端。经微处理器处理后,送入 D/A 转换器放大,驱动随动步进电机转动。随动步进电机通过皮带传动装置带动方位齿轮转动,使随动部分转动。当随动球与陀螺球保持一致时,信号电桥平衡,输出为零,随动步进电机便停止转动。

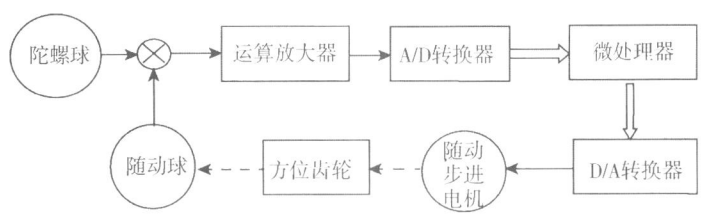

图 3-3-10　随动系统电路框图

3. 传向系统

方位齿轮转动的同时带动了支承板中央的编码器转盘转动,将随动球转动的角度变换为数字编码,送至微处理器。微处理器计算出船舶航向值后,输至数字显示器,数字显示器显示船舶航向,并通过串行接口将航向信号送至信号分配箱。

主罗经输出的是数字航向信号,经信号分配箱变换处理后,可同时带动5路步进式分罗经和8路同步式分罗经(或输出8路NMEA 0183标准数字接口航向信息)。

4.温度控制系统

安许茨22型陀螺罗经支承液体的正常工作温度为(50±1)℃。温度控制系统的作用是保持支承液体在规定的工作温度范围内。支承液体的实际温度可随时从数字显示器上读出。

温度控制系统由温度传感器、微处理器、温度控制器、加热器、电风扇和过温保护装置等组成。

位于随动球上的温度传感器,检测支承液体的温度值,经过接口处理后,输至微处理器,微处理器按控制标准输出控制指令,由温度控制器控制加热器和电风扇,将支承液体的温度控制在规定的范围内。温度控制系统的工作模式如图3-3-11所示。

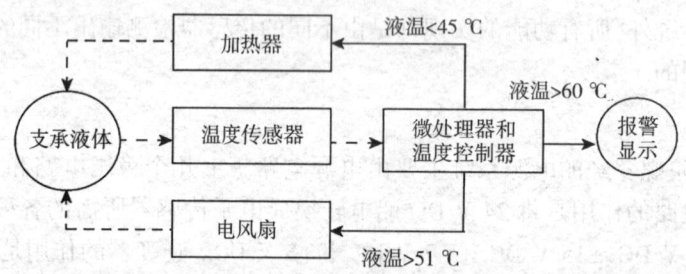

图3-3-11 温度控制系统的工作模式

陀螺罗经电源接通后,加热器工作。当支承液体温度达到45℃时,主控制器将随动系统接通,同时控制加热器的供电电压逐渐下降;当支承液体温度达到50℃时,加热器停止工作;当支承液体温度上升至51℃时,电风扇被自动接通,罗经冷却;当支承液体温度继续上升至60℃时,数字显示器上显示的数字航向数值中的小数点闪烁,按下按键B38,数字显示器便显示警告字符C3。如果温度继续上升到70℃,警告字符便变成报警字符E9。如果温度还继续上升,约77℃时,温度保护装置自动切断加热器的电路。

5.信号检测系统

安许茨22型陀螺罗经设置了多种信号检测传感器,可对罗经的工作状态进行检测和监测。如图3-3-12所示,利用这些监测系统,驾驶员可以使用指拨开关B37、按键B38和B39,通过数字显示器查阅罗经的工作状态及参数、故障信息和警告信息。

图3-3-12 检测信息的显示

检测和显示的数据有:

(1)罗经的工作状态及参数

在指拨开关 B37 的第八个跳线置于"OFF"位置,数字显示器上显示"GYRO"字样时,依次按动按键 B38 和 B39,可查看罗经的工作状态及参数。

(2)警告信号显示

安许茨 22 型陀螺罗经在使用过程中若数字显示器上显示的数字航向中的小数点闪烁,表示罗经工作不正常,提醒操作者及时查出原因,尽早消除隐患。

如图 3-3-13 所示,操作者按下 B38,数字显示器的航向显示消失,转而可能显示警告字符 C1 或 C2 或 C3;按下 B39,可能显示警告字符 C4 或 C5。如果几个警告同时发生,警告字符也同时显示。

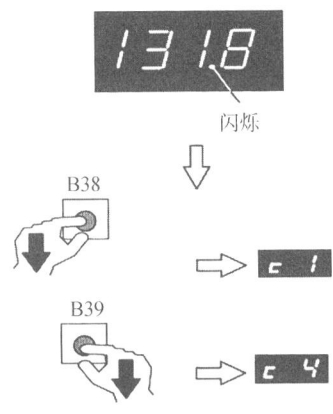

图 3-3-13 检测信息的显示

警告字符表示的含义如下:

C1:电风扇功能失效。

C2:加热器功能失效。

C3:支承液体温度大于 60 ℃。

C4:支承液体液面太低。

C5:船电断电。

(3)故障信号显示

安许茨 22 型陀螺罗经在使用过程中若出现故障,则随动系统首先被切断,之后航向显示被取消。当数字显示器显示闪烁的故障字符"Error"时,操作者按动 B38 数字显示器将显示故障代码。

(4)操作单元故障警告显示

如图 3-3-14 所示,安许茨 22 型陀螺罗经专门设计了一个操作单元,对连接在 CAN 总线上的各种设备进行操控。

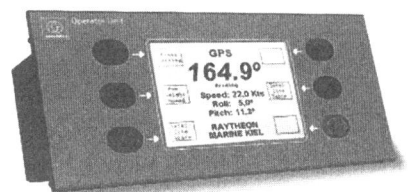

图 3-3-14 操作单元

系统电源接通后,操作单元在显示器屏幕上显示航向传感器的航向信息。

如果连接了多个传感器,在原理上操作单元首选显示陀螺罗经航向。

如果多个陀螺罗经在使用,则操作单元显示被选定的陀螺罗经航向。操作单元的面板上有一个专门用于选择不同传感器或进入下级子菜单的触摸按键。

操作单元显示屏幕可分为数据显示区和6个软按键(1、2、3、4、5、6),如图3-3-15所示。数据显示区上部显示选定的传感器及其航向数据,以及该传感器的附加信息。数据显示区下部列出连接在CAN总线上的其他传感器信息。数据显示区和6个软按键的显示内容随着当前被选择的传感器而改变,从而使操作者能够进行相应的操作。每一个软按键都对应一个触摸按键,通过按动触摸按键来完成软按键显示的操作内容。在一个红色触摸按键4的侧上方放置了一个双色发光二极管8,用于指示报警与报警的状态。当选定的数据向CAN总线发送时,发光二极管指示数据传送的状态。

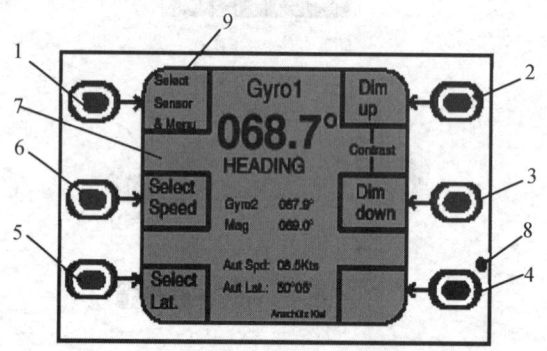

图3-3-15 操作单元按键

有两种方式指示报警:双色发光二极管闪射红光和信号发射器发射声响信号。报警的原因和来源也以字符形式显示在显示屏上,如图3-3-16所示。

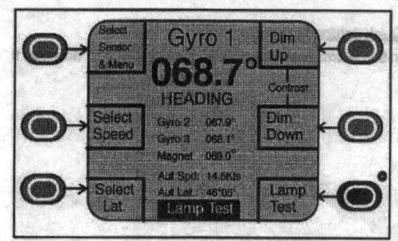 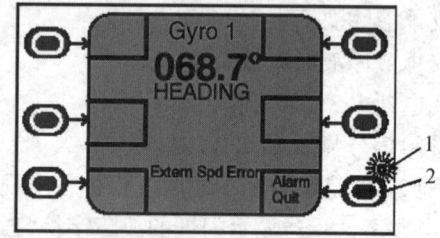

图3-3-16 指示灯及报警处理

报警发生时,按下"Quit 2"按键确认报警,没有修正错误原因前,双色发光二极管1持续发红光,声响信号停止。只有在报警错误原因被修正后,双色发光二极管才熄灭。

驾驶员可以按下报警消除键消除音频声响告警。除非真正消除故障,否则报警指示灯一直以红色闪动。

屏幕显示的故障源信息或警告原因如下:

Extern Pos Error:外部定位传感器故障。

Extern Spd Error:外部速度传感器故障,如图3-3-17所示。

Gyro Error:陀螺罗经传感器故障。

Magnet Error:磁罗经传感器故障。

Diff-G/G Alarm:两陀螺罗经间航向偏差超限警告。

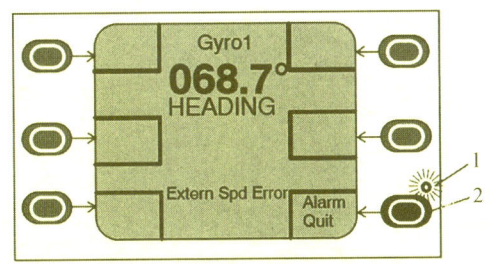

图 3-3-17　操作单元故障警告显示

Diff-G/M Alarm：陀螺罗经与磁罗经间航向偏差超限警告。
Distribut. Error：信号控制分配器(Distribution Unit)故障警告。

四、斯伯利 MK37 型陀螺罗经

(一) 特点

斯伯利 MK37 型陀螺罗经具有以下特点：

(1) 陀螺仪是由单转子陀螺球加液浮和导向轴承组合支承而组成的，利用硅油液体连通器产生控制力矩，借助陀螺球西侧加阻尼重物的方式产生垂直轴阻尼力矩。

(2) 采用电子逆变器替代变流机，利用力矩式内补偿法来消除纬度误差和速度误差。

(3) 罗经启动时，可通过控制电路及开关按钮进行加速启动，以缩短罗经的稳定时间。

斯伯利 MK37 型陀螺罗经整套设备由主罗经、电子控制箱、速纬误差补偿器、航向发送箱和分罗经等组成。主罗经是陀螺罗经的主要部分；电子控制箱是罗经的电源变换及开关控制部分，它由电子逆变器及开关控制电路组成；速纬误差补偿器用来补偿速度误差和纬度误差；航向发送箱主要包括步进传向系统的电源和步进放大器，可以将主罗经步进发送器的传向信号进行放大后，发送到各个分罗经。

(二) 主罗经结构

斯伯利 MK37 型陀螺罗经的主罗经由灵敏部分、随动部分和固定部分组成。

1. 灵敏部分

如图 3-3-18 所示，灵敏部分由陀螺球、垂直环、液体连通器及其组件组成。陀螺球内充氢气，装有一个陀螺马达，高速旋转后构成陀螺转子动量矩矢量指南。陀螺球壳外表面有 8 个配重块，8 个配重块用螺钉固定在球壳表面。陀螺球赤道的西侧有一方形凹槽，装有随动变压器的衔铁。整个灵敏部分经过动静平衡后，放在密封的储液缸中，缸中注满硅油，使陀螺球在正常工作温度下重心与浮心重合，垂直轴承与水平轴承仅起导向作用而无摩擦力矩产生。

如图 3-3-19 所示，在垂直环南、北两侧，两个盛有高黏度硅油的液体杯及固定在垂直环上的连通管组成液体连通器。当陀螺球与垂直环绕其水平轴做俯仰运动时，硅油自高端的杯中流向低端的杯中，在低端的杯中则出现多余硅油，多余硅油的重力产生水平轴的控制力矩，控制主轴自动地找北。

固定在陀螺球壳西侧的配重比东侧重约 30 g，形成西侧阻尼重物，产生与高度角成正比的垂直轴阻尼力矩，使陀螺球主轴的等幅摆动变为减幅阻尼摆动，最后到达稳定位置。

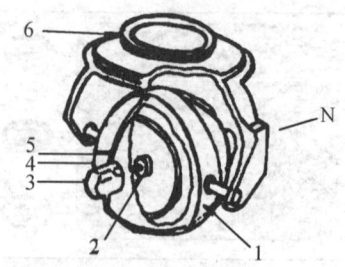

图 3-3-18 灵敏部分
1—垂直环;2—陀螺马达;3—液体连通器;4—陀螺球;5—空气管;6—叉形随动环

图 3-3-19 灵敏部分和随动部分
1—垂直环;2—配重块;3—液体连通器;4—陀螺球;5—空气管;6—随动变压器;7—叉形随动环;8—支承板

在垂直环的东侧装有 E 形力矩器的铁芯,当速纬误差校正电路的补偿信号输入该力矩器时,在陀螺球壳上产生涡流而引起绕垂直轴的力矩,用以补偿纬度误差和速度误差。

2. 随动部分

如图 3-3-19 和图 3-3-20 所示,随动部分由叉形随动环、航向刻度盘和方位电机组成。叉形随动环通过垂直轴支承在支承板上与航向刻度盘相连。叉形随动环上面的方位齿轮与方位随动电机的齿轮相啮合。在垂直环西侧安装 E 形随动变压器,与陀螺球上的衔铁相对应,当陀螺球相对垂直环有方位变化时,产生随动信号,经随动放大器放大后驱动方位电机,在方位电机的带动下可绕垂直轴在方位上进行 360°转动。

3. 固定部分

固定部分由罗经座和支承板组件组成。罗经座由上盖和壳体组成,内充满硅油液体,用于支承陀螺球和垂直环组件。上盖位于船尾方向,有一观察窗用以读取航向。顶部装有锁紧手柄,当罗经不工作时,借助机械装置将垂直环和陀螺球锁住。支承板支承在罗经座上,其上安装有随动电机、齿轮装置、光电式步进发送器、航向余弦解算装置、汇电环与电刷组件和照明灯等。随动电机转动,一方面驱动方位齿轮转动,带动垂直环跟踪陀螺球,另一方面又带动航向刻度盘指示船舶航向。

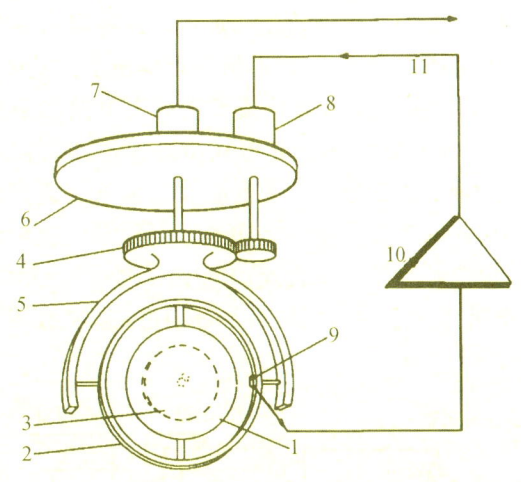

图 3-3-20　随动部分

1—陀螺球；2—垂直环；3—转子；4—方位齿轮；5—叉形随动环；6—支承板；7—航向发送器；
8—方位电机；9—E 形随动变压器；10—随动放大器；11—航向信号输出

(三) 电路系统

斯伯利 MK37 型陀螺罗经的电路系统包括电源系统、随动系统、传向系统、工作方式控制电路和速纬误差校正电路。

(1) 电源系统是静止式逆变器，船电经逆变器变成 115 V/400 Hz 单相电后，经移相电路移相后变为三相交流电，向陀螺马达供电，马达额定转速约为 12 000 r/min。

(2) 随动系统由随动变压器、随动放大器和方位电机等组成，如图 3-3-21 所示。

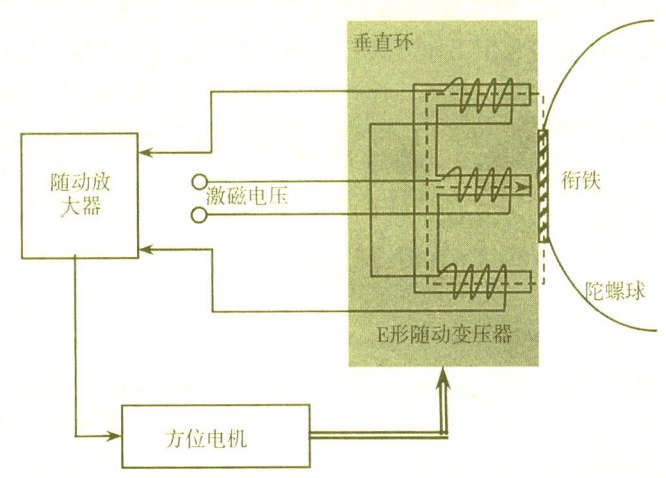

图 3-3-21　E 形随动变压器及衔铁

变压器中心柱线圈输入激磁电压，E 形铁芯边柱中磁通相同，边柱线圈的感应电动势相同，串联相减后，随动变压器输出端没有随动信号输出。当主罗经的灵敏部分与随动部分失配时，衔铁偏移至 E 形随动变压器中心，E 形铁芯边柱中磁通不同，边柱线圈的感应电动势不同，串联相减后，随动变压器输出端有随动信号输出，经随动放大器放大后，控制随动电机转动,随动电机经方位齿轮传动,带动叉形随动环和垂直环跟踪灵敏部分,使 E 形随动环上部的航向刻度盘零度与陀螺球主轴指向保持一致,由航向观察窗上的基线可以读取航向。

(3)传向系统由主罗经上的步进发送器及其步进放大电路和步进分罗经组成,步进发送器为光电式步进发送器,如图 3-3-22 所示。光电式步进发送器装在随动电机上,由三个间隔 120°分布的点光源与相对应 1、2、3 号三个光电晶体三极管及遮光板组成,三个点光源的供电为 115 V/400 Hz 单相电,并由 7、8 号接线端输入。当随动电机转动时,遮光板分别使其中一个或相邻两个光电三极管受光照射而导通,输出步进信号,经控制电路的 1、2、3 号三条相应的通道,控制分罗经步进电机 1、2、3 号绕组电流通断,使步进电机转动,带动分罗经刻度盘旋转,步进分罗经的传向精度为 1°/6。

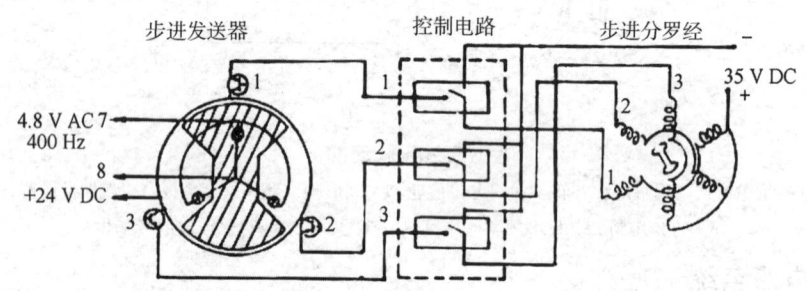

图 3-3-22 斯伯利 MK37 型陀螺罗经的传向系统

(4)斯伯利 MK37 型陀螺罗经除具有速度误差外,由于采用了垂直轴阻尼法,陀螺球主轴的稳定位置偏离了子午面,并随纬度变化,故还具有纬度误差。速度误差和纬度误差校正由误差校正电路、航向余弦解算器和力矩器组成的误差校正装置完成。误差校正信号由主罗经上的航向余弦解算器和速纬误差补偿器中的误差校正电路依据设定的船速和纬度产生,控制力矩器产生合适的误差补偿力矩,使主轴回到子午面内,从而消除误差。

斯伯利 MK37 型陀螺罗经利用工作方式转换开关电路控制陀螺球主轴初始位置接近稳定位置后,再自动找北、指北,从而缩短稳定时间,以实现快速稳定功能。其控制过程如下:

工作方式转换开关置于不同位置时,可控制罗经工作于旋转、启动、自动校平和运转等位置。

①旋转(SLEW)位置

允许主罗经刻度盘在陀螺马达不转时,利用旋转开关使航向调到与船舶真航向一致,此时陀螺球主轴初始对准北。

②启动(START)位置

接通陀螺马达电源,使陀螺马达高速旋转,等待约 10 min,陀螺马达达到额定转速 12 000 r/min。

③自动校平(AUTOLEVEL)位置

利用力矩方式使陀螺罗经主轴水平,以缩短稳定时间。

④运转(RUN)位置

罗经投入正常工作,自动找北、指北。

五、斯伯利 NAVIGAT XMK2 数字型陀螺罗经

(一)主要特点

斯伯利 NAVIGAT XMK2 数字型陀螺罗经是斯伯利公司生产的新型数字罗经,是由微处理器控制的船用陀螺罗经系统,可同时进行自动找北和速度误差校正。其陀螺球支承方式是只靠支承液体的浮力支承,确保在电源短时间断电时陀螺罗经稳定,电源断电 3 min 后,陀螺罗经误差不会超过 2°,一旦供电电源恢复,陀螺罗经会很快回到正确的航向。双转子和液体阻尼器的共同作用消除了纬度误差。船首向由一个旋转的 13 位数字编码器测得。高速随动的随动系统(随动速度可达 100°/s)确保在所有的运行条件下提供精确的航向和转首角速率数据。供电电源、陀螺球电流和随动系统综合显示,确保了操作安全、无故障。

(二)工作原理

斯伯利 NAVIGAT XMK2 数字型陀螺罗经系统的找北元件是陀螺球。如图 3-3-23 所示,陀螺球是一个带有漏斗形凹槽的密封装置。漏斗形凹槽从外壳一直延伸到陀螺球的中心。在陀螺球内部有两个机械连接的陀螺马达,通过水平轴安装在承重环上。两个陀螺马达可以绕垂直轴转动,同时机械连杆确保陀螺马达的动量矩相对于陀螺球始终保持稳定。这种双转子结构消除了摇摆误差。NAVIGAT XMK2 型数字陀螺罗经系统的陀螺球的动量矩指北,当陀螺马达达到额定转速并稳定指北后,动量矩和陀螺球一起,稳定在真北方向。

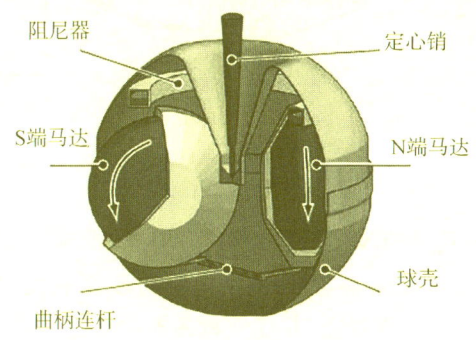

图 3-3-23 陀螺球的结构

陀螺球的顶部装有一个环形液体阻尼器,阻尼器中一半充满高黏度的液体,液体阻尼器在方位上振荡,振荡周期调整为舒拉周期 84.4 min,防止船舶变速/变向时产生航向误差(冲击误差)。

陀螺球自由悬浮在储液缸的支承液体中,由于陀螺球的浮力比重力稍大一些,凹槽底部的轴承盖被压在定位销上,使陀螺球保持在储液缸的正中心。为了使陀螺球具有摆性,即提供重力控制力矩,陀螺球的重心略低于浮力中心。

陀螺马达是鼠笼式感应电动机,工作电压是交流 100 V/337 Hz,陀螺马达转速可以达到近 20 000 r/min 的额定转速。在容器中,陀螺马达的供电电源通过电解液的支承液体导电。随动系统控制电路使储液缸与陀螺球始终保持一致,从而可以通过储液缸与陀螺球的位置差测出航向。

NAVIGAT XMK2 数字陀螺罗经系统在其主罗经储液缸上使用一个光学传感器来产生随动控制信号,没有使用信号电桥电路。从储液缸的电极通过支承液体到陀螺球的赤道电极,形成了导电通路。

(三)系统配置

1. 单机式陀螺罗经/安装 TMC 系统的陀螺罗经

作为单机式陀螺罗经系统,NAVIGAT XMK2 数字陀螺罗经提供经过速度误差补偿的真航向以及转首角速率(ROT)数据,如图 3-3-24 所示。

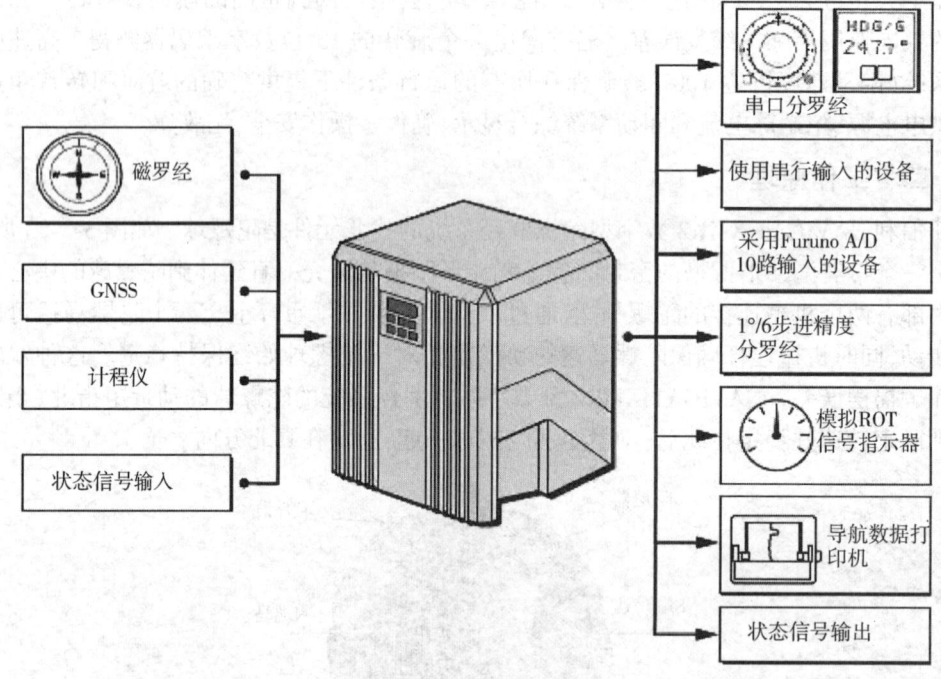

图 3-3-24 单机式陀螺罗经/安装 TMC 系统陀螺罗经配置图

TMC(Transmitting Magnetic Compass)系统由电子磁罗经和发送磁航向数据的设备组成。如果单机式陀螺罗经安装了电子磁罗经,并能够将磁航向数据传送到外部设备,单机式陀螺罗经就成为安装 TMC 系统的陀螺罗经。安装 TMC 系统的陀螺罗经有两个航向源,一个是陀螺罗经提供的罗经航向;另一个是磁罗经提供的磁航向。NAVIGAT XMK2 数字陀螺罗经安装 TMC 系统后,整个罗经系统经过磁差修正,将磁航向数据传送到外部设备,同时具备航向差报警功能。航向差报警功能通过监测陀螺罗经航向和磁罗经航向之间的航向差,当航向差大于设定值时发出报警来实现。安装 TMC 系统的陀螺罗经在陀螺罗经发生故障时,磁罗经的航向可被激活,为分罗经和其他外部设备提供紧急航向参考。

2. 多罗经系统中的 NAVIGAT XMK2 数字陀螺罗经

NAVIGAT XMK2 数字陀螺罗经也可以作为多罗经系统的一部分,与罗盘监测/航向管理系统 NAVITWIN 和一个切换单元相结合。在该系统中,NAVITWIN 作为主要的航向源选择器,并通过转换单元控制罗经输出的航向信号的分配。

另外一个典型的应用组合是 NAVIGAT XMK2 数字陀螺罗经对现有的老式陀螺罗经进行

改造。老式陀螺罗经现有的控制设施(如转换开关、配电箱等)保持不变,将NAVIGAT XMK2数字陀螺罗经无缝应用到经改造的系统中。

(四) 技术参数

1. 航向精度

平均稳定位置误差	$\leq 0.1°\sec\varphi$
静态误差	$\leq 0.1°\sec\varphi$
动态误差	$\leq 0.4°\sec\varphi$

2. 工作特性

平均稳定时间	<3 h
最大随动速度	100°/s
横摇和纵摇的自由度	±40°
MTBF(Mean Time Between Failure,平均无故障时间)	40 000 h

3. 供电

电源电压　　　　　　　　　　　主电源24 V DC(18~36 V),备用电源24 V DC(18~36 V),主电源故障时自动切换到备用电源

备用电源的最大波动范围　　　　±4 V;极值不得超过36 V 或低于18 V

4. 数据输入接口

磁航向	NMEA 0183/IEC 61162-1 或 PLATH 协议或 NAVIPILOT
船位、速度、罗经监视器	NAVITWIN NMEA 0183/IEC 61162-1

5. 信号和状态输入

速度;200个脉冲/海里	通过外部接头接触连接到 P.GND,短时的
自动舵工作模式状态(自动/人工)	通过外部接头接触连接到 P.GND,锁定的
外部航向输入通道(陀螺罗经/磁罗经)	通过外部接头接触连接到 P.GND,锁定的
外部报警确认(静音)	通过外部接头接触连接到 P.GND,短时的

6. 数据输出

串口分罗经输出(4 路 TTL)	NMEA 0183
传感器数据(2 路 RS-422)	NMEA 0183/IEC 61162-1
高速输出信号(1 路 RS-422)	NMEA 0183/IEC 61162-1 或 PLATH 协议
超高速输出信号(1 路 RS-422)	NMEA 0183/IEC 61162-1 或 NMEA 0183/IEC 61162-2 或 PLATH 协议
NAVITWIN 输出	NMEA 0183/IEC 61162-1 到罗经监测 NAVITWIN
NAVIPRINT 输出	到导航的串行数据,数据打印机
A/D 10 路航向数据输出	A/D 10 路串行数据和时钟

7. 信号和状态输出

1°/6 步进精度分罗经三相供电,可切换到 0 V 电位,如果是有源("负开关"),用公共正极;内部供电 24 V DC,最大 18 W。

转首角速率模拟输出 0.1~999.9 mV(角速度以 1°/min 为单位的转首角速率模拟电压输出);最大 10 V,10 mA。

电源故障/通用报警/航向差报警无潜在接触封闭,每个额定是:

30 V DC/1.0 A,
100 V DC/0.3 A,
125 V AC/0.5 A

六、Arma-Brown 10 型陀螺罗经

(一) 灵敏部分

Arma-Brown 10 型陀螺罗经属于电磁控制系列陀螺罗经,其主罗经的灵敏部分由陀螺球、浮动平衡环以及水平和垂直的金属扭丝组成,如图 3-3-25 所示。

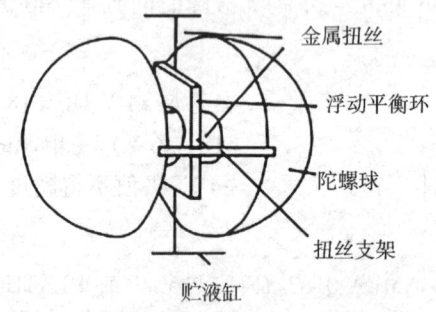

图 3-3-25 扭丝支承方式

陀螺球是一个形如哑铃的密封球体。其球壳由南北两个空心半球组成,如图 3-3-26 所示。球的南北两端内侧各装有一个电磁铁,作为随动敏感元件的一部分。密封球体内装有陀螺马达,高速旋转后形成单转子,动量矩 H 指北。

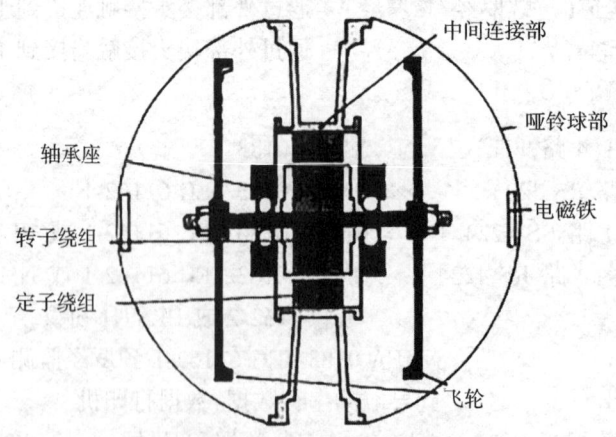

图 3-3-26 哑铃形陀螺球

陀螺球通过金属板、水平扭丝的支架、浮动平衡环、水平金属扭丝完成支承。陀螺球及组件全部浸没在储液缸内高比重的氟油中,使陀螺球及浮动平衡环等在储液缸中呈中性悬浮状

态。水平金属扭丝的作用如下：
①可看作无摩擦的轴承支承,构成陀螺球的水平轴。
②用来在浮动平衡环内定陀螺球的中心位置。
③起水平力矩器的作用,对陀螺球施加沿水平轴作用的控制力矩。
垂直金属扭丝的作用：
①可看作无摩擦的轴承支承,构成陀螺球的垂直轴。
②对陀螺组合件(包括螺球与浮动平衡环在内)在储液缸内定中心。
③对陀螺球施加沿垂直轴作用的阻尼力矩。

(二) 随动部分

Arma-Brown 10 型陀螺罗经的随动部分由储液缸、倾斜平衡环、倾斜随动电机、方位平衡环、方位随动电机、方位齿轮和方位刻度盘等组成,如图3-3-27 所示。

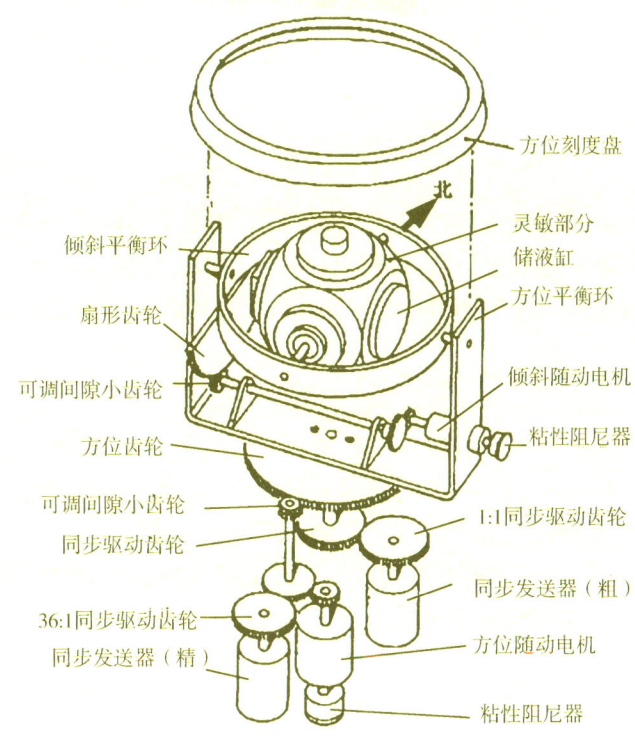

图 3-3-27 Arma-Brown 10 型陀螺罗经的随动部分

储液缸是一个密封的、内部充满氟油的球形容器。其南北轴的内壁各装有两组"8"字形位置敏感,与陀螺球南北两端的电磁铁对应,组成了随动敏感元件,用以测量陀螺球主轴相对储液缸的方位角和倾斜角。

储液缸支承在倾斜平衡环上,倾斜平衡环支承在方位平衡环上,使储液缸也有三个自由度。

倾斜随动电机的转动,带动倾斜平衡环及储液缸绕东西轴做倾斜转动。

方位随动电机的转动,通过方位平衡环带动倾斜平衡环及储液缸绕垂直轴做方位上的转动。在方位平衡环的顶部装有 0°~360° 的航向刻度盘。

在储液缸的东侧安装一个重要部件——电磁摆,用以检测与水平面的倾角而输出摆信号。

(三)固定部分

Arma-Brown 10 型陀螺罗经的固定部分外形也是一个方形,箱体的左侧用以支承灵敏部分和随动部分,方位平衡环的垂直轴借助于轴承和枢轴支承在罗经的底板上,底板下的罗经座与船体相固连。箱体的右侧是电子控制组件。在壳体顶端是罗经的控制面板。其有机玻璃顶盖用于读取方位刻度盘的读数。如图 3-3-28 所示。

图 3-3-28　Arma-Brown 10 型陀螺罗经的固定部分

(四)电路系统

1.电源系统

Arma-Brown 10 型陀螺罗经的电路系统由安装在电源箱内的直流静止逆变器构成。与 Sperry 37 型罗经的电源系统原理相同,将船电(110/115 V、50/60 Hz 或 220/230 V、50/60 Hz 单相)变换成 26 V、400 Hz 三相交流电,为陀螺马达及需要此电源的部件供电,陀螺马达转速为 12 000 r/min。

2.随动系统

Arma-Brown 10 型陀螺罗经有倾斜随动系统和方位随动系统两套相互独立的随动系统。

方位随动系统用来驱动方位平衡环,使储液缸在方位上跟踪陀螺球运动。倾斜随动系统用来驱动倾斜平衡环,使储液缸在倾斜方向上跟踪陀螺球运动。

每套随动系统由敏感线圈和电磁铁构成的信号敏感装置、随动放大器以及随动电机等组成。系统的工作原理、电路结构完全相同。

(1)信号敏感装置

位于储液缸南北端的缸壁处分别装有两组陀螺球位置敏感线圈,与陀螺球壳上的电磁铁相对应,构成信号随动敏感装置。每组位置敏感线圈呈"8"字形,在水平和垂直方向对称分布,如图 3-3-29 所示。

水平放置的陀螺球位置敏感线圈称为方位敏感线圈,垂直放置的陀螺球位置敏感线圈称为倾斜敏感线圈。敏感线圈平面垂直于储液缸南北轴,即垂直于电磁铁产生的激磁磁通。当陀螺球主轴与储液缸南北轴方向一致时,陀螺球上的电磁铁正好对准敏感线圈的中心,此时线圈绕组中通过的磁通量相等,绕组中感应出的电压大小相等、相位相反。因为绕组系串联反接,两个绕组中的感应电压相抵消,所以倾斜敏感线圈输出的随动信号电压等于零。

若陀螺球相对于储液缸倾斜一个角度,电磁铁将偏离敏感线圈的中心,电磁铁靠近端绕组感应的电压大于远离端绕组感应的电压。两组线圈串联反接后的总输出不为零。总输出的电压即为敏感线输出的随动信号,其电压的大小取决于偏离角的大小,相位取决于偏离角的

第三章　船用陀螺罗经

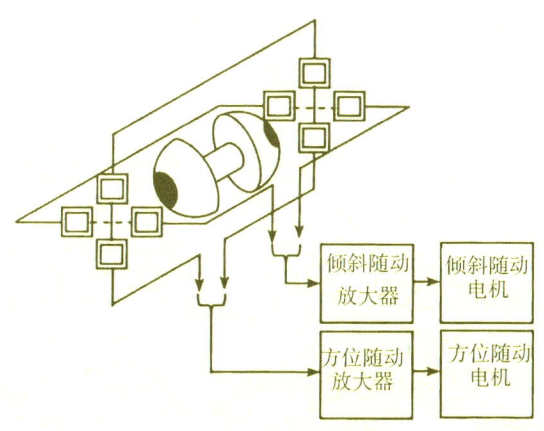

图 3-3-29　随动敏感线圈即电磁铁

方向。

(2)随动放大器

随动放大器用以放大随动信号。随动放大器的输出直接推动伺服电机。经传动齿轮带动倾斜或方位平衡环,使储液缸倾斜或在方位上跟踪陀螺球,直至储液缸南北轴与陀螺球主轴方向一致时为止。

3.传向系统

Arma-Brown10 型陀螺罗经早期即可采用步进式传向系统,也可采用同步传向系统。

现代陀螺罗经采用数字编码器输出的数字航向信号替代模拟发送器,经信号分配箱处理,驱动多个分罗经。

第四节　陀螺罗经的日常维护与保养

一、安许茨 4 型陀螺罗经的日常维护与保养

(一)启动前检查与准备

启动前应对整套罗经进行认真的检查,发现问题及时处理,做到防患于未然,检查内容如下:

(1)检查船电开关和变压器箱上电源开关是否置于"切断"(OFF)位置。

(2)检查主罗经各部分在正常位置:检查各仪器内是否清洁干燥;机械部分的传动是否灵活;电缆插头、导线接头和零部件安装是否牢固、正常。

(3)检查主罗经左侧小门内配电板上的随动开关是否置于"切断"(OFF)位置。

(4)检查各分罗经的航向与主罗经的航向是否一致:校对所有分罗经的航向应与主罗经航向一致。

(5)检查航向记录器,校对其航向应与主罗经航向一致;检查航向记录纸是否够用,记录纸左侧的时间标志是否与船时一致。

(二)启动过程

通常应在开航前 4~5 h 启动罗经,若前次关闭罗经后,船舶停靠在码头,且航向未曾改变,则可在开航前 2~3 h 启动罗经。启动步骤:

(1)接通船电开关;

(2)接通变压器箱上的电源开关;

(3)由 OFF 位置转到 ON 的位置;

(4)20 min 后,接通随动开关,由"0"位置转到"1"位置。

(三)日常使用时检查

1.检查支承液体液面高度

主罗经陀螺马达三相电流的大小,由罗经箱上的三个电流指示灯的亮度表示。陀螺马达达到额定转速时,三个电流指示灯灯座上两电极的电压应为 0.9~1.65 V,三相电流为 0.6~1.1 A。

条件:支承液体温度正常处于(52±3)℃,陀螺球稳定指北,罗经桌水平。

用手电筒照明,从主罗经观测窗观测陀螺球高度。首先用眼睛看随动球赤道带玻璃上的两条水平标志线,两线重合后,再看陀螺球赤道线,其应高于随动球赤道带玻璃上的两条水平标志线(2±1)mm,否则为不正常。

陀螺球高度不正常是支承液体的密度不符合要求引起的,向支承液体内加入甘油或蒸馏水调整。

支承液体用于支承陀螺球并构成陀螺球与随动球导电通路。当液面高度不足时,陀螺球顶电极因裸露于液面之上,从而无法导电。因此,应经常检查支承液体的液量,保证液面至加液孔顶端的距离为 4~5 cm。检查时,可用小木筏测量,如图 3-4-1 所示。

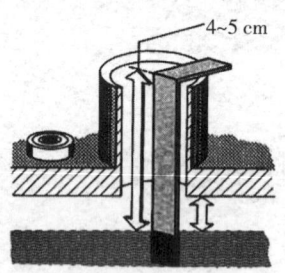

图 3-4-1 液面高度检查

2.检查陀螺球正常高度

陀螺球的高度是确定陀螺球在随动球中位置的重要指标,陀螺球高度不正常,将造成陀螺球与随动球顶部或底部摩擦,引起一定误差。

检查陀螺球高度的方法是:保证罗经已经稳定,液温正常,罗经桌水平,打开主罗经尾部的小门,使眼睛与随动球透明玻璃块内外表面的两条水平线位于同一平面内。如图 3-4-2 所示,以此为基准,观察陀螺球赤道线的高度。

第三章 船用陀螺罗经

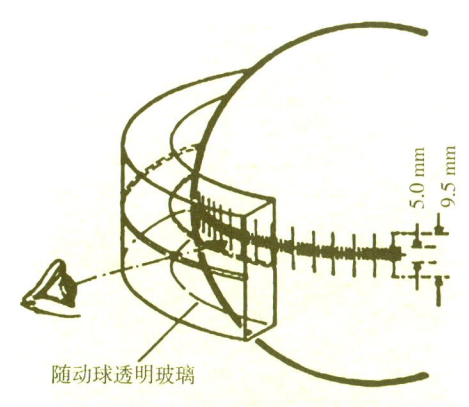

图 3-4-2 陀螺球高度检查

3. 支承液体成分及作用

支承液体的配方：蒸馏水 10 L，甘油（20 ℃时，比重为 1.23 g/cm³）1 L，苯甲酸 10 g。

甘油用于增大液体比重，苯甲酸用于导电。当液体高度不正常时，添加 20 mL 甘油，支承液体的高度增加 1 mm；反之，添加 125 mL 蒸馏水，支承液体的高度减小 1 mm。

支承液体的导电率调整方法：加入 1 g 苯甲酸（或 2 g 硼砂），三相电流增加 0.1 A。若三相电流超过正常值，应先从储液缸内抽出液体，再加入用蒸馏水与甘油按比例配成的同等体积的液体。

（四）微动开关的检查与调整

温度控制系统微动开关三个触点的闭合与断开是受支承液体温度控制的。当微动开关三个触点的闭合与断开与温度表指示的支承液体温度不一致时，应进行调整。一个或两个触点工作的温度不正常时，通过调整不正常机械触点的下接触螺钉与上接触点之间的间隙，使其正常工作；三个触点工作的温度都不正常时，应调整微动开关的弹簧调节螺钉，改变三个机械触点之间的间隙，使其正常工作。

二、安许茨 22 型陀螺罗经的日常维护与保养

（一）更换支承液体

安许茨 22 型陀螺罗经的支承液体按规定应每 18 个月更换一次，如图 3-4-3 所示，更换步骤如下：

(1) 关闭陀螺罗经 24 V DC 电源，打开罗经箱侧盖板。注意拆下地线连接。

(2) 拔下随动球印刷电路板上的小插头。

(3) 双手握住随动球上的两个拆卸锁紧螺钉，向下推压锁紧螺钉顶部，锁紧螺钉即可脱开。

(4) 将随动球转动 90°，用同样方法松开另外两个拆卸锁紧螺钉，并慢慢将随动球取出。

(5) 将随动球顶部中心标注 1 的透气螺钉旋出，将系统的气体排出，再将标注 3 的支承液体注液孔螺钉旋出。

(6) 双手抱起随动球，将其内的支承液体从顶部的螺孔倒出。

图 3-4-3　随动球俯视图

1—透气螺钉和测量锥体；2—蒸馏水注液孔螺钉；3—支承液体注液孔螺钉；4—定位销

（7）旋出随动球上半球上标注 2 的蒸馏水注液孔螺钉，并将储液室内的蒸馏水倒出。再将随动球摆正，等待 3~5 min，让蒸馏水从储液室流入随动球后，再反复倾倒几次。如有必要，可使用注射器由蒸馏水注入孔抽取剩余液体。

（8）拆除随动球上、下半球的 6 个螺钉，将随动球上半球移至下半球旁边，注意上、下半球的连接电缆不要拉得太紧。用备品箱中的帽状吸力杯将从下半球中的陀螺球取出。

（9）用清洁棉布和蒸馏水清洗陀螺球外表面和随动球内表面（注意清洗导电电极部分）。

（10）重新将陀螺球放回随动球下半球内。

（11）检查上、下半球间的密封圈，将随动球上半球放回下半球上，拧紧 6 个螺钉。

（12）从蒸馏水注液孔加入 230 cm^3 蒸馏水，从支承液体注液孔加入 840 cm^3 支承液体之后，将蒸馏水注液孔螺钉和支承液体注液孔螺钉拧紧（注意水密性）。

注意：从顶部查看标注 1 的测量锥体，若如图 3-4-4 所示，即说明支承液体已注满。将透气螺钉拧紧。

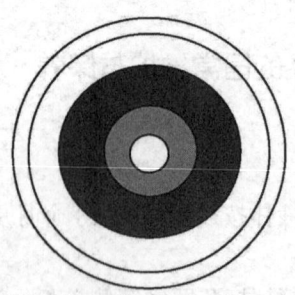

图 3-4-4　测量锥体液体是否合适

（13）将随动球装回罗经柜中的波纹管连接器，将电缆插头插入插座。上好罗经柜侧盖板，注意连接好地线。至此，陀螺罗经即可重新启动。

（二）更换陀螺球

更换陀螺球的操作步骤同上。

(三)检测系统

安许茨 22 型陀螺罗经设置了多种信号检测传感器,可检测罗经的工作状态。利用这个检测系统,船舶电子电气员可以使用 DIP 开关(指拨开关)B37、按键 B38 和 B39,通过数字显示器查阅罗经的工作状态及参数、警告信息和故障信息,参照图 3-3-12。

1.罗经工作状态及参数

将指拨开关 B37 的第八个跳线置于"OFF"位置,数字显示器上显示"GYRO"字样时,依次按动按键 B38 和 B39 即可查看罗经工作状态及参数,如表 3-4-1 所示。

表 3-4-1 罗经的工作状态及参数

序号	按 B38 次数	显示	含义	再按 B39 次数	显示数据
1	1	Enco	Encoder	1	编码器航向
2	2	ALEr	Alignment Error	1	基线误差
3	3	SEC	Speed Error Correction	1	速度误差校正值
4	4	Pbor	Power	1	船电电压
5	5	Col4	电源电压 14 V DC	1	内部直流电源电压
6	6	P-En	Power-Encoder	1	编码器电源电压
7	10	Co31	加热器电压 31 V DC	1	加热器工作电压
8	11	Co-U	加热器加热电压	1	加热器加热电压
9	12	-Co-	支承液体工作温度	1	支承液体工作温度正常应在 49.1~51 ℃
10	13	Li-U	Liquid Level	1	支承液面正常应为"2.2"否则为"0"
11	16	Gy-U	Gyro-Voltage	1	陀螺球供电电压 55 V/400 Hz
12	17	Gy-A	Gyro-Current	1	陀螺球供电电流(mA)
13	21	U-Pu	Pump-Voltage	1	离心水泵供电电压 24 V/50 Hz
14	22	A-Pu	Pump-Current	1	离心水泵供电电流(mA)
15	23	Abgr	编码器采样值	1	约为 512,按住 B39 键后以度数显示
16	27	runY	年累计运行时间	1	按年累计时间
17	28	runh	小时累计运行时间	1	按小时累计时间

2.警告信息

在安许茨 22 型陀螺罗经使用过程中,若数字显示器上显示的数字航向中的小数点闪烁,表示罗经工作不正常,提醒操作者及时检查原因,尽早消除隐患。

操作者按下 B38,数字显示器的航向显示消失,转而可能显示警告字符 C1 或 C2 或 C3;按 B39,可能显示警告字符 C4 或 C5;如果几个警告同时发生,警告字符也同时显示。警告字符所表示的含义:C1—电风扇功能失效;C2—加热器功能失效;C3—支承液体温度大于 60 ℃;C4—

支承液体液面太低；C5——船电断电。

3.故障信息

安许茨 22 型陀螺罗经在使用过程中若出现故障，则首先随动系统被切断，之后航向显示消失。

当数字显示器显示闪烁的故障字符"Error"时，操作者按下 B38，数字显示器将显示下列字符之一：PCbP——电源集成电路板故障；PCbS——传感器集成电路板故障；PCbC——连接集成电路板故障；PCbG——罗经集成电路板故障。若需获得更详细的故障信息，按下 B38/B39，数字显示器将显示故障代码。

还可以将指拨开关 B37 的第七、第八个跳线均置于"OFF"位置，进入故障记录簿显示状态，数字显示器上显示"E.L.01"字样，表示 CAN 连接传感器故障。按下 B39 键，数字显示器上显示故障发生的次数。按下 B38 键，数字显示器上显示不同的故障记录代码，按下 B39 键，确定故障产生次数。故障记录簿代码与内容如表 3-4-2 所示。

表 3-4-2 故障记录簿代码与内容

序号	按 B38 次数	显示内容	含义	故障码
1	直接显示	E.L.01	网卡与传感器连接错误	Er.01
2	1	E.L.02	传向错误	Er.02
3	2	E.L.03	网卡系统电压 B5.5~B5.8 错误	Er.03
4	3	E.L.04	编码器电压错误	Er.04
5	4	E.L.05	网卡系统电压 B5.1~B5.4 错误	Er.05
6	5	E.L.06	编码器错误	Er.06
7	6	E.L.07	陀螺球与传感器 CAN 通信错误	Er.07
8	7	E.L.08	随动系统错误	Er.08
9	8	E.L.09	CAN1 与 CAN2 工作电压错误	Er.09
10	9	E.L.10	支承液体故障	Er.10
11	10	E.L.11	陀螺球系统电压错误	Er.11
12	11	E.L.12	24 V 工作电压错误	Er.12
13	12	E.L13	15 V 工作电压错误	Er.13
14	13	E.L.14	加热工作电压错误	Er.14
15	14	E.L.15	72 V 工作电压错误	Er.15
16	15	E.L.16	78 V/400 Hz 工作电压错误	Er.16
17	16	E.L.17	陀螺球 55 V 供电错误	Er.17

三、Sperry MK37 型陀螺罗经操作使用与检查

（一）操作使用

以 Sperry MK37 型为例介绍罗经的正常启动、关机、日常的检查及维护保养。

1. 正常启动

(1) 检查发送箱上的所有开关都应位于"切断"(OFF)位置上。电子控制箱上的转换开关应位于"切断"(OFF)位置上。

(2) 接通位于电子控制箱上的电源开关。

(3) 将转换开关转到"旋转"(SLEW)位置，并观察电子控制箱上的高度角表，若为(+)。用旋转开关使航向比真航向减小 30°；若为(-)，用旋转开关使航向比真航向增加 30°。

(4) 将转换开关转到"启动"(START)位置，等待 10 min，让陀螺电机转速达到额定转速。

(5) 转换开关转到"自动校平"(AUTOLEVEL)位置，等待 30 s，直到刻度盘停止转动或有微小摆动。

(6) 如果高度表指示陀螺主轴不水平，将转换开关置于"手动水平"(MANUAL LEVEL)位置用"旋转"(SLEW)开关，使高度表指陀螺主轴水平。

(7) 将转换开关放在"运转"(RUN)位置。

(8) 接通发送器箱上的电源开关，匹配所有分罗经，再接通各分罗经开关。

(9) 放好纬度开关，调整纬度旋钮并放至船舶所在地的纬度值上，纬度每变化 5° 调整一次。

(10) 船舶航行时，将速度旋钮调整至船舶航速上，航速每变化 5 kn 调整一次。

2. 关闭主罗经

(1) 置电子控制器上的转换开关于"切断"(OFF)位置，电源开关于"切断"(OFF)位置。

(2) 把发送器箱上的所有开关都置于"切断"(OFF)位置。

（二）日常检查

(1) 检查补偿器上纬度旋钮是否位于船舶所在地的纬度值上。

(2) 检查 N/S 纬度开关位置是否正确。

(3) 检查补偿器上速度旋钮是否位于船舶的航速上。

(4) 检查主罗经和分罗经的航向是否一致，若不一致需要调整匹配。

四、Arma-Brown 10 型陀螺罗经操作使用

（一）启动步骤

(1) 检查船电是否正常。

(2) 接通电源箱上的电源开关，电源指示灯亮。

(3) 调节其亮度。电源开关接通后，所有的复示仪器亦进入工作状态。

(4) 检查主罗经控制面板上的电源指示灯是否亮，若亮则表示电源已输至主罗经，参见图

3-4-5。

(5)等待5 min,待陀螺电机达到额定转速,随动系统自动投入工作此时需将电源故障报警器上的开关接通后,方可进行下述操作。

(6)按下旋转按钮(SLEW)并转动旋转速率控钮(RATE),使主罗经方位刻度盘指示尽可能接近真航向。顺时针转动旋转速率控钮,罗经航向读数增大;逆时针转动航向读数减小。当达到真航向时,必须注意将旋转速率旋钮转回到其中心位置上后,方可松开旋转旋钮;将速度误差校正旋钮置于与航速相应的位置上(与航速相差不超过5 kn),船静止时应将旋钮置于"0"。

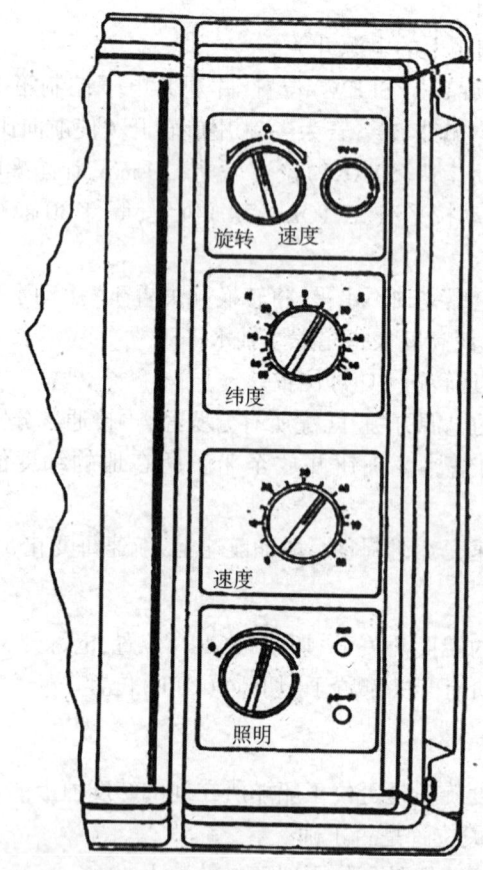

图3-4-5 主罗经控制面板

(7)将纬度误差校正旋钮置于船舶航行纬度上(与船舶所在纬度相差不超过5°)。
(8)根据需要转动照明灯旋钮,调节主罗经方位刻度盘照明灯的亮度。
(9)检查所有的复式仪器,若需要可重新匹配校准。

(二)关机步骤

(1)切断电源箱上的电源开关。
(2)切断电源故障报警器上的开关。
(3)切断船电开关。

五、陀螺罗经的故障

陀螺罗经的故障显示与处置有以下性能标准:陀螺罗经应有指示电源故障或系统功能故障的自动警报。该警报的形式应符合 MSC.302(78) 中对驾驶室警报管理显示与处置的要求。如提供与综合航行系统进行警报通信的接口,则由罗经发出的信息应使用满足 IEC 61162-1 的 ALR、HBT 语句及满足 IEC 61924-2 的 ALC、AL、ARC 语句;由罗经接收的信息应使用满足 IEC 61162-1 的 ACT、HBT 语句及满足 IEC 61924-2 的 ACN 语句。

(一)陀螺罗经的误差修正

1.基线误差

基线误差是由于安装罗经时或在罗经使用过程中,罗经的基线(船首线标志)与船首尾线不重合或不平行造成的误差。

主罗经的基线误差影响主罗经航向的精度,分罗经的基线误差影响分罗经航向精度。陀螺罗经的基线误差大于 0.5° 就要进行消除。调整罗经基线,使其与船首尾线准确重合或平行,基线误差就消除了。

2.电源不稳定产生的误差

若陀螺罗经供电电源的电压或频率不稳定,将使罗经的陀螺转子的转速 Ω 发生变化,罗经主轴动量矩 $H = J \cdot \Omega$ 发生变化(主轴的转动惯量 J 不变),从而使主轴偏离稳定位置产生指向误差。

为了防止由于电源不稳定产生的指向误差,陀螺罗经都有自己独立的电源系统。

3.不定误差

双转子液体支承的陀螺罗经,由于支承液体浮力不正常或陀螺球、随动球不良等,当船舶转向时,陀螺球与随动球之间产生摩擦力,使罗经产生大小、符号不定的指向误差。不定误差轻则影响罗经的指向精度,重则使罗经无法继续使用,且无变化规律可循。

陀螺罗经出现不定误差时,罗经无法指向,需要关机检查主罗经陀螺球、随动球、支承液体等部分是否正常,支承液体的密度及工作温度是否正常,陀螺球是否有故障及陀螺球供电是否有故障,找出陀螺球与随动球之间产生摩擦力的原因,并消除故障,从而消除不定误差。

(二)陀螺罗经常见故障

1.分罗经及传向系统故障

同步分罗经与步进分罗经工作时,可以通过听它们的声音来判断工作是否正常。交流同步传向系统工作原理,如图 3-4-6 所示。

通常,一台陀螺罗经配有多台分罗经。直流步进传向系统的工作原理参见图 3-3-22。如果传向系统工作正常,分罗经转动的声音会是均匀的;如果传向系统有故障,分罗经工作时会出现以下现象:

(1)分罗经转动的声音不均匀。
(2)分罗经不工作。
(3)分罗经转动时发生抖动。

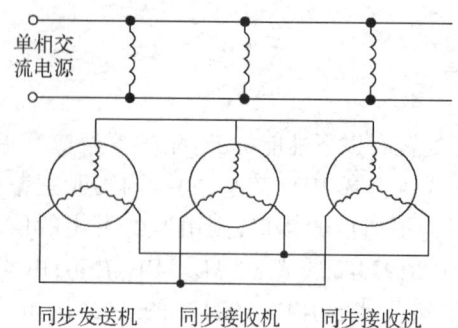

图 3-4-6　交流同步传向系统工作原理图

这些现象通常是主罗经向分罗经传送航向的某个连接线路路径或连接线路路径上某个节点有断开,可以检查主罗经航向传送到分罗经的连接线路是否有断开或接触不良,并且排除故障。

2.电源系统故障

安许茨 4 型陀螺罗经的电源系统如果工作不正常,则陀螺罗经不能正常工作。为了检测电源故障,可以在接通船电开关和罗经电源开关后从以下的测试点进行测试:

(1)变流机船电电源接入端测试点,接入变流机的是三相船电 380 V/50 Hz。

(2)变流机输出端测试点,经变流机变换后的输出电压是 3 根火线、1 根零线,其输出的线电压是 110 V/333 Hz,用来给陀螺马达供电;相电压是 60 V/333 Hz,为罗经的其他部分供电。

(3)找到主罗经罗经桌上的汇电环,汇电环从上往下数共六环,其中最下面的三个环的作用是将来自变流机的 110 V/333 Hz 三相电接入,然后传给陀螺球的顶电极、底电极、赤道电极,测量此三个环的线电压,三个电压的正常值均比 110 V 略低。

(4)汇电环通过随动系统和支承液体,把陀螺马达所需的 110 V/333 Hz 三相电连接到陀螺球的顶电极、底电极和赤道电极上,这一部分在随动球内,无法直接测量。

但是,陀螺球的顶电极、底电极、赤道电极三相电在设计时通过结构连接到罗经箱左侧小门内 3 个小灯泡上,可以通过测量 3 个小灯泡的电流值来进行测量,如图 3-4-7 箭头所示。

图 3-4-7　罗经箱左侧小门内小灯泡测试点

罗经刚启动时,陀螺球顶电极、底电极、赤道电极三相电电流值在 1.5~2.5 A。当陀螺马达达到额定转速后,陀螺球三相电电流正常值是 0.6~1.1 A。

如果在罗经启动时和陀螺马达达到额定转速后陀螺球顶电极、底电极、赤道电极三相电电流值都在正常范围,说明陀螺马达供电正常,陀螺马达工作正常;否则,要检查陀螺马达的供电通道是否有断开或接触不良,并排除故障。

斯伯利 MK37 型罗经在启动过程中,当"MODE"开关转到"START"位置时,如果陀螺马达不转,可能是:陀螺马达本身机械故障;电子控制箱变压器故障(绕组断开);"MODE"转换开关接触不良或断开;电子控制箱逆变器电路故障,继电器故障,等等。需逐一排查。

3.陀螺球故障

安许茨系列陀螺罗经的陀螺球如果有故障,工作中陀螺球在随动球中会出现以下现象:陀螺球在支承液体中不停摇摆;陀螺球在支承液体中倾斜后保持不动;在电源接通后,陀螺球内陀螺马达转动的声音是不均匀的。这些现象都说明陀螺球出现了故障,必须更换陀螺球,更换陀螺球的步骤和更换支承液体的步骤是一致的。

4.随动系统故障

安许茨 4 型陀螺罗经随动系统测量航向的敏感元件是信号电桥,如果随动系统出现故障,所测得的航向是不正确的。可以通过测量以下信号来确认随动系统是否正常工作。

(1)测量信号电桥输出的测试点,这个测试点是主罗经汇电环的第二环和第三环。船舶没有转向时,信号电桥的输出值大致为信号电桥供电电压值 60 V/333 Hz,船舶转向时信号电桥的输出值为毫伏级。

(2)信号电桥输出的航向信号经放大器放大后,输出到方位电机,可以测量方位电机的测试点,如图 3-4-8 箭头 134 号和 135 号接线端子所示。如果所测电压为几伏,说明随动系统是正常工作的。

图 3-4-8　方位电机的测试点

(3)随动系统出现故障,可能是信号电桥故障,也可能是信号电桥连接到放大器的连接通路故障,还可能是放大器本身的故障。如果陀螺球无故障,只是信号电桥故障,需要进一步检查信号电桥,进行维修或更换相应部件。安许茨系列陀螺罗经的航向放大器在船舶转向时,会放大航向信号;在船舶没有转向时,航向放大器会饱和。当航向放大器出现故障时,将航向放大器的开关拨到"断开"位置,更换航向放大器或对其进行维修。

5.作用在陀螺球上的随机干扰

安许茨系列陀螺罗经在使用过程中,可能出现主罗经刻度盘停不下来的无规律的随机转动,使罗经无法正常指示航向的故障。这个故障的原因是罗经在工作过程中,陀螺球和随动球碰撞,产生了一个随机干扰作用在陀螺球上。陀螺球与随动球碰上主要是由陀螺球高度不正常引起的。引起陀螺球高度不正常的原因有:支承液体温度不正常;支承液体密度不正常;陀螺球内电磁上托线圈断线;陀螺球内陀螺马达三相电供电有断线或有一只陀螺马达损坏导致陀螺球倾斜或摇摆；陀螺马达三相电外部供电有断线，等等。如果是支承液体温度不正常，需检查温度控制系统工作是否正常；如果是支承液体密度不正常，则通过添加甘油或蒸馏水的方法来调整支承液体的密度，通常，添加 20 mL 甘油陀螺球高度上升 1 mm，添加 125 mL 蒸馏水陀螺球高度下降 1 mm；如果是陀螺球内电磁上托线圈断线，则要更换陀螺球；如果是陀螺球内陀螺马达三相电供电有断线或有一只陀螺马达损坏，也要更换陀螺球；如果是陀螺马达三相电外部供电有断线，则可参考前述的电源系统故障的检查方法进行排查。

（三）安许茨 22 型陀螺罗经故障

安许茨 22 型陀螺罗经接通 24 V 直流电源后，整个系统将自动地完成全部的启动过程。

在其主罗经上找到 1～8 路指拨开关和按键开关 B38、B39 并操作，如图 3-4-9 箭头所示，可以在主罗经数字监视器上读取支承液体的液面高度和温度、陀螺球的工作电压和电流值、泵的工作电压和电流值等，同时还可以读取安许茨 22 型陀螺罗经的故障信息（参见表 3-2），并以此为依据，来进行维修和故障排除。

图 3-4-9　1～8 路指拨开关和按键开关 B38、B39 操作指示图

安许茨 22 型陀螺罗经启动后，分罗经指示灯依次出现黄色闪烁、红色闪亮、黄色闪亮、绿色闪亮，如图 3-4-10 所示，它们分别代表罗经系统工作的不同阶段。指示灯出现黄色闪烁，表明此时罗经处于刚接通电源的阶段，分罗经和主罗经的航向在进行对准；指示灯出现红色闪亮，表明罗经处于启动阶段，支承液体的温度没有达到 45 ℃，随动系统没有接通；指示灯出现黄色闪亮，表明支承液体的温度达到 45 ℃，随动系统已经接通，陀螺罗经正在找北、指北，但是还没有达到稳定指北的阶段；指示灯出现绿色闪亮，表明陀螺罗经找北、指北并达到稳定指北的阶段，陀螺罗经的航向可用。

图 3-4-10　分罗经指示灯

六、陀螺罗经的接口

陀螺罗经与其他设备之间的输入、输出应满足以下性能标准：
（1）陀螺罗经的接口应提供满足 IEC 61162-1 和/或 IEC 61162-2 要求的国际标准接口。
（2）陀螺罗经应提供至少包括船首向信息在内的满足 IEC 61162-2 要求的适当数据源，满足 IEC 61162-2 要求的船首向信息输出信号至少每 20 ms 更新一次。提供船首向信息的 THS 语句应按照 IEC 61162-1 进行编制。

（一）陀螺罗经与其他设备之间的信号连接

陀螺罗经与其他设备之间的输入、输出关系如表 3-4-3 所示。陀螺罗经的航向信号需要输出到雷达、自动舵、ECDIS、AIS、VDR 等设备，用于船舶航行信息的融合和信息的综合处理、控制和显示。

表 3-4-3　陀螺罗经与其他设备之间的输入、输出关系

输入设备	计程仪 GNSS	输入计程仪速度信号和 GNSS 地理纬度信号，用于自动地补偿陀螺罗经速度误差和纬度误差（手动补偿速度误差和纬度误差不需要这两个信号）
输出设备	雷达 自动舵 ECDIS AIS VDR	陀螺罗经的船首向信号输出到雷达、自动舵、ECDIS、AIS、VDR 等导航设备的目的是为这些设备提供船首向信号 注意： 当陀螺罗经信号未接入 AIS 系统时，AIS 信息无法在雷达和 ECDIS 上显示

安许茨 22 型陀螺罗经设备的系统配置如图 3-4-11 所示。由图可见，安许茨 22 型陀螺罗经主罗经产生的数字航向信号使用了 RS-422 串行异步通信接口将数字航向送到信号分配器（Distributor Compact），再由信号分配器将数字航向输送给其他电子设备。

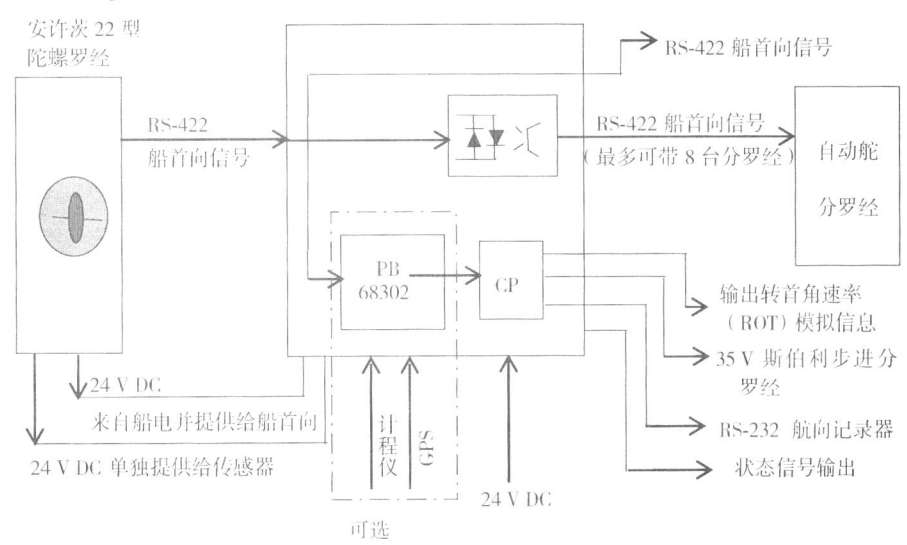

图 3-4-11　安许茨 22 型陀螺罗经设备的系统配置框图

信号分配器有 6 路输出，1 路是 RS-422 串行异步通信接口将数字航向输出到任何其他对

应的 RS-422 串行异步通信接口的设备;有 8 路 RS-422 串行异步通信接口,将数字航向连接到自动舵的数字航向分罗经和其他的数字航向分罗经;1 路模拟信号输出转首角速率(ROT)模拟信息;1 路模拟航向信号输出给斯伯利罗经的直流步进分罗经,与斯伯利罗经的直流步进分罗经相匹配;1 路 RS-232 串行异步通信接口将数字航向传送到安许茨 22 型陀螺罗经的航向记录器;最后 1 路是状态信号输出。

安许茨 22 型陀螺罗经设备有 2 路数字信号输入,分别是来自 GPS 的纬度信号和来自计程仪的速度信号,这 2 路信号也是通过 RS-422 串行异步通信接口接入。接入 GPS 的纬度信号和计程仪的速度信号用于自动地消除罗经的速度误差,而手动消除速度误差不需要这 2 个信号的接入。

陀螺罗经与其他设备进行通信时,需要遵循航行设备间的通信协议,即陀螺罗经与其他船舶设备间的有线接口类型及其数据通信协议,可以分为数据线连接、总线连接和于 IP 的总线连接三种类型的通信协议。导航设备之间的接口参见第十一章第二节相关内容。

(二) 与罗经相关的通信协议

陀螺罗经与其他设备间进行通信时数据接口协议采用 NMEA 0183 和 IEC 61162 协议格式。有关 NMEA 0183 和 IEC 61162 协议参见第十一章第二节相关内容。

1. 罗经船首向信息源(见表 3-4-4)

表 3-4-4 罗经船首向信息源

信息源标识符	信息源解释	信息源备注
HC	Heading-Magnetic Compass	磁罗经
HE	Heading-North Seeking	指北陀螺罗经
HN	Heading-Non North Seeking Gyro	非指北陀螺罗经

2. 陀螺罗经接口相关语句(见表 3-4-5)

表 3-4-5 陀螺罗经接口相关语句

语句开头	语句标识	中文解释	备注
$ HEHDT	HDT	航向信号	语句输出
$ HEROT	ROT	Rate of Turn 转首角速率信号	语句输出
$ HCHDM	HDM	Heading Magnetic 来自磁罗经的船首向	语句输出

3. HDT 语句格式解析

HDT,Heading,True,陀螺罗经船首向,具体参数的意义如图 3-4-12 所示。

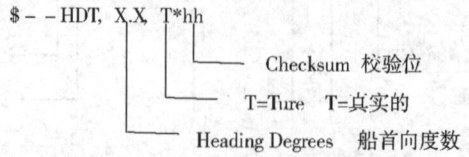

图 3-4-12　IEC61162-1 航向信号数据格式解析

第五节 惯性导航系统

一、惯性导航系统概述

惯性导航系统(Inertial Navigation System,INS)利用惯性敏感元件(陀螺仪和加速度计)测量运载体相对于惯性空间的角运动和线运动参数,在给定的运动初始条件下,由计算机解算出运载体的姿态、方位、速度和位置等参数,从而引导运载体完成预定的航行任务。

惯性导航系统通常分为两大类:平台式惯性导航系统和捷联式惯性导航系统(Strapdown Inertial Navigation System,SINS)。它们的主要区别是:平台式惯性导航系统有实体的物理平台,陀螺仪和加速度计置于由陀螺稳定的平台上;而捷联式惯性导航系统的陀螺仪和加速度计直接固连在运动载体上,它没有实体的惯性稳定平台,取而代之的是"数学平台"。因此,所谓捷联式惯性导航系统,就是将惯性元件(陀螺仪和加速度计)直接安装在运载体上,直接测量运载体的参数,实现运载体自主导航的导航系统。光纤陀螺罗经是惯性导航系统的一种,光纤陀螺仪可以测量运载体各轴的转动角速率并输出与之成正比的电信号。航海使用的光纤陀螺罗经均属于捷联式惯性导航系统。

光纤陀螺罗经有以下特点:

(1)功能全面。光纤陀螺罗经能够给出运载体的航向、姿态、转首角速率、速度和位置。

(2)结构简单。由于没有电气机械平台,结构简单、重量小,便于维护,减少了由于机电平台结构和线路而产生的故障。

(3)可靠性高。由于取消了电气机械平台,特别是对于采用高可靠性的捷联式惯性导航系统,加之使用余度技术,系统的可靠性大大提高。

(4)对惯性元件和计算机的要求高。捷联式惯性导航系统中的陀螺仪和加速度计在运载体上运动时,直接感受过载、冲击、振动、温度变化的恶劣环境,产生动态误差,所以对采用的惯性元件有特殊的要求。

二、光纤陀螺罗经工作原理

(一)光纤陀螺原理

光纤陀螺是利用萨格纳克(Sagnac)效应原理制成的测量载体旋转角速率的一种新型全固态惯性测量元件。以干涉型光纤陀螺(Interferometric Fiber-Optic Gyroscope,I-FOG)为例,如图3-5-1所示,光源发出的光经分束器(Coupler)分成两束后进入半径为 R 的单模光纤环中,分别沿顺时针方向(CW)及逆时针方向(CCW)反向传播。

当光纤环静止时,经顺、逆时针方向传播的两束光回到分束器时有相同的光程,若光速为

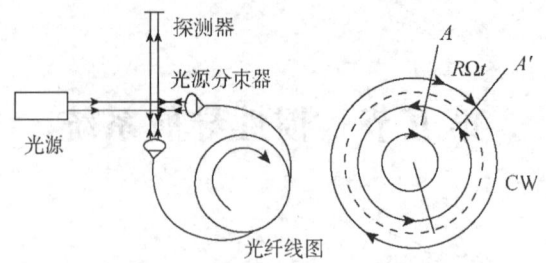

图 3-5-1　光纤陀螺的原理结构图

C，则两束光传播时间 t_{CW} 和 t_{CCW} 相等，为

$$t_{CCW} = t_{CW} = \frac{L}{C} = \frac{2\pi R}{C} \tag{3-5-1}$$

当光纤环绕垂直于所在平面的中心轴以角速度 Ω 旋转时，则沿顺、逆时针方向传播的波会产生光程差，顺时针方向(CW)及逆时针方向(CCW)两束光的传输时间分别为

$$t_{CW} = \frac{2\pi R}{C + \Omega R} \quad t_{CCW} = \frac{2\pi R}{C - \Omega R} \tag{3-5-2}$$

考虑到 $C^2 \geq (\Omega R)^2$，它们的传输时间差为

$$\Delta t = t_{CCW} - t_{CW} = \frac{4\pi R^2 \Omega}{C^2} \tag{3-5-3}$$

它们的传输光程差为

$$\Delta L = \Delta t \cdot c = \frac{4\pi R^2 \Omega}{C} \tag{3-5-4}$$

它们之间的相位差为

$$\Delta \Phi_S = \frac{4\pi RL}{\lambda_0 C} \cdot \Omega \tag{3-5-6}$$

若光纤环绕有 N 匝，则相位差为

$$\Delta \Phi_S = \frac{4\pi NRL}{\lambda_0 C} \cdot \Omega \tag{3-5-7}$$

式中：

λ_0——真空中光波的波长；

L——单模光纤环路的周长。因此，$\Delta \Phi_S$ 与 Ω 成正比，只要测出它们之间的相位差 $\Delta \Phi_S$，就可以求出光纤环路的转动角速度 Ω，再通过对角速度 Ω 的时间积分，即可测出光纤环转过的角度值。

（二）光纤陀螺仪

光纤陀螺仪按工作原理可分为干涉型光纤陀螺仪、谐振式光纤陀螺仪(Resonator Fiber-Optic Gyroscope, R-FOG) 和受激布里渊散射光纤陀螺仪(Brillouin Fiber-Optic Gyroscope, B-FOG)。从性价比和航海使用精度要求的角度出发，船用光纤陀螺罗经一般采用干涉型光纤陀螺仪。

干涉型光纤陀螺仪的基本构成如图 3-5-2 所示。它主要包括光源、探测器(光电检测器)、耦合器、Y 集成光路和光纤环五大部分。图中 Y 波导就是 Y 集成光路，也叫 Y 分支集成光学芯片,它集成了一个偏振器、一个分束器和两个宽带相位调制器的功能,使光纤陀螺小型化。

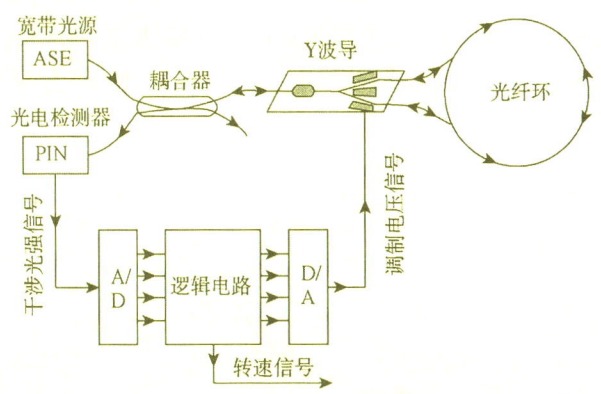

图 3-5-2　采用 Y 波导和全数字闭环处理方案的 I-FOG

光源发出的光经过耦合器后分为两束光,其中一束光进入电光相位调制器(Y 波导),经过 Y 波导的内部调节后输出两束光,这两束光在光纤环中相向传播,感应外部的角速度运动。在探测器处检测干涉信号光强的变化,经过光电信号处理转换之后,形成闭环反馈电压信号来调节 Y 波导,使 Y 波导产生与外部 Sagnac 相移大小相等、方向相反的反馈相移,使数字闭环光纤陀螺仪始终工作在线性特性零点相移附近,在数据处理的同时即可以获取外部的角速度信息。

(三)光纤陀螺仪的实现

1.光纤陀螺罗经平台式惯性导航系统

图 3-5-3 为光纤陀螺罗经平台式惯性导航系统,惯性测量元件安装在物理平台上,物理平台不随载体运动,而是通过机电控制准确地跟踪地理坐标系,物理平台是测量载体坐标系相对于地理坐标系的航向、姿态角等信息的基准,惯性导航系统航向、姿态角等的解算过程实际上是物理将平台调整到与地理坐标系一致的过程,直至消除地球自转、船舶运动、摇摆等的影响,配合光纤陀螺,实现找北、指北,解算出航向、姿态角等导航信息。

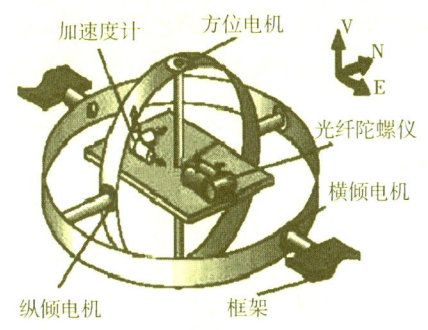

图 3-5-3　光纤陀螺罗经平台式惯性导航系统

航海使用的光纤陀螺罗经均属于捷联式惯性导航系统。捷联式惯性导航系统中没有相同的物理平台,而将惯性测量元件直接安装在运载体上,这就必须要有一个抽象的数学平台来代替这样一个物理平台,并准确地跟踪地理坐标系,实现物理平台的基准作用,这个抽象的数学平台就是接下来要推导的方向余弦矩阵。

2.光纤陀螺罗经捷联式惯性导航系统方向余弦矩阵及航向姿态解算

如图 3-5-4 所示,载体的姿态角实际上就是载体坐标系(b 系)和导航坐标系(n 系)之间的方位关系,由导航坐标系(此处为地理坐标系)转动 ψ、θ、γ 角,即为载体坐标系 $Ox_b y_b z_b$(b 系)。

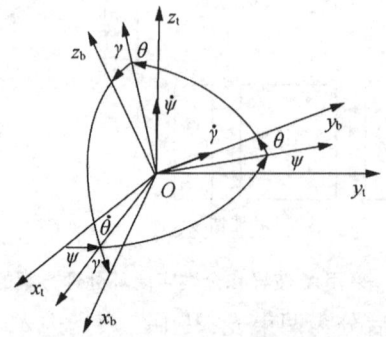

图 3-5-4 载体坐标系和导航坐标系的方位关系

它们之间的转换关系可以通过图 3-5-4 所示的 3 次转动来表示,其转换过程为

$$Qx_n y_n z_n \xrightarrow[-\psi]{Qz_n} Ox_{b1} y_{b1} z_{b1} \xrightarrow{Ox_{b1}}_{\theta} Ox_{b2} y_{b2} z_{b2} \xrightarrow{Oy_{b2}}_{\gamma} Ox_b y_b z_b$$

这样导航坐标系(n 系)到载体坐标系(b 系)的转换关系可以用方向余弦矩阵表示:

$$\begin{bmatrix} x_b \\ y_b \\ z_b \end{bmatrix} = C_n^b \begin{bmatrix} x_n \\ y_n \\ z_n \end{bmatrix} = \begin{bmatrix} \cos\gamma\cos\psi - \sin\gamma\sin\theta\sin\psi & \sin\gamma\sin\theta\cos\psi + \cos\gamma\sin\psi & -\sin\gamma\cos\theta \\ -\cos\theta\sin\psi & \cos\theta\cos\psi & \sin\theta \\ \sin\gamma\cos\psi + \cos\gamma\sin\theta\sin\psi & \sin\gamma\sin\psi - \cos\gamma\sin\theta\cos\psi & \cos\gamma\cos\theta \end{bmatrix} \begin{bmatrix} x_n \\ y_n \\ z_n \end{bmatrix}$$

$$C_n^b = \begin{bmatrix} \cos\gamma\cos\psi - \sin\gamma\sin\theta\sin\psi & \sin\gamma\sin\theta\cos\psi + \cos\gamma\sin\psi & -\sin\gamma\cos\theta \\ -\cos\theta\sin\psi & \cos\theta\cos\psi & \sin\theta \\ \sin\gamma\cos\psi + \cos\gamma\sin\theta\sin\psi & \sin\gamma\sin\psi - \cos\gamma\sin\theta\cos\psi & \cos\gamma\cos\theta \end{bmatrix} \quad (3-5-8)$$

$$C_b^n = (C_n^b)^T \quad (3-5-9)$$

将载体坐标系(b 系)沿船舶的纵向轴、横向轴和垂直轴测量到的角速度信息和平台的重力加速度计测量到的加速度信息转换到导航坐标系(n 系)的矩阵为 C_b^n,有 $C_b^n = (C_n^b)^T$,矩阵 C_b^n 即为方向余弦矩阵,方向余弦矩阵 C_b^n 是捷联式光纤陀螺罗经惯性导航系统的数学平台。方向余弦矩阵 C_b^n 有 9 个元素,可定义:

$$C_b^n = \begin{bmatrix} T_{11} & T_{12} & T_{13} \\ T_{21} & T_{22} & T_{23} \\ T_{31} & T_{32} & T_{33} \end{bmatrix} = (C_n^b)^T = \quad (3-5-10)$$

方向余弦矩阵的微分方程为

$$\dot{C}_b^n = C_b^n \dot{\Omega}_b^{nb} \quad (3-5-11)$$

在这个微分方程中,角速度矩阵 $\dot{\Omega}_b^{nb} = [\Omega x \; \Omega y \; \Omega z]^T$ 是已知量,它由光纤陀螺仪所测得的载体坐标系(b 系)三个轴上的角速度 Ωx、Ωy、Ωz 组成。因此,求解微分方程(3-5-11),就可以解得方向余弦矩阵 C_b^n,得到 C_b^n 中的 9 个元素,船舶的航向、姿态角等就可以从姿态矩阵 C_b^n

的元素值获取：

$$\begin{cases} \theta = \arcsin T_{32} \\ \gamma = \arctan \dfrac{-T_{31}}{T_{33}} \\ \varphi = \arctan \dfrac{-T_{12}}{T_{22}} \end{cases} \quad (3-12)$$

式中：ψ 为航向角，θ 为横摇角，γ 为纵摇角。

3. 光纤陀螺罗经的初始对准

对光纤陀螺罗经系统数学平台—方向余弦矩阵 C_b^n 的微分方程进行求解，必须先获得方向余弦矩阵 C_b^n 的初始值。确定方向余弦矩阵 C_b^n 的初始值的过程即为光纤陀螺罗经的初始对准。初始对准为光纤陀螺罗经的导航计算提供了必要的初始条件。

光纤陀螺罗经惯性导航系统要求初始对准保证必需的准确性与快速性。对于船舶的光纤陀螺罗经，静基座对准时间要求在 30 min 左右，动基座对准时间要求在 45 min 左右。

4. 光纤陀螺罗经的系统构成和工作过程

船用光纤陀螺罗经系统均为捷联式惯性导航系统，它由惯性测量单元 IMU、导航计算机、旋转机构、旋转控制回路、接口控制电路、显示控制器和电源转换模块等几大部分组成。如图 3-5-5 所示，光纤陀螺仪直接输出船舶三轴角速率的串口数字信号，同时加速度计敏感到的加速度信号，经量化电路和接口电路送到导航计算机中；导航计算机采集光纤陀螺输出的信号和加速度计接口电路输出的加速度信号并进行导航解算，解算出航向、姿态、速度和纬度等信息量，并通过接口控制电路向外发送；显示控制器用来显示导航计算机解算出的信息。

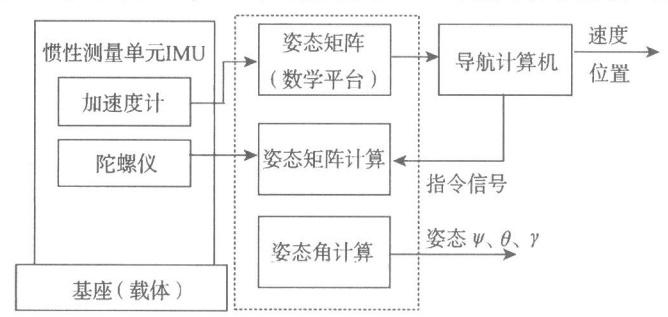

图 3-5-5　光纤陀螺罗经的系统组成图

三、船用光纤陀螺罗经实例——Navigate 2100 型光纤陀螺罗经

美国利顿（Litton）航海系统集团研制的 Navigate 2100 型光纤陀螺罗经及航姿系统是第一套完全利用捷联技术、具有精确动态精度和快速稳定时间、应用于综合驾驶台和高速船舶的电子静态航海陀螺罗经系统；由于完全利用捷联技术，Navigate 2100 型光纤陀螺罗经无任何移动部件，在使用寿命内不需要进行维护。

（一）Navigate 2100 型光纤陀螺罗经的硬件组成

Navigate 2100 型光纤陀螺罗经由传感器单元、控制与显示单元、接口及电源控制单元组成，如图 3-5-6 所示。

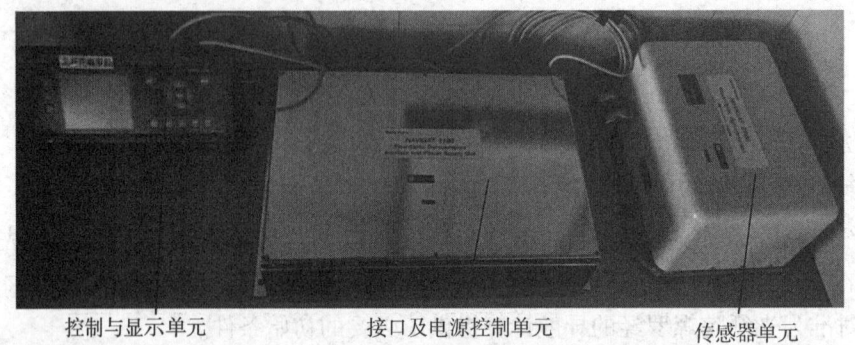

图 3-5-6　Navigate 2100 型光纤陀螺罗经的组成图

传感器单元由 3 个光纤陀螺仪和 2 个电子水平传感器组成，2 个电子水平传感器取代了三轴加速度计，卡尔曼滤波器根据 3 个光纤陀螺仪输出的旋转速率信号和 2 个电子水平传感器输出的水平信息，就能计算出地球的旋转方向并据此确定地理北向，如图 3-5-7 所示。控制与显示单元向用户提供所有必要的信息，如速度、纬度、经度、船首向、横摇和纵摇角度及三轴的转向角速率等。Navigate 2100 型光纤陀螺罗经还具有自动应急电源变换功能、分罗经输出短路保护功能和系统内部试验功能。

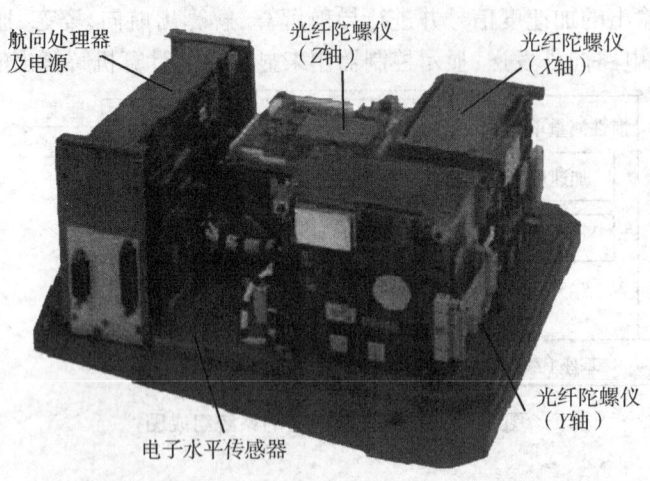

图 3-5-7　Navigate 2100 型光纤陀螺罗经传感器单元的组成图

（二）Navigate 2100 型光纤陀螺罗经完整的系统

如图 3-5-8 所示是 Navigate 2100 型光纤陀螺罗经完整的系统图。Navigate 2100 型光纤陀螺罗经的完整系统除了由传感器单元、控制与显示单元、接口及电源控制单元硬件组成外，还需要由外部设备输入船舶位置、速度等信息，参与光纤陀螺罗经的计算以及漂移误差补偿等。其他陀螺罗经和磁罗经（磁通门）系统也可以与本系统连接。另外，光纤陀螺罗经测量到的信息需要通过串口传输和模拟信号传输等方式输出给其他的外部设备。从图 3-5-8 的系统图可以看出,整个 Navigate 2100 型光纤陀螺罗经系统有多路输入输出接口,并且是多种格式的。

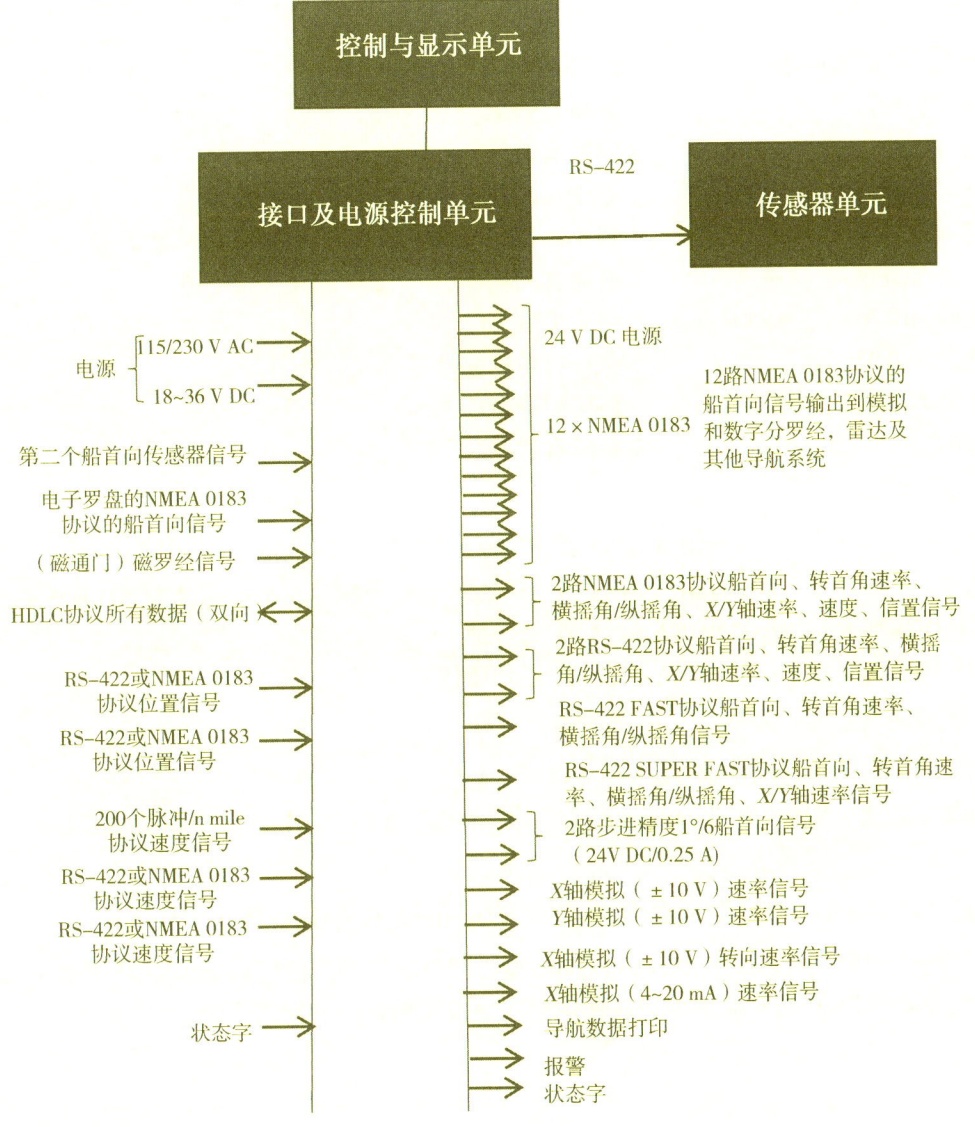

图 3-5-8 Navigate 2100 型光纤陀螺罗经系统图

(三) Navigate 2100 型光纤陀螺罗经的技术指标

1.高动态精度

艏向	$\leq 0.7° \sec\varphi$
横摇/纵摇角	$\leq 0.5°$
转向率	$\leq 0.4°/\min$
X/Y 转向率	$\leq 0.4°/\min$

2.稳定时间

静止	$\leq 10 \min$
航行	$\leq 45 \min$

转向率	≤4 min

3.信号输出

NMEA 船首向输出	12 路模拟分罗经
NMEA 0183	2 路所有数据
RS-422	2 路所有数据
RS-422 FAST	1 路 HDG,ROT,ROLL,PITCH 数据
RS-422 SUPER FAST	1 路 HDG,ROT,ROLL,PITCH,X/Y 速率数据
1°/6 步进精度	2 路船首向输出(每个 24 V DC/0.25 A)
模拟 ±10 V	2 路速率信号
模拟 ±10 V	1 路转首角速率信号
模拟 4~20 mA	1 路模拟速率信号
HDLC	1 路所有数据(双向)

4.信号输入

船位	NMEA 0183 或 RS-422
速度	NMEA 0183 或 RS-422 200 个脉冲/n mile(最大 200 kn)
其他陀螺罗经	NMEA 0183 或 RS-422
磁罗经艏向	NMEA 0183 或 正余弦信号

5.电源要求

115/230 V AC50 Hz 和/或 24 V DC(18~36 V)

如果为构成 GMDSS 的 Inmarsat 船站提供指向信息,需要能够自动转换到 24 V 应急电源。

(四)Navigate 2100 型光纤陀螺罗经的使用故障及误差修正

由于完全利用了捷联技术,Navigate 2100 型光纤陀螺罗经无任何移动部件,在使用寿命内无须进行维护。但是,光纤陀螺罗经在使用过程中可能出现以下使用故障。

1.外部供电故障

在综合驾驶台系统中,光纤陀螺罗经由外部供电(船电供电),驾驶台设备供电是由整个综合驾驶台系统统一提供的。如果光纤陀螺罗经出现电源故障,就应该从综合驾驶台系统出发,逐一检查它的外部供电故障,然后排除故障。

2.误差修正

当光纤陀螺罗经所测得的航向值、横摇角和纵摇角等信息数据有偏差时,需要进行误差修正。Navigate 2100 型光纤陀螺罗经是可以进行误差显示并修正的。修正时,输入船首向、横摇角和纵摇角等改正量的值后,利用控制与显示单元的 SERVICE SETUP 程序窗口 3 中的 F1TEST/ALIGN 键,启动 TEST/ALIGN 功能,把改正值存入传感器单元。改正值存入传感器单元之后,将在控制与显示单元中显示出来,这样就完成了对陀螺罗经误差的修正。

3.与分罗经连接的故障

Navigate 2100 型光纤陀螺罗经所测得的航向信号,通过串口、模拟和步进传向等不同的方式输出到多个分罗经。光纤陀螺罗经与各分罗经之间通常是通过电缆连接的,这样就可能会在电缆的接口端子处出现主罗经与分罗经连接不上或连接不稳定的故障。Navigate 2100 型光纤陀螺罗经在分罗经上有一个"Sync."开关,当分罗经与主罗经同步,在同步程序时间内,"Sync."开关持续红光闪烁。因此,"Sync."开关灯光的闪烁可指示光纤罗经主罗经与分罗经的连接是否有错误,并且在控制与显示器上可以显示错误代码,参考错误代码表,可进行主罗经与分罗经接口连接故障的排除。

4.与其他外部设备的连接故障

Navigate 2100 型光纤陀螺罗经所测得的航向、横摇角、纵摇角等信号,也是通过串口端子和电缆连接到其他外部设备的,在接口端子处往往也会发生连接失败或连接不稳定的故障。检查和判断哪个部位出现连接失败的方法是:哪个外部设备没有成功接收到来自光纤罗经的信号,相应的电缆接口端子就没有连接上,或接口端子出现连接故障。Navigate 2100 型光纤陀螺罗经排除此故障首先是在控制与显示器上检查并重新进行输出接口的设置,然后检查连接处接口端子的松紧,用螺丝刀旋紧接口端子的螺丝或者重新焊接接口端子的电缆。

第六节　GNSS 罗经

一、GNSS 罗经概述

GNSS 的全称是全球卫星导航系统,泛指所有的卫星导航系统,GNSS 国际委员会公布的全球四大卫星导航系统包括:美国的全球卫星导航系统(GPS)、俄罗斯的格洛纳斯卫星导航系统(GLONASS)、欧盟的伽利略卫星导航系统(GALILEO)和中国的北斗卫星导航系统(BDS)。

GNSS 是船舶航海中应用最为广泛的高精度定位仪器,GNSS 不仅可以提供船位,还可以提供船速和航迹向。但是,航行时受风、浪的影响,船舶的船首向和航迹向不一定相同,且仅凭一台 GNSS 接收机无法求出船首向。陀螺罗经精度高,且稳定所需时间长,但价格高;磁罗经虽然价格低、使用方便,但精度差。GNSS 罗经的诞生可以弥补它们的不足。

GNSS 罗经,又称作卫星罗经,是依托于卫星导航系统的航向姿态测量仪器。高精度GNSS 罗经通常有以下特点:

(1)采用三个高精度、高动态的 GNSS 接收机作为卫星信号传感器,利用实时载波相位测量技术和快速求解整周模糊度技术,精确解算出船舶的航向角、横摇角、纵摇角、位置、速度及时间等信息。

(2)启动速度快、高定位定向数据更新率、高稳定可靠性,使其定位定向时间短,航向精度高。

(3)由接收卫星信号的天线、数据处理器以及显示器三个部分构成,设备外观简单,且体积比较小,易安装,成本低,易于二次开发。

(4)功耗低,故障率低,维护成本低;不受地磁场影响,不受船速和纬度影响(没有速度误差和纬度误差）；无须校准，无累积误差。

（5）数据输入/输出满足 NMEA 0183、IEC 61162 协议，易于与其他设备进行信息交换，实现未来的智慧航海。

二、GNSS 罗经指向原理

GNSS 罗经指向原理如图 3-6-1 所示，将三副 GNSS 天线平行于船舶罗经甲板平面安装，天线 1 和天线 2 的连线与船首尾线平行，天线 3 在天线 1 与天线 2 的连线之外，船尾的天线（天线 1）作为基准天线，基准天线 1 到船首天线 2 的连线，构成本船 GNSS 罗经船首向基线向量，天线安装好后，基线向量的长度 R 是定值。

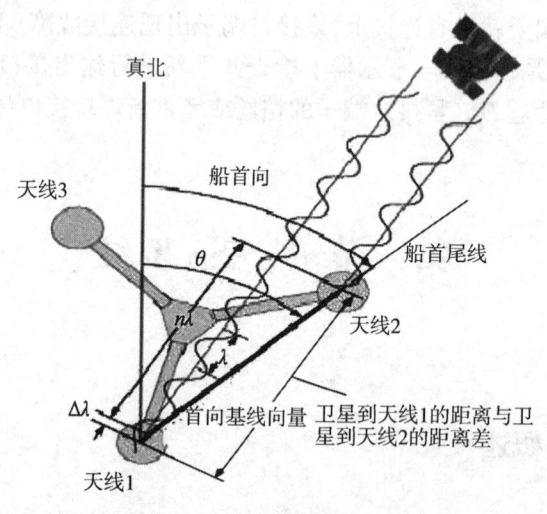

图 3-6-1　GNSS 罗经指向原理

GNSS 罗经通过载波相位差分技术测量出天线 1 和天线 2 至卫星的距离差，在已知基线向量长度 R 及卫星位置的情况下，可解算出首向基线向量与地理真北的夹角，即船舶的船首向。再通过天线 3 与首向基线向量的关系，测得船舶的横摇角和纵摇角。

（一）测量两天线至卫星的距离差

如图 3-6-1 所示，设卫星载波频率为 f，角频率为 ω。卫星到天线 1 的距离为 D_1，卫星到天线 2 的距离为 D_2，卫星信号到两天线（天线 1 和天线 2）所需传播时间分别为 D_1/C 和 D_2/C，C 是卫星信号电磁波传播速度，则它们的相位分别为

$$\psi_1 = \omega t - \omega \frac{D_1}{C} \quad \psi_2 = \omega t - \omega \frac{D_2}{C}$$

卫星信号到两天线的相位差为

$$\Delta \psi = \psi_1 - \psi_2 = (\omega t - \omega \frac{D_1}{C}) - (\omega t - \omega \frac{D_2}{C}) = \omega \frac{D_2 - D_1}{C} \tag{3-6-1}$$

由于 $C = \lambda f$，λ 为卫星载波波长，所以

$$\Delta \psi = 2\pi \frac{D_2 - D_1}{\lambda} \tag{3-6-2}$$

卫星信号到两天线的距离差 ΔD 为

$$\Delta D = D_2 - D_1 = \frac{\lambda}{2\pi}\Delta\psi = \frac{\lambda}{2\pi}(2N\pi + \Delta\psi') \qquad (3\text{-}6\text{-}3)$$

式中：$\Delta\Psi'$ 为不足整数周期的相位差数值，可以由两台天线所对应的 GPS 接收机提供的原始观测量相位信息相减获得；N 为相位整周数差值部分，可以通过下列方法获得：船用 GPS 接收机通常通过 L_1 载波频率（1 575.42 MHz，所对应的波长为 19 cm）所调制的 CA 码来获得伪距。设天线 1 和天线 2 所对应的两台 GPS 接收机测得的伪距分别为 S_1 和 S_2，由于两个 GPS 天线相距很近，对于卫星高度为 20 183 km 的 GPS 卫星而言，卫星到达两个 GPS 天线所通过的路径基本相同，也就是说，同一颗卫星信号到达两个 GPS 天线的电离层和对流层折射误差是相同的。因此，相位整周数差值 N 为

$$N = \frac{|S_1 - S_2|}{0.19} \qquad (3\text{-}6\text{-}4)$$

（二）求出卫星在地理坐标系中的位置

GPS 接收机接收卫星发射的导航电文，从卫星导航电文中提取卫星星历参数，根据卫星星历参数可以计算出卫星发射信号时的位置，因此，卫星发射信号时的位置是已知的。假设卫星发射信号时的位置为 (X_S, Y_S, Z_S)。

由于 GPS 卫星导航系统采用 WGS-84 大地坐标系，卫星发射信号时的位置 (X_S, Y_S, Z_S) 是在开普勒轨道平面的地心坐标系位置。而船舶 GPS 接收机观测卫星是在地球表面上进行的，需要地理坐标系的卫星位置，假设卫星发射信号时的地理坐标系位置为 (X_g, Y_g, Z_g)。因此，必须将卫星的地心坐标系位置 (X_S, Y_S, Z_S) 转换成地理坐标系位置 (X_g, Y_g, Z_g)。

如图 3-6-2 所示，以天线 1 所在位置作为地理坐标系的原点 O'，$O'X$ 轴指向地理真北，$O'Z$ 轴指向地理东，$O'Y$ 轴垂直于 $O'XZ$ 平面指向所在位置的天顶，建立地理坐标系 $O'XYZ$。

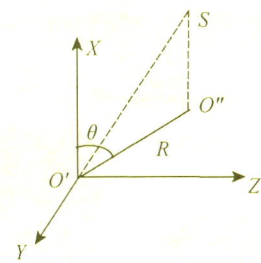

图 3-6-2 GPS 罗经的地理坐标系

卫星发射信号时的地理坐标系位置 (X_g, Y_g, Z_g) 为

$$\begin{bmatrix} X_g \\ Y_g \\ Z_g \end{bmatrix} = \begin{bmatrix} 0 & -1 & 0 \\ \cos\varphi & -\sin\varphi & 0 \\ \sin\varphi & 0 & \cos\varphi \end{bmatrix} \begin{bmatrix} \cos(\lambda_G-\lambda) & -\sin(\lambda_G-\lambda) & 0 \\ \sin(\lambda_G-\lambda) & -\cos(\lambda_G-\lambda) & 0 \\ 0 & 0 & 1 \end{bmatrix} \begin{bmatrix} X_S \\ Y_S \\ Z_S \end{bmatrix} \qquad (3\text{-}6\text{-}5)$$

式中：

λ_G——格林尼治子午圈赤经；

λ——天线 1 位置的经度；

φ——天线 1 位置的纬度。

（三）求出基线向量 $O'O''$ 的方向即船首向

如图 3-6-3 所示，在 GPS 罗经地理坐标系中，O' 是天线 1 所在位置，也是地理坐标系的原点，O' 点的坐标为 $(0,0,0)$，O'' 是天线 2 所在位置，设 O'' 点的坐标为 $O''(X'', Y'', Z'')$，前面叙述过，天线 1 到天线 2 的连线构成 GPS 罗经的基线向量，且基线 $O'O''$ 的长度 R 为定值，基线方向 $O'O''$ 与真北方向 $O'X$ 轴正向之间的夹角为 θ，θ 即为船舶的船首向。

在地理坐标系中，O'' 点的坐标为

$$X'' = R\cos\theta, Y'' = 0, Z'' = R\sin\theta$$

卫星信号到天线 1 和天线 2 的距离差可以由下式计算：

$$\sqrt{X_g^2 + Y_g^2 + Z_g^2} - \sqrt{(X_g - X'')^2 + (Y_g - Y'')^2 + (Z_g - Z'')^2} \\ = \sqrt{X_g^2 + Y_g^2 + Z_g^2} - \sqrt{(X_g - R\cos\theta)^2 + Y_g^2 + (Z_g - R\sin\theta)^2} \tag{3-6-6}$$

令

$$\sqrt{X_g^2 + Y_g^2 + Z_g^2} - \sqrt{(X_g - R\cos\theta)^2 + Y_g^2 + (Z_g - R\sin\theta)^2} = \Delta D \tag{3-6-7}$$

式(3-6-6)中，(X_g, Y_g, Z_g) 是卫星在地理坐标系的坐标，可由式(3-24)求取获得；ΔD 是卫星信号到天线 1 和天线 2 的距离差，由式(3-6-2)测得；R 是基线 $O'O''$ 的长度，为定值。根据式(3-6-6)，唯一的未知量 θ 可求出，θ 即为 GPS 罗经测得的船舶的船首向。由此，GPS 罗经指示出船舶的船首向，实现了指向功能。

三、GNSS 罗经组成

图 3-6-3 所示是某 GNSS 罗经的组成图，它由天线单元、接收机单元和显示器单元三部分组成。

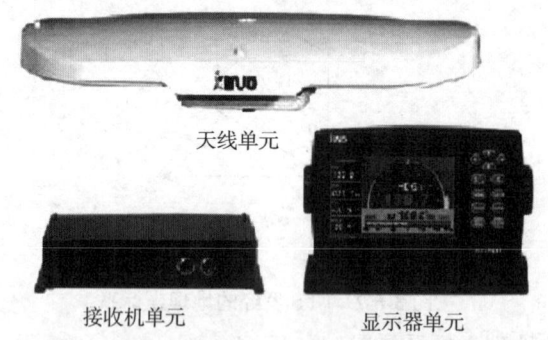

图 3-6-3 某 GNSS 罗经的组成

在 GPS 罗经中接收机可同时处理多个天线接收到的卫星信号，经计算处理后得到船舶航向、姿态角等数据，并通过输出接口，将测得的数据传输到显示器和其他导航设备。考虑到卫星信号的不稳定性，接收机内还装有三轴角速度计、电子磁罗经和三轴加速度计，用于 GPS 罗经的数据推算和修正，构成微型惯导系统。显示器显示船位、船首向及其他导航数据，如图 3-6-4 所示。

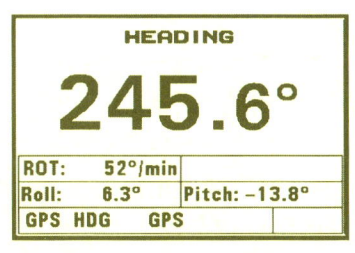

图 3-6-4　GNSS 罗经显示界面

四、GNSS 罗经的使用故障及维护

GNSS 罗经使用过程中的故障与基站、差分链路、外部环境和 GNSS 罗经设备相关。这里只讨论与 GNSS 罗经设备相关的故障。

(1) 天线故障，主要包括天线硬件故障和主板天线馈电故障。天线硬件故障的表现是完全接收不到卫星信号，需要更换天线。主板天线馈电故障的表现是信号弱、信号的衰减较大、天线电压过低，可通过测量主板天线接口的电压(正常为 5 V)判断，若电压过低，则需要对主板及载板的电路进行排查。

(2) 线缆连接故障，通常包括线缆连接有误、线缆连接松动、线缆损坏和线缆信号衰减过大等。线缆连接有误时，完全没有信号，可能有电源，也可能没有电源，需检查线缆连接是否与相应端口一致，电缆端口各脚的连接是否与定义一致，确保线缆连接正确。如发现线缆连接松动，用螺丝刀旋紧接口端子的螺丝，确保线缆连接处紧固。线缆损坏可以目视检查、用手拉一拉或用万用表测量是否有断线，如确定损坏，则更换新的射频线缆，如确定有断线，则重新焊接好。如线缆信号传输衰减过大，则更换新的正常的射频线缆。

(3) 输入输出接口故障，输入输出没有信号，接口不工作。检查接口设置，重新正确设置接口。检查接口连线是否正确，使连线与定义一致。检查接口连接处连接是否牢固，使连接牢固或更换输入输出接口连线。

(4) 电源供电电压出现故障，检查主机供电电压是否符合出厂要求，供电电压过小则出现主机不能启动、收星少等异常情况，供电电压过大则可能会导致元器件烧坏。

【复习与思考】

1. 简述陀螺仪的定义及基本特性。
2. 位于地球上的自由陀螺仪的视运动有何规律？
3. 简述陀螺罗经的指北原理。
4. 简述速度误差、纬度误差、冲击误差、摇摆误差、基线误差的概念和消除方法。
5. 何谓稳定时间？它与哪些因素有关？
6. 试述安许茨 4 型陀螺罗经主罗经各部分的结构。

7. 试述安许茨 4 型陀螺罗经有哪些电路系统。
8. 试述 Sperry MK37 型陀螺罗经主罗经各部分的结构。
9. 试述 Sperry MK37 型陀螺罗经有哪些电路系统。
10. 试述 Arma-Brown 10 型陀螺罗经主罗经各部分的结构。
11. 试述 Arma-Brown 10 型陀螺罗经有哪些电路系统。
12. 试述安许茨 22 型陀螺罗经的结构特点。
13. 安许茨 22 型陀螺罗经的随动信号是如何产生的？
14. 如何检测安许茨 22 型陀螺罗经的故障？
15. 何谓惯性导航系统？它有哪些种类？
16. 光纤陀螺罗经有何特点？
17. 光纤陀螺罗经由哪几部分组成？简述光纤陀螺罗经的解算原理。
18. 简述 GNSS 罗经的特点及指向原理。
19. GNSS 罗经在使用过程中可能有哪些故障？如何排除这些故障？

第四章

全球卫星导航系统

全球卫星导航系统(Global Navigation Satellite System,GNSS),是指能够在地球表面或近地空间的任何地点为用户提供全天候三维坐标和速度以及时间信息的星基无线电导航定位系统。全球卫星导航系统国际委员会公布的全球四大卫星导航业务供应商包括:美国的全球定位系统(Global Positioning System,GPS)、俄罗斯的格洛纳斯卫星导航系统(Global Navigation Satellite System,GLONASS)、欧盟的伽利略卫星导航系统(Galileo Navigation Satellite System,GALILEO)和中国的北斗卫星导航系统(BeiDou Navigation Satellite System,BDS)。

目前,上述卫星系统除了为船舶提供定位、导航服务外,部分卫星还搭载了搜救载荷,接收和转发紧急无线电示位标(Emergency Position-Indicating Radio Beacon,EPIRB)的报警信息。

根据交通运输部海事局《海船船员考试大纲》(2022版)对维护和修理驾驶台航行设备的要求,船舶电子电气员应该掌握的全球卫星导航系统(GNSS)知识,具体要求如下表4-1所示。

表4-1 全球卫星导航系统(GNSS)对电子电气员的要求

序号	要求
1	5.2 全球卫星导航系统(GNSS)
	5.2.1 GNSS/DGNSS 基本工作原理
	5.2.2 GNSS/DGNSS 导航仪基本功能和操作方法
	5.2.3 导航仪与其他航行设备的接口要求

第一节 全球卫星导航系统基本原理

一、GPS 卫星导航系统主要性能标准

根据《1974 年国际海上人命安全公约》第 V 章第 19 条"船载航行系统和设备的配备要求"的规定,所有船舶,不论其尺度大小,均应设有 1 台全球卫星导航系统或陆地无线电导航系统的接收机,或其他装置,适合于由自动设备在船舶整个预定航程内随时确定和更新船位。

卫星导航业务应用范围非常广,国内外与卫星导航相关的标准化组织也非常多,它们共同研究制定各国在航空、航海等领域需要遵循、运用的规约、标准。与卫星导航相关的国际级标准化组织主要有国际标准化组织(International Organization for Standardization,ISO)、国际电工委员会(International Electrotechnical Commission,IEC)、国际电信联盟(International Telecommunication Union,ITU)、国际海事组织(International Maritime Organization,IMO)等。

船用全球卫星导航接收设备的相关性能标准主要包括:

(1) 2018 年 11 月 IMO 发布的《海洋电子设备接口标准》(NMEA 0183)。

(2) 2003 年 7 月 IMO 发布的《海上导航和无线电通信设备——系统——全球卫星导航系统(GNSS)—第 1 部分:全球定位系统(GPS)—接收设备—性能标准、试验方法和要求的试验结果》(IEC 61108-1)。

(3) 1998 年 8 月 IMO 发布的《海上导航和无线电通信设备——系统——全球卫星导航系统(GNSS)—第 2 部分:GLONASS—接收设备—性能标准、测试方法及所需测试结果》(IEC 61108-2)。

(4) 2010 年 5 月 IMO 发布的《海上导航和无线电通信设备——系统——全球卫星导航系统(GNSS)—第 3 部分:Galileo 接收设备—性能要求、测试方法及所需测试结果》(IEC 61108-3)。

(5) 2004 年 7 月 IMO 发布的《海上导航和无线电通信设备——系统——全球卫星导航系统(GNSS)—第 4 部分:船用 DGPS 和 DGLONASS 海上无线电信标接收设备—性能要求、测试方法及所需测试结果》(IEC 61108-4)。

(6) 2020 年 3 月 IMO 发布的《海上导航和无线电通信设备——系统——全球卫星导航系统(GNSS)—第 5 部分:北斗卫星导航系统(BDS)—接收设备—性能要求、测试方法与要求的测试结果》(IEC 61108-5)。

(7) 2016 年 8 月 IMO 发布的《海上导航和无线电通信设备——系统——数字接口》(IEC 61162)。

(8) 2000 年 12 月 IMO 发布的《经修订的船载 GPS 接收设备性能标准》[MSC.112(73)]。

(9) 2000 年 12 月 IMO 发布的《经修订的船载 GLONASS 接收设备性能标准》[MSC.113

(73)]。

(10)2000年12月IMO发布的《经修订的船载DGPS和DGLONASS接收设备性能标准》[MSC.114(73)]。

(11)2000年12月IMO发布的《经修订的船载组合GPS/GLONASS接收设备性能标准》[MSC.115(73)]。

(12)2014年5月IMO发布的《船载北斗卫星导航系统接收设备性能标准》[MSC.379(93)]。

二、GPS卫星导航系统概述

GPS是Navigation Satellite Timing and Ranging/Global Positioning System 字头缩写词NAVSTAR/GPS的简称,其含义是:导航卫星授时与测距/全球定位系统。1973年年底,美国开始研究GPS卫星导航系统;1993年年底,卫星初步部署完毕;1995年年底全部投入运营。GPS可为全球提供全天候、高精度、连续、近于实时的三维定位与导航,主要供军方及高端用户使用的P码定位精度可达1 m,主要供民用的CA码定位精度为10~30 m。GPS投入使用后,由于美国实施的SA(选择性可用)和AS(反电子欺骗)两项技术,CA码定位精度一度下降到100 m,后来为了维护卫星导航系统巨大的商业利益,并保持其在此领域的领先地位,美国于2000年5月1日取消了SA,CA码定位精度恢复到20 m。GPS已成为目前全球拥有最多用户的卫星导航系统。

三、GPS卫星导航系统定位解算原理

(一)空间球面测距定位

GPS卫星导航系统由导航卫星、地面站及用户设备三部分组成,如图4-1-1所示。

导航卫星用于发送导航信号,地面站对卫星进行跟踪控制并注入导航信息,位于用户运载体上的导航接收机接收卫星信号以实现定位与导航。

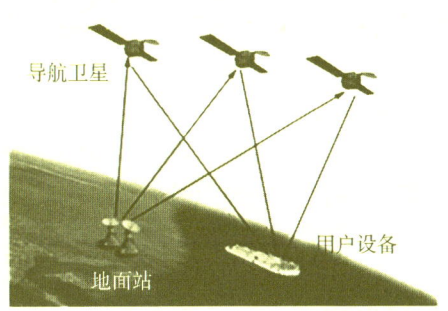

图4-1-1 GPS卫星导航系统的组成

GPS是一种测距定位系统,用户通过测定卫星信号到用户的传播延时,得到电波在空间的传播时间,如果电磁波在空间的传播速度已知,即可得到用户到卫星的距离。具体定位时,只需测量用户到3颗卫星的距离,便可以得到分别以3颗卫星为球心、以卫星到用户的距离为半径的3个球面,其交点即为用户的三维空间位置。为了求解用户的位置,卫星发射信号时的位

置必须精确,用户通过接收 GPS 卫星发射的卫星电文中所包含的卫星星历来获得卫星位置。

(二)伪测距

用户利用卫星导航仪测得的距离将受到以下两个因素的影响:

(1)卫星及用户的时钟偏差

如前所述,测距的实质是测延时(电波传播时间),统一而精确的时间基准对于测量的精度至关重要。GPS 卫星均采用高精度的原子钟,精度可达 $(0.1 \sim 10) \times 10^{-13}$ s/d,不过误差会随时间累积,进而反映到用户的测量误差中。另外,用户时钟精度一般不高,其所测量的延时中将包含较大的时钟误差。

(2)信号传播延迟

卫星信号传播到用户时,要经过电离层和对流层的折射,信号传播速度和路径发生变化,产生传播延迟,这会给用户测量时间带来误差。

综合以上因素,用户利用 GPS 接收机测得的距离不是用户到卫星的真实距离,而是"伪距离"(简称伪距),测量伪距离称为伪测距。

(二)定位解算原理

考虑到用户测得的到卫星的距离为伪距离,可以用式(4-1-1)表示用户的实际观测方程:

$$r_i^* = r_i + c(\Delta t_{Ai} - \Delta t_{si}) + c\Delta t_u \tag{4-1-1}$$

式中:r_i^* 为用户所测的第 i 颗卫星的伪距;r_i 为用户到第 i 颗卫星的真实距离;c 为光速;Δt_{Ai} 为信号传播延迟;Δt_{Si} 为卫星 i 的时钟偏差;Δt_u 为用户的时钟偏差。

将真实距离 $r_i = \sqrt{(X-X_{Si})^2 + (Y-Y_{Si})^2 + (Z-Z_{Si})^2}$ 代入式(4-1-1),则有:

$$r^* = \sqrt{(X-X_{Si})^2 + (Y-Y_{Si})^2 + (Z-Z_{Si})^2} + C(\Delta t_{Ai} - \Delta t_{Si}) + C\Delta t_u \tag{4-1-2}$$

式中:X、Y、Z 为用户的三维位置坐标;X_{Si}、Y_{Si}、Z_{Si} 为卫星的三维位置坐标。

为了求解用户的三维位置:

(1)卫星的三维位置坐标 X_{si}、Y_{si}、Z_{si},可通过接收卫星导航电文中的卫星星历获得。

(2)GPS 卫星在发射给用户的卫星电文中提供卫星时钟偏差校正参量 Δt_{si}。

(3)GPS 卫星通过发射双频(1 575.42 MHz 和 1 227.60 MHz)信号来修正电离层折射误差,同时,GPS 卫星在发射给用户的卫星电文中提供大气校正参量,用户通过修正模型来校正对流层折射误差,所以信号传播延迟 Δ_{Ai} 可以解算。

(4)伪距 r^* 为用户的观测量=电磁波传播速度×用户所观测的信号传播延时时间。

式(4-1-2)包含三维位置坐标(X、Y、Z)和用户时钟偏差 Δt_u 共 4 个未知数,于是,用户在进行三维定位时至少需要接收 4 颗卫星信号,二维定位时则至少需要接收 3 颗卫星信号。

四、GPS 卫星导航系统设置

(一)GPS 地面站

GPS 地面站由主控站、跟踪站和注入站 3 部分组成。主控站设在科罗拉多州斯普林斯的福尔肯空军基地的联合工作中心,它负责整个卫星的控制,导航性能的评价和卫星星历表的生成,并将导航信息编码传送给注入站。主控站还负责控制和调整偏离轨道的卫星,启用备用卫星。斯普林斯也被用作跟踪站,与位于夏威夷、阿森松岛(南大西洋)、迭戈加西亚岛(印度洋)和马绍尔群岛夸贾林环礁(北太平洋)组成5个跟踪站,去跟踪、搜集包括环境数据在内的关于卫星的各种信息,并将测定的信息传送到主控站。注入站位于阿森松岛、迭戈加西亚岛和马绍尔群岛夸贾林,它在主控站的控制下,将导航信息每天注入卫星1~2次。

(二) GPS 导航卫星网

GPS 卫星设计星座由 24 颗卫星组成,包括 21 颗工作卫星和 3 颗备用卫星,平均分布在 6 个轨道上,如图 4-1-2 所示。后期又陆续发射了 BLOCK Ⅰ、Ⅱ、Ⅱ A 和 Ⅱ R 系列卫星。美国正在研发新一代 GPS-3 卫星,其星座包括 32 颗卫星,将取代现有的由 24 颗卫星组成的星座,GPS-3 卫星提高了导航性能,增强了抗干扰能力,并与欧洲"伽利略"系统兼容,整个卫星发射工作计划从 2013 年开始到 2019 年结束。

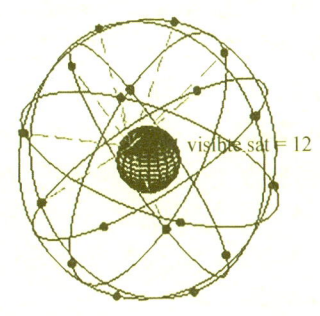

图 4-1-2 GPS 导航卫星网

GPS 导航卫星主要参数如下:

(1) 轨道高度:20 183 km 左右,属高轨轨道。

(2) 运行周期:约 11 h 58 min。

(3) 轨道倾角:约 55°,属任意轨道型,每颗卫星每天约有 5 h 在地平线以上,全球任何地方的观测者,在地平线 7.5° 以上至少可以看到 4 颗卫星,在地平线以上至少可以观测到 5 颗卫星,最多可看到 11 颗卫星。

(4) 发射频率:卫星同时发射 1 575.42 MHz(L_1 波段)和 1 227.60 MHz(L_2 波段)两种频率,之后会增加发射民航安全专用的 L_5 频率(1 176 MHz)。

(5) 发射天线:由 12 个鞭状螺旋天线组成螺旋天线阵,发射 L_1 和 L_2 波段的圆极化波,以约 30° 波束覆盖一部分地球球面。卫星上还装有全向遥测遥控天线与地面监控网通信。

(6) 卫星电源:由太阳能电源和镉镍蓄电池组成。

(7) 卫星钟:卫星上装有原子钟(铷钟、铯钟、氢钟),稳定度为 10^{-13}/d。GPS 卫星导航系统采用的时间基准称为 GPS 时间,它是以主控站的原子钟作为基准,并规定以 1980 年 1 月 6 日 UTC 时间的零点作为起点,与国际原子钟间有 19 s 的固定差值。因不采用跳秒调整,GPS 时间与 UTC 时间整秒数差值不断地增加。GPS 时间与 UTC 的时间差会在卫星电文中播发,播发的给出星期数和星期开始时起算的秒数。

五、DGPS 卫星导航电文

（一）导航电文内容及发射格式

卫星发射的导航信息称为"卫星导航电文"，向用户提供导航基准信息。导航电文包括卫星上各有关系统的工作状态、系统时间、卫星钟偏差校正参量、卫星星历、卫星历书、卫星识别标志以及与卫星导航有关的其他信息。卫星导航电文经过二进制编码后形成导航数据码，其码速为每秒 50 个码位。

原始的导航数据码首先要由伪随机噪声码 P 和 CA 码进行加密和扩频，然后将扩频后的信号以绝对相移键控 PSK 方式对载波 L_1 和 L_2 进行调制，最后形成卫星发射信号通过卫星天线发射出去。

伪随机二进制码是由若干个 0 和 1 的元素（码元）组成的二进制序列，它具备随机序列的统计特性，但可预先确定生成，并可以重复实现。P 码是一种连续、快速、长周期的伪随机二进制序列码，其码率为 10.23 MHz，码周期为 7 d；每个周期开始于每星期六格林尼治标准时间 2400 时，这种码具有精确的时间和距离测量的能力。CA 码是一种低速、短周期的伪随机二进制序列码，其码率为 1.023 MHz，码周期为 1 ms。CA 码测距精度较低，但易于捕获，且具有协助卫星获得 P 码的能力。

GPS 利用伪随机二进制码技术，具有抗干扰性强、码分多址（CDMA）识别卫星、保密性高、测时和测距精准等优点。

载波 L_1 由导航数据码和伪随机噪声码 P 和 CA 码进行调制，L_2 则仅由导航数据码和 P 码进行调制。将来在 L_2 上增加 CA 码调制，在 L_1 和 L_2 上增加 M 码调制（军用）。

（二）伪码测距原理

如图 4-1-3 所示，GPS 卫星发射伪码和用户本机采用的基准伪码结构相同且时间严格同步，卫星信号经过空间传播后被用户接收，相同结构的码之间的时间差即为传播延时（电波传播时间）。用户本机产生的基准伪码通过码相关电路跟踪接收伪码，形成本机跟踪伪码，本机跟踪伪码与本机基准伪码比较，从而测量出卫星到用户的传播延时，该延时乘以电磁波传播速度即得到"伪距离"。

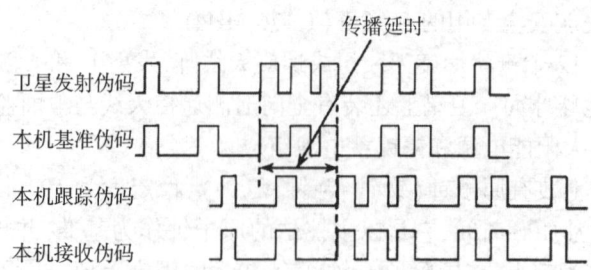

图 4-1-3　伪码测距原理示意图

六、DGPS 卫星导航系统

由于美国的 GPS 政策,普通的 GPS 用户利用 CA 码定位的精度不高(无 SA 时,精度为 10~30 m;有 SA 时,精度为 100 m),这极大地限制了 GPS 在精密导航、大地测量、精密工程测量等众多领域的应用。于是,DGPS(Differential GPS),即差分 GPS 导航系统得到了较快的发展。DGPS 是利用差分技术对 GPS 用户的观测量进行修正,从而获得高精度的定位结果。目前 DGPS 可以将 CA 码接收机的定位精度提高到米级、亚米级甚至厘米级。

DGPS 由 GPS 卫星网、基准站、数据链及用户 4 部分组成,如图 4-1-4 所示。DGPS 基准站的位置精确、已知,基准站用 GPS 接收机定位后,与其已知位置比较,计算出修正量(伪距、位置等)。一般 DGPS 用户和基准站之间距离较近(300 n mile 以内),两者的 GPS 接收机观测定位误差相近,基准站的误差修正数据可以被用户用来修正其观测结果,该误差修正数据被称为差分修正数据。基准站通过数据链以广播或其他通信方式将差分修正数据发送给用户,对用户测量的数据进行修正,使用户获得高精度的定位结果。

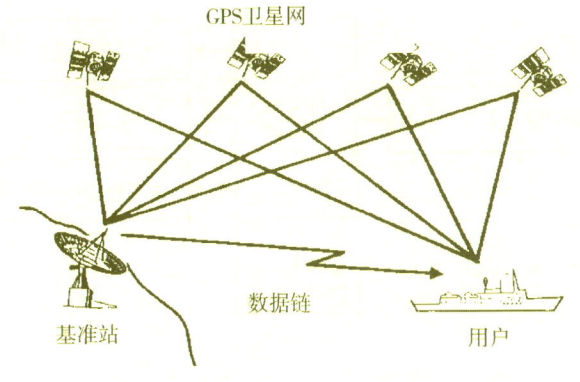

图 4-1-4　DGPS 的组成

DGPS 根据修正数据的处理方法可分为位置差分 GPS、伪距差分 GPS、载波相位差分 GPS。伪距差分校正灵活,是目前广泛应用于航海的差分技术,其基本原理是:DGPS 基准站根据其精确位置与 GPS 卫星星历,计算出 GPS 卫星到基准站的距离。此距离与基准站用 CA 码测量的伪距之差,称为伪距修正值。基准站将每颗卫星的伪距修正值、伪距修正值变化率等数据播发给作用区内的用户,用户利用该修正值对其观测伪距进行修正,求出用户的位置。载波相位差分通过 GPS 载波相位差观测值进行差分校正,精度可以达到厘米级。

DGPS 根据差分的作用范围又可分为局域差分 GPS、广域差分 GDS 和广域增强系统。局域差分 GPS 是在局域区(150 km)内设立若干个 DGPS 基准站以及一个或数个监控站,位于该区域的用户根据多个基准站所提供的修正信息,采用加权平均法或最小方差法进行计算处理,从而获得精度较高的定位结果。广域差分 GPS 和广域增强系统则是伪距差分 GPS 在空域上的扩展,它们通过在一定区域设立 DGPS 基准站网,与一个或多个主控台组成广域差分网,其差分有效范围可以达到 1 000~1 500 km,甚至更长。

第二节　GPS 卫星导航仪设备及接口

一、GPS 卫星导航仪原理框图及工作过程

目前,航海上使用较多的是单频 CA 单码相关型导航仪。GPS 接收机由硬件和机内软件及 GPS 数据的后处理软件包等构成。GPS 接收机的硬件由天线单元、主机单元和电源三部分组成,如图 4-2-1 所示。GPS 天线安装在室外,通过电缆与主机部分相连。主机由变频器及中频放大器、信号通道、微处理器、显示模块等组成。

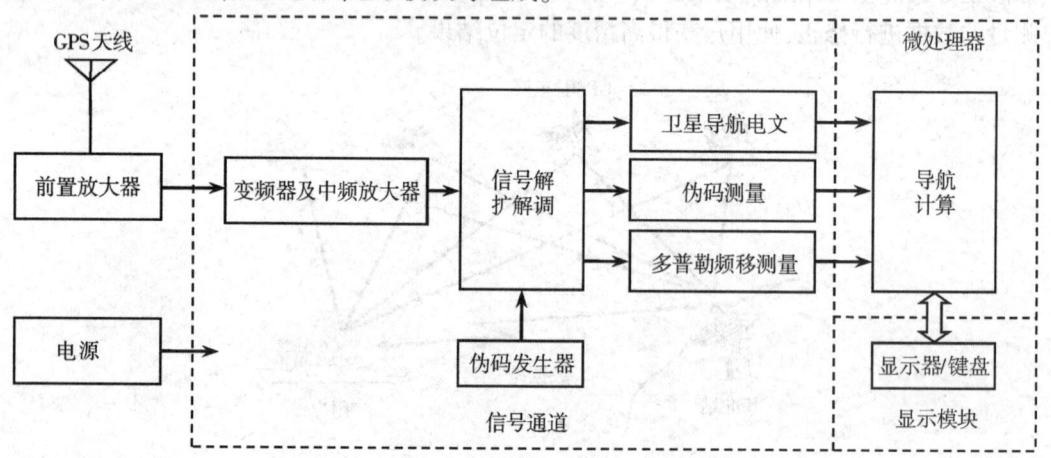

图 4-2-1　GPS 接收机工作原理框图

GPS 接收机通过 GPS 天线将接收到的微弱的卫星电磁波信号变为相应的电信号,通过前置放大器放大(改善信噪比)送至变频器把射频(RF)信号变成中频(IF)信号,经过中频放大送至伪码锁相环路和载波锁相环路,进行伪码和频率(载波)的二维搜索。伪码锁相环路使本机跟踪伪码在时间上和接收的伪码对准,自动捕获和跟踪卫星码;载波锁相环路使本机跟踪载波在频率和相位上和接收的载波对准,自动捕获和跟踪卫星载波。

GPS 信号伪码与本机跟踪伪码在相关器进行比较,当两者一致时输出最大,表示检测到 GPS 数据调制载波信号。GPS 数据调制载波信号与本机跟踪载波混频后,检测出 GPS 数据码信号。GPS 数据码信号经数据同步、检测、滤波后检出 GPS 卫星导航电文。跟踪载波与本机基准振荡波之差为多普勒频移。比较跟踪伪码与本机基准伪码,测得信号传播延时,测出伪距。

微处理器是 GPS 接收机的工作核心,GPS 接收机对信号的接收处理是在微处理器控制之下进行的。其主要功能是:开机自检、选择卫星、搜集卫星数据、校正大气层传播误差、测量伪距与多普勒频移、计算用户的位置、速度、导航信息等。

GPS 接收机一般都有液晶显示屏以提供 GPS 接收机的工作信息,并配有一个控制键盘,

用户可以通过键盘控制 GPS 接收机工作。有的 GPS 接收机还配有大显示屏,在屏幕上直接显示导航信息和数字地图。

GPS 接收机的电源有两种:一种为机内电源,多为锂电池,用于为随机存取存储器(RAM)供电,防止关机后数据丢失;另一种为机外电源,多为可充电的 12 V 镉镍电池,当使用交流电时,要经过稳压电源或专用电源变换器供电。

二、FURUNO GP-32 型 GPS 卫星导航仪简介

(一) 主要参数

日本 FURUNO 公司生产的 GP-32 型 GPS 卫星导航仪是一种典型的 CA 码单频 GPS 卫星导航仪,如图 4-2-2 所示为该导航仪的显示器及面板示意图。

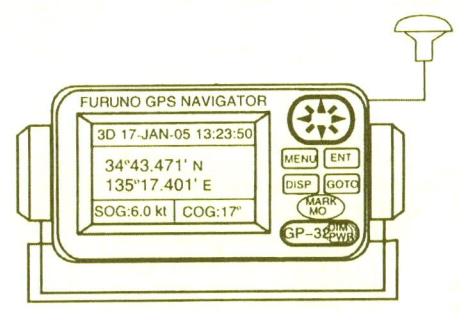

图 4-2-2　GP-32 型 GPS 卫星导航仪

其设备由天线和主机两部分组成,主要参数如下所示:
(1) 接收频率:1 575.42±1 MHz(L_1),接收码为 CA 码。
(2) 接收通道:12 并行通道,12 颗卫星跟踪。
(3) GPS 定位精度:10 m(95% 置信度,HDOP=4)。
(4) 开机定位时间:热启动约 12 s,冷启动约 90 s。
(5) 位置更新率:1 s。
(6) 输出信号:RS-232C、NMEA 0183 格式(版本 1.5 或 2.0)。
(7) 电源:12~24 VDC,240~120 mA。

(二) 启动

GP-32 型 GPS 卫星导航仪日常启动时只需按下电源键,卫星导航仪即能自动定位。根据 IEC 1108-1 和我国 GB/T 19391 标准,对 GPS 的启动定义了三种启动模式:

1. 冷启动(Cold Start):GPS 接收机在不知道星历、历书、时间和位置的情况下(如用户位置变化超过 1 000 km 未开机或超过 7 天未开机)开机,需要较长时间(一般 30 min 之内)才能正常定位。

2. 温启动(Warm Start):GPS 接收机在不知道星历,但存有历书、时间和位置的情况下(如设备掉电 24 h)开机,达到正常定位的时间比冷启动短(一般在 5 min 之内)。

3. 热启动(Hot Start):GPS 接收机在存有星历、历书、时间和位置的情况下开机,达到正常定位的时间比温启动短(一般在 2 min 之内)。

历书与星历都是表示卫星运行的参数。历书包括全部卫星的大概位置,用于卫星预报,可缩短卫星锁定时间。历书是从导航电文中提取的,每12.5 min 的导航电文才能得到一组完整的历书。星历只是当前接收机观测到的卫星的精确位置用于定位。

用户长期未使用 GPS 卫星导航仪或当位置变动较大时再开机定位经常会出现定位变慢的问题,其原因主要是机内锂电池断电,机内计时器溢出丧失时间,卫星历书过期等。此时,应检查并更换电池或按操作步骤清除历书及内存,并且进行初始化操作。

(三)显示方式

GP-32 型 GPS 卫星导航仪有导航数据显示方式(Nav Data Display)、用户显示方式(User Display)、标绘显示方式(Plotter Display)、航路显示方式(Highway Display)、操舵显示方式(Steering Display)等,如图4-2-3所示。

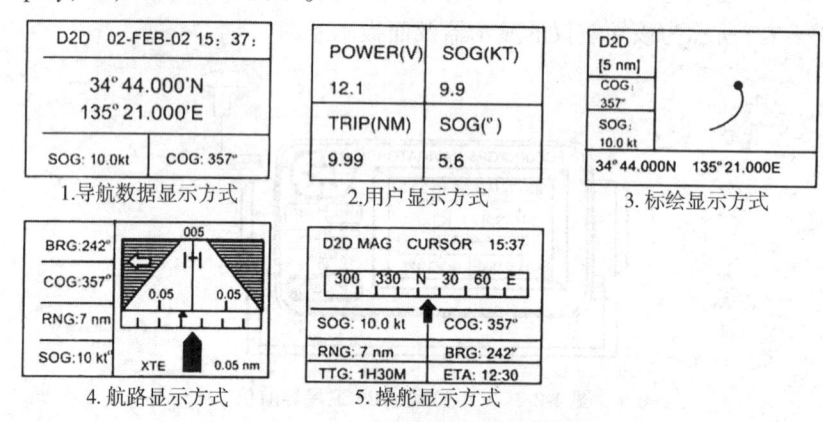

图 4-2-3　GP-32 型 GPS 卫星导航仪显示方式

(1)导航数据显示:提供了船位(纬度/经度)、对地航向(COG)、航速(SOG)、时间(Time)和定位方式。常见的定位方式英文缩写有:2D(二维定位)、3D(三维定位)、D2D(差分 GPS 二维定位)、D3D(差分 GPS 三维定位)、SIM(模拟定位)。

(2)用户显示:显示的数据由用户根据应用需要选择,这些数据有时间、接收机的状态、航速(SPD)、航向(CSE)、到达航路点的方位(BRG)和距离(RNG)、预计到达目的地的时间(ETA)和航行时间(TTG,Time-To-Go)、航行的距离(TRIP)和电源电压(PWR)。

(3)标绘显示:提供了本船航迹(Track)标绘、船位、航向、航速、标绘视图范围等信息。

(4)航路显示:提供了船舶驶向目标航路点的 3D 航路意向图、导航数据及偏航值(XTE)。

(5)操舵显示:提供了船舶操舵信息、方位标尺、船舶标志、操舵的状况、航速(SPD)、航向(CSE)到达航路点的方位(BRG)和距离(RNG)、预计到达目的地的时间(ETA)和航行时间(TTG,Time-To-Go)。

(四)主要功能

GP-32 型 GPS 卫星导航仪主菜单如图4-2-4所示。

主要的菜单功能如下:

1. 航路点(WAYPOINTS)

航路点用于输入航路点的名称、纬度/经度,实现航路点的导航功能。

第四章 全球卫星导航系统

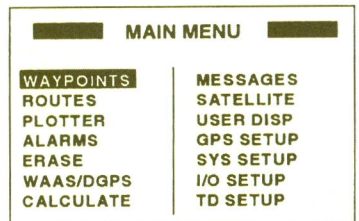

图 4-2-4　GP-32 型 GPS 卫星导航仪主菜单

2. 航线(ROUTES)

航线设计,实现航线导航功能。

3. 报警(ALARMS)

报警功能设置,包括到达警、锚更警、偏航警、速度警、DGPS 警、时间警、距离警。

4. 计算(CALCULATE)

用于计算航路点的距离方位和 ETA 等。

5. 卫星(SATELLITE)

卫星用于显示卫星的编号、空间仰角分布、卫星信号强度指示、DOP 值等。

6. GPS 初始化(GPS SETUP)

GPS 初始化用于进行 GPS 定位的初始设置,主要包括平滑位置、平滑速度和航向、经纬度修正量、不可用卫星编号、定位模式的输入等。

7. 系统初始化(SYS SETUP)

系统初始化用于进行坐标系和时差设置,还可做机器自检和模拟输入等。

8. 输入输出设置(I/O SETUP)

输入/输出设置用于进行输入/输出接口设置,主要包括输出信号格式设置、下载航路点和航线数据等。

三、GPS 卫星导航仪初始化设置

GPS 卫星导航仪初始化包括系统初始化和 GPS 初始化。系统初始化是指坐标系的选择、时差、时间显示、自检、模拟输入等的设置;GPS 初始化是指 GPS 导航仪定位解算时的参数设定,主要包括平滑位置、平滑速度/航向、经/纬度修正量、不可用卫星、定位模式选择等的设置。

1. 坐标系(DATUM)

GPS 导航仪默认坐标系为 WGS-84(World Geodetic System,1984 年,美国国防部研制)坐标系。使用纸质海图时,所选坐标系应和所使用的海图测地系一致。若导航仪坐标系与用户所使用的海图测地系不同,且不做坐标系修正,定位时易出现较大的误差。使用设备导航时,INS 要求所选坐标系必须为 WGS-84 坐标。一般情况下,系统通过接口输出的数据为 WGS-84 坐标,但有型号陈旧的设备需要进行输出数据时,应参考说明书进行设置。

2. 时差(TIME DIFF)

用户可使用 GPS 的系统初始化(SYS SETUP)菜单中的时差(TIME DIFF)设置功能输入所

在区时(LOCAL TIME)与世界协调时(UTC)的时差量,用于将 UTC 时间转换为当地区时显示,时差的计算公式为:时差=区时-世界协调时。符号:东时区时差为+,西时区时差为-,如北京地区用户处于东八时区,GPS 导航仪应输入的时差量为+8:00。

3. 平滑(SMOOTH)

平滑是 GPS 初始化中的基本设置,它包括位置平滑(Smooth POS)和速度/航向平滑(Smooth S/C)。位置平滑用于修正 GPS 定位解算误差,输入的是时间(如 0~999 s),如输入 90 s,其意义在于利用 90 s 内的定位结果进行数学平滑,提高导航仪定位精度。对于动态性较高的运载体,该值不宜设置过大,航海商船一般设置为 1~3 s。速度/航向平滑输入的也是时间,用于平滑导航仪解算速度(SOG)和航向(COG)的误差,提高导航数据的精度,一般设置为 3~5 s。

4. 定位模式(FIX MODE)

GPS 导航仪可以选择 2D/3D(二维/三维)定位或者 2D(二维)定位。2D/3D 定位是根据可视卫星数目自动选择定位模式,当可用卫星数目多于 4 颗时为 3D 定位,可用卫星数目为 3 颗时为 2D 定位;2D 定位是指定的二维定位模式,该模式下必须准确输入定位所选定坐标系下的 GPS 天线高度,2D 定位仅适用于可视卫星数目少且 GPS 天线高度不变(载体没有高程方向的运动)的情况下。船舶在风浪中航行时,天线高度变化较大,应尽量避免使用 2D 定位。

5. 不可用卫星(DISABLE SV)

用户可以使用此功能对所观测的卫星进行手动屏蔽信号不良的卫星,提高导航仪定位精度。以 FURUNO GP32 型 GPS 卫星导航仪为例,在 SATELLITE 菜单下,用户可以看到如图 4-2-5 所示的卫星状态图。

左侧带有同心圆的星座图显示了可视卫星的编号及仰角分布;右侧显示所有卫星的信号强度,越过第一条竖线(25%)为可用卫星,未越过第一条竖线(25%)为不可用卫星。

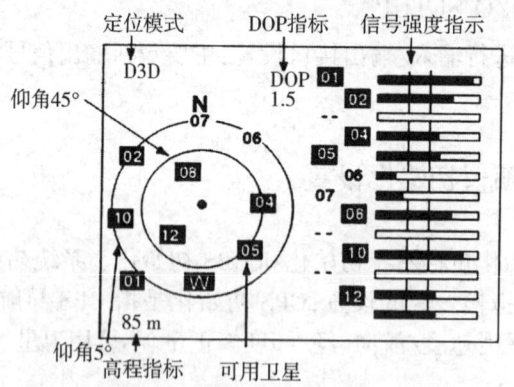

图 4-2-5 GPS 卫星导航仪卫星状态图

四、GPS 卫星导航仪接口

(一)GPS 接收机输出外设及其功能

随着船舶驾驶自动化程度的提高,综合航行系统(Integrated Navigation System,INS)在商船上日益普及,GPS 接收机通过统一的接口标准及通信协议与其他众多设备连接,输出船位及导航信息作为支持船舶航行的基本数据。INS 的内容参见第十一章。

表 4-2-1 列出了 GPS 接收机输出外设的名称及主要功能。

表 4-2-1　GPS 接收机输出外设的名称及主要功能列表

外设名称	主要功能
陀螺罗经(Gyrocompass)	校正纬度误差与速度误差
测深仪(Echo Sounder)	同步显示船位和水深数据,可存储、打印
雷达(Radar)	标准配置传感器,提供航行基本数据
自动舵(Autopilot)	实现航路点导航、航迹控制
电子海图显示与信息系统(ECDIS)	标准配置传感器,提供基本航行数据
航行数据记录仪(VDR)	标准配置传感器,记录基本航行数据
船舶自动识别系统(AIS)	标准配置传感器,提供基本航行数据
全球海上遇险与安全系统(GMDSS)	提供船位、UTC 时间等基本航行数据

(二)GPS 接收机接口

1.通信接口

GPS 接收机通常采用 RS-232 或 RS-422 串行通信接口,前者适合近距离(15 m 以内)传输,后者适合远距离(几十米)传输。关于接口的详细介绍参见第十一章第二节相关内容。

2.通信协议

GPS/DGPS 接收机通信协议应满足 NMEA 0183 或 IEC 61162 协议,波特率为 4 800 bit/s,数据为 8 位,开始位为 1 位,停止位为 1 位,无奇偶校验。目前,NMEA 0183 协议是国际海事无线电技术委员会(Radio Technical Commission for Maritime Services,RTCMS)采用的 GPS/DGPS 导航设备统一标准协议,该协议由美国国家航海电子协会(National Marine Electronics Association,NMEA)制定。NMEA 0183 协议和 IEC 61162 协议参见第十一章第二节相关内容。NMEA 0183 协议对 GPS 接收机规定了若干传输数据的通信语句,其主要输出语句如表 4-2-2 所示。

表 4-2-2　GPS 接收机主要输出语句列表

语句名称	语句含义
$ GPDDA	GPS 全球定位数据(定位时间、纬度、经度、定位质量、使用卫星数量、DOP 值等)
$ GPZDA	UTC 日期、UTC 时间、本地时间、时区
$ GPGLL	大地坐标
$ GPVTG	地面速度信息(对地速度 SOG、对地航向 COG)
$ GPGSA	卫星 PRN(伪随机噪声)码
$ GPGSV	卫星状态指示(卫星编号、仰角、信噪比、精度因子等)
$ GPRMC	推荐最小 GPS 数据格式(UTC、定位状态、纬度、经度、对地速率、对地航向、磁差)
$ GPAAM	航路点到达报警

表 4-2-3 以 GPS 常用的 GGA(GPS 全球定位数据)语句为例对格式进行说明。

表 4-2-3 NMEA 0183 协议语句格式列表举例

格式:$ GPCCA,<2>,<3>,<4>,<5>,<6>,<7>,<8>,<9>,M,<10>,M,<11>,<12>,*hh<CR><LF>
样例:$ GPCGA,062938.00,3110.4700719,N,12123.2657056,E,1,12,0.6,58.9666,M,0.000,M,99,AAAA*50

序号	名称	样例数据	单位	描述
0	消息 ID	$ GPCGA		GGA 协议格式的数据头
1	UTC 时间	062938.00		定位点的协调世界时(UTC),格式:hhmss.ss
2	纬度	3110.4700719		定位点纬度.格式:dimm.mmmmmmm
3	纬度方向	N		N,北纬;S,南纬
4	经度	12123.2657056		定位点经度,格式:ddmm.mmmmmm
5	经度方向	E		E,东经;W,西经
6	GPS 定位状态指示	1		0:未定位;1:无差分.ps 模式,定位有效;2:带差分,中模式,定位有效;3:pps 模式,定位有效
7	使用卫星数量	12		从 00 到 12(不足 10 的前面补 0)
8	水平精度衰减因子	0.6		范围:0.5~99.9
9	高程	58.9666	m	海拔(-9999.9~9999.9 m)
10	高程单位	M		
11	大地水准面高度	0.000	m	大地椭圆面相对于海平面高度(-9999.9~9999.9 m)
12	高度单位	M		
13	差分修订时间	99	s	从最近一次接近收到差分信号开始数秒,如果不是差分定位,此处为空
14	差分参考基站 ID 号	AAAA		差分参考基站标号(0000 到 1023 首位 0 也将传送。非差分定位此项为空)
15	校验和	50		$ 与 * 之间所有字符 ASCII 码的校验和(各字节做异或运算,得到校验和后,再转换成 16 进制格式的 ASCII 码字符)

五、GPS/DGPS 接收机的日常保养、故障处理及安装

(一)GPS 接收机的日常保养

日常保养对于维持 GPS 接收机的正常功能是非常重要的,每月应做以下保养:
(1)检查 GPS 接收机后部线缆连接是否紧固,有无锈蚀情况;
(2)检查接地线是否紧固,有无锈蚀情况;
(3)检查电源线缆连接是否紧固,有无锈蚀情况;
(4)检查天线连接是否紧固,有无损毁情况;
(5)检查键盘和显示器是否有灰尘和锈迹,若有用软布蘸蒸馏水清除,不要使用化学洗涤剂。

（二）GPS 接收机的故障判断方法

GPS 接收机故障可以通过查看 GPS 接收机报警信息和运行设备自检程序来判断。

1.查看 GPS 接收机报警信息

GPS 接收机信息列表菜单会显示错误信息和报警，电子电气员可利用这些信息判断 GPS 接收机的工作状态或者相关故障。GPS 接收机报警信息包括工作报警和设备报警两类，前者和 GPS 接收机的使用状态相关，后者和 GPS 接收机设备故障相关。GPS 接收机报警类别和释义如表 4-2-4 所示。

表 4-2-4　GPS 接收机报警类别和释义

信息类别	释义
A.工作报警	
ANCHOR WATCH	锚更报警
ARRIVAL ALARM	到达报警
SPEED ALARM	速度报警
TIME ALARM	时间报警
TRIP ALARM	航程报警
XTE ALARM	偏航报警
NO DGPS SIGNAL	无 DGPS 信号报警
GPS NO FIX	无定位报警
B.设备报警	
BACKUP ERROR DATA	备份数据错误报警
BATTERY ALARM	电池掉电报警
HIGHVOLTAGE	输入电压过高报警
LOW VOLTAGE	输入电压过低报警
ODOMETER ALARM	里程计报警
RAM ERROR	随机存储器故障报警
ROM ERROR	只读存储器故障报警

2.运行设备自检程序

接收机自检程序（Diagnostic Test）用于检测 ROM、RAM、数据接口、差分接收机、电池、键盘、显示器等是否工作正常。自检期间，设备进入自动运行状态，接收机所有按键将失效。检测结束之后，一旦某个部分出现故障，设备将给出相应的报警信息提示。

（三）接收机常见故障排除

1.无法定位

无法定位是卫星接收机在日常使用中常见的故障之一。无法定位的原因主要有：
（1）天线损坏：天线受潮锈蚀，或者进水导致短路，或者有源天线受到较强射频信号影响导致电路损坏等。

（2）连接电缆松动脱落：天线连接器连接不牢固、接收机或天线处电缆插头脱落、电缆部分损毁等。

（3）GPS接收机电路故障：接收机自身软硬件故障。

（4）天线被遮挡：天线被较大障碍物遮挡，出现定位中断。

（5）DGPS无法提供差分定位功能：船舶距离基站较远，不在DGPS信号接收范围内。

排除无法定位故障的一般步骤如下：

（1）查看电缆插头是否松动脱落、天线连接器连接是否正常，如有异常，恢复之。

（2）检查电缆是否损毁，可用测试电缆替换连接电缆，如果恢复正常定位，则说明电缆损坏，需要更换电缆。

（3）如果用测试电缆替换连接电缆仍然无法恢复正常定位，则检查天线是否损坏，可用测试天线替换天线，如果恢复正常定位，则说明天线损坏，需要更换天线。

（4）若用测试天线替换天线仍然无法恢复正常定位，则可以考虑接收机主机故障。

（5）若判断天线被遮挡，或者距离基站较远，则无须进行故障排除。

2.定位变慢

开机后定位变慢的原因有：

（1）在用户长期未使用GPS接收机或接收机位置变动较大后再次开机时，接收机处于冷启动或温启动状态，这种情况无须采取干预措施。

（2）机内锂电池掉电或失效，关机后无法保存时间、星历等信息，再次开机后需重新收集。当GPS接收机电压较低时，会出现电池报警信息，及时更换电池即可。

3.电源保险丝熔断

电源保险丝熔断的原因为设备过流、瞬间短路等，在更换保险丝之前应查明原因。如果更换保险丝之后，保险丝再次熔断，则需要维修设备。

（四）船载接收机的安装

1.接收机天线的安装注意事项

（1）接收机天线应安装在水平360°、仰角5°~90°无连续障碍物处，离S波段雷达及Inmarsat系统等天线发射波束3 m以上。

（2）注意测量GPS接收机天线与船首和船尾的距离，以及与船舶两舷的距离，便于本船AIS静态参数的设置。设置参数中，船首距离为A，船尾距离为B，左舷和右舷距离分别为C和D。

（3）尽量不要缩减制造商提供的天线电缆长度。

（4）天线安装位置要尽量高，避免被喷水干扰；天线表面结冰也可能中断GPS卫星信号的接收。

2.天线连接器的组装

在安装GPS接收机时，线缆可能要穿过一些尺寸较小的孔洞，而连接器无法穿过，此时需要将其拆除，待线缆穿过后再将连接器组装起来，天线连接器的具体安装如图4-2-6所示。

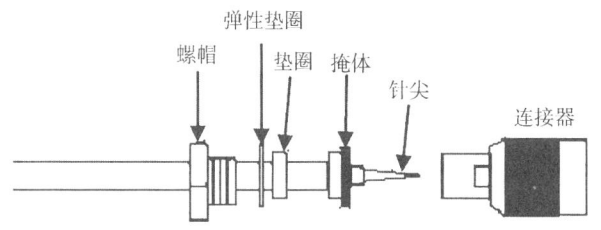

图 4-2-6 天线连接器的具体安装

3.显示器的安装

接收机显示器常见的两种安装方式为桌面式和嵌入式。选择显示器的安装位置应注意:
(1)尽量远离排气管道和通风管道;
(2)周围通风良好;
(3)尽量避免冲击和振动;
(4)远离电磁设备,如电动机或发电机;
(5)保证显示器两侧和后方留有足够的维护空间,以方便维护和维修;
(6)远离磁罗经。

第三节 北斗卫星导航系统

北斗卫星导航系统,简称北斗系统,是中国着眼于国家安全和社会经济发展需要,自主建设运行的全球卫星导航系统,是为全球用户提供全天候、全天时、高精度的定位、导航和授时服务的国家重要时空基础设施,也是继 GPS、GLONASS 之后的第三个成熟的卫星导航系统。此外,北斗卫星导航系统还可以为用户提供短报文服务,这也是它与其他卫星导航系统的最大差别。本节重点针对其定位、导航等功能展开讨论。

一、北斗卫星导航系统的组成

与 GPS 卫星导航系统类似,北斗卫星导航系统由空间段、地面段和用户段三个部分组成。

(一)空间段

北斗卫星导航系统空间段由若干地球静止轨道卫星、倾斜地球同步轨道卫星和中高度地球轨道卫星等组成,目前,北斗三号空间段由 30 颗卫星组成。

(二)地面段

北斗三号地面段包括主控站、注入站、监测站等 30 余个地面站。其中,主控站用于系统运行管理与控制等;注入站用于向卫星发送信号,对卫星进行控制管理,在接收到主控站的调度指令后,将卫星导航电文和差分完好性信息发送至卫星;监测站用于接收卫星的信号,并发送给主控站,实现对卫星的监测,以确定卫星轨道,并为时间同步提供观测资料。

(三)用户段

北斗卫星导航系统用户段包括北斗卫星导航系统用户终端、与其他卫星导航系统兼容的终端以及相应的应用系统与应用服务等。用户段可以追踪北斗导航卫星,并实时地计算出接收机所在位置的坐标、移动速度及时间。接收机可分为袖珍式、背负式、车载式、船载式、机载式等。

二、北斗卫星导航系统功能与服务

目前,北斗卫星导航系统提供导航定位和通信数传两大类服务;在全球范围内,为用户提供定位导航授时、短报文通信和国际搜救(Search and Rescue,SAR)等服务;在中国及周边地区,为用户提供星基增强(Satellite-Based Augmentation System,SBAS)、地基增强(Ground-Based Augmentation System,GBAS)、精密单点定位(Precise Point Positioning,PPP)和短报文通信等服务。

(一)定位导航授时服务

1.定位原理

与 GPS 系统类似,在北斗卫星导航系统提供的卫星无线电导航服务(Radio Navigation Satellite Service,RNSS)中,北斗导航卫星不断地发射导航电文,用户机接收到其中的卫星星历数据,提取出卫星时间与自己的时钟做对比,从而获得卫星与用户的时间差;再利用导航电文中的卫星星历数据推算出卫星发射电文时的三维坐标,从而可以算出用户接收机的三维坐标。

2.导航坐标系

北斗卫星导航系统采用 2000 国家大地坐标系(CGCS2000),其原点为包括海洋和大气的整个地球的质量中心。CGCS2000 的 z 轴由原点指向历元 2000.0 的地球参考极的方向,该历元的指向由国际时间局给定的历元为 1984.0 的初始指向推算而得。

3.授时服务

北斗卫星导航系统的时间基准为北斗时(BDT)。BDT 采用国际单位制(SI)秒为基本单位连续累计,不闰秒,起始历元为 2006 年 1 月 1 日协调世界时(UTC)00 时 00 分 00 秒。BDT 与 UTC 的偏差保持在 100 ns 以内(模 1 秒)。

4.功能指标

目前 BDS 全球范围实测定位精度水平方向优于 2.5 m,垂直方向优于 5.0 m;测速精度优于 0.2 m/s,授时精度优于 20 ns。系统连续性提升至 99.996%,可用性提升至 99%。

(二)其他服务

1.精密单点定位服务

精密单点定位信号是北斗卫星导航系统首次对外发布的高精度信号,由北斗 3 颗地球静止轨道卫星播发。为用户提供公开、免费的高精度服务。精密单点定位精度实测值水平优于 20 cm,高程优于 35 cm,收敛时间为 15~20 min。

2.星基增强服务

星基增强系统是北斗卫星导航系统的重要组成部分。星基增强系统通过静止地球轨道卫星搭载卫星导航增强信号转发器,可以向用户播发星历误差、卫星钟差、电离层延迟等多种修正信息,实现对原有卫星导航系统定位精度的改进。

3.地基增强服务

地基增强服务利用北斗/GNSS 高精度接收机,通过在中国范围内建设的框架网基准站和区域网基准站,利用卫星、移动通信、数字广播等播发手段,在服务区域内提供米级、分米级和厘米级实时高精度导航定位服务。

4.国际搜救服务

北斗卫星导航系统在 6 颗中轨道(MEO)卫星上搭载了 SAR 载荷。SAR 载荷按照国际搜救卫星组织(International Satellite System for Search and Rescue)的标准开发,可与 GPS、GLONASS、GALILEO 导航卫星上的 SAR 载荷共同为全球用户提供服务。遇险用户通过紧急无线电示位标发出 406 MHz 的遇险信号,信号携带有用户标识等遇险信息,通过卫星上的 SAR 载荷转发后,由分布在世界各地的本地用户终端(Local User Terminal, LUT)进行多普勒测量定位,计算遇险目标的位置,并将这些信息发送给本地的搜救协调中心,通常由本地的搜救协调中心牵头协调救援实施。有关紧急无线电示位标的内容参阅其他教材的船舶通信系统的内容。

5.短报文通信服务

短报文通信服务是北斗卫星导航系统的最大特色。2003 年以来,从北斗一号开始,系统就采用卫星无线电测定业务(Radio Determination Satellite Service, RDSS)体制为用户提供短报文通信服务;北斗二号继承了这一体制继续提供这一服务。有关全球短报文通信服务功能和区域短报文通信服务功能参阅其他教材的船舶通信系统的内容。

【复习与思考】

1.常见的卫星导航系统有哪几种?
2.简述卫星导航系统是如何获取用户位置信息(定位原理)的。
3.简述 DGPS 的工作原理。
4.简述 GPS 导航仪传输的信号格式。
5.简述 GPS 导航仪输出的语句"＄GPZDA""GPGGA""＄GPGLL"的中文含义。
6.简述 GPS 导航仪常见故障判定排除方法。
7.简述北斗卫星导航系统的组成。
8.简述北斗卫星导航系统可提供的服务内容。

第五章

船舶自动识别系统

自动识别系统(Automatic Identification System, AIS)是工作在海上移动业务甚高频(VHF)波段,采用时分多址接入(Time Division Multiple Access, TDMA)技术自动广播和接收航行安全信息、船舶静态信息、动态信息、航次相关信息等的无线电通信系统。该系统可实现船舶航行安全的避碰识别、交通流监测的信息交换服务。

随着船舶航行技术的发展,现有的 AIS 资源已经不能满足航行安全对信息服务的需求,国际上已经在积极地开发 AIS 的加强和升级版系统,即甚高频数据交换系统(VHF Data Exchange System, VDES)。该系统在现有 AIS 功能的基础上拓展、增强了原 AIS 的应用,并增加特定应用报文(Application Specific Message, ASM)和甚高频数据交换(VHF Data Exchange, VDE)专用传输信道,以有效利用频率资源,提高数据通信的质量和传输的抗干扰能力,提高航行安全信息的可靠性,进一步提升水上无线电数据通信的能力。有关 VDES 的内容参见李建民老师编写的教材《船舶综合驾驶台通信与导航系统》的第二十二章。

根据交通运输部海事局《海船船员考试大纲》(2022 版)对维护和修理驾驶台航行设备的要求,电子电气员应该掌握的自动识别系统知识,具体要求如表 5-1 所示。

表 5-1 自动识别系统对电子电气员的要求

序号	要求
1	5.3 熟悉 AIS 系统的基本原理、操作及接口知识
	5.3.1 AIS 系统基本原理、信息类型、公约要求
	5.3.2 接口、传感器

第一节　船舶自动识别系统基本原理

一、有关 AIS 的国际公约、规范和性能标准

1974 年《国际海上人命安全公约》第 V 章修约,所有 300 总吨及以上的国际航行船舶,500 总吨及以上的非国际航行货船及所有客船均应安装并使用船舶自动识别系统(AIS)。该修正案船舶落实(AIS)安装的过渡时间,自 2002 年 7 月 1 日起分阶段生效。

作为重要的船舶助航系统,AIS 船载设备须遵守 IMO、IEC、ITU 等国际组织发布的多项标准,主要包括:

(1)1998 年 5 月 IMO 发布的《关于全球船载自动识别系统(AIS)性能标准的建议案》[MSC.74(69) 决议附件 3]。

(2)2015 年 12 月 IMO 发布的《经修订的船载自动识别系统(AIS)机载操作使用指南》[IMOA.1106(29),替代经 IMOA.956(23) 决议案修正的 A.917(22) 决议案]。

(3)2018 年 7 月 IEC 发布的《海上导航和无线电通信设备及系统—自动识别系统(AIS)——第 2 部分:自动识别系统(AISX)的 A 类传载设备——操作而性能要求,试验方法和要求的试验结果》(IEC 61993-2)。

(4)2014 年 2 月 ITU 发布的《在 VHF 海事移动频率内共享的自动识别系统(AIS)技术特性》(ITU-R M.1371)。

(5)2014 年 7 月 IMO 发布的《通过修正的航行数据记录仪(VDR)性能标准》(MSC.333(90)。

二、AIS 设备分类

AIS 设备自 2002 年在全球开始安装实施后,其应用需求不断扩大。AIS 设备被广泛安装在民用船舶、航标、基站、搜救机以及低轨道卫星上用于鉴别船舶身份和数据交换应用,有力地推进了信息融合的智能化发展。

AIS 设备的种类繁多,从应用场景的角度可将设备分成船载设备、移动设备和岸基设备等几大类,如表 5-1-1 所示。从应用顺序来看,AIS 设备最早应用于船舶,AIS 识别码分为几十种具体类别。AIS 设备的标识码中,船舶类设备标识码均以 MID(Maritime Identification Digit)码的 3 位数字标识船籍港国家信息,特定标识码则用于特定通信识别码。有关标识码的具体类别和技术知识,将在本章进一步详细讨论。

表 5-1-1　AIS 设备分类、ID 码应用环境

分类		ID 码	应用
移动载体设备	A 类	MIDXXXXXX	SOLAS 适用船舶
	B-SO 类	MIDXXXXXX	SOLAS 非适用船舶
	B-CS 类	MIDXXXXXX	SOLAS 非适用船舶
	AIS-SART	970YYXXXX	遇险船舶
	MOB-AIS	972YYXXXX	落水人员
	EPIRB-AIS	974YYXXXX	遇险船舶
	搜救飞机 AIS	IHMIDXXX	L 搜救飞机
	卫星 AIS	无	低轨道卫星
	军用舰船 AIS	MIDXXXXXX	军用舰船
岸基设备	控制基站	OOMIDXXXX	主管机关、VTS 等
	非控制基站	OOMIDXXXX	其他岸基站台
	转发器	OOMIDXXXX	岸基 AIS 网络
	AtoN	99MIDXXXX	信息化航标

三、AIS 船载设备组成

　　典型的 A 类 AIS 船载设备组成如图 5-1-1 所示,包括 AIS 主机和外部设备。AIS 主机由通信处理器、GNSS/DGNSS 接收机、VHF 收发机、内置完整性测试(Built-in Integrity Test,BIIT 或 Built-in Test Equipment,BITE)模块、船舶运动参数传感器输入接口、数据输出接口以及简易键盘与显示(Minimum Keyboard Display,MKD)单元等组成。外围设备包括船舶运动参数传感器和显示、通信及报警设备,通过数据格式符合(海上导航和无线电通信设备和系统——数字接口)(IEC 61162)标准的输入输出接口与主机连接。B 类设备,尤其是 CSTDMA 设备,通常只有简化的输入输出接口,可不接任何外接传感器和显示及远程通信设备,也不提供包括简易键盘在内的输入设备,但应具有键盘输入的接口,以方便安装设备的初始化输入。

　　外围设备包括船舶运动参数传感器和显示、通信及报警设备。船舶运动参数传感器有艏向传感器,一般为陀螺罗经;速度传感器,一般为 GPS 接收机或计程仪;旋回速率传感器,一般为船舶转向计或陀螺罗经,有的船舶未配备或不能提供此数据;全球导航卫星系统(GNSS)接收机,目前以 GPS 接收机为主。此外,如果具备相应条件,反映船舶姿态等的其他传感器的信号也应通过输入接口与 AIS 设备主机连接。AIS 信息还可以显示在其他航海仪器的显示终端上,如电子海图显示与信息系统(ECDIS)、雷达等,能够有效地增强它们的功能。AIS 设备主机都设有便携式引航仪(Personal Pilot Units,PPU)接口,能够与引航员的便携引航设备或计算机连接,如果将 AIS 数据输出到 VDR 保留,则可以方便日后调查取证和研究;如果将 AIS 设备主机与远程通信终端设备(如 GMDSS 地面或卫星通信设备)连接,则 AIS 数据的传输距离可以不受 VHF 通信距离的限制,但对 B 类 AIS 设备,不要求支持远程通信;AIS 设备及功能的报

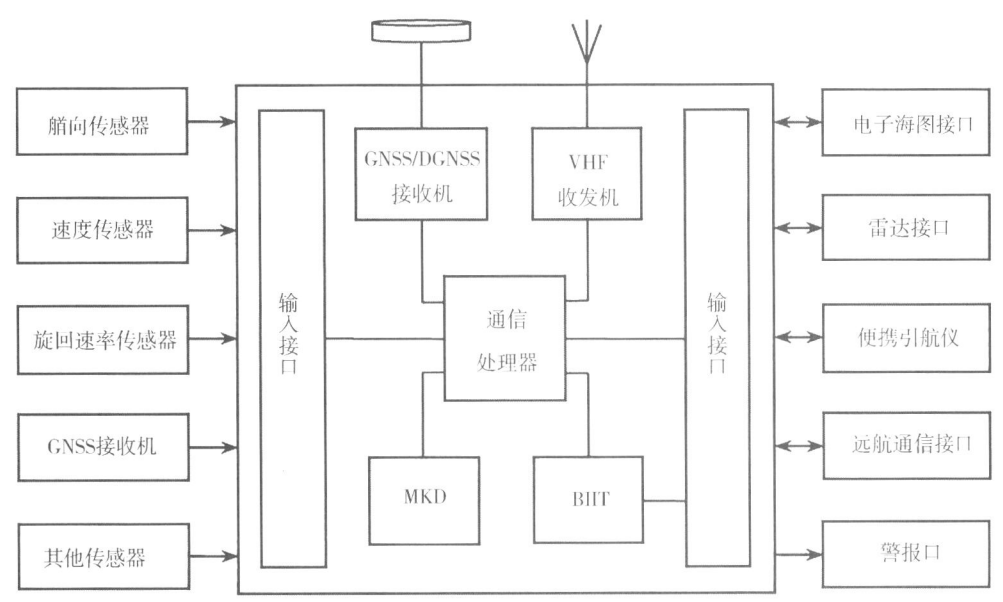

图 5-1-1 AIS 船载设备组成

警可以通过表示接口(Presentation Interface,PI)输出,触发外置报警器。

通信处理器是 AIS 设备的核心,组织和协调数据的处理、显示、编码和发送。通信处理器根据操作者或主管机关 AIS 基站的请求,控制 VHF-TDMA 收发机或远程通信设备选择及切换信道,完成近程或远程通信。通信处理器控制 VHF 发射机按照 TDMA 协议,将固化的静态数据,各传感器实时传送的动态数据,驾驶员事先输入的航次相关数据和随时输入的与航行有关的安全消息编码,在两个信道上交替广播发送 AIS 数据。同时通信处理器还对接收到的来自其他 AIS 设备的数据解码,按照航海人员的选择,将信息显示在 MKD 或其他外接显示设备上。

AIS 设备都有内置 GNSS 接收机,用以提供本船船位、对地航速/航向以及定时基准。A 类设备往往还配备外接 GNSS 接收机(船舶主 GNSS 接收机)提供以上信号,当外接设备信号中断时,自动切换内部接收机。为了在沿海和内河水域获得更精确的船位,通常可使用差分 GNSS 接收机。

MKD 是 AIS 设备的人机交互界面,满足 IMO 的最低配置要求,操作者通过简易键盘可以将信息输入 AIS 设备,显示屏能够以最少三行文字显示信息。

BIIT 能够连续监测 AIS 设备工作状态和数据的完善性,当监测到任何影响 AIS 设备正常工作或数据的完善性的因素时,能够在显示器上显示报警信息,并每隔 30 s 通过 PI 重复输出报警。操作者可使用 MKD 或其他外接设备对报警信息予以确认,或消除报警。

四、AIS 船载设备功能

AIS 船载设备能够连续工作于海上移动业务 VHF 波段,是一种船载广播式应答设备。根据 IMO MSC.74(69)附件 3《关于全球船载自动识别系统(AIS)性能标准的建议案》,AIS 应能够在功能上辅助船舶避碰,协助港口国家将船舶及其所载货物信息,以及作为 VTS 监管交通流的工具。根据 IMO A.1106(29)决议案通过的《经修订的船舶自动识别系统(AIS)船上操作使用指南》的规定,AIS旨在增强海上生命安全、提高航行的安全性和效率,以及保护海洋环境。随着科学技术的发展,目前AIS还可以提供丰富的导航信息和ASM,并且随着系统的不断升级,扩展应用和未来VDES的实施,VHF波段数据链路保障航行安全的助航能力将得到进一步提升。

五、AIS报文

AIS设备根据ITU-R M.1371规定的协议发送定制的报文/报告,相关报文/报告组合构成完整的数据,包括静态数据、动态数据、航次相关数据和安全相关短报文。当数据经过解析并通过接口显示在人机界面后,为驾驶人员可阅读和理解的内容。

(一)AIS报文概述

按照ITU-R M.1371规定的协议,不同类型设备发送的AIS报文共分为27类,如表5-1-2所示。

表5-1-2 AIS报文分类

序号	类别名称	序号	类别名称
1	消息1、2、3:位置报告	14	消息16:指配模式命令
2	消息4:基站报告	15	消息17:GNSS广播二进制报文
3	消息5:船舶静态和航行相关数据	16	消息18:标准的B类设备位置报告
4	消息6:寻址二进制报文	17	消息19:扩展的B类设备位置报告
5	消息7:二进制确认	18	消息20:数据链路管理报文
6	消息8:二进制广播报文	19	消息21:助航设备报告
7	消息9:标准的SAR航空器位置报告	20	消息22:信道管理
8	消息10:UTC/日期询问	21	消息23:群组指配命令
9	消息11:UTC/日期响应	22	消息24:静态数据报告
10	消息12:地址安全相关报文	23	消息25:单时隙二进制报文
11	消息13:安全相关确认	24	消息26:带有通信状态的多时隙二进制报文
12	消息14:安全相关广播报文	25	消息27:远距离应用的位置报告
13	消息15:询问		

AIS报文设有4个优先级,由高到低分别定义为:
(1)保证通信链路畅通的链路管理关键报文,包括位置报告报文。
(2)与安全相关的报文,应以最小延迟发送,亦称为最高服务优先级。
(3)指配、轮询和对轮询的响应报文。
(4)所有其他报文。

(二)AIS信息

1.AIS设备的识别信息

AIS设备是通过水上移动业务标识(Maritime Mobile Service Identity,MMSI)实现相互身份

识别的。有关 MMSI 的详细内容参见李建民老师编写的教材《船舶综合驾驶台通信与导航系统》的第十八章。

2.岸基船舶 AIS 信息

岸基船舶 AIS 信息可分为静态信息(英文)、动态信息(英文)、航次相关信息和安全相关短消息等四类,其中前三类为基本信息。

(1)静态信息

所谓静态信息是指 AIS 设备正常使用时,通常不需要变更的信息。静态信息在 AIS 设备安装时设定,在船舶买卖移交时需要重新设定。AIS 船载设备静态信息如表 5-1-3 所示。

表 5-1-3　AIS 船载设备静态信息

信息标称	输入方式	输入时机	更新时机
MMSI	人工输入	设备安装	船舶变更国籍买卖移交时
呼号和船名	人工输入	设备安装	船舶更名时
IMO 船舶识别编号(有的船没有)	人工输入	设备安装	无变更
船长和船宽	人工输入	设备安装	若改变,重新输入
船舶类型	人工选择	设备安装	若改变,重新选择
定位天线的位置	人工输入	设备安装	双向船舶换向行驶时或定位天线位置改变时

表中的 MMSI 为海上移动业务标志,亦称 AIS 设备的 ID 码,格式为 MIDXXXXXX,其中 MID 是国家区域码,XXXXXX 是船舶识别码。MMSI 在全球是唯一的。AIS 设备仅在写入 MMSI 的时候,才能够发射信息。

AIS 定位天线的位置应输入 GNSS 天线到船首尾和左右舷的距离(如图 5-1-2 所示),AIS 设备一般能够提供内置和外置两个 GNSS 天线位置记录,当 GNSS 设备在内置和外置之间转换时,天线的位置信息自动更新并报告。如果本船有两个以上的外置 GNSS 天线可转换使用,或在换向船舶换向航行时,该信息应及时手动更新并报告。

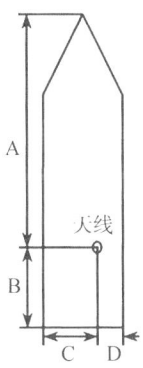

图 5-1-2　AIS 定位天线位置

在 AIS 设备中关于船舶种类,依设备厂家型号不同有多项可选择。表 5-1-4 列出了常见的 22 种。

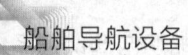

表 5-1-4 船舶种类

Passenger ship	客船	Pleasure craft	游艇
Cargo ship	货船	HSC	高速船
Tanker	油船	Pilot vessel	引航船
WIG	地效翼艇	Search and rescue vessel	搜救船
Fishing vessel	渔船	TUG	拖船
Towing vessel	拖带船	Port tender	港口供应船
Towing vessel L>200 m, B>25 m	拖带船长>200 m、宽>25 m	With anti-pollution equip	防污染设备船
Dredge/underwater operation	挖泥/水下作业船	Law enforcement vessel	法律强制船
Vessel-diving operation	潜水作业船	Medical transports	医务运输船
Vessel-military operation	军事作业船	Resolution No. 18 MOB-83	18号决议规定的船
Sailing vessel	帆船	Other type of ship	其他种类船舶

(2) 动态信息

所谓动态信息是指能够通过传感器自动更新的船舶运动参数,AIS 船载设备动态信息如表 5-1-5 所示。

表 5-1-5 AIS 船载设备动态信息

信息标称	信息来源	更新方式	数值及分辨率	备注
船位	GNSS	自动	经纬度,1/10000 分	附精度/完善性状态信息
UTC 时间	GNSS	自动	日期与时间,s	附精度/完善性状态信息
COG(对地航向)	GNSS	自动	0~359°,1°/10	可能缺失
SOG(对地航速)	计程仪或 GNSS	自动	0~102.2 kn,1/10 kn	可能缺失
船首向	陀螺罗经	自动	0~359°,1°/10	
航行状态	值班驾驶员选择更改	手动	见表 5-1-5	应配合号灯和号型改变
ROT(旋回速率)	ROT 传感器或陀螺罗经	自动	左/右,0~708°/min	可不提供
(选项)舶倾角	相应传感器	自动	角度,1°/10	可不提供
(选项)纵倾/横摇	相应传感器	自动	角度,1710	可不提供

动态信息包括船位信息、UTC 时间、对地航速/航向、船首向、人工输入航行状态如失控(NUC)、在航、锚泊等,船舶旋回速率(ROT,如果有)、吃水差(如果有)等,纵倾与横摇(如果有),通过这些信息,能够掌握船舶的实时航行状态。

船位信息采用 WGS-84 坐标系,并附有精度信息和完善性状态指示,精度信息一般显示为优于或劣于 10 m。COG 和 SOG 由能够提供对地速度的计程仪或 GNSS 定位仪计算得出,个别旧型号的 GPS 定位仪可能无此计算功能,如果也未连接计程仪,则不能给出此信息。《SOLAS 公约》要求 50 000 总吨及以上船舶才必须安装船舶旋回速率计,因此目前还有相当数量的船舶不能给出 ROT,大多数船舶不能提供纵倾和横倾信息。航行状态需要值班驾驶员(Officer Of the Watch,OOW)从操作菜单中手动选择更改,一般 AIS 船载设备中,航行状态的选项根据设备厂家型号不同而不同,常见的选择如表 5-1-6 所示。

表 5-1-6 航行状态

Under way using engine	主机在航	Moored	系泊
Under way sailing	驶风在航	Aground	搁浅
At anchor	锚泊	Engaged in fishing	从事捕鱼
Not under command	失控	Reserved for HSC	高速船留用
Restricted maneuverability	操纵能力受限	Reserved for wig	地效翼艇留用
Constrained by her draught	吃水受限	Not defined	未定义

(3)航次相关信息

航次相关信息亦称航行相关信息,是指驾驶员输入的、随航次而更新的船舶信息,具体如表 5-1-7 所示。

表 5-1-7 航次相关信息

信息标称	输入方式	输入时机	信息内容	更新时机	备注
船舶吃水	手动输入	开航前	开航前最大吃水	根据需要	
危险品货物	手动选择	开航前	危险品货物种类	货物装卸后	主管机关要求时
目的港/ETA	手动输入	开航前	港口名和时间	变化时	经船长同意
航线计划	手动输入	开航前	转向点描述	变化时	经船长同意

IMO 推荐使用 UN/LOCODE(联合国口岸及有关地点代码)输入目的港。表中危险货物种类包括了 DG(Dangerous Goods,危险货物)、HS(Harmful Substances,有害物质)和 MP(Marine Pollutants,海洋污染物)。通常有 5 个选项,如果没有危险品货物,选 N/A or harmless（无）。如果装载了危险品货物,可按照 IMO 危险品货物规定,选择 IMO HAZARD CAT A 或 B 或 C 或 D。有的设备航次信息包括了更多的内容,如 ETD、船员人数等。

(4)安全相关短消息

安全相关短消息亦称安全短消息。安全短消息可以是固定格式的,如岸台发布的重要航行警告、气象报告等,也可以是操作者输入的自由格式的、与航行安全的文本消息。安全相关短消息可以寻址方式单独发送或群发给以 MMSI 为地址的特定船舶或船队,也可以用广播的方式发给所有船舶。系统对每条消息字数有限制,寻址发送最多为 156 个字符,广播发送最多为 161 个字符。目前对消息的内容和格式还没有严格规定,但作为航海人员应遵守职业道德,发送安全相关短消息的内容应与航行安全有关。B 类 AIS 船载设备可不具有发送安全短消息的能力。

3.AIS 信息更新报告间隔

AIS 船载设备在自主模式工作时,周期性发布上述各种信息。在不同航行环境中,不同信息的时效不同,它们的更新报告间隔也就不同。

(1)静态信息和航次相关信息更新

静态信息和航次相关信息的更新报告间隔为 6 min,但有信息更新或被询问时,应立即更新并报告。

(2) 动态信息更新

动态信息的更新报告间隔取决于船舶航行状态以及船舶航向和对地航速的变化。表 5-1-8 和 5-1-9 分别列出了不同类型 AIS 船载设备动态信息的更新报告间隔。表格中，注[1]：当 AIS 船载设备确认为同步标识台时，其动态信息更新报告间隔为 2 s；注[2]：当 AIS 基站探测到有至少一台 AIS 船载设备与其同步时，其动态信息更新报告间隔为 $3^1/3$ s；注[3]：在搜救行动区域搜救飞机的 AIS 信息更新报告间隔可提高为 2 s。

(3) 安全相关短消息更新

安全相关短消息根据操作需要或设置进行更新。

表 5-1-8　A 类 AIS 船载设备动态信息的更新报告间隔

船舶状态	报告间隔
锚/靠泊/失控/搁浅船速<3 kn	3 min[1]
锚/靠泊/失控/搁浅船速>3 kn	10 s[1]
航速<14 kn	10 s[1]
航速<14 kn 变向	$3^1/3$ s[1]
航速 14～23 kn	6 s[1]
航速 14～23 kn 变向	2 s
航速>23 kn	2 s
航速>23 kn 的变向	2 s

表 5-1-9　非 A 类 AIS 船载设备动态信息的更新报告间隔

载体及状态		报告间隔
B 类船载设备	SO 航速≤2 kn	3 rain[1]
	SO 航速 2～14 kn	30 s[1]
	SO 航速 14～23 kn	15 s[1]
	SO 航速>23 kn	5 s[1]
	CS 航速≤2 kn	3 min
	CS 航速>2 kn	30 s
搜救飞机[3]		10 s
航标设备		3 min
AIS 基站[2]		10 s

六、AIS 设备的基本工作原理

由 ITU 和 IEC 颁布的有关 AIS 的技术标准，描述了系统的基本原理。这些技术特性规定了系统及其设备的各项技术指标，包括频率使用、信道分配、调制方式、时隙划分、同步方式、工作模式、链路连接协议、工作流程、接口标准、远程通信等。

1. AIS 工作信道

AIS 设备工作在 VHF 频段,能够在两个信道,即 AIS1(VHF87B,161.975 MHz)和 AIS2(VHF88B,162.025 MHz)上使用两个 TDMA 接收机同时接收信息,和使用一个 TDMA 发射机在两个信道上交替发射。AIS 信道传输带宽通常为 25 kHz,或在领海根据当地主管机关的要求采用 12.5 kHz,数据传输速率为 9 600 bit/s。此外,AIS 还可以在主管机关指配的区域性信道上工作。

2. AIS 信息调制

AIS 原始信息首先采用 NRZI(Non-Return to Zero Inverted,反向不归零)数据编码,再进行 GMSK(Gaussian Minimum Shift Keying,高斯滤波最小移位键控法)调制,然后 GMSK 调制信号对 VHF 发射机进行调频,调频指数随信道带宽变化,在 25 kHz 信道为 0.5,在 12.5 kHz 信道为 0.3 或 0.5,即最终完成 GMSK/FM 调制。VHF 收发机的频率稳定度优于 $\pm 3 \times 10^{-6}$,发射机射频上升时间、稳定时间和关闭时间都小于 1 ms,发射信道转换时间小于 25 ms,发射功率通常为 12.5 W(高功率),在主管机关要求时可为 2 W(低功率)。B 类 CSTDMA 设备的发射功率限制为 2 W,作用距离大约为 7 n mile。

3. AIS 时隙划分与使用

AIS 数据传输遵循 TDMA 协议接入 VHF 数据链路(VHF Data Link,VDL)。在 TDMA 协议中,将同步于 UTC 时间的 1 min 定义为帧,每个帧被划分为 2 250(0~2 249)个时隙。AIS 工作在两个并行的信道,两个信道最多有 4 500 个时隙。工作时,每台 AIS 设备在每帧内可占用 1 个或多个时隙,在不同的帧内使用相同的时隙发送 AIS 信息。AIS 设备工作时,首先根据信道使用情况,按照协议确定时隙选择间隔(Selection Interval,SI),每个 SI 至少有 4 个连续的候选时隙,再在 SI 中确定本机使用的时隙和信道,并标明需占用的帧数。

AIS 设备工作过程的核心就是合理选择、分配和释放时隙,避免时隙冲突,保障系统连续稳定地工作,其中发射时隙的获得主要有两种途径:一种是自己按照 TDMA 协议在时间链上选择得到的,称为自选时隙;另外一种则是靠控制基站分配得到的,称为指配时隙。

4. AIS 同步

TDMA 正常运行的前提是所有 AIS 设备应具有共同的时间基准,为了使 AIS 设备在复杂环境中能够获得有效的时间基准,AIS 将 UTC 时间作为时间基准,帧起始时间与 UTC 的起始时间同步。另外,与 UTC 相关的其他时间也可以作为时间基准。按照 AIS 时间同步级别的高低排序,AIS 时间同步方式如图 5-1-3 所示。

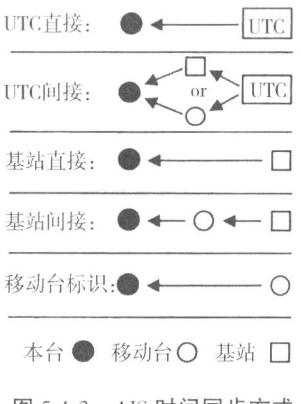

图 5-1-3 AIS 时间同步方式

（1）UTC 直接同步

TDMA 的帧同步通常由 GNSS 设备提供符合精度要求的 UTC 时间直接同步，称为 UTC 直接同步。

（2）UTC 间接同步

若不能直接获得 UTC，但能接收到其他采用 UTC 直接计时台站的信号，则应同步于这些台站，称为 UTC 间接同步状态。

（3）基站直接同步

如果以上同步方式都无法获得 UTC，但能接收从基站发射的信息，则应与能接收的台站数量最多并且在最近 40 s 内至少收到过两个报告的基站同步。当能够选择多个可同步基站时，设备自动选用 MMSI 最小的基站。当 AIS 基站探测到有至少一台 AIS 设备与其同步时，其动态信息更新报告间隔由 10 s 减小为 $3^1/3$ s。

（4）基站间接同步

如果以上同步方式都无法获得 UTC，但能接收到同步于基站的移动台站发射的信息，则应与该台站同步。对于该台站的选择和要求，请参考"移动台标识同步"。

（5）移动台标识同步

如果上述同步方式都无法获得 UTC，则 AIS 设备应与在最近 9 帧内接收的台站数量最多，并在最近 40 s 内接收到两个报告的移动台站同步。当能够选择多个可同步台站时，设备自动选用 MMSI 最小的台站。当 AIS 船载设备确认本身为同步标识台时，其动态信息更新报告间隔减小为 2 s。

5. AIS 工作模式

AIS 可以工作于自主连续模式、分配模式和轮询模式三种模式。

（1）自主连续模式（Autonomous and Continuous）

自主连续模式为系统默认工作状态，不需要人员操作，适用于所有区域。在此模式下，AIS 设备按照 TDMA 协议自行确定广播时隙，并自动解决与其他台站在发射时间安排上的冲突，以系统设定的信息更新报告间隔，自动和连续地播发本船的信息。

（2）分配模式（Assigned）

分配模式是船舶进入负责交通监控的主管机关正在实施交通控制区域时的一种工作模式，一般通过主管机关 AIS 基站覆盖实现。主管机关指定一个或多个按 WGS-84 坐标系定义的东北角和西南角经纬度作为参考点的矩形区域，区域的边界长度一般为 20~200 n mile，如图 5-1-4 所示。在此区域内的 AIS 设备运行的信道、收发模式、带宽、发射功率、时隙和信息更新报告间隔等都服从主管机关分配。但如果自主连续模式要求的信息更新报告间隔高于分配模式的要求时，A 类 AIS 移动设备则采用自主连续模式。

为提供区域间的安全过渡，主管机关在区域边界一般指定 1~8 n mile（默认为 5 n mile）的过渡区域。在过渡区域内，信息更新报告间隔提高 1 倍。

（3）轮询模式（Polled）

轮询模式也称查询模式或控制模式。AIS 设备在收到其他船舶或管理机关询问时，在与询问台相同的信道上单独响应询问的工作方式称为轮询模式。这种工作模式的优点在于，交通监控水域主管机关可通过 AIS 基站随时查询和更新所关心船舶的信息。这种工作模式还有助于提高搜救过程中通过 AIS 设备进行信息交换的效率，以及进行网络测试或软件服务等

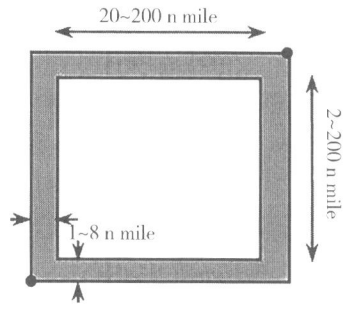

图 5-1-4　分配区域示意

工作。

B 类 CS-AIS 设备不具备主动询问其他台站的功能。

6.TDMA 协议

AIS 信息在信道中的传输,依不同的情况,分别采用 5 种 TDMA 协议,即随机时分多址接入(Random Access TDMA,RATDMA)、增量时分多址接入(Incremental TDMA,ITDMA)、自组织时分多址接入(Self Organizing TDMA,SOTDMA)、固定接入时分多址接入(Fixed Access TDMA,FATDMA)和载波侦测时分多址接入(Carrier-Sense TDMA,CSTDMA)。所用协议的选择取决于 AIS 运行的模式、信息本身的特性以及设备的类型。

(1)RATDMA

RATDMA 协议用于在未做预先声明时,为站点分配一个时隙,常用在数据链路网络登录过程中的第一个传输时隙的占用,或发射具有非重复特性的消息(如安全短消息等)时,帮助 ITDMA 帧和 SOTDMA 帧确定发射时隙。以这种方式访问 VDL,台站不考虑通信链路上当前与未来的通信状况,完全随机地选择一个时隙作为第一个发射时隙,按照统计原理,解决通信冲突问题,保证其发射能成功地被其他 AIS 台站接收。

(2)ITDMA

ITDMA 协议主要用于有不重复性质的时隙分配,如在台站进入数据链路网时,RATDMA 分配第一个传输时隙后,ITDMA 连续分配第一帧中的其余发射时隙,或周期报告间隔临时更改及转换,安全消息的预先声明等情形。因此,ITDMA 接入有两种方式:即在使用 RATDMA 时隙基础上或在使用 SOTDMA 已分配的时隙基础上分配新的未被声明过的时隙。ITDMA 是 AIS 设备进入 SOTDMA 的辅助模式。

(3)SOTDMA

SOTDMA 是 AIS 设备访问数据链路的主要方式,这种方式能根据数据链路未来运行状态的先验知识,按照设定的算法,自主连续地选择发射时隙,安排位置报告的发射时间表,并预告后继 3~7 帧时隙的分配情况。SOTDMA 为系统提供了一个无须控制台干涉便可以迅速解决冲突的高效接入算法。采用 SOTDMA 的接入方式的消息应具有可重复的性质,使用这类消息是为了向数据链路的其他用户提供连续更新的监视画面。SOTDMA 是 AIS 移动台站工作的基本模式。

(4)FATDMA

FATDMA 只用于基站,以一帧的开始为参照基准,按照主管机关的预先安排分配时隙,用于重复性消息的发布。这对于一个区域内有多个相邻基站的情形尤为重要,可以有效地避免通信冲突。

（5）CSTDMA

CSTDMA 只用于部分 B 类移动台站，称为 CS-AIS 设备。此类设备开启电源时，用载波侦测技术监测 AIS 网络活动情况，只有当 AIS 网络有空闲时隙时才能发射。此类设备同时需要侦测是否有设置时隙保留的电文，遵守有关时隙保留的规定，这种"礼让"的接入方式可确保 CS-AIS 设备工作时不会对系统产生干扰和增加 VDL 的负荷。

（6）A 类 AIS 船载设备三种 TDMA 协议之间的关系

AIS 默认工作模式是以 SOTDMA 协议为主的自主连续的工作模式，RATDMA 和 ITDMA 协议是对 SOTDMA 协议的补充，为 SOTDMA 协议服务。RATDMA 协议主要是为 SOTDMA 选择发射时隙，ITDMA 协议则为 SOTDMA 信息帧预定位置报告的时隙，并在需要时插入安全或其他不重复的信息。

七、AIS 设备的工作流程

AIS 设备自开机到关机，其工作流程如图 5-1-5 所示。

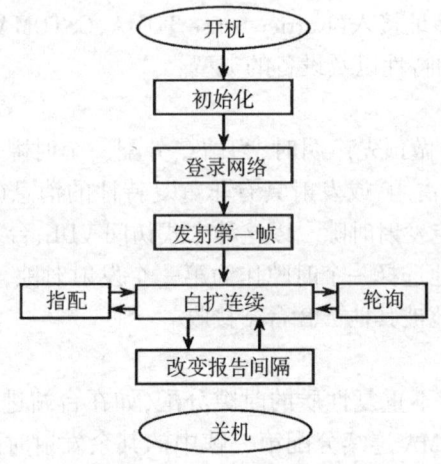

图 5-1-5　AIS 设备工作流程

（1）初始化。AIS 设备接通电源后，在两个 TDMA 信道上监听一个时帧（1 min），判断信道的活动性，搜集其他成员的识别信息，掌握当前时隙的分配及其他用户的位置报告和岸台存在的可能性。1 min 之后，通信处理器达到帧同步，AIS 设备可以根据自己的时间表开始发射信息进入网络。按照 ITU-R M.1371 的规定，AIS 设备初始化工作应不超过 2 min。

（2）登录网络。AIS 设备按照 RATDMA 协议选定的第一个时隙发射位置报告，标志着登录网络。

（3）发射第一帧。在第一帧中，AIS 设备连续分配发射时隙，按照 ITDMA 协议发射位置报告。

（4）自主连续工作模式。第一帧发射完成后，设备便进入自主连续工作模式。此时设备按照 SOTDMA 协议自主选择时隙并解决时隙冲突，在动态平衡中发射和接收信息。

（5）改变报告间隔。需改变报告间隔时，AIS 设备将在 SOTDMA 信息帧的基础上重新安排时隙间隔,重复第一帧的工作,按照 ITDMA 协议选择可用时隙发送信息。此后设备将重新转入自主连续工作模式。

(6)指配工作模式。指配工作模式有两种:一种是指定报告间隔,此时设备只需按照主管机关指定的报告间隔,保持自主连续的工作模式;另一种是主管机关为了保证某些特定 AIS 设备的通信而指定发射时隙,此时设备按照主管机关指定的时隙发射。一旦指配工作模式结束,设备将重新返回自主连续工作模式。

(7)轮询工作模式。岸台或船台寻呼目标船台并要求其做出应答时,启用此模式。应答信息按照 ITDMA 协议或者 RATDMA 协议发射。

(8)信道切换与管理。如前所述,AIS 设备可以按照协议和通信业务环境的要求,自动选择或在必要时通过基站指配工作信道,避免信道冲突和阻塞。

(9)信息处理与管理。根据协议的要求,AIS 设备的通信处理器,负责对 AIS 消息的优先级进行管理,有序处理,分配所接收的信息和将要传输/发射的信息,如,将接收到的船位报告分配到显示接口输出;将本船的位置信息分别送到显示接口和 VDL 传输。

(10)信道阻塞。当数据链路的负荷达到威胁信息安全传输的程度时,AIS 设备有两种方法防止信道阻塞:一种是通过 SOTDMA 算法,采取时隙主动复用,重复使用距离本船最远台站使用的时隙;另一种是通过基站分配报告间隔,保护 VDL 正常运行。

八、AIS 设备表示接口

AIS 设备表示接口用于输入/输出数据的交换,数据格式符合 IEC 61162 规范。发射的数据通过表示接口输入,接收的数据通过表示接口输出。

九、AIS 远程应用

超越 VHF 作用距离传递 AIS 信息,称为 AIS 远程应用。A 类移动设备标配了远程通信接口;而对 B 类移动设备则是选装符合 IEC 61162 标准的双向远程通信接口。IEC 推荐远程通信可采用 Inmarsat-C 或其他数字通信设备,但不强制使用。远程通信采用轮询工作模式,AIS 设备只响应地理区域上的询问,由基站通报地理区域并发出编址询问信息,AIS 远程应用与 VHF 数据链路并行且不连续运行。回复内容只包括船位报告、静态信息和航次相关信息,位置报告每小时最多更新 2~4 次。因此,AIS 远程应用不能为使用者提供实时的交通信息,同时,不对通信系统或转发器构成负担,不干扰 VDL 的正常运行。

AIS 远程应用可用于船舶报告或船舶远程监控,目前尚未广泛使用。需要注意的是,AIS 信息格式及内容与船舶报告系统的要求不完全一致,所以用于船舶报告系统,目前只能作为一种补充手段。

十、DSC 兼容性

AIS 设备内置一个调谐于 70 信道的专用 DSC 接收机,在不能正常使用 AIS1 和 AIS2 两个信道的地区时,该接收机用于接收主管机关的信道分配信息,包括指定区域的边界及 AIS 在该区域内使用的频率信道和发射机功率电平,完成发射机应答器的转换工作。

第二节 AIS 设备的基本操作

AIS 设备生产厂家及设备型号众多,不同设备的操作界面差别较大,但所有设备都应满足国际相关标准,其功能和显示的内容基本相同,操作也大同小异。航海人员在使用 AIS 设备之前,应首先了解 AIS 基本原理,仔细阅读设备操作使用说明,熟悉所显示信息的正确含义。

一、AIS 设备岸基设施及其网络服务管理系统

(一) AIS 岸基设施

AIS 岸基设施包括基站、转发器(单工或双工)和岸基网络服务管理系统,其 MMSI 格式为 00MIDXXXX。其中 XXXX 是岸基设施的识别码。AIS 岸基设施是船舶移动台站与陆地航运及航行安全设施间的信息桥梁。AIS 基站及转发器在其作用范围内,获取船舶信息及所载货物资料,监视水域交通动态,辅助 VTS 进行交通管理,接收转发 AIS 信息,播发服务与安全消息,查询船站信息,应答船台对岸台的求助,播发控制信息,管理 AIS 信道,并通过岸基网络传输 AIS 信息,为船舶、海事管理机关和港航企事业提供多种服务。

1. AIS 基站

基站是 AIS 岸基网络的基本物理单元,在严格的意义上,基站应在相应的物理岸站支持下,才能发挥其功能。基站包括全功能基站和限制功能基站两类。全功能基站用于主管机关实时监控所覆盖水域航行动态,通过信道管理、保留时隙分配和轮询模式控制 VDL 链路和 AIS 设备,实现岸基网络功能。限制功能基站不具有控制 AIS 设备及其服务的能力,只用于限定水域的航行监控和与船载设备进行数据交换。

基站的基本配置包括两台多信道 AIS 接收机、一台多信道 TDMA 发射机、通信处理器、精度优于 104 μs 的内置同步时间源、BIIT、电源,以及能够将基站输出数据传输到物理岸站和将各种输入数据传送到 AIS 基站的表示接口。

AIS 基站信息如表 5-2-1 所示。

表 5-2-1 AIS 基站信息

信息名称	信息内容
基站报告	位置、时间、基站时隙分配
寻址信息	寻址通信数据
确认信息	确认所接收寻址数据
广播信息	广播通信数据
UTC/日期问询	UTC/日期回答

续表

信息名称	信息内容
寻址安全信息	寻址安全通信数据
安全信息确认	确认所接收寻址安全数据
广播安全信息	广播安全通信数据
轮询	所请求的特定信息
分配模式命令	主管机关指定报告方式
DGNSS 广播信息	DGNSS 修正数据
数据链路管理信息	基站保留时隙
AtoN 报告	AtoN 位置和状态报告
信道管理	信道和收发机模式管理

在默认工作状态下,基站每 10 s 发射一次基站 AIS 信息,报告位置、日期和 UTC 时间。当探测到有其他台站同步于基站时,发射时间间隔转变为 $3\frac{1}{3}$ s,且在两个信道交替发射,直到确认至少 3 min 内再没有其他台站与其同步时,恢复默认工作状态。

2. AIS 转发器

AIS 转发器与基站是平行运行的设备,用于超越船载设备覆盖范围,在相对较远的距离上实现 AIS 信息传播,改善海上航行安全条件。

单工转发器由一个 TDMA 接收机、一个 TDMA 发射机、通信处理器、BIIT 和电源设备组成,表示接口和内置同步时间源可以作为其选装部件。单工转发器接收和存储 AIS 信息,在不超过 4 个 AIS 帧内适时再将该信息转发。转发的信息内容没有变化,但由于接收和发送不在同一个时帧,SOTDMA 或 ITDMA 的时隙或增量特征需要重新计算和设定,发射按照 FATDMA 保留时隙或按照 RATDMA 协议选择时隙,并且单工转发器不具备轮询模式。值得注意的是,单工转发器占用了时隙资源,在航行密集区域不适合广泛应用。

双工转发器的组成与单工转发器相同。但在功能上,双工转发器需要在收到 AIS 信息后的 2 个比特内,不做任何改变,实现实时转发。由于双工转发器的实时特性,其设备的品质要优于单工转发器,按照国际标准实施时也困难得多。

3. 物理岸站

物理岸站(Physical AIS Shore Station,PSS)指 AIS 的基本实体设施,安装在特定的地理位置,能够独立地完成系统功能的一个完整的部分。PSS 的基本配置包括一个基站或转发器、电源供应设备、VHF 天线、电缆和安装基站和转发器的环境设施等。PSS 通常还配置有高精度 GNSS 接收机作为同步时间源。此外,PSS 还能够选择与其他设备连接,如 DGNSS 改正源、AtoN 站和监控设备完好性的遥控监测设备等。

4. 逻辑岸站

逻辑岸站(Logical AIS Shore Station,LSS)指软件处理过程,也就是 AIS 基站网络管理系统的进程。根据不同客户端的需求,它负责将一个或多个物理岸站的 AIS 原始数据流转换成 AIS 相关应用数据(信息)流。

（二）AIS 岸基网络服务管理系统

AIS 岸基网络服务管理系统（AIS Service Management，ASM）在一定地理区域内将一系列 AIS 物理岸站联网,实现对海岸线的覆盖,则构成 AIS 岸基网络。图 5-2-1 为 AIS 岸基网络服务管理系统结构示意图。

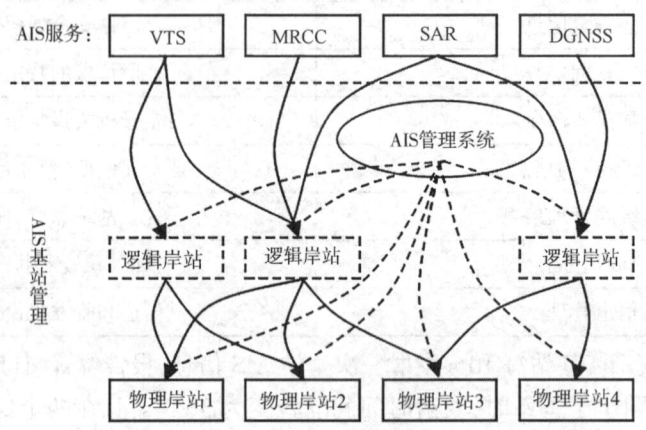

图 5-2-1　AIS 岸基网络服务管理系统结构示意图

AIS 岸基网络服务管理系统控制管理所有的物理岸站、逻辑岸站,可以对基站进行启动、初始化、配置,任意时刻终止物理岸站与逻辑岸站间的软件进程。物理岸站与逻辑岸站通信时,AIS 岸基网络服务管理系统决定具体的通信对象,如某时刻逻辑岸站与物理岸站 1 通信,另一时刻与物理岸站 2 通信,或同时与物理岸站 1、物理岸站 3 通信等,确定 AIS 数据(信息)在网络中的流向。

AIS 岸基网络服务管理系统提供操作界面给不同的客户端,因此也决定了不同应用与逻辑岸站之间的关系。该系统控制了不同客户与不同软件进程间的数据(信息)交换。图 5-2-1 中就可以实现不同的客户通过不同的逻辑岸站访问不同的物理岸站。客户端、逻辑岸站和物理岸站之间均可以实现多方通信。所有数据(信息)的流向、通信的对象均由 AIS 岸基网络服务管理系统决定。

目前,AIS 岸基网络服务管理系统主要提供以下功能:

(1)通过若干个基站及其通信网络系统,对安装 AIS 船台的船舶实现自动识别和进行信息交流,实时监控所覆盖水域的交通状况。

(2)增强 VTS 的功能,提高对船舶的识别精度、分辨率和信息量,提高船舶的通信效率,扩展和延伸船舶交通管理的范围。

(3)利用 AIS 网络,为船舶管理提供信息化、现代化管理的平台,提供与海事信息网整合的接口,预防和减少船舶交通事故,提高航道的船舶通过能力,确保航运安全畅通。

(4)简化船舶报告程序,为航行船舶提供信息服务,同时为将来向社会提供咨询服务创造条件。

(5)提供水文气象、差分校正、航标、VTS 信息等多种系统扩展接口,便于系统的扩展和升级。

AIS 岸基网络通过 Internet 实现互联,通过基站控制软件进行网络安全管理、控制、收集和分配数据(信息)流,可在国际、国内或地区之间进行船站与船站、船站与基站、基站与基站之间的通信,并通过 AIS 岸基网络服务管理系统与众多客户端交换 AIS 信息。目前,全球已有近千个基于 GIS 的 AIS 实时网站在互联网运行,AIS 信息与地图或卫星地貌图结合,直观监控着数百个国家的港口和水域的船舶实时航行状态。AIS 岸基网络的形成必将在船船通信、船岸通信、航运信息化建设等方面发挥重要作用。

二、AIS 航标设施

航标是为改善船舶交通安全与促进船舶有效航行,在船舶以外设计与运行的一种设备或系统。安装在航标上的特殊类型的 AIS 设备(AtoN AIS)能够全天候、主动地在 AIS 设备或与 AIS 设备连接的显示器上显示航标辨识信息,补充现有航标信号,发射浮标准确位置(如经 DGNSS 校正),监视航标状态,指示和跟踪浮标位移,收集航标"健康状况"的实时信息,为船舶导航雷达和电子海图提供基准点,增强 Racon 服务功能,作为 AIS 仿真和虚拟航标,可遥控改变航标参数,为航路、区域和禁区做标记或勾画界线,如禁区和通航分隔制(TSS),标注近海建筑物(如海上钻井平台),向周围船舶和海岸相关机构提供气象、潮汐与海况信息。

(一)AIS 航标类型

1.AIS 真实航标

AIS 真实航标是指航标上确实安装有 AIS 设备的物理航标。

2.AIS 仿真航标

考虑到经济实用,在航标上安装 AIS 设备可能并不一定合适。在这种情况下可采用 AIS 仿真航标(Synthetic AIS AtoN)。AIS 仿真航标可分为"监控(monitored)"与"预报(predicted)"两种监控。AIS 仿真航标是指从远离航标的 AIS 站发射航标报告、航标实际存在、航标与 AIS 站之间有通信链路,通过航标与 AI 设备之间的通信链路确认航标的位置与状态。预报 AIS 仿真航标是指从远离航标的 AIS 站发射航标报告。航标真实存在,但不受监控,其位置与状态得不到确认。因为只有监控 AIS 仿真航标能确保浮标的完好性,所以在浮标上一般不采用预报 AIS 仿真航标。

3.AIS 虚拟航标

AIS 虚拟航标(Virtual AIS AtoN)亦称非物理航标,指通过 AIS 基站或航标站发射航标报告,但报告中指示的位置实际上不存在物理航标。收到该报告的 AIS 设备,在报告指定的位置上显示一个实际上并不存在的物理航标的符号。例如,在设置永久性航标之前,可用虚拟航标临时标记航行危险区(如沉船)。

(二)AIS 航标报告

AIS 航标报告主要内容包括航标类型、航标名称、航标位置(WGS-84 坐标)、位置精度指示、接收机自主完善性监测(RAIM)指示、离位指示、定位设备类型、时间标记、航标尺度及基准位置、预留区域/当地航标供应者使用的比特数(包括航标技术状况)、虚拟航标标志。当浮动航标发生移位或失效时,AIS 航标还需及时发射安全相关寻址电文,提供航行警告。

(三)AIS 航标 MMSI 识别码

根据 IALA A-126 建议案,真实航标和仿真航标的 MMSI 识别码为 99MID1XXX,其中 XXX

是 AIS 航标识别码;虚拟航标的 MMSI 识别码为 99MID6XXXO。

(四) AIS 航标设置

AIS 航标可安置于我们熟悉的浮标、固定航标和近海建筑物(如风力涡轮机和固定钻井平台等)上,还可设置为雷达和电子海图基准 AIS 航标。后者是近年随着对组合显示系统的要求不断提高而提出的。在同一个显示器上显示两个或更多系统关于同一个目标的参数时,通常需要对目标信息进行校准。如果在特别重要的地区如港口或进出港地区的一些永久性固定雷达目标上(两个,最好三个)安装 AIS 航标,利用 AIS 航标位置、雷达回波位置和海图上航标的位置,对这三种系统的显示进行校准,则可以排除显示干扰,降低目标信息的模糊度,提高航行安全。

三、AIS 机载设备

AIS 机载设备用于搜救飞机,也称为 SAR-AIS 设备。机载设备以 10 s 的固定更新间隔发送静态和动态信息,包括 MMSI、位置(带完好性指示)、高度,以及 COG/SOG。机载 MMSI 格式为 111MID1XX(固定翼飞机)或 1I1MID5XX(直升机)。

AIS 机载设备能够利用飞行高度的优势,在更开阔的覆盖范围内与船载设备自动交换 AIS 信息,使搜救人员及时掌握遇险海域交通状况,迅速发现遇险船舶,掌握其动态信息,大幅度提高搜救效率,最大限度地保障海上人命安全。AIS 机载设备还有助于搜救中心立体化监控搜救行动,充分利用和迅速调动搜救资源,提高搜救成功率。

四、AIS-SART

2007 年 10 月 7 日 IMO 颁布了 AIS-SART 在搜救行动中的性能标准,即 MSC.246(83)决议案。2011 年 2 月 IEC 颁布了 IEC 61097-14:AIS-SART 操作与性能及测试标准。

(一) AIS-SART 结构

AIS-SART 由通信控制器、GNSS 接收机、双信道 TDMA 发射机、简易显示器、启闭开关和电池构成。

(二) AIS-SART 信息

按照 IMO 的性能标准和 IEC 的测试标准要求,AIS-SART 应在遇险情况下发射设备的位置信息、静态信息和安全消息,发射功率 1 W。AIS-SART 的标识码为 970XXYYYY,其中 XX 为 00~99 是生产厂家标识,YYYY 为 0000~9999 是序列号,标识码由生产商编排序列号,使用者无法改变。AIS-SART 在测试状态下播发"SART TEST"固定格式的安全短消息;在遇险启动后则播发"SART-ACTIVE",航行状态为[AIS-SART(active)],图标显示符号为"⊗"。这些独特的信息便于观测者识别。

(三) AIS-SART 操作特性

AIS-SART 表面有操作程序提示,使用者无须经过特别训练便可操作。AIS-SART 能够手动启动和关闭,也可以自动启动,对于正确的操作,设备会发出声或/和光的响应,为了防止意外启动,设备设计有保护装置。

(四) AIS-SART 环境特性

AIS-SART 的工作特点决定了它能在恶劣的环境下保持良好的使用特性。根据性能标准,AIS-SART 外表平滑,涂为橘黄色,且颜色长期暴露在阳光下不退化,能够抵抗海水和油液侵蚀;能够从 20 m 高度落入水中,不会损毁;沉浸在 10 m 水下至少 5 min,以及在 45 ℃ 水中,能够保持水密性完好。如果 A1S-SART 不是救生艇筏的固定组成部分,则能够漂浮,并需配有用于系留的 5~8 m 长度的浮缆,浮缆受力强度不低于 25 kg。

(五) AIS-SART 技术特性

AIS-SART 外表标示了天线位置,天线工作高度应至少高于水面 1 m,设备能够在 −20~55 ℃ 条件下至少连续工作 96 h。启动后,GNSS 接收机每分钟定位一次,为了延续工作时长,启动 1 h 后 AIS-SART 可进入每 5 min 定位一次的节能模式。启动后 1 min 之内,AIS-SART 在两个 AIS 信道上交替发射位置报告,带宽 25 kHz,间隔不大于 1 min。即使 GNSS 接收机位置和时间丢失,AIS-SART 仍能够继续发射最后已知位置,并指示电子定位系统(EPFS)失效。AIS-SART 水面探测距离至少为 5 n mile。

五、AIS 设备的基本信息显示与操作

(一) 电源

船舶无论是处于航行、锚泊还是其他状态,AIS 船载设备都应保持开机状态。当 AIS 设备的连续工作可能威胁船舶安全时(如在海盗出没海域航行),船长有权决定关闭设备。一旦危险因素被排除,设备应重新开启。AIS 设备关闭时,本船静态信息和与航行有关的信息会被保存下来。接通设备的电源后,AIS 信息将在 2 min 之内发送被保存且未发送的信息。电源的开关时间通常作为安全记录被设备自动保存,并应记录在"航海日志"中。在港内,设备的操作应符合港口的规定。

(二) 按键

AIS 设备采用 MKD 键盘配置,按键非常简洁。图 5-2-2 为 FURUNO 某型号 AIS 设备操作显示界面,设有光标位移导航键"←""→""↑""↓",确认键"ENT",菜单键"MENU",显示转换键"DISP",快捷功能键和电源键"PWR"等。有的设备还有 10 个字母数字按键"＊"键、"#"键等。在需要输入文字信息时,有的 AIS 设备可以在屏幕上显示英文软键盘。

(三) 显示

AIS 设备显示器用于显示设备操作信息和本船及目标实时信息,监视系统运行状况和海上航行交通状况。显示器可采用简易显示器或任何其他合适的界面友好的显示器,如计算机终端、PPU、雷达和 ECDIS。其中,雷达或 ECDIS 能够在一定的航行背景下,以图标和字母数字方式直观地显示 AIS 丰富的信息内容,有助于航海人员全面掌握交通态势,是 AIS 信息较为理想的显示器。

1. 目标信息显示

常见的简易显示器为嵌入的 LCD 显示屏幕,按照国际标准,对于选定的目标至少提供三

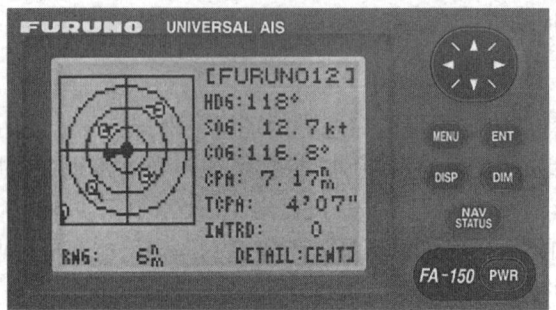

图 5-2-2 FURUNO 其型号 AIS 设备操作显示界面

行信息,包括目标的方位、距离和船名,其他信息可以滚动显示。雷达和 ECDIS 屏幕较大,适合字母数字信息的显示,通常能够同时显示多个目标的 AIS 信息,也便于信息分析与信息编辑。

2. 目标图标显示

目标显示方式亦称图示显示或图形显示方式,能够直观地显示本船周围的交通动态,有助于避碰操作。图 5-2-2、5-2-3 和 5-2-4 分别为在简易显示器、雷达和 ECDIS 显示器上的 AIS 信息图标显示画面。在图标显示器上,AIS 船载设备目标可分为激活目标(activated target)、休眠目标(sleeping target)、被选目标(selected target)、危险目标(dangerous target)和丢失目标(lost target)等。

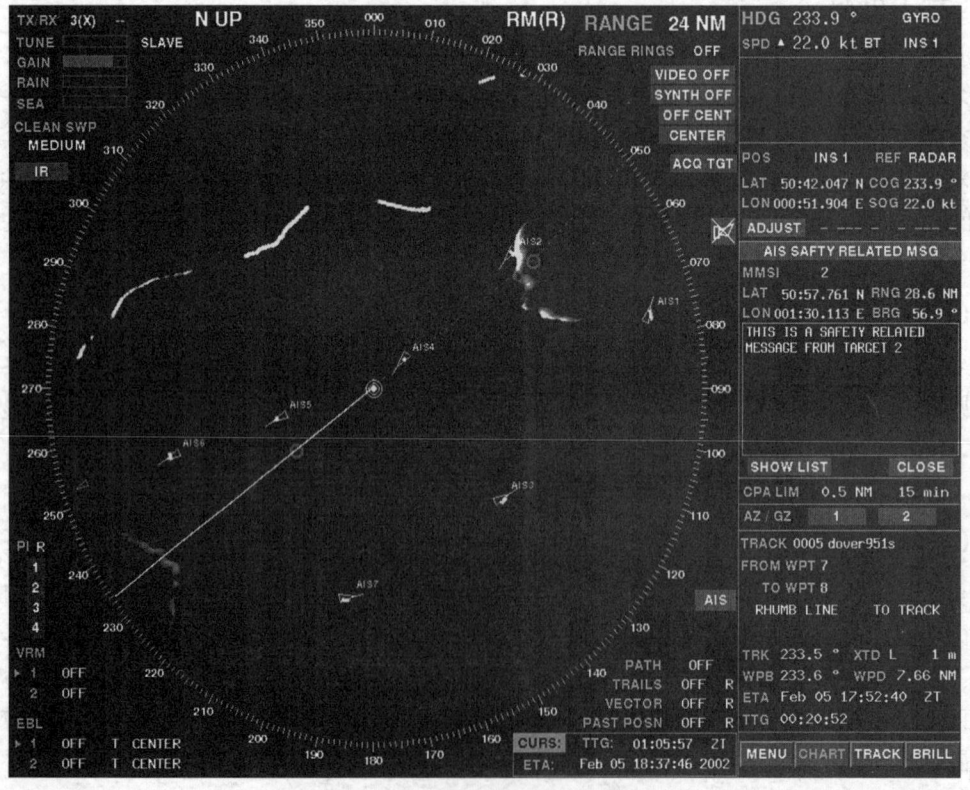

图 5-2-3 AIS 信息在雷达屏幕显示

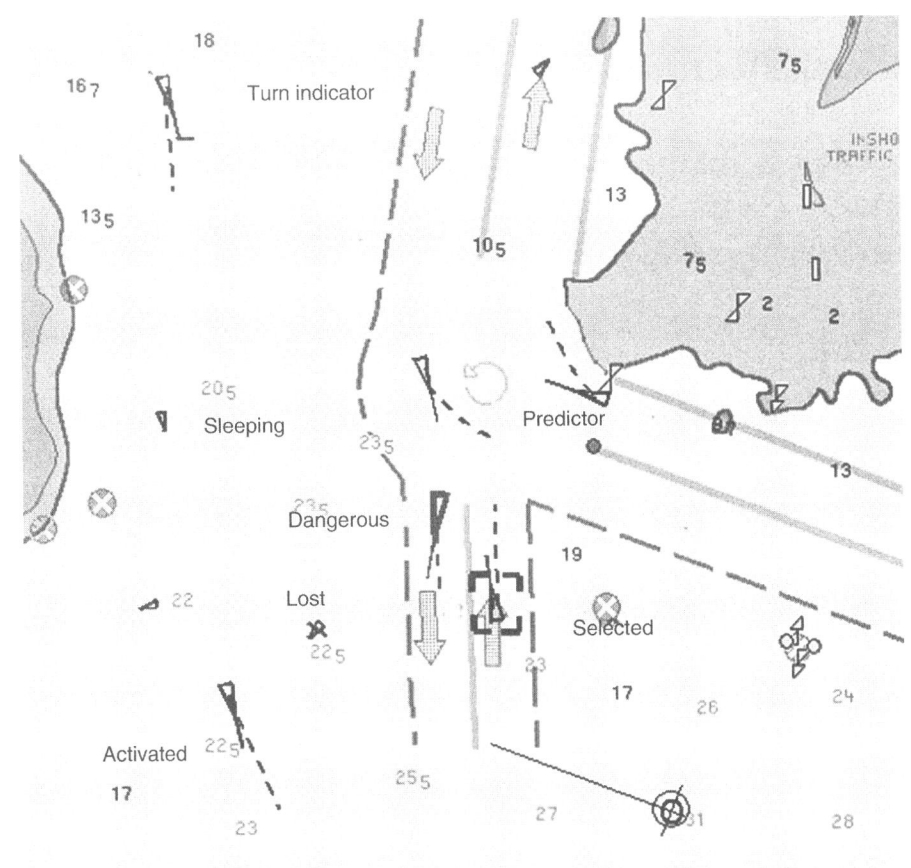

图 5-2-4　AIS 信息在 ECDIS 上显示

表 5-2-2 为 AIS 船载设备报告目标图标。此外基站一般显示为有海图标志且中心有"十"的菱形"◈"符号；AIS 真实航标只显示为中心有"十"字的菱形"◈"符号；AIS 虚拟航标则在"十"字下再显示大写的"V"，即"◈"；AIS-SART 显示符号为"⊗"，且显示文字信息"SART-ACTIVE"，为了便于识别，不同类型 AIS 设备和船舶还可以用不同的色彩显示。

表 5-2-2　AIS 船载设备报告目标图标

目标类型	激活目标	休眠目标	被选目标	危险目标	丢失目标	轮廓目标
显示符号		△			✕ ✕	

3. 本船信息显示

显示器显示本船动态信息和航次信息，并可以输入和编辑航次信息。

4. 短消息显示

当收到短消息时，屏幕会有信息提示，阅读后的消息会被保存，并可以反复调用和阅读或删除。通过按键或软键盘的操作，还可以输入、编辑和存储短消息，并以寻址或广播方式发送。寻址发送时可选择 MMSI 码。消息类型(安全或文本)、信道(自动、A 信道、B 信道和 A&B 信道等)。发射的消息通常被设备自动记录保存;发射不成功,则屏幕会出现信息提示。所有已阅读和发送的消息可以按照时间列表显示。

5.报警信息显示

设备可以确认、显示和查询报警信息,包括内外置定位设备状态,各传感器信息报警,收发信机报警等。显示的报警信息有报警时间、报警编号、报警条件、报警确认状态、报警描述文字等内容。通过报警信息可以掌握设备的工作状态,及时了解或消除设备故障,保证系统正常运行。

(四)设置

正确设置 AIS 设备是 AIS 安全可靠运行的基础。船载设备的设置包括静态信息设置、航次相关信息设置、区域设置、远程应用设置、设备功能设置等,设置后的信息需确认保存后才生效。在以上设置中,与电子电气员业务直接相关的设置仅有静态信息设置、远程应用设置和设备功能设置。

1.静态信息设置

静态信息在设备安装结束时由安装技术人员设置。进入该设置菜单需要输入密码,在设备正常工作时航海人员不可随意更改此项设置。

2.航次相关信息设置

航次相关信息在船舶装卸货物后、开航前或信息内容出现变化的任何时候由驾驶员设置,需要设置的信息见本章第一节。设置该信息时,有的设备需要密码,应注意的是,设置 ETA 和航线计划须经船长同意。

3.区域设置

区域设置功能可以设置和管理 AIS 区域性信道,AIS 通常工作在 AIS1 和 AIS2 两个默认的 VHF 信道。在某些区域,无法在系统默认信道工作时,则需要听从主管机关的分配或手动设置和管理工作信道,被分配和设置的区域将被记录在设备中,可以随时查看或修改。

区域设置的内容通常包括区域地理位置(矩形区域西南角和东北角的经纬度);转换过渡区域范围,如图 5-1-4 所示,在这个过渡区域内,信息报告更新间隔提高 1 倍;还包括工作信道(A 或 B 或 A 和 B 或自动等)、信道带宽(25 kHz 或 12.5 kHz 或自动)、发射功率(高或低)、信道操作方式(接收或发射或自动)等。

4.远程应用设置

远程应用设置功能设置远程通信端(如 Inmarsat C 船站)自动或人工响应远程请求。设置选项(如有)包括操作方式(自动或手动)、答复信息(选择答复信息选项)等。

5.设备功能设置

设备的各项功能设置包括操作界面语言设置、操作界面个性化设置、密码设置、亮度调整、报警及按键声音设置、输入/输出端口设置(类型和波特率等)。

6.安全门限设置

设置船舶避碰 CPA/TCPA 安全门限应根据船舶操纵特性、在航水域开阔程度、通航密度、气象海况、驾驶员船艺水平等因素综合设置。

第三节　AIS 设备的安装与检验

一、AIS 设备安装与接口

（一）AIS 设备的安装

AIS 设备通常由岸基专业技术人员安装并完成开通试验，电子电气员负有验收管理责任。了解安装要求有助于电子电气员提高设备验收管理能力。根据 IMO 关于 AIS 设备的安装导则，应注意以下安装事项。

（1）AIS 设备的 MKD 应安装在驾驶台便于驾驶人员操作和观察的位置，如果 AIS 设备与其他航行系统（如雷达、电子海图等）的显示控制终端连接，则可安装在驾驶台或附近易于操作和维护的位置（如海图室或毗邻的 GMDSS 操作台等）。

（2）AIS 设备应由主、应急电源供电，电缆的布置应考虑电磁兼容性。数据电缆应尽可能短且有可靠的电磁屏蔽，电缆露天连接端头应有水密措施，连接线须可靠固定。同轴电缆应单独敷设，距离供电电缆至少 10 cm，最小弯曲半径应大于 5 倍电缆外径。

（3）接入 AIS 设备的外部传感器应是船舶用于正常航行的设备或系统，应从它们的输出接口直接采集数据，且不会影响这些设备的正常工作性能。

（4）AIS 设备的通信天线与船舶 VHF 无线电话天线不应安装在同一水平面上，应使它们在垂直方向上间隔至少 2 m，且远离雷达、发射机等高功率源天线 3 m 以上，距离导体结构 2 m 以上；若只能与 VHF 无线电话天线安装在同一水平面上，则两者应在水平方向上相距至少 10 m。天线不应紧邻垂直障碍物，尽可能在水平面 360°内无障碍物。

（5）AIS 设备的 GNSS 天线应远离 S 波段雷达、Inmarsat 船站等高功率发射机发射波束 3 m 以上，在水平 360°及仰角 5°~90°内无连续障碍物，桅杆、支架等障碍物不应在较大的水平角度范围内遮蔽天线。

（6）BIIT 的报警输出应连接至声响报警装置；也可以通过借助显示界面，向其他关联设备输出报警信号。

（7）PPU（Pilot Plug）接口应安装在驾驶台导航员通常驾驶船舶的位置，便于导航员连接 PPU。

（8）安装完成时应提供记录本船静态信息的初始化清单，经核对确认无误后保存在船上。

（二）AIS 设备接口

AIS 应具备从导航传感器接收数据的输入接口和向显示设备输出信息的输出接口。传感器可包括 GNSS 导航仪、船首向传感器、对地速度计程仪、船舶旋回速率计、船舶姿态测量仪等，目前多数船舶只连接了 GPS 导航仪和陀螺罗经。通过接口连接的输出设备包括显示、通信及报警设备，如 MKD、ECDIS、雷达、PPU、VDR、远程通信终端设备和报警装置等。

1. 传感器接口

AIS 设备传感器接口应满足 NMEA 0183 和 IEC 61162 接口协议,关于 NMEA 和 IEC61162 协议的详细介绍参见第十一章相关内容。

2. 显示、通信及报警接口

显示接口通常采用 RS-422 协议,用于主机与 MKD、ECDIS、雷达和 PPU 接口之间的连接,传输数据波特率为 38 400 bit/s。当与 ECDIS 或雷达连接时,需在输出设备上根据设备安装说明书完成接口设置,确认设备通信正常。AIS 的远程通信接口和报警接口也采用 RS-422 协议,传输数据波特率为 38 400 bit/s。

(二) 不同吨位船舶 AIS 传感器配置标准

根据《SOLAS 公约》要求,不同吨位船舶 AIS 传感器最低配置标准有所不同。

1. 500 总吨以下船舶

500 总吨以下船舶由 GPS 提供本船位置(L/L)、对地航速(SOG)、对地航向(COG),艏向(Heading)。

2. 500 总吨及以上但小于 5 万总吨船舶

由 GPS 提供本船位置(L/L)、对地航速(SOG)、对地航向(COG),由陀螺罗经提供本船首向(Heading)。

3. 5 万总吨及以上船舶

由 GPS 提供本船位置(L/L)、对地航速(SOG)(也可由计程仪提供)、对地航向(COG),由陀螺罗经提供本船首向,由陀螺罗经或转向速率传感器提供本船转向速率(ROT)。

二、AIS 设备检验

AIS 设备安装之后,电子电气员有责任检验设备,并将检验结果报告船长签字确认。在营运过程中,设备应由主管机关认可的专业人员实施年度检验,电子电气员有责任配合年度检验工作;电子电气员或驾驶员应做到每个航次或每个月(取时间较短者)查验设备发送的静态信息、动态信息和航次相关信息,并记录查验结果。

(一) AIS 设备安装检验

(1) 检查 AIS 设备的产品证书及检验合格标志。

(2) 对设备进行外观检查,确认其外表、接口无损坏迹象。

(3) 对设备的连接线、电源装置等进行外观检查,保证电缆连接牢固可靠,无触电安全隐患,设备装设位置易于操作并便于维修保养,检查 AIS 设备已按图纸中的规定进行良好接地,接线布置与 AIS 设备系统图相符。

(4) 检查 AIS 设备收发天线及内置和外置 GNSS 天线安装情况、确认其安装位置与图纸所标及静态信息记录相符,且天线安装牢固可靠。

(5) 在确认系统已正确连接情况下,通电并进行下述试验:

① 检查与 AIS 设备相连接的传感器是否工作正常。

②利用 AIS 设备内部的自检功能(BIIT)做自检测试,确认结果正常。

③确认在外部传感器具有有效输入信号时,AIS 设备应在 2 min 内正常工作并按照规定的报告间隔发射本船信息。

④按照 AIS 设备初始化清单,确认已正确输入本船的静态信息。

⑤确认传感器的信息与 AIS 设备采集显示的信息完全一致,数据精度符合性能标准要求。

⑥在 AIS 设备正常工作情况下,开启中高频及雷达等设备,保证 AIS 设备在其他设备发射时仍能正常工作。

⑦观察 AIS 报告目标与雷达跟踪目标是否一致,必要时可通过其他通信手段对目标的确切位置予以落实。若目标存在较大误差时,应进一步调查误差产生的原因。

⑧模拟人为故障(如 GNSS 丢失位置),应在驾驶台通过外接的报警单元发出声响报警,在显示单元中显示的报警信息应与实际故障情况相一致。

⑨如果可行,试验 AIS 设备的远程通信功能。

(二)AIS 设备运行检验

1.年度检验

AIS 设备应结合安全设备的年度检验和定期/换证检验进行下述检验:

(1)对设备及连接线、引航员插座、电源变换装置等进行外观检查,确认电缆无松动、脱落或其他损坏,接地可靠有效,无触电安全隐患。

(2)检查 AIS 设备及连接的 GNSS 天线无过度锈蚀,外皮无剥落迹象,确认天线电缆连接处以及穿越舱壁处水密性能良好。

(3)检查本船静态信息及与航次有关信息可正确显示,并与实际情况一致。

(4)确认传感器正常工作,设备显示的传感器信息与实际信息相一致。AIS 设备在开启后自检结果正常,并在 2 min 内能正常工作。

(5)通过 VHF 或其他通信方法对目标信息予以确认,也可对比雷达跟踪目标来验证。

(6)确认设备按照规定的报告间隔,发射本船 AIS 信息。

(7)模拟一故障情况,检查 MKD 给出的相关报警信息是否相符。

(8)检查设备自身记录的最后 10 次停止工作的记录,了解设备的工作及使用状况。

(9)若条件具备,联络 AIS 基站向本船发送询问信息,确认设备做出正确应答。

2.航次/月检验

检验年度检验项目中的(3)、(4)、(5)、(6)项。

三、AIS 设备的报警与异常处理

为了保证 AIS 设备正常运行,电子电气员应了解系统运行中可能产生的各种设备报警,尽早消除常规故障或隐患。

(一)AIS 设备报警

AIS 设备报警是由于设备故障或传感信号丢失造成的运行故障,通常给出报警代码或故障指示。不同厂家/型号的设备报警会有区别,但总体上大同小异。表 5-3-1 中是 AIS 设备典型的设备报警描述。报警将每 30 s 重复一次,直至被确认为止。如遇到类似情况,电子电气员应向船长报告本船 AIS 的故障情况,并将其记录在"航海日志"中。如果航行在强制报告水域,船长还应向主管机关报告,并做记录。所有故障都需要尽早解决。

表 5-3-1 AIS 设备典型的设备报警描述

报警描述	报警类型
Tx malfunction(发射故障)	External EPFS lost(外部 EPFS 丢失)
Antenna VSWR exceeds limit(天线驻波比超限)	No sensor position in use(无位置传感器)
Rx channel 1 malfunction(接收信道 1 故障)	No valid SOG information(无有效 SOG 信息)
Rx channel 2 malfunction(接收信道 2 故障)	No valid COG information(无有效 COG 信息)
Rx channel 70 malfunction(接收信道 70 故障)	Heading lost/invalid AIS(艏向丢失/无效)
General failure(综合故障)	No valid ROT information(无有效 ROT)
MKD connection lost AIS(MKD 连接故障)	

(二)AIS 设备异常处理

AIS 设备使用过程中若观察到明显的异常现象,尽管系统也可提供目标数据,但没有明确的报警代码,此时应引起航海人员注意,避免错误的数据信息影响航行安全。表 5-3-2 列出了 AIS 典型的异常现象及其可能原因。

表 5-3-2 AIS 典型的异常现象及其可能原因

序号	异常现象	可能原因
1	工作时听到重复的"嘀嗒"声或噪声	(1)AIS VHF 天线过于靠近 VHF 无线电话天线; (2)AIS 天线使用劣质电缆连接
2	持续表现为目标船没有船名,或者有 MMSI 但是几分钟之后才显示船名	(1)AIS VHF 天线过于靠近 VHF 无线电话或雷达或卫星通信系统天线; (2)AIS VHF 天线通过劣质电缆连接; (3)AIS 接收机故障
3	注意到或者被基站或其他船只告知本船航向错误	(1)船舶配置的早期指向设备通过 THD 与 AIS 连接; (2)THD 设置有误
4	注意到或者被基站或其他船只告知本船静态数据有错误	安装时设置不正确
5	安装 AIS 后,其他导航设备故障	接线或设置错误
6	显示"UTC clock lost"	内置 GNSS 故障,或其 GNSS 天线及电缆存在问题
7	很少看到 20 n mile 之外目标(所有方位或相对于船首某些方位)	AIS VHF 天线被遮挡,或者高度太低
8	他船收不到本船信息	本船 AIS 发射机故障,或者天线存在遮挡、高度不够等问题

【复习与思考】

1. 什么是自动识别系统？AIS 具有哪些功能？AIS 设备是如何分类的？
2. 简述 AIS 设备主机各组成部分的作用。
3. 传感器给 AIS 设备输入了哪些动态信息？
4. 简述 A 类和 B 类 AIS 设备的区别。
5. AIS 有哪些工作模式？
6. 简述 AIS 设备的安装流程。
7. 对照表 5-3-2 中故障异常现象，简述相应的处理方法。

第六章

航速与航程测量设备

船用计程仪按其测量参考坐标系的不同,可分为相对计程仪和绝对计程仪两类。相对计程仪只能测量船舶相对于水的速度并累计其航程,如水压式、电磁式计程仪等。绝对计程仪可以测量船舶对地的速度并累计其航程,如多普勒计程仪和声相关计程仪。但是当测量水深超过其跟踪深度范围时,绝对计程仪便转换成跟踪水层的相对计程仪。具体来说,以"海底跟踪"方式工作的多普勒计程仪、声相关计程仪属于绝对计程仪;以"水层跟踪"方式工作的多普勒计程仪、声相关计程仪属于相对计程仪。

根据交通运输部海事局《海船船员考试大纲》(2022版)对维护和修理驾驶台航行设备的要求,电子电气员应该掌握的船用计程仪知识,具体要求如表6-1所示。

表6-1 船用计程仪对电子电气员的要求

序号	要求
1	5.6 船用计程仪
	5.6.1 了解电磁计程仪基本组成和工作原理,掌握与其他导航设备接口知识
	5.6.2 了解多普勒计程仪基本组成和工作原理,掌握与其他导航设备接口知识
	5.6.3 了解声相关计程仪基本组成和工作原理,掌握与其他导航设备接口知识

第一节　船用计程仪基本原理

一、船用计程仪的主要功能

船用计程仪是一种测量船舶航速和累计航程的导航仪器。船用计程仪所提供的航速信息对船舶驾驶极为重要,其主要作用如下:

(1)利用船用计程仪测量的航速信息结合陀螺罗经或磁罗经提供的航向信息,可进行船舶船位推算。

(2)为卫星导航仪、自动综合导航仪、ARPA和真运动雷达等导航仪器提供航速信息,可实现船舶自动定位和利于船舶操纵及自动避让。

(3)为现代化大型或超大型船舶提供纵向和横向速度信息,保证这些船舶在狭水道航行、靠离码头和锚泊时的安全。

二、有关船用计程仪的国际公约和性能标准

根据《1974年国际海上人命安全公约》第V章第19条"船载航行系统和设备的配备要求"的规定,所有300总吨以上的船舶和不论尺寸大小的客船,均应装配航速测量装置或其他装置,用于指示船舶相对于水的航速和航程;对于所有5万总吨以上的船舶还应安装有1台航速和航程测量装置,或其他装置,用于指示船舶的前进方向和横向的相对于地的航速和航程。前者主要是考虑到船舶通用船位推算和避碰的需求,后者主要是为了满足超大型船舶靠离码头、狭水道航行的速度显示需求。

根据《关于航速和航程指示装置性能标准的修正案》[即MSC.334(90)、MSC.96(72)]的修正案的要求,在不受浅水效应和风、流及潮汐影响的情况下,计程仪的测速误差不应超过船舶速度的2%或0.2 km,两者取大值。如果船实际航速为20 km,则计程仪显示的航速误差不应超过0.4 km。修正案同时要求,船舶应分别配备测量对水航速和对地航速的测速装置,这些测速装置应是两个单独的装置。

船用计程仪相关的国际标准主要有:

(1)2000年5月IMO发布的《关于航速和航程指示装置性能标准的建议案》[经MSC.96(72)修正的A.824(19)决议];

(2)2012年5月IMO发布的《关于航速和航程指示装置性能标准的修正案》[经MSC.334(90)修正的MSC.96(72)决议];

(3)2004年12月IMO发布的《船载导航显示器上导航相关信息显示的性能标准》[MSC.191(79)];

(4)2002年8月IEC发布的《海上导航和无线电通信设备和系统——通用要求——测试

方法和要求的测试结果》(IEC 60945);

(5)2007年6月IEC发布的《海上导航和无线电通信设备和系统——海上速度和距离测量设备(SDME)——性能要求、测试方法和要求的测试结果》(IEC 61023);

(6)2016年中国船级社发布的产品检验指南(N-07 计程仪)。

三、电磁计程仪

电磁计程仪是利用电磁感应原理来测量船舶相对于水的航速和累计航程的一种相对计程仪。电磁计程仪利用法拉第电磁感应定律,在磁场恒定的情况下,通过水流切割装在船底的电磁传感器的磁场,将船舶航行相对于水的运动速度转换为感应电势,通过数学模型计算得出航速和航程增量信息。电磁计程仪由电磁传感器、放大器和指示器等部分组成。其组成框图如图6-1-1所示。

图6-1-1 电磁计程仪组成框图

(一)电磁传感器

电磁传感器是根据电磁感应原理,产生一个与船舶速度成正比的电信号。常用的传感器有两种:平面式和导杆式,平面式传感器的底面与船底平齐;导杆式传感器为一根可升降的圆柱形导杆,计程仪工作时伸出船底,不工作时可将导杆升起。

平面式电磁传感器的结构原理如图6-1-2所示。倒"山"字形铁芯沿船舶横向安装在船底板开孔处。铁芯的中间柱上绕有激磁绕组;在铁芯的两个空隙中嵌有间距为L的两个电极a和b及其引出导线;电极和导线用非导磁材料填封并固定。当激磁绕组通入220 V 50 Hz的交流电时,在铁芯两侧形成交变磁场。

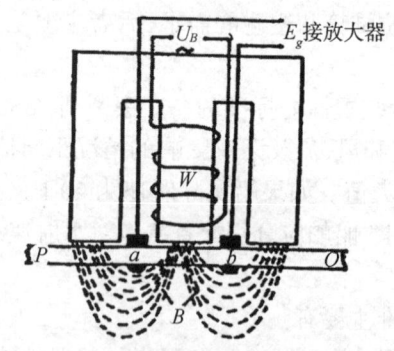

图6-1-2 平面式电磁传感器的结构原理

当船以航速V向前(或向后)航行时,则水流相对船的速度V大小相等,方向相反。由于海水可导电,可将流过两电极间的海水作做无数根运动的"导体"在切割磁力线,根据电磁感应原理,在电极 a、b 和海水形成的回路中将产生感应电动势 E_g

$$E_g = B_\sim LV \cdot 10^{-8} \tag{6-1-1}$$

式中:$B_\sim$ 为交流磁感应强度(G_S),L 为两电极间距(cm),V 为航速(cm/s)。显然,只要测

得感应电动势 E_g，由上式即可求出船舶航速 V。

（二）放大器

放大器将来自传感器的航速信号(感应电动势 E_g)予以放大,并抑制干扰信号和进行变换后,输出一个与航速成正比的直流信号,送至航速表指示航速。放大器同时输出 100 P/n mile 和 200 P/n mile 的航速脉冲信号,送至指示器变换后累计航程。有些电磁计程仪的放大器还设置了自检电路,用以检测仪器的工作性能。

（三）指示器

指示器有航速和航程两种指示方式,航程指示又有数码管数字计数器和机械计数器两类。航程显示的原理是:将来自放大器的航速脉冲信号送到指示器后分两路,一路经分频计数、译码后由数码管显示器累计并显示航程;另一路经驱动器,推动步进电机转动,并带动机械计数器,累计并显示航程。另外,指示器还有 200 P/n mile 的航速脉冲标准输出接口,可输至 ARPA、卫导、真运动雷达等导航仪器,为它们提供综合的导航功能服务。

（四）特点

电磁计程仪的优点是测速线性好,测速范围大,精度较高,其测速精度可达 1%～2% 或 0.2 km,成本低且使用方便。因此,这种型号的计程仪目前在船舶上得到了普遍的使用。典型产品有我国的 CDJ 型、日本的 EML 型、法国的 BEN 型等。其缺点是由于船体附近的水层受船体航行的影响而不稳定会造成瞬时测速的不稳定。其传感器主要有杆式传感器和平面传感器两种。其中,杆式传感器由于伸出船体较长,容易勾挂渔网,造成设备损坏;而平面传感器存在的最大问题是易于附着、生长海生物,造成传感器测量精度严重降低。

二、多普勒计程仪

多普勒计程仪(Doppler Log)是应用多普勒效应测速和累计航程的一种水声导航仪器。多普勒计程仪可工作于"海底跟踪"和"水层跟踪"两种状态。在跟踪深度范围内提供船舶对地的绝对速度,在跟踪深度范围外提供相对于水层的相对速度。

（一）种类

目前船舶多普勒计程仪主要分为以下几种类型:第一种是双波束多普勒计程仪,又称为一元多普勒计程仪,只能测量船舶前进、后退的纵向速度并累计航程;第二种是四波束多普勒计程仪,它可向船体的前、后、左、右四个方向发射波束,又称为二维多普勒计程仪,它除了能测量纵向速度外,还能测量横向速度;第三种是六波束多普勒计程仪,又称为三维多普勒计程仪,既能测量船舶的纵向速度,又能测量船首部和船尾部的横向速度,可反映船舶运动全貌,通常供大型船舶进出港、靠离码头或狭水道航行时使用。

（二）多普勒效应

多普勒计程仪的测速原理是基于多普勒效应,即当声源与接收者之间存在相对运动时,接收者接收到声波的频率与声源频率不同的现象。当声源与接收者接近时,接收者收到声波的频率将升高;当两者相互远离时,则接收者收到声波的频率将降低,接收频率与声源频率之差

值 Δf 称为多普勒频移(Doppler shift),Δf 与声源的频率 f_0、声波在介质中的传播速度 C 和声源与接收点之间的相对运动速度 V 的关系如下

$$\Delta f = \frac{V}{C} f_0 \tag{6-1-2}$$

当 f_0 与 C 为常数时,Δf 与 V 成正比,因此,可以通过测定多普勒频移来进行测速。

(三)测速原理

如图 6-1-3(a)所示,在船底部装置一个收发兼用的换能器 O。船舶以速度 V 向前航行,换能器向海底发射频率为 f_0 超声波脉冲。声波束的发射方向与船舶速度方向成 θ 角,称之为波束发射俯角,一般 θ 取 60°。

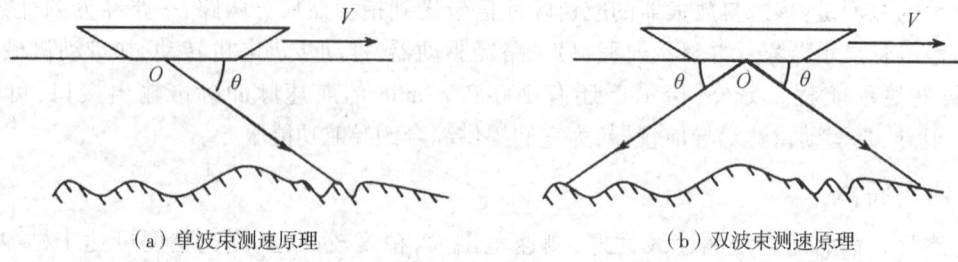

(a)单波束测速原理　　　　　　　　(b)双波束测速原理

图 6-1-3　多普勒计程仪测速原理

换能器向海底发射的超声波经海底发射后,一小部分声波能量被换能器接收。换能器 O 既是声源又是接收者,由于发射点和接收点之间有相对位移,故换能器 O 收到声波的频率和发射声波的频率并不相同(又称为二次多普勒效应)。测得的多普勒频移 Δf 表示如下

$$\Delta f = \frac{2f_0 v \cos\theta}{c} \tag{6-1-3}$$

式中:声波发射频率 f_0、船速 V 及波束发射俯角 θ 均为已知量,只要测出多普勒频移 Δf,即可求出船速 V。

这种只向前发射波束的单波束多普勒计程仪,在实际使用时会因船舶颠簸和摇摆而产生测速误差,故不能得到广泛的应用。为了消除这种测量误差,目前,船用多普勒计程仪普遍采用双波束系统测速,即以相同的发射俯角分别向前和向后发射对称的超声波波束,如图 6-1-3(b)所示,其测得的多普勒频移为前后两换能器频移的差值

$$\Delta f = \Delta f_F - \Delta f_A = \frac{2f_0 v \cos\theta}{c} - \frac{-2f_0 v \cos\theta}{c} = \frac{4f v \cos\theta_0}{c} \tag{6-1-4}$$

当船舶发生颠簸和摇摆之后,前后换能器所测的多普勒频移均存在误差,通过上述运算可以相互抵减,进而消除测速误差。

(四)特点

多普勒计程仪通过发射和接收超声波信号,可以提供船舶相对于海底的绝对航速和航程信息,实现对船舶运动速度的精确测量。在超出其测量深度时,多普勒计程仪可自动跟踪水层,从而保证测速数据的连续性。相较于传统计程仪,多普勒计程仪具有测速精度高且稳定,并可同时输出二维速度信息的优点。同时多普勒计程仪的换能器可以在舱内维护,可以弥补传统计程仪在精度、测速稳定性以及可用性、可维护性方面存在的不足。其缺点是工作时要不

断地向外发射声波,容易受到外界同频信号的干扰。同时常规多普勒计程仪测速精度与声波在海水中的传播速度密切相关,而声波在海水中的传播速度受海水的温度、盐度、静压力的影响,其中影响最大的因素是温度,因此,需安装高精度的温度传感器,补偿影响声波在海水中的传播速度测量的温度误差。

多普勒计程仪测速精度高(0.2%~0.5%或0.1 km),测速门限低(0.01 km)。它不但可测船舶纵向向前或后退的速度,还可测量船舶横向速度,保证大型船舶在进出港、靠离码头和狭水道航行时的操纵安全。其典型产品如英国的 NAVIKNOT 600 型、挪威的 Skipper DL850 型、日本的 DS-80 型和我国的 MCDL-1A 型等。

三、声相关计程仪

声相关计程仪(coustic correlation log)是应用相关技术处理水声信息测量船舶航速并累计航程的计程仪,声相关计程仪的测速原理如图 6-1-4 所示。

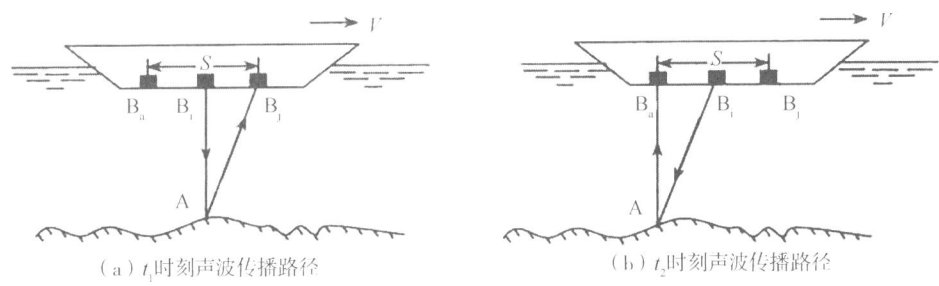

(a) t_1 时刻声波传播路径　　　　(b) t_2 时刻声波传播路径

图 6-1-4　声相关计程仪的测速原理

(一)测速原理

声相关计程仪利用有一定发射束宽的发射换能器垂直向下发射,接收海底回波,其信号幅度主要取决于海底底质的反射系数及水深。当船体运动时,大量海底散射体的回波相互干涉形成返回信号,其幅度发生变化。这种干涉随着接收器的位置变化而变化,但是对于不同位置的接收器,如果发射器的位置也不同,那么对它们产生的干涉效果可能相同。也就是说,如果在一般运动的船上,用一个发射器发射两个信号,那么在两个分开的接收器上分别接收这两个信号,就可能除了在它们之间产生一个时延外没有什么差异。因此,如果已知接收器间隔和时延,就可以得出速度。

沿船底纵向等间距安装有前向接收换能器 B_f、发射换能器及后向接收换能器 B_a,前后两个接收换能器的间距为 S,发射换能器 B_t 以一定的时间间隔向海底发射超声波脉冲,假设船以速度 V 航行,在 $t=t_1$ 时刻,经海底 A 点反射回来的回波被前向换能器 B_f 所接收,如图 6-1-4(a)所示。经过时间间隔 τ,即 $t=t_2$ 时刻,回波被后向换能器 B_a 所接收,船航行的位移为 $S/2$,如图 6-1-4(b)所示。由于两换能器接收的超声波所走过的路径完全一致,因此,可认为这两个回波信号的包络幅值 $f_1(t)$ 和 $f_2(t)$ 形状完全相同,只是在时间上相差了一时间间隔 τ,如图 6-1-5 所示。

我们称这两个信号是互相关的,τ 为相关延时,τ 可以用下式表示

$$\tau = \frac{1}{2} \cdot \frac{S}{V} \tag{6-1-5}$$

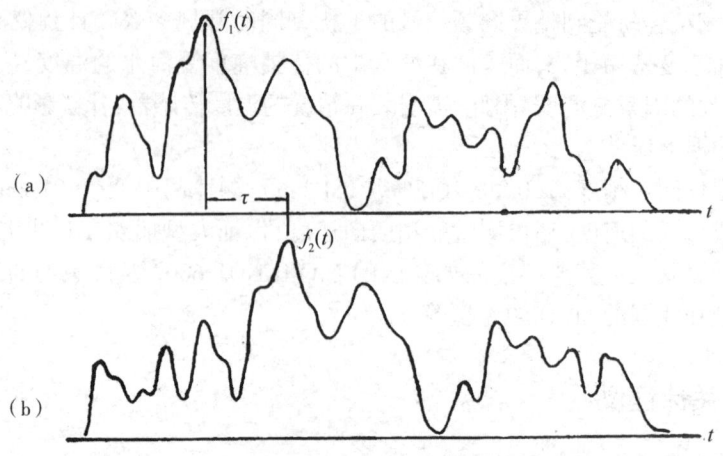

图 6-1-5 相关延时的测定

则

$$V = \frac{1}{2} \cdot \frac{S}{\tau} \tag{6-1-6}$$

式中：S 为两接收换能器之间距，为定值；延时 τ 可以用相关接收技术进行测量，所以船速 V 便可求得。

（二）特点

声相关计程仪的主要特点有：

（1）可以用"海底跟踪"和"水层跟踪"两种方式工作，既可测对地的速度，又可测对水的速度；

（2）测量精度不受水中声波传播速度变化的影响，测速精度较高；

（3）同时可测量水深，兼作测深仪使用。

声相关计程仪垂直发收，在回波强度上高于同频率的多普勒计程仪，所以需要的功率较小。垂直发收也相对减少了声波的对外扩散，缩小了声暴露区域范围。声相关计程仪不要求窄波束发射，也不要求指向斜下方的波束，因而可用较小的换能器和较低的工作频率。较宽的发射波束也增加了系统的抗摇摆性。相同工作频率下，声相关计程仪的换能器基座尺寸比多普勒计程仪的基座小很多，同时多普勒计程仪测速与声速有关，需要进行实时的声速修正，声相关计程仪水平测速与声速无关，由于声相关发射波束垂直向下发射，较多普勒计程仪受载体姿态的影响小。

除以上几种外，还有拖曳式计程仪、转轮计程仪等，其工作原理不再一一赘述。

第二节　船用计程仪的接口知识

一、计程仪设备组成及各部分功能

通常,计程仪由测速传感器、信号放大与处理器、航速航程解算器和航速航程显示器等组成。现以常见的多普勒计程仪设备为例介绍计程仪设备组成。DS-50 型多普勒计程仪由主显示器、分显示器、处理器、接线盒、收发器及换能器等组成,如图 6-2-1 所示。

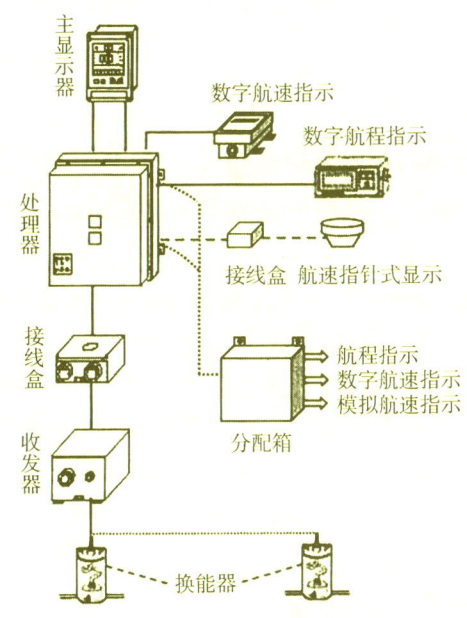

图 6-2-1　DS-50 型多普勒计程仪整机及接口框图

主显示器用于控制整机工作并显示测量结果,包括船舶前进/后退速度、船首左右横移速度、累计的航程等数据。安装方式可为悬挂式或嵌入式。

分显示器有数字式和指示式两种,其功能与主显示器相同,其信号来自处理器提供的串行数据或模拟数据。分显示器应安装在海图室或驾驶室,或其他干燥、清洁且温度和湿度满足设备环境条件要求和防水膜的室内,还应避免阳光直接照射,周围应有足够空间,便于观测、操作及维修。

处理器用于:形成触发脉冲送至收发器单元,指挥收发器的工作;同时将收发器接收的回波信号变为航速信号送至主显示器或其他分显示器;提供各部分工作所需的电源。处理器内主要有电源电路、多普勒门电路和微处理机等。

收发器用于产生电振荡脉冲,激励换能器向海底发射超声波,同时接收换能器的回波信号,并将其放大和变换为电信号送至处理器。某些机型的计程仪将收发器和处理器合二为一,简化了安装程序。

换能器用于实现声能和电能之间的转换,安装于船底龙骨下方,加装海底阀可保证水密性,便于维护。为避开紊流和气泡干扰,换能器尽量安装于船首部位。为了不干扰测深仪的正常工作,换能器与测深仪的间距至少为 2.5 m。换能器应安装在专门的舱室内,并要满足下列要求:

第一,舱室入口应配置能保证水密用螺栓紧固的顶盖;
第二,舱室内应配备普通或垂直扶梯;
第三,室内安装照明灯和电压不超过 24 V 的便携灯用的水密电源插座;
第四,舱室应留有换能器升降的空间,并能容纳两人进行操作;
第五,换能器的电缆应通过水密管引至水线上方。

二、电磁计程仪设备操作

下面以 CDJ-5 型电磁计程仪为例介绍电磁计程仪设备的使用操作。CDJ-5 型电磁计程仪由平面式传感器、接线盒、放大器和指示器等组成。

(一)CDJ-5 型电磁计程仪的正确使用

将计程仪开关箱上的电源开关接通,开关箱上的电源指示红灯亮,此时传感器、放大器电源接通,开始工作。将指示器电源开关放在"开"的位置,"储存/显示"开关放在"显示"位置,则荧光计数器上有数字显示。在航行中如果不需要显示航程,可将"储存/显示"开关按到"储存"位置,数码管不亮,但照常计数,可延长数码管的使用寿命。

按下"复零"按钮,数字全部置零,即开始重新累计航程。机械计数器的"复零"按钮在机内(航行期间切勿按动"复零"按钮,否则会将荧光计数器所累计的航程数字清零)。荧光计数器的小数点位置开关在机内,可选择小数点后 1 位或 2 位指示航程。按需要选择量程,并将小数点开关置于相应的位置,此开关在航行过程中不可随意转换。关机时,先关闭显示器上的电源开关,再关闭开关箱上的电源开关。

(二)CDJ-5 型电磁计程仪的调整

1.传感器零点调整

为了消除零点干扰信号,仪器设有零点调节电位器,调节电位器使干扰信号小于 0.3 mV,一般情况下在安装仪器时已调好,无须再调整。

2.放大器线性调整

放大器线性调整的目的是保证放大器输出电流与航速成正比,正常情况下应调整到每 1 km 航速就有 0.5 mA 的电流值,在仪器处于工作状态时进行。步骤如下:

(1)将开关箱开关置于"开"的位置,打开放大器机盖(压下上方两只定位锁,并同时向侧转 90°)。将工作自校转换开关 K601 置于"自校"的"0"位,航速表指示为 0。

(2)把 K601 旋至"自校"的"5"位,这时自校模拟电压为 5 mV,调航速调节电位器 W603,使航速表为 25 km。

(3)将 K601 旋至"自校"的"1"位,这时自校模拟电压约为 1 mV,调零点调节电位器

W602,使航速为 5 km。

（4）反复进行（2）和（3）两项直至满意。

（5）将 K601 依次置于"自校"的"1""2""3""4""5"位，则航速分别对应 5 km、10 km、15 km、20 km、25 km，每挡误差不大于 0.2 km，表示线性调整。

3．航程指示器调整

K705 为荧光计数器管小数位置的转换开关，即可使最大航程累计为 xxxx.xx n mile 或 xxxxx.n mile。

K701 为 200 个脉冲/n mile 输出控制开关，当需配用卫星导航、雷达时可将此开关置于"开"位置，不用时应置于"关"位置。

K703 为 4 型-5 型自校转换开关。当设备处于正常工作状态时，开关位于"5 型"；开关位于"自校"位置时，航程指示器可进行自校，此自校装置供指示器维修荧光计数器及机械计数器用，一侧备有电位器用于调节自校信号源的大小，以适于维修。

三、多普勒计程仪设备操作

下面以南京宁禄某型号计程仪为例，简单介绍计程仪设备的使用操作。

（一）电源启动

（1）按下主显示器电源开关键 1 s，接通电源，机器首先进入自检工作状态。

（2）自检完毕，显示正常的航速和航程。

（3）长按开关键 2 s 后，松开，关闭计程仪。

（二）调整显示器亮度

用亮度调节控制调整液晶屏背光亮度，以适应环境变化。白天显示模式和夜间显示模式时均为 9 级可调。

（三）昼夜模式切换

使用昼夜模式切换按钮，切换液晶显示屏白天显示模式与夜间显示模式。

（四）选择跟踪方式

（1）按下菜单键，从"模式选择"菜单项中可选择设置跟踪方式。

（2）多普勒模式（STW）：应用多普勒效应测量速度与航程，屏幕上显示"STW"。

（3）GPS 模式（GPS）：当计程仪出现故障时，可手动或自动选择 GPS 模式作为 GPS 的显示仪，显示相对岸的速度，屏幕上显示"GPS"，此时计程仪不向外输出任何信号。

（4）自动模式（AUTO）：自动选择多普勒或 GPS 模式，屏幕上显示"AUTO"。优先选择多普勒模式，如多普勒模式不能正常工作则自动切换到 GPS 模式，此时计程仪不向外输出任何信号。

（五）重置航程

航程数据在关机后仍然可以保存，按"重置（RESET）"键可以将航程清零。

（六）单位选择

按下菜单键，从"速度单位""航程单位"菜单项中可分别设置速度（kn 和 km/h 可选）和航程（n mile 和 km 可选）显示单位。某些多普勒计程仪还可以测量水深，其显示单位包括米、英尺或英寸等。

四、计程仪设备连接接口

（一）设备的连接

图 6-2-2 为南京宁禄某型号计程仪的设备连接及接口示意图。计程仪可接入 GPS 导航仪的船位/SOG（对地速度）/COG（对地航向）信号，输入信号符合《海上导航和无线电通信设备和系统——数字接口——第 1 部分：简单扩音器和复合听声器》（IEC 61162-1）及 NMEA 0183 协议要求，典型语句格式为 GGA（时间、纬度、精度等）和 VTG（SOG、COG）。计程仪接入船位信息后，可方便地在显示面板上查看速度和船位的对应关系。

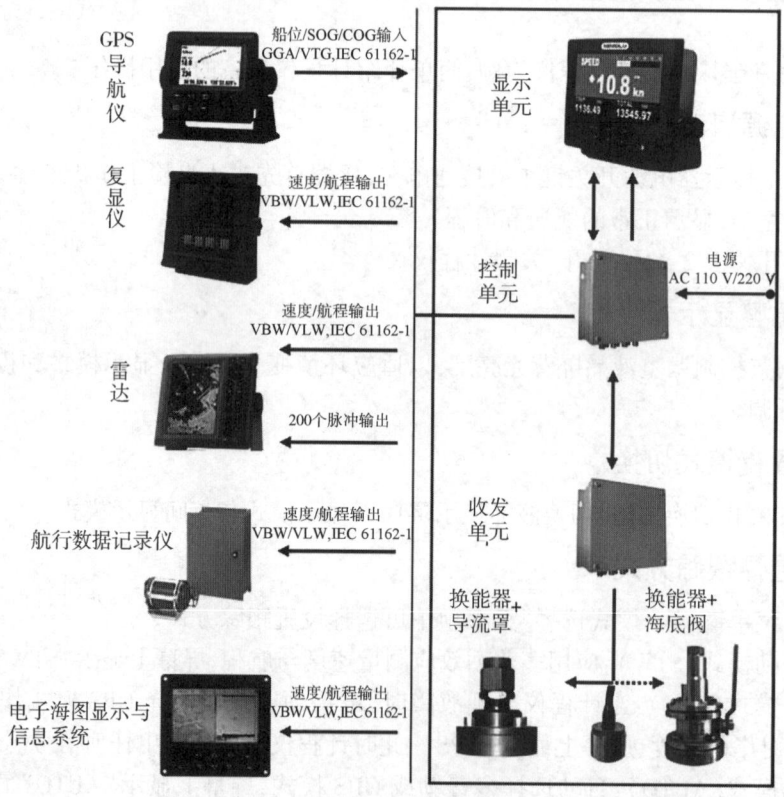

图 6-2-2　南京宁禄某型号计程仪的设备连接及接口示意图

计程仪速度和航程数据可输出至复显仪、电子海图显示与信息系统、航行数据记录仪（VDR）、雷达等设备，输出信号符合 IEC 61162-1 及 NMEA 0183 协议，典型语句格式为 VBW（对水或对地速度）和 VLW（对水航程）。信号输出间隔：VBW 为 3 s，VLW 为 1 s。另外，计程仪的速度和航程数据还可以 200 个脉冲/n mile 的脉冲形式送至雷达，即每 0.005 n mile 的航程变化输出一个脉冲信号。

（二）接口协议

南京宁禄某型号计程仪输出数据接口协议采用 NMEA 0183 和 IEC 61162-1 格式，波特率为 4 800 bit/s，8 位数据位，带校验。NMEA 和 IEC 61162 协议参见第十一章第二节相关内容。几种典型的输入输出协议包括：

(1) GPS 数据输入——VTG；

(2) 计程仪数据输出——VBW；

(3) 计程仪数据输出——VLW；

(4) 计程仪开关量输出。

计程仪以每 0.005 n mile 的航程变化输出一个脉冲信号的形式将速度信号以开关量的形式输出至外接设备。计程仪以开关量的形式将掉电报警信号输出至值守设备。当计程仪正常工作时，开关量闭合；当计程仪断电时，开关量断开。

五、计程仪日常维护保养和使用

（一）一般性维护和使用注意事项

日常生活中需要定期检查以下各项，以保持其性能：检查系统所有设备的接头连接是否牢固且无锈迹，如发生污染或锈蚀，应仔细清洁；检查所有接地线是否牢固，可用软布清除显示单元包括显示屏上的灰尘，切勿使用化学清洁剂，以免破坏油漆和标记。

日常使用中应注意以下事项：

(1) 收发器箱内的"POWER"开关通常应置于"ON"接通位置，在航船舶无须切断此开关，检修或停航船舶可根据需要切断此开关。

(2) 航行期间不要无故动用功能开关或"复零"按钮，否则将失去已累计的航程数据。

(3) 收发器内的"TEST/NORMAL"开关在正常使用期间均应处于"NORMAL"位置，只有在自检时才处于"TEST"位置，正常使用期间请勿随意切换。

(4) 系统设备上的保险丝可防止电器线路因过电流而烧毁。如果设备无法通电，检查连接显示单元的电源线上的保险丝。更换保险丝前应检查，确认其烧断的原因。

（二）传感器维护

传感器是计程仪的核心部件，在日常工作尤其是修船期间，需要重点维护和保护。具体包括：

(1) 传感器及其安装舱室中不应有积水，每三个月检查一次。航速航程解算装置、指示器及显示器等部件，每半年使用软毛刷除尘一次。

(2) 船舶进出港期间，对固定式平面传感器的电极面进行检查，完好的电极面应无龟裂，电极涂层无损坏、磨损，凝聚橡胶纹无破损。同时，要清除电极上的海泥及海生物。

(3) 船舶在拖修时应对换能器进行检查，并清除附着的海生物。因换能器观察窗采用有机玻璃制造，清洁时应使用软布蘸取酒精对其进行清洁，以免其受损。

(4) 对长期处于静止状态的电极面传感器每个月应通电 4 h。对于测量杆式传感器，每个月应将其提升回船内对电极进行擦拭,然后装入使用。

(5)每季度应对计程仪的旋转电机、伺服电机以及复示器的操纵机构进行必要的清洁并加入适量的润滑油,以保持这些机构的灵活性。对模拟指表和磁性计数航程表应定期清洁加油。

(6)对遥控升降的测量杆式传感器的传动装置,应每半年检查一次其气泵及空气滤清器的工作状态,并在活动部分涂抹适量的润滑油。

(7)计程仪与航速计共用传感器时,应选取航速计与计程仪参数合适的配对仪表使用。

(8)修理或更换传感器时,应切断电源,并应由两人进行操作。在航行中更换传感器时,应在船停泊时进行。收回可提升回船体的传感器时,应有一人把住阀门把手,并注意关阀方向,以在传感器提升回船体后及时关闭阀门。

六、计程仪常见故障的处理

以FURUNO某型号多普勒计程仪为例,表6-2-1列出了该计程仪常见的故障现象、原因及排除措施。

表6-2-1 FURUNO某型号多普勒计程仪常见的故障现象、原因及排除措施

一般问题		
故障现象	故障原因	排除措施
无法开启电源	电源线松动	紧固电源线
	保险丝断开	更换保险丝
	电源单元故障	检修电源单元
已开启电源但屏幕上没有显示内容	对比度太低	按几次[*]键增加对比度
多普勒速度指示		
故障现象	故障原因	
显示上次的正确速度(显示停止) 反向视频并闪烁	由于气泡等原因,无法计算船速(速度误差:30 s)	
速度显示为" * * . * "	传感器故障或气泡速度误差持续超过期30 s	
STW 闪烁	速度传感器异常	

续表

GPS 速度指标	
故障现象	故障原因
速度指示显示为"＊＊.＊"	GPS 数据误差
"GPS"被"----"替换	30 s 内没有 GPS 数据 GPS 接收机没有信号

【复习与思考】

1. 简述计程仪的分类。
2. 简述电磁计程仪的测速原理。
3. 简述多普勒计程仪的测速原理及特点。
4. 多普勒计程仪可输入哪些信号？简述这些输入信号的标准、格式及作用。
5. 计程仪可输出速度和航程数据至哪些航行设备？简述输出信号的标准和格式。
6. 计程仪日常维护保养有哪些注意事项？

第七章

船用测深仪

按照《1974 年国际海上人命安全公约》第 V 章第 19 条的要求,所有 300 总吨及以上的船舶和不论尺度大小的客船,均应配置 1 台回声测深仪,或其他电子装置,用于测量和显示可用水深。

根据交通运输部海事局《海船船员考试大纲》(2022 版)对维护和修理驾驶台航行设备的要求,电子电气员应该掌握的回声测深仪知识,具体要求如表 7-1 所示。

表 7-1　回声测深仪对电子电气员的要求

序号	要求
1	5.7 了解回声测深仪基本组成和工作原理,掌握与其他导航设备的接口

第一节 船用测深仪工作原理

一、船用测深仪的主要功能

回声测深仪(Echo Sounder)是利用超声波在水中传播的物理特性测量水深的水声导航仪器。船用回声测深仪简称船用测深仪,它的主要用途有:
(1)在情况不明的海域或浅水航区航行时,测量水深,以确保船舶航行安全。
(2)在其他导航仪器失效的特殊情况下,可通过测量水深辨认船位。
(3)用于航道及港口测量,提供精确的水文资料。
(4)现代化多功能的船用测深仪还具有水下勘测、鱼群探测跟踪等功能。

二、船用测深仪的测深原理

船用测深仪测量水深的基本原理是,测量超声波自发射到经水底反射至接收的时间间隔,通过计算确定水深。如图 7-1-1 所示,在船底龙骨下方安装用于发射与接收超声波的换能器 T。发射时,换能器 T 以脉冲方式向水下发射频率为 20~200 kHz 的超声波脉冲,发射超声波的频率也称为测深仪的工作频率。接收声波经海底 O 点反射后,部分能量被换能器 T 接收。只要测出声波自发射至接收所经历的时间,就可由式(7-1-1)求出水深。

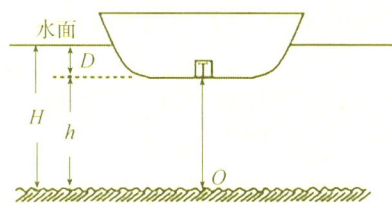

图 7-1-1 船用测深仪工作原理

$$H = h + D = D + \frac{1}{2}Ct \tag{7-1-1}$$

式中:H 为水面至海底的实际水深;D 为船舶吃水;h 为测量水深;C 为声波在海水中的传播速度;t 为声波自发射至接收所经历的时间。

通常取声波在海水中的标准传播速度为 1 500 m/s,则测量水深 h 可表示为 $h = 750\,t$。

图 7-1-1 展示的是单波束的船用测深仪的测深原理,若想一次就能获得多个与船舶航迹相垂直面内的海底测点水深值,则可以采用多波束测深仪。多波束测深仪利用发射换能器阵列向海底发送宽扇区覆盖的超声波,同时可以获得数十个相邻窄波束。这种测深仪多应用于海底地形测量、扫海测量和海上施工区域的测量。

第二节 船用测深仪系统组成

一、船用测深仪整机组成及工作过程

(一)船用测深仪整机组成

船用测深仪整机组成如图 7-2-1 所示。

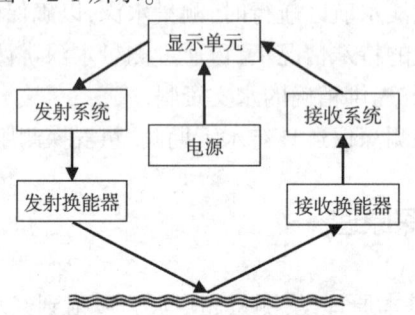

图 7-2-1 船用测深仪整机组成

各个部分的功能如下:

(1)显示单元也称为测深仪的主机,作为整个系统的中枢,包括了所有基础电路和逻辑处理器,其作用是控制协调整个系统的运作,以一定的时间间隔产生触发脉冲,处理器通过测量声波脉冲在海底和换能器之间的行程时间,计算得出水深,并最终在屏幕显示端以图像和数字形式显示水深数据。

(2)发射系统将显示单元的发射指令转变为具有一定宽度、频率和输出功率的电振荡脉冲推动发射换能器工作。

(3)发射换能器将电振荡信号转换为机械振动信号,即将电能转换为声能,形成超声波信号向海底发射。

(4)接收换能器的作用与发射换能器正好相反,它将从海底反射回来的超声波信号转换为电振荡信号,即将声能转换为电能。目前比较常见的船用测深仪配备一个收发兼用的换能器即可完成电能和声能之间的相互转换。

(5)接收系统将来自接收换能器的回波信号适当放大、选择和处理,变换为适应显示器需要的回波脉冲信号。

(6)电源通常为自带电源或专用的变流机,现今,船用测深仪大多数可以直接接船电工作。

(二)船用测深仪工作过程

船用测深仪的工作过程可以用图 7-2-2 所示的船用测深议工作时序图描述。显示器内的

发射触发器按一定时间间隔 T 产生触发脉冲，T 亦称为脉冲重复周期，此时，发射系统产生一定宽度 τ 和一定输出功率的电振荡发射脉冲。发射换能器将电振荡发射脉冲转换为工作频率为 20~200 kHz 的超声波脉冲向海底发射。在发射的同时，显示器将产生与发射脉冲同步的零点信号，表示计时开始。接收换能器将来自海底的声波反射信号转变为电振荡接收脉冲信号，经接收系统放大、处理后形成回波信号送至显示器。显示器累计回波信号和零点信号间的时间间隔 t，按照式(7-1-1)转换为水深予以显示。

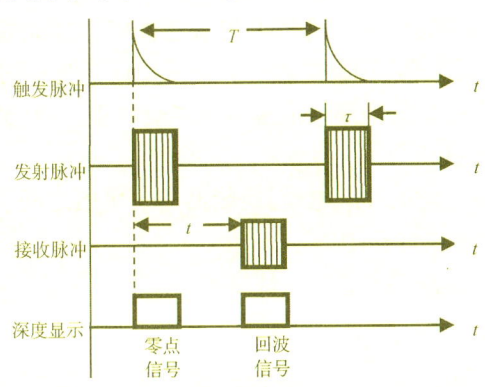

图 7-2-2　船用测深仪工作时序图

二、船用测深仪水声处理相关技术

（一）水声换能器

船用测深仪换能器是实现电能与声能相互转换的器件。图 7-2-3 展示了一种水声换能器的外观。从功能上看，换能器分为发射换能器和接收换能器。将电振荡能量转换为声能向水下发射超声波的换能器称为发射换能器；将海底反射回来的超声波声能转换为电振荡能量的换能器称为接收换能器。发射换能器和接收换能器可以分开，也可以合二为一。换能器按材料划分为两种：一种是以镍或镍铁合金为材料的磁致伸缩换能器；另一种是以钛酸钡或锆钛酸铅等压电陶瓷为材料的电致伸缩换能器。

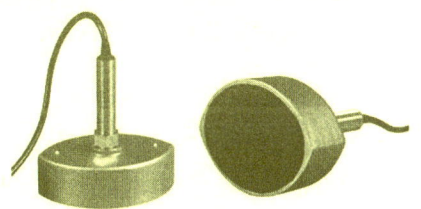

图 7-2-3　船用测深仪水声换能器外观

1.换能器的安装

换能器是精密的前端信号传感器，换能器安装是否规范直接关系到测深仪的测量精度。运输和安装换能器时应小心处理，不可被重压或使其跌落，换能器也不可在空气中工作。换能器的安装要求如下：

（1）确定换能器的安装位置。换能器一般安装于船底龙骨距离船首 1/3 ~ 1/2 船长处，表面平坦、周围杂声干扰小的地方。换能器应尽量远离机舱、螺旋桨和船首侧推器,也不能靠近船首;同时应避开排水口、海底阀及其他有碍水流平顺的凸出物。

（2）测深仪换能器应在多普勒计程仪换能器的安装位置之后,至少与其保持 1 m 的距离,避免相互干扰。

（3）换能器的工作面应力求与水平面平行,如果换能器安装在船体曲度较大处,应加装导流罩或导流板,保证航行时换能器周围水流均匀。

（4）换能器的安装不能降低船体结构强度和水密性能。换能器安装于船底,无论是开启式或密封式安装,均需在船底开洞,因此应在开洞处采用法兰盘加固。

（5）换能器的工作面不得涂敷油漆。油漆对声能吸收很大,将使回波信号显著减弱,甚至使测深仪不能工作。

（6）换能器的引出电缆应使用屏蔽电缆；换能器与主甲板之间的电缆应铺设在钢管内；测深仪机壳、连接电缆及钢管应良好接地。

（7）换能器安装完成后应按要求做气密性试验。

2. 换能器的清洁、维护和保养

换能器的清洁、维护和保养一般在坞内进行。

（1）对于换能器是磁致伸缩换能器的测深仪,其剩磁会随着时间的延长而慢慢消失,这将会严重影响测深仪的灵敏度,所以对于此类测深仪应定期对磁致伸缩换能器进行充磁。

（2）检查换能器的表面,使用木片或砂纸等工具清洁换能器表面的附着物。

（3）船底喷漆之前,应采取措施保护换能器,避免油漆喷到换能器的工作表面。

（4）随时检查各电路的连接插头、插座、连接线等是否无破损、锈蚀。

（二）水声处理相关技术

1. 声速修正

声波在海水中传播的速度受到海水的温度、含盐量及静压力三个因素的影响,一般情况下,温度越高、含盐量越大、静压力越大,声速越快,如温度每上升 1 ℃,声速将增加 3 m/s,可见声速并非恒定值。设计制造测深仪时取 1 500 m/s 为标准声速是为了简化起见,实际声速和标准声速不一致必然导致计算显示的误差,现代测深仪可以通过相关传感器测量海水参数进而计算准确声速,也可以通过手动声速设置来校正测量误差。

2. 时间门跟踪技术

声波在海水中传播会受到大量气泡、浮游生物、鱼群等的干扰,形成复杂的干扰杂波,为了有效地去除这些干扰,识别真正的海底,测深仪采用了时间门(Time Gate)跟踪技术,如图 7-2-4 所示。

测深仪相邻两次测深之间的时间间隔(也称脉冲重复周期 T)一般较短,约 0.1 s。在这段时间内,海底的变化一般是平缓的,水深变化不会太大。第二次测深的变化为第一次测深值 D 的±10%,则以上次正确回波值 D 所对应的声波传播时间 $t(t=2D/C)$ 为中间值,以 $t±10\%$ 为时间门。只有在时间门内的回波才被认为是有用的回波(海底)。不在这个时间门内的回波则被视为干扰予以滤除。一旦时间门内无任何回波,则系统自动放弃时间门,开启全程搜索,直到重新捕获真正的回波为止。

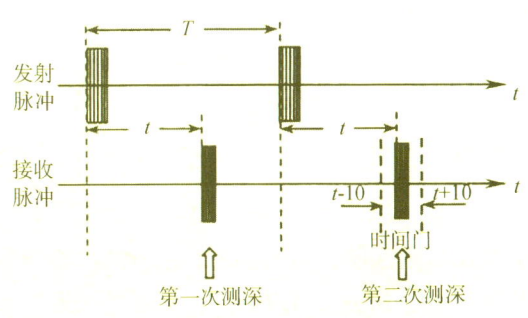

图 7-2-4　回声测深仪时间门跟踪原理

3.时变增益控制技术

声波在海水中传播过程中因发射、折射、散射和吸收等现象,会使来自声源的能量随着时间和空间的推移而逐渐减弱,这种声能减弱的现象称为传播损耗(attenuation)。为了弥补声能的损耗,测深仪接收系统采用了时变增益控制电路(Time Varied Gain,TVG),其原理如图 7-2-5 所示。使其接收系统的增益随传播时间增加而逐渐增加,对较深的海底弱回波有效地实施了补偿。同时对于浅水区近距离的强干扰,由于 TVG 控制使得其增益减小,所以对干扰的抑制效果也十分明显。

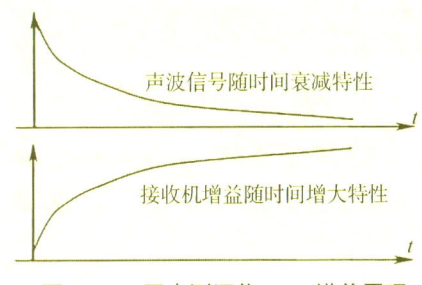

图 7-2-5　回声测深仪 TVG 增益原理

三、船用测深仪主要技术指标

IMO MSC.74(69)附件 4 A.224(Ⅶ)号决议的修正案《回声测深仪设备性能标准》要求,当船舶的航速在 0~30 kn、横摇±10°和/或纵摇±5° 时,船用测深仪需要满足一定的功能、精度、警报和指示等要求。

(一)船用测深仪功能要求

1.测量深度

在通常的传播和海床反射条件下,能够测量传感器下 2~200 m 的任何水深船用测深仪。

(1)最大测量深度

最大测量深度是测深仪可能测量到的最大深度。适用于远洋船舶的测深仪的最大测量深度为 400 m;适用于沿海船舶的测深仪的最大测量深度为 100~200 m。最大测量深度与发射功率、换能器效率、工作频率和脉冲重复周期等因素有关。

(2)最小测量深度

最小测量深度是测深仪能测量出来的最小深度。发射脉冲宽度 τ 是决定最小测量深度的主要因素。适用于远洋船舶的测深仪的最小测量深度一般为 1~2 m，而浅水测深仪的最小测量深度可达 0.2~0.3 m。

2.量程

测深仪至少提供两个量程刻度，即 20 m 的浅水量程和 200 m 的深水量程。

3.显示方式

IMO 规定记录式显示方式为测深仪必须具备的显示方式。数字式显示方式在现代测深仪中应用较多。常用的如发光二极管 LED 显示方式，以及兼具探鱼与水下勘测功能的阴极射线管（CRT）显示方式和液晶（LCD）显示方式。显示的记录应显示时长至少为 15 min 的深度数据。

4.脉冲重复频率

脉冲重复频率指每秒钟发射的脉冲数。脉冲重复频率在深水区不应低于 12 个脉冲/min，在浅水区不应低于 36 个脉冲/min。

5.数据存储

测深仪应能够通过纸质或其他方式记录至少 12 h 的深度数据及其对应时间，并能检索记录信息。

（二）船用测深仪精度要求

1.测量精度

基于船用测深仪计算水深采用的声速为声波在海水中的标准传播速度，即 1 500 m/s，测深仪指示深度的误差应为：在 20 m 量程刻度为 ±0.5 m，在 200 m 量程刻度为 ±5 m；或指示深度的 2.5%，取较大者。

2.显示分辨率

显示分辨率是指测深仪能够精确地辨别水深显示的能力。浅水量程的显示分辨率不得小于每米 5.0 mm，深水量程的显示分辨率不得小于每米 0.5 mm。

（三）船用测深仪故障、警报和指示要求

当水深低于报警预设值、电源故障或电压过低时，测深仪应提供视觉和听觉报警信号，并具有静音功能。

（四）船用测深仪接口

测深仪应提供输出接口，可以将深度信息提供给其他设备，如远程数字显示器、航行数据记录仪和船舶航迹控制系统。接口应符合国际电工委员会（IEC）制定的数字、串行通信设备标准。

四、船用测深仪误差

船用测深仪的误差是指测量显示水深与实际水深之差值。测深仪的误差主要有声速误差、基线误差、时间电机转速误差和零点误差等。此外，多径回波现象、船舶摇摆、水中干扰、海底底质与坡度、换能器工作面附着物等也会对测深仪的测量精度造成一定的影响。

（一）声速误差

声波在海水中的传播速度受到海水的温度、含盐量及静压力三个因素的影响。一般情况下，温度越高、含盐量越大、静压力越大，则声速越大。设计制造测深仪时取 1 500 m/s 为标准声速是为了简化，实际声速和标准声速不一致必然导致误差的产生。现代测深仪可以通过相关传感器测量海水参数获得准确声速，也可以通过手动声速设置来校正声速误差。

（二）基线误差

由于发射换能器和接收换能器的安装位置存在一定距离而导致的误差，叫作基线误差。单独配备发射换能器和接收换能器的船用测深仪存在基线误差。水深越浅，基线误差的影响越大，当水深大于 5 m 时，基线误差可以忽略不计。

（三）时间电机转速误差

对于早期的闪光式和记录式船用测深仪，由于测深仪的时间电机转速与其额定转速不一致而导致的深度误差，叫作时间电机转速误差。时间电机转速误差是一种测量误差。

（四）零点误差

零点误差是指零点信号（或零点标志）与刻度盘（或刻度标尺）的零位不一致所产生的测量误差，零点就是标记计时的初始时间点。通常，闪光式和记录式船用测深仪会设置零点调节装置。

（五）其他影响因素

1. 多径回波现象

声波可能在船舶底部和海底之间反射多次，从而在水深显示记录上给出多个深度数据，这就是多径回波现象。多径回波现象一般出现在浅水区。当出现这种情况时，应读取第一个显示的水深值。

2. 船舶摇摆

安装发射换能器时，其工作面力求与水平面平行，但是随着船舶的摇摆，换能器也随之倾斜，回波信号可能发生"遗漏"现象，若严重倾斜，回波信号则全部消失。

3. 水中干扰

水中气泡、生物等干扰均会削弱声能，特别是大量气泡会引起声波的混响，从而干扰测深仪的正常工作。因此，换能器应安装在噪声干扰小的地方，远离螺旋桨等易产生大量气泡的装置。

4. 海底底质与坡度

不同的海底底质对声波的反射能力差异较大，岩石最强，砂石次之，淤泥最差。不平坦的海底底质和坡度也会造成声波先后返回，出现较宽的信号带。

5. 换能器工作面附着物

船舶长期在水中航行，测深仪换能器工作面容易附着大量水生生物，对声波的发射和接收造成影响。一般在坞内对换能器工作面附着物进行清理。

第三节 船用测深仪的接口知识

目前采用数字处理技术的船用测深仪产品较多,如 SKIPPER 电气公司的 GDS101、GDS102,JRC 公司的 JFE-680,FURUNO 公司的 FE-400、FE-700、FE-800 等。下面以船用测深仪 GDS101 型和 FE-800 型为例,介绍其组成、特点和接口等内容。

一、GDS101 型测深仪

GDS101 型测深仪由美国 Raytheon 集团下属的挪威 SKIPPER 电气公司生产。它采用大屏幕、高分辨率 LCD 显示器,以图形和数字的方式显示水深,其水深和时间等导航数据可连续 24 h 进行存储,并可通过连接的打印机打印历史数据。GDS101 配备一个换能器,工作频率为 38 kHz、50 kHz 或 200 kHz。其测量水深的精度优于 1%。GDS101 测深仪的输入输出接口符合 NMEA 0183 协议。

1.组成

GDS101 型测深仪整机组成示意,图如图 7-3-1 所示。显示单元控制整机的工作,控制换能器产生发射脉冲,接收并处理回波脉冲,在显示器上显示回波图像及水深数据。主要的操作及控制通过面板按键和功能菜单完成。主机电源由 115~230 V 交流或 24 V 直流电源提供。换能器通过接线盒与显示单元相连,其功能是完成电能与声能的互换。测深仪向综合信息显示单元提供水深数据,可将测深仪看作综合驾驶台系统(IBS,Integrated Bridge System)的重要传感器之一。各种船用导航系统之间的数据集成和传输可参见第十一章内容。

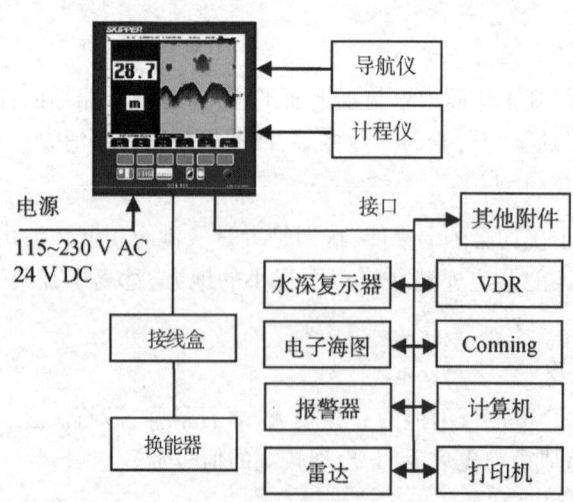

图 7-3-1 GDS101 型测深仪整机组成示意图

2. 主要特点

（1）采用了先进的数字处理技术，通过软件控制超声波的发射和接收；同时使用高清晰度的液晶显示器（LCD）和菜单式的人机友好界面，通过键盘操作来控制整机工作。

（2）显示器可连续提供回波图像、数字深度显示、深度报警、吃水调整等信号，还可通过其他导航设备的接入显示测量时的时间、船位、船对地速度（SOG）、船对地航向（COG）等导航信息。

（3）本机硬盘可保存 24 h 的数字深度、回波图像和相应的导航数据，并可随时调出或打印这些历史数据。

（4）本机通过 RS-232 或 RS-422 串行口可向其他外设输出 NMEA 0183 标准的深度信号。

（5）接收机在较宽的动态范围内可实现自动增益（AGC）和时变增益（TVG）控制，并对杂波干扰进行滤除。

（6）GDS101 可以连接工作频率为 50 kHz 和 200 kHz 两种换能器，适用不同的水深条件。

3. 接口

GDS101 型测深仪主机可外接导航仪及计程仪信号，并在显水器上显示相应的导航信息，外接打印机可实时打印水深数据。此外，主机通过 RS-422 接口与计算机系统相连，可实现数据的共享。其输入接口可接入 GNSS 导航仪及计程仪信号，分别为测深仪提供以下信息：

（1）GNSS 导航仪可向其提供 NMEA 或 IEC 61162 格式的 GNSS 船位、航向、航速和时间信息。

（2）计程仪可提供 100/200 个脉冲/n mile 的脉冲信号。

GDS101 型测深仪的输出接口主要输出发射声波脉冲信号，0~10 V/4~20 mA 模拟深度信号和 NMEA/IEC 61162-1 格式水深信号。

船用测深仪输出外设及功能如表 7-3-1 所示

表 7-3-1　船用测深仪输出外设及功能

输出外设名称	主要功能
打印机	打印历史水深（数字或回波图像）
VDR	记录船舶实时水深数据
电子海图	实时水深显示、水深安全检查与报警
IBS	实时水深显示、水深安全检查与报警，提供 IBS 统一的水深基准
计算机	借助专用软件实现水深显示、机器检测与调试
分显示单元	实现模拟或数字信号的水深显示

二、FE-800 型测深仪

FE-800 型测深仪是一种彩色显示的船用测深仪，工作频率为 50 kHz 或 200 kHz，可双频显示深度数据和图像。该设备具备导航、本船数据和历史三种显示模式，可连接至外部水深复示器、报警系统和装载数据记录软件的计算机(可选),最多可连接两个收发单元,允许双屏幕显示回波。

FE-800 型测深仪整机主要由显示器、收发单元、换能器组成。通过输入、输出接口,可连接至 VDR、ECDIS、GPS、报警器、远程水深复示器(可选)、计算机(可选)等设备,如图 7-3-2 所示。

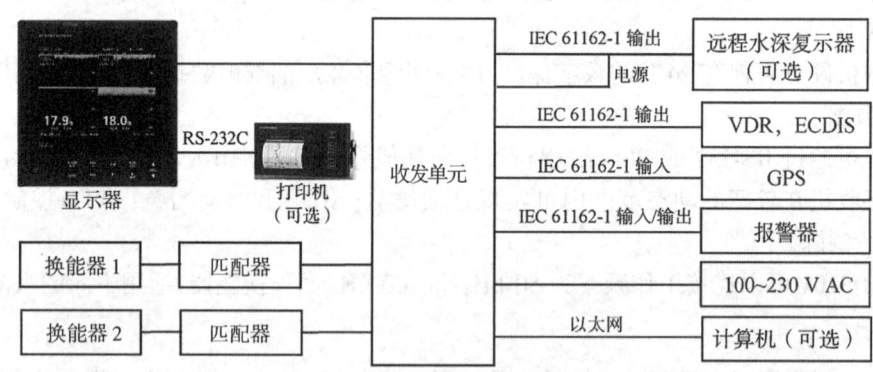

图 7-3-2　FE-800 型测深仪整机组成示意图

FE-800 型测深仪可配备两个换能器,可以在双屏模式下显示水深。使用特定的数据记录软件,测深仪的历史数据就可以存储在外接计算机中。计算机和打印机都是 FE-800 型测深仪的选配设备。

三、船用测深仪的使用和维护

(一)船用测深仪的基本操作

(1)接通操作面板"电源",开机自检完成后,整机工作。

(2)调整操作面板的"亮度""对比度"至合适。

(3)根据航行水域情况,选择合适的"量程""显示方式",注意量程应包含航行水域的最大水深。若要显示实际水深,需要输入船舶吃水参数。

(4)调节"增益",使记录水深标志清晰而不出现多个水深标志。若在浅水区航行,杂波影响较大,适当调节"时变增益"。

(5)检查记录零点是否正确,若零点标志不在"0"刻度,应调整正确。

(6)如果使用记录纸记录信息,需要设置好记录船时和记录纸速度。

(7)根据需要设置浅水报警或深水报警。

(二)船用测深仪常见异常排查

表 7-3-2 列出了船用测深仪常见的三类异常或故障现象、原因和解决方法。

表 7-3-2　船用测深仪常见的三类异常或故障现象、原因和解决方法

现象	原因	解决方法
测深仪屏幕无回波图像	无直流/交流电源输入	检查机柜内终端电路板上的开关和保险丝
	系统处于待机状态	按操作面板上任一按键
	显示对比度太低	增加对比度
	LCD 模块或接口故障	更换 LCD 模块或接口
	输入电压不正常	检查电源电压,必要时更换终端电路板
	系统重启过快	关机等待一段时间后再开机
	传感器连接线损坏	维修或更换连接线缆
回波图像读取困难或不清晰	背景亮度过低	增加背景亮度
	白天开启夜视功能	增加背景亮度,或改为日间视觉模式
	灵敏度过低	增加增益
	换能器工作面被水生物覆盖	船舶进坞后,清除覆盖物
操作面板按键无响应	按键接触不良或电路故障	检查按键开关,必要时更换键盘电路板

（三）船用测深仪的日常维护工作

（1）做好测深仪内部的清洁工作,去除灰尘与杂物,注意保持干燥。

（2）定期对机械传动部件加注润滑油,保持传动机构的良好润滑,减小机器磨损。

（3）船舶坞修时,应检查换能器工作面及时清除表面的附着物,不准涂油漆,保持换能器工作面的清洁。

（4）随时检查各电路的连接插头、插座、各外接电缆插头、插座是否有生锈腐蚀,定期做好清洁工作。

（5）记录笔经长期使用后,金属丝有可能因磨损而不能与记录纸保持良好的接触,所以应及时检查调整或更换。检查的方法:按下定位标志按钮,观察定位标志线是否平直和连续,如果不平直和连续,则可将金属丝拉出一段距离(约 10 mm),并调整记录笔与记录纸的夹角,一般调到 45°~60° 为宜。

（6）检查馈电刷与馈电板之间是否保持良好的接触,如果接触不良,将导致记录标志不连续。这种现象在浅水量程或信号微弱时尤其容易发生。因此,必须定期检查和维护,其方法是:用手向下拉动皮带,检查记录笔与记录纸接触时,馈电刷的大多数金属丝应与馈电板相接触。如果只有少数金属丝接触,则必须调整或更换馈电刷。更换时,应先将金属丝捆扎在一起,然后用钳子小心地将金属丝弯曲,直到大多数金属丝都能与馈电导板相接触为止。

【复习与思考】

1. 试画图简述回声测深仪的测深原理。
2. 简述回声测深仪的整机组成,说明各部分的作用及整机工作过程。
3. 水声换能器包括哪些种类?简述其工作原理。
4. 简述换能器的安装注意事项。
5. 试叙述回声测深仪的测量误差及影响测深仪工作的其他因素。
6. 简述 GDS101 型回声测深仪输入、输出接口的连接方法。
7. 简述 FE-800 型回声测深仪输入、输出接口的连接方法。
8. 简述船用测深仪的日常维护工作。

第八章

船载航行数据记录仪

船载航行数据记录仪分为航行数据记录仪(VDR)和简易航行数据记录仪(Simplified-Voyage Data Recorder, S-VDR),是一种以安全且可恢复的方式实时记录保存船舶发生事故前后一段时间内的船舶位置、动态、物理状况、命令和操纵手段等有关信息,记录船舶航行数据的设备。主管机关和船舶所有人可以获得存储在记录仪中的数据,作为处理事故的客观证据。

根据交通部海事局《海船船员考试大纲》(2022版)对维护和修理驾驶台航行设备的要求,船舶电子电气员应该掌握的航行数据记录仪知识,具体要求如表8-1所示。

表8-1 航行数据记录仪对电子电气员的要求

序号	要求
1	3.2 了解VDR航行数据记录仪(VDR)的用途、构成和功能
2	5.9 航行数据记录仪:航行数据记录仪(VDR/SVDR) 5.9.1 船舶航行数据记录仪(VDR) 5.9.1.1 基本组成和工作原理 5.9.1.2 公约要求、与其他传感器接口和电源

第一节　船载航行数据记录仪组成与功能

一、有关船载航行数据记录仪的国际公约和性能标准

1. 用途

海难事故发生而导致的人员伤亡、财产损失和环境严重污染事件越来越引起人们关注。为了调查事故真相,减少和避免类似事件重演,就需要对事故发生前后必要的船舶状态和数据进行客观全面的记录。从这些记录数据中进行归纳总结,查找出事故的真正原因,从而不断完善现有的国际公约、规则和规范,不断改进现有的船舶设备,提高船舶航行的可靠性、安全性以及航海人员的技术水平。

2. 标准

借鉴了航空黑匣子的成功经验,从 1997 年开始,陆续出台了一些标准。根据《1974 年国际海上人命安全公约》第 V 章的要求,船载航行数据记录仪的配备要求如表 8-1-1 所示。

表 8-1-1　船载航行数据记录仪的配备要求

船舶种类/建造时间	2002 年 7 月 1 日之后建造	2002 年 7 月 1 日之前建造
客船或客滚船	VDR	VDR
3 000 总吨以上货船	VDR	VDR 或 S-VDR

当前,船载航行数据记录仪遵循的 IMO 性能标准、修正案如下:

(1) 1997 年 11 月通过的《船载航行数据记录仪(VDR)性能标准》[IMOA.861(20)]。

(2) 2004 年 5 月通过的《船载简易航行数据记录仪(S-VDR)性能标准》[MSC.163(78)]。

(3) 2006 年 5 月通过的《经修订的〈船载航行数据记录仪(VDR)性能标准〉[IMOA.861(20)]》和《船载简易航行数据记录仪(S-VDR)性能标准[MSC.163(78)]》[MSC.214(81)]。

(4) 2012 年 5 月通过的《关于船载航行数据记录仪(VDR)性能标准的建议案》[MSC.333(90)]。

(5) 2021 年 10 月通过的《船载简易航行数据记录仪(S-VDR)性能标准修正案[MSC.163(78)]》[MSC.493(104)]。

(6) 2021 年 10 月通过的《船载航行数据记录仪(VDR)性能标准》[MSC.333(90)]修正案[MSC.494(104)]。

二、船载航行数据记录仪的组成

船载航行数据记录仪的系统组成包括数据处理器、传感器接口及信息处理电路、麦克风组、最终记录介质与数据保护舱、报警指示器、数据回放设备、电源及备用电源,如图 8-1-1

所示。

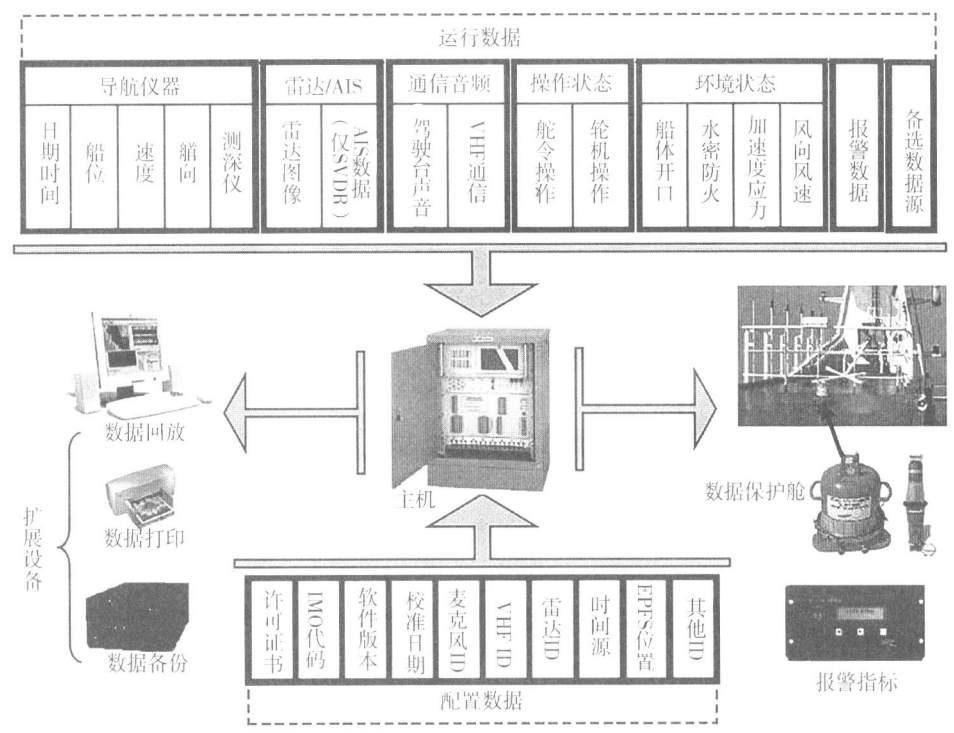

图8-1-1 船载航行数据记录仪的系统组成

1.数据处理器

数据处理器通常安装在驾驶台附近,又称主机,由主处理机、数据编码器和存储单元等组成,是系统的核心。传感器数据在数据处理器数据存储和控制程序的控制下,完成数据格式转换、数据刷新和数据备份等,实现数据管理任务,主机通常还设有可移动的存储介质,方便事故调查及相关人员获得船舶航行数据。

2.麦克风组和传感器接口及信息处理电路

船载航行数据记录仪连接的传感器多且分布广,记录的数据复杂,有些数据需要多路径长距离传输,航行数据记录仪通过麦克风组记录驾驶台语音信号,通过采集程序直接采集和处理来自 RS-232 或 RS-422 接口提供的符合 IEC 61162《海上导航和无线电通信设备和系统——数字接口》系列标准或 NMEA 标准的数据,还可通过传感器接口及信号处理电路采集和处理非 IEC 61162 或 NMEA 格式的信号,如雷达图像信号、麦克风组录制的驾驶台和 VHF 通信语音信号,以及其他传感器的模拟量信号、开关量信号等。

有些型号陈旧的导航传感器,还需要专用的接口处理设备,在程序的控制下,经过数据格式转换、数据刷新和数据备份等,完成数据管理任务。也就是将模拟信号转换为符合 RS-232、RS-422、IEC 61162 或 NMEA 协议的数字信号后,才能被 VDR 记录。航行数据记录仪所采集数据的精度主要取决于被采集设备输出的数据精度,S-VDR 记录的信号比 VDR 简单,安装和调试较为方便。航行数据记录仪的安装需要在船舶建造或进坞修理时,由专业技术人员操作。在设备正常运行过程中,船方只需要做好日常监护记录,船舶电子电气员仅对航行数据记录仪的接口做一般了解即可。

3. 数据保护舱

数据保护舱(protective capsule)用于装载保护最终记录介质(FRM, Final Recording Medium)作为最终航行数据记录单元,与主机连接,包括固定记录介质、自浮记录介质和长期记录介质。

固定记录介质、自浮记录介质能够记录至少48 h的航行数据,长期记录介质能够记录至少30天(720 h)的航行数据。满足MSC.333(90)决议的VDR包括以上所有记录介质,不满足MSC.333(90)决议的VDR可以只包括固定记录介质或者自浮记录介质,航行数据记录时长至少12 h。最终记录介质应具有保护装置,所记录的数据能够在事故后获取和回放,并能够防止数据被篡改或删除。

(1) 固定记录介质

固定记录介质为一个安装在固定式数据保护舱内的FRM,通常采用闪存(Flash Memory)作为存储介质。数据保护舱在任何情况下都固定在其安装位置上,通常安装在罗经甲板龙骨正上方离船舶建造结构1.5 m外的空旷处,在其周围不得放置其他杂物。设有分离螺栓或释放杆或转锁等机械释放机关与底座相连,舱体上设有金属拉环或把手。

固定式数据保护舱配有25~50 kHz(中心频率37.5 kHz)的水声信标寻位装置,其电池使用寿命至少为30天或90天[满足MSC.333(90)决议],以方便潜水员或遥控机械手水下回收。数据保护舱外壳为高可见度荧光橙色,并涂有反光材料。按照标准的要求,保护舱可以承受冲击(50 g半正弦脉冲11 ms)、穿刺(250 kg的直径为100 mm尖头物体从3 m坠落)、耐火(260 ℃条件下10 h及1 100 ℃条件下1 h)、深海压力和浸泡(60 MPa压力,相当于6 000 m水深)等恶劣环境,并保持数据完好性至少2年。对于S-VDR数据保护舱,可不要求满足穿刺的标准。

(2) 自浮记录介质

自浮记录介质为一个安装在自由浮离式数据保护舱内的FRM,通常采用闪存作为存储介质。自由浮离舱在船体沉没时能够自动脱离船体上浮,设有易于钩取和回收的装置。浮离舱还带有昼夜工作的指示灯和引航信号发射机,周期性发射莫尔斯码"V"(三短一长"···—"),指示最后已知或即时位置(如果有内置EPFS设备)。也有的浮离舱集成了紧急无线电示位标(EPIRB),能够通过国际搜救卫星系统(COSPAS-SAR-SAT)发出遇险报警。为指示灯和无线电发射机供电的电池至少可工作7天。

(3) 长期记录介质

长期记录介质是VDR设备记录数据持续时间最长的永久性装置,通常是主机的硬盘记录器,能够方便地在船舱内部访问所记录的数据,数据完好性至少保持2年。

4. 报警指示器

VDR/S-VDR的自检和故障报警程序能够自动连续地检测设备的供电、记录功能、比特误码率、麦克风功能和所记录传感器数据的完善性等,当所检测设备或数据失常时,即通过报警指示器发出音响和视觉(光及文字)报警,音响报警经确认后能够被静音,视觉报警指示保留到设备恢复功能后自动解除。不同的设备,报警指示器安装的位置也不同,有的集成在主机上,有的则设在主机外,作为遥控报警指示器。

5.电源

船舶的主电源和应急电源应向 VDR/S-VDR 供电。此外,系统还配有可自动充电的专用备用蓄电池电源,通常为 UPS 电源。当船舶主电源和应急电源都断电时,备用电源可以保证系统再连续记录 2 h 的驾驶台语音数据,之后,系统自动停止所有记录。电源切换不影响系统正常工作。

6.数据回放设备

数据回放设备能够下载并回放 VDR/S-VDR 纪录的数据,通常包括信息读出装置、带有回放软件的信息再现装置和便携式存储设备,其操作设备、软件及配件能够连接至便携式计算机。数据回放设备具有数据再现、声音再现和图形再现的功能,能够将驾驶台语音数据从其他记录的数据中分离出来,但不能改写 FRM 的数据。目前数据回放设备不是必备的船载设备,称为扩展设备有的 VDR/S-VDR 集成了简易的回放系统,方便了设备的安装、调试、使用和数据分析。扩展设备还可包括打印机和数据备份装置等。

早期的 VDR 厂家不提供回放软件,按照 IMO SN/Circ.246 通函(《调查机关读取航行数据记录仪(VDR)和简易航行数据记录仪(S-VDR)存储数据方法的建议》)的建议,2006 年 7 月 1 日以后安装的 VDR/S-VDR 应提供回放软件,采用以太网(Ethernet)、USB、火线(Fire Wire)或其他等效输出端口,以便将所存储的航行数据撷取至便携式计算机。对于满足 MSC.333(90)决议的 VDR,数据回放设备是必备的船载设备。

数据回放设备包括信息读出装置和相应的软件包以及信息再现装置,通常为一台完整的计算机系统,主管机关和制造商用它来恢复和回放 VDR/S-VDR 记录的数据。

7.传感器接口

VDR 接口用于下载存储的数据并将信息回放到外部计算机,接口可以是标准的 RS-485/RS-422 串口。以海兰信某型号船载航行数据记录仪为例,该设备具有独立的图像、串行数据(最多 24 路 IEC 61162 格式信号输入)、非标数据采集(8 路模拟电压或电流信号采集、64 路开关量信号采集)模块,可根据船舶需要灵活配置。其能够配置多个数据采集模块,10 个 100 兆的 LAN 接口用以通过网络采集雷达图像、电子海图图像及相关信息,并配备 5 通道音频记录。除此之外,该系统通过"Hi-Cloud"船舶远程信息服务系统使用户可通过客户端或移动端了解船舶的详细状况,并进行高效管理。

二、船载航行数据记录仪的数据记录功能

VDR/S-VDR 接收和记录的信息丰富,分为运行数据和配置数据。

(一)运行数据

运行数据包括至少 30 天内系统连续记录的所有数据,MSC.333(90)决议规定,VDR 需包含的运行数据包括日期和时间、船位、船速、船首向、驾驶室语音、VHF 语音、雷达图像、ECDIS、水深、报警信息、舵令及响应、轮机命令及响应、船体开口(门)状况、水密和防火门状况、加速度和船体应力(若有)、风速和风向、AIS 数据、横摇运动(若有)和航海日志信息(若有)。

1.导航仪器数据

(1)日期和时间。记录 UTC 时间,时间源可以来自船舶外部(如 EPFS 或无线电时间信

号)或船舶的内部时钟,误差不超过 1 s。目前多数船舶记录 GPS 时间。数据回放时,历史记录的再现应按照所记录的时间顺序进行。

(2)船位。记录经纬度及坐标系,位置源可以是 EPFS 或 INS(综合导航系统),分辨率为 0.0001 分/弧度。目前多数船舶记录 GPS 船位。

(3)速度。记录相对水或地(横向和纵向)的速度和速度源,分辨率为 0.1 kn。目前多数船舶记录船舶计程仪速度或 GPS 速度。

(4)艏向。记录罗经指示,分辨率为 0.1°。

(5)回声测深仪记录龙骨以下水深、测深仪量程和其他状态信息。分辨率为 0.1 m。

2.雷达图像或 AIS 数据

对于 VDR,记录一台雷达设备主显示器上显示的全部电子信号信息,包括所有距离标志、方位标志、电子标绘符号、雷达图、所选系统电子导航图或其他电子海图或地图、航次计划、航行数据、航行报警和在显示器上可见的雷达状态数据等。数据回放时,可以再现全部所记录的雷达显示场景。

对于 S-VDR,由于数据接的原因无法取得雷达数据时,可以记录 AIS 数据代替雷达数据。

3.音频数据

(1)驾驶台声音。通常由一个或多个麦克风记录驾驶台内工作台,如驾驶操纵台、驾驶台翼桥、雷达显示器、海图桌、操舵台和通信操作台等位置的谈话声音,以及内部通信、公共广播系统和驾驶台报警音频等。

(2)通信音频。记录有关船舶操作的 VHF 往来通信,对设备初始化时配置的 VHF 通信应连续记录,并与驾驶台的声音独立。

4.操作状态数据

(1)舵令及响应。记录操舵指示器舵令及其响应角度,分辨率为 1°。艏向或航迹控制器的状态及设置也予以记录。

(2)轮机命令和响应。记录所有车钟或直接的轮机/螺旋桨控制器的位置、轴转数(或等效速度)、反馈指示、前进后退指示器及艏艉侧推(如果有)。转数分辨率为 1 r/min。螺距分辨率为 1°。

5.环境状态数据

(1)船体开口(门)状况。记录在驾驶台内显示的所有 IMO 要求的强制状态信息。

(2)水密和防火门状况。记录在驾驶台内显示的所有 IMO 要求强制状态信息。

(3)加速度和船体应力。如果有此类传感器,应予以记录。

(4)风速和风向。如果配备相关传感器,记录并指明是相对风速/风向或绝对风速/风向。

6.报警数据

主报警。记录所有 IMO 强制要求在驾驶台内报警的状态,报警声音通过麦克风记录。

此外,VDR 还可记录其他重要航行安全数据,如 ECDIS、其他雷达数据、CCTV 等。按照我国 2001 年 4 月 20 日开始实施的《船载航行数据记录仪技术条件和检验程序》(国内船舶试行)规定,运行数据又称为船舶状态和操作数据。船舶状态数据包括船位、航速、航向、螺旋桨轴转速、实际舵角、船体开口状况、水密门和防火门状况、加速度和船体应力、风速和风向、综合性的天气、海况和船舶载况(包括压载)等。船舶操作信息项目包括船舶车钟指回令、机舱车钟指回令、主机油门操作、舵操作、可变螺距桨的螺距操作(如适用时)、语音信息、雷达数据、回声测深仪数据、侧推器相关数据(若适用时)、号灯的动态和主报警信号等。

VDR/S-VDR能够按照日期和时间的顺序连续对所规定采集的数据项目进行记录,被记录的数据不能人为选择,任何干扰数据记录完善性的企图也予以记录。所记录的数据必须与收到的数据一致,若发现不可改正的错误则发出报警。记录时较新数据抹去最陈旧数据,数据存储时间大于 12 h。如果船舶主电源和应急电源供电中断,则专用备用电源可再连续记录驾驶台声音 2 h。在此之后,所有记录自动终止。以上所记录的数据能够以记录时的日期和时间顺序在回放设备上再现。如果设备的时间缺失,则系统无法正常记录航行数据。

(二)配置数据

除了上述运行数据之外,在 VDR/S-VDR 调试期间,还应将定义 VDR/S-VDR 及其连接的传感器配置的数据写入最终记录介质。配置数据应与连接传感器保持同步更新。配置数据包括传感器的制造商信息、型号和版本号、传感器的标识和位置以及传感器信息、数据注释的详细信息等。配置数据应永久保存在最终记录介质中,并在其发生任何更改后,由经正式授权的人员进行修改。

配置数据定义了系统及其所连接传感器的配置,改变该数据不会影响运行操作数据。配置数据包括形式认可主管机关和参考标准、IMO 船舶识别编号、软件版本号、自动记录最近配置数据修改的日期和时间、麦克风位置和记录端口分配及其 ID、所连接的 VHF 通信设备的位置和端口分配及其 ID、所连接的雷达显示器及其 ID、获取时间和日期的来源、获取船位的 EPFS 及其在船舶的相对位置、其他数据输入源的标识等。

按照我国 2001 年 4 月 20 日开始实施的《船载航行数据记录仪技术条件和检验程序》(国内船舶试行)规定,配置数据又称船舶固定数据,包括船舶名称、船舶国际编码、船舶呼号、登记号码、船舶种类、船籍港、船舶建造日期、船(总)长、船(型)宽、船(型)深、船舶的总高度、船舶总吨位、船舶净吨、主机种类、主机功率、主机数目、主机转速、推进器种类、所有人名称和地址等。

三、船载航行数据记录仪的工作过程

VDR/S-VDR 通过传感器接口及信号处理电路采集传感器信息,在数据处理器中对这些数据进行变换、压缩、编码等处理后,输入 FRM 记录和保存,并不断动态覆盖翻新。其工作过程主要包括信号采集、数据存储和备份、自检和故障报警等。

(一)信号采集

在主处理器的协调下,传感器接口及信号处理电路采集和跟踪各传感器的信息,在数据处理器中对这些数据进行变换、压缩、编码等处理,然后输入存储器和 FRM 记录保存,并不断滚动翻新。信号采集过程可分为正常状态、操作状态和特殊状态三种情况。

1.正常状态

当船舶在通常状态下,且没有车钟操作指令或设备状态变化时,系统按设计的周期定时集合各传感器的信号。

2.操作状态

当车钟发出操作指令时,系统立即采集车钟指令并跟踪监测和记录油门、主机转速、舵角等状态信息。

3.特殊状态

当出现设备报警信号或舵角、主机转速等状态发生异常变化时,设备立即跟踪采集和记录相关的信息数据。

(二)数据存储和备份

数据存储和备份主要完成数据格式转换、数据存储备份和数据刷新。

配置数据在系统启用时写入,系统正常运行时不能修改。系统采集的传感器信息即运行数据,在保存过程中经过格式变换、压缩和加密处理后,按照日期和时间顺序存入 FRM 和数据处理器的存储单元中。有的 VDR 还设计了移动存储器接口,用于备份 FRM 中的数据后送交主管机关或船舶所有人。这种设计的目的是提高数据的可靠性和设备的灵活性。系统以双备份的形式保存数据。同时,系统还允许主存储器或备用存储器独立工作。在某些特殊情况下,如自检发现存储器故障,系统允许在线排除故障或更换存储器。当存储器恢复正常时,程序将控制系统立即备份所有数据。

如果船舶主电源和应急电源失电,系统由备用电源供电,此时系统自动关闭消耗电能较多的各传感器接口及信号处理电路,仅继续记录驾驶台音频数据 2 h。在此过程中,如果外电源恢复正常,系统自动转入正常程序,并对备用电源充电。如果外电源不能恢复正常,则系统在 2 h 后自动锁闭存储器,停止工作。

数据刷新是在 FRM 容量溢出时控制系统按照先进先出的原则以较新数据覆盖最陈旧的数据。

(三)自检和故障报警

自检主要检测数据处理器、传感器接线、传感器信号处理电路块、供电系统、传输数据的比特误码率和所记录数据的完善性等。

自检的方式包括初始化自检、在线检测和模拟测试三类。初始化自检在系统电源接通时自动检测系统硬件状态。在系统工作过程中,在线检测程序利用正常工作模式下的时间间隙,轮流检测重要硬件的工作状态和所记录数据的完善性,当所检测设备或数据失常时,输出报警信号。模拟测试提供一种调试检测手段,便于技术人员检测和调试。

第二节 船载航行数据记录仪的操作、验收、检验与管理

船舶电子电气员对航行数据记录仪的正常运行负有维护、管理责任,涉及日常维护保养、设备报修、安装验收、年度检验等,负责保证系统正常运行,对设备的相关报警及处理过程和处理结果应在航行日志或者相关的设备记录簿中详细记录。

第八章 船载航行数据记录仪

一、船载航行数据记录仪的操作

航海人员对 VDR/S-VDR 的正常运行负有管理责任,负责保证系统正常运行,对设备的相关报警及处理过程和处理结果应在航行日志或相关的设备记录簿中详细记录。VDR/S-VDR 的操作按钮非常简单,一般在主机上设有电源开关和硬盘分离开关,在报警器控制面板上设有报警确认、数据存储和设备自检等按钮。所有操作按钮在设备正常运行时无须特别操作。

(一)配置操作

配置的装载和更改应由正式授权人在 VDR/S-VDR 启用时完成。具体操作根据设备的厂家与型号不同而不同,通常通过 Web 连接由专用软件完成配置操作。有密码保护。配置完成后,系统方可正常记录数据。

(二)运行操作

VDR/S-VDR 在正常工作状态下的运行是完全自动的,无须人为干预。当报警单元发出警报时,航海人员应按操作说明书的要求操作。VDR/S-VDR 通常设有电源、存储、记录终止、报警确认和测试等操作按钮。

1. 操作控钮基本功能

(1)电源

VDR/S-VDR 安装并经过正确配置后,需要重新启动设备。VDR 的电源开关一般设在主机不易被触碰或被锁定的位置,启动时应注意按顺序接通船舶主电源、应急电源和备用电源,关机时顺序相反。当电源接通后,操作人员应查看报警指示单元,确认设备正常完成船舶航行数据记录功能。除非船舶在港对设备进行重要的维护,或船舶长期停航闲置,或船舶涉及海上事故,或在主管机关的要求下,否则 VDR/S-VDR 的电源需保持连续供电,以保证设备连续不间断地工作。

(2)存储

使用存储按键可将最近一段时间(如 12 h)记录的航行数据存储在可移动存储的单元中。此存储过程不影响系统正常记录航行数据。

(3)记录终止

记录终止按键按下时,系统停止继续记录航行数据。有的系统设有此按钮。

(4)报警确认

当设备发生报警时,按下报警确认按键,声音报警静音,但视觉报警须在报警条件解除之后消失。需要注意的是,有些情况下产生报警属正常现象,比如雷达关闭不能记录雷达图像而产生的报警,此时只需确认即可。

(5)测试

测试按键用于人工启动设备自检程序,并将测试结果显示在报警指示器上或发出相关的提示,以配合对设备的查验。

2. 发生海上事故时数据备份操作

(1)当发生一般性事故时,事故结束后,参考设备使用说明书,按存储键,确认数据已经有效存储到存储单元后,取出移动存储卡,将移动存储卡上的数据复制到计算机中,按照设备使用说明书的指示,检查确认数据文件的有效性。

(2)当发生重大事故时,事故结束后且无再继续记录航行数据的必要时,参考设备使用说明书,按记录终止键(如果有),再按照(1)的操作完成数据备份,然后关闭系统电源。

(3)当发生危及船员生命的恶性事故准备弃船时,无须任何操作,船舶失电 2 h 后,系统自动停止记录数据,数据将随数据保护舱回收后得到恢复。

以上操作应记录在航海日志。

需要注意的是,在有的设备上,存储按键按下时,系统开始将数据复制到移动存储设备上,存储过程较长;而有的设备则是随时将备份的数据已经存储在移动设备上,按下时,备份终止,可以在较短的时间内即可取出移动存储设备。

二、船载航行数据记录仪的验收、测试与日常维护

船载航行数据记录仪是软硬件结合的系统,应根据制造商的维护要求定期对系统进行维护。应定期对专用备用电源、水声信标(需要专用测试设备)及其电池、麦克风的输出电平等进行检查。按照《1974 年国际海上人命安全公约》和 IMO《航行数据记录仪(VDR)和简易航行数据记录仪(S-VDR)年度测试指南》(MSC.1/Circ.1222/Rev.1)的要求,对系统包括所有传感器须进行安装验收和年度性能测试,且测试应由认可的测试或维修机构实施。电子电气员应了解验收和测试程序。

(一)系统安装验收

设备安装后,航海人员应在授权安装人员在场时,按照制造商提供的验收表单,对照指南仔细验收,查验记录的航行数据,确认无误。

首先进行外观检查,一般按照下列程序验收:

(1)确认试验开始前没有报警。

(2)确认当外部电源断电时,电源报警被激活,设备继续运行至少 1 h 55 min,并在外部电源断电后不迟于 2 h 5 min 自动停止记录。

(3)使用制造商测试设备或经认可设备检测时,确认水声信标工作正常。

(4)确认设备的整体状况令人满意,设备内的所有电池(水声信标和电源)均在有效期。

(5)确认航行数据记录仪有良好的维护记录。

(6)确认完整记录了所应记录的项目,特别是 IMO 关于 VDR 性能标准[A.861(20)]和 S-VDR 性能标准[MSC.163(78)]规定的初始启用时所应记录的数据项目,在 12 h 的记录期内得到满意的记录。

(7)对于要求安装或已经安装了的自由浮离式数据保护舱,确认其部署在启用时令人满意且其电池释放装置或其他有有效期限制的项目在有效期内。此外,对于满足 MSC.333(90)决议的自由浮离式数据保护舱,应按照 IMO《406 Hz 卫星 EPIERS 浓度测试指南》(MSC.1/Cin.1040/Rev.1)要求查验。

(8)确认设备在测试完成后恢复正常运行模式。

(9)全部验收完成后,系统测试和调试报告及记录应提交验船师审核。

（二）年度测试

根据 IMO《航行数据记录仪（VDR）和简易航行数据记录仪（S-VDR）年度测试指南》的要求，对航行数据记录仪应进行年度性能测试。这个测试报告通常用于船旗国、港口国或公认的组织的验船师或检查员的查验。

年度测试包括：

(1) 确认在测试开始前无报警。

(2) 确认断开外接电源时，失电报警启动，且设备可至少持续运行 1 h 55 min，并在不迟于外接电源断开 2 h 5 min 自动停止记录。

(3) 设备的水声信标及备用电源的电池均在有效期内。年度检验时，也应检查静水压力释放器（如有的）的情况，并在检验报告和相关位置标注下次更换时间。

(4) 使用制造商的测试设备（或经鉴定合格的替代测试设备）确认水声信标处于正常工作状态。

(5) 确认设备总体情况令人满意，包括数据保护舱、外部连接电缆和主机。

(6) 检查确认 VDR/S-VDR 应记录的数据项目，满足 IMO 关于 VDR/S-VDR 性能标准的有关要求。

(7) 对于要求安装或已经安装了的自由浮离式数据保护舱，确认其部署在启用时令人满意且其电池释放装置或其他有有效期限制的项目在有效期内。

(8) 核查船上记录，确认 VDR/S-VDR 得到了正确的维护保养。

(9) 测试完成时，确认 VDR/S-VDR 设备恢复到正常工作状态。

三、维护和使用注意事项

正常工作时，船载航行数据记录仪通常无须日常特别操作与维护，当班航海人员只需随时查看报警指示器监控面板，处理报警信息，确认是否存在不能恢复的报警，数据保护舱声响信标电池是否在有效期内。如发现船上无法处理的异常情况，应立即向船舶所有人或所在/就近港口的海事主管机关报告，报告内容应包括：发现设备异常工作的时间、地点、可能的原因、海况、天气情况等。

如果系统提供了回放功能，每月进行一次回放检测，以确认系统处于正常工作状态。

以上情况均应记录在航海日志中。

四、船舶航行数据管理

船舶所有人在任何时候都拥有航行数据记录仪和航行数据的所有权。发生海上事故时，船舶所有人应积极配合海事调查主管机关，协助回收 VDR 保护舱，对恢复航行数据提供解码指导。

在事故第一现场，船长有责任按照操作规范及时保护 VDR/S-VDR 中的航行数据，并上交主管机关。弃船时未能够及时撷取数据的 VDR/S-VDR，海事主管机关应负责协调回收数据保护舱。在调查过程中，主管机关应监管原始航行数据，并尽快复制一份交由船舶所有人存留。

对数据的恢复和解读由主管机关负责,并通知船舶所有人。

五、船载航行数据记录仪接口

船载航行数据记录仪连接的传感器种类多且分布广,记录的数据复杂,有些数据需要多路径长距离传输。根据所连接传感器的不同,接口可以是标准的 RS-485/RS-422 串口,遵循 IEC 61162 或 NMEA 协议;还可以通过传感器接口及信息处理电路,采集和处理其他标准格式和非标准格式的传感器信号,入雷达图像信号、VHF 通信音频和麦克风组录制的驾驶台音频信号,以及船舶其他传感器的模拟信号、开关量信号等。有些型号陈旧的导航传感器,还需要专用的接口处理设备,将模拟信号转换为符合以上协议的数字信号,才能被 VDR 记录。S-VDR 记录的信号比 VDR 简单,安装和调试较为方便。船载航行数据记录仪的安装需要在船舶建造或进坞时由专业技术人员操作,在设备正常运行过程中,船方只需要做好日常监护记录。因此,电子电气员对船载航行数据记录仪的接口做一般了解。

【复习与思考】

1. 什么是船载航行数据记录仪?它可以记录哪些数据?
2. 简述船载航行数据记录仪的系统组成。
3. 与船载航行数据记录仪连接的传感器有哪些?分别提供哪些信息和数据?
4. 简述船载航行数据记录仪不同类型数据保护舱的特点。
5. 船载航行数据记录仪的电源有什么特点?备用电源的作用是什么?
6. 什么是船载航行数据记录仪的配置数据?记录驾驶室声音的麦克风通常是如何分布的?
7. 简述 VDR 的基本操作。
8. 简述 VDR 和 S-VDR 数据记录功能的区别。
9. 简述 VDR 装船后的验收工作。
10. 简述 VDR 年检的注意事项。

第九章

电子海图显示与信息系统

电子海图显示与信息系统（ECDIS，Electronic Chart Display and Information System）通过多样化电子海图显示方式，以及 GPS、罗经、计程仪、测深仪、雷达、AIS 等其他助航仪器设备的接入，实现船舶航线设计、航线监控和航行记录等功能，保证船舶在状态明确、航行可控的环境下安全航行。在综合航行系统（INS）和综合驾驶台系统（IBS）中，ECDIS 是航路执行任务站的核心设备。ECDIS 被认为是继雷达之后在船舶导航方面的又一项伟大的技术进步，在 E-航海（E-Navigation）时代已经成为驾驶台信息处理的核心技术和设备。

根据交通部海事局《海船船员考试大纲》（2022 版）对维护和修理驾驶台航行设备的要求，船舶电子电气员应该掌握的电子海图显示与信息系统知识，具体要求如表 9-1 所示。

表 9-1 电子海图显示与信息系统对电子电气员的要求

序号	要求
1	5.10 电子海图系统
	5.10.1 电子海图设备的基本组成和功能
	5.10.2 与其他导航设备接口

第一节 电子海图显示与信息系统概述

一、有关 ECDIS 的国际公约、规范和性能标准

2009年6月5日,IMO通过了有关《1974年国际海上人命安全公约》的修正案[MSC.282(86)],规定符合公约要求的国际航行船舶,自2012年7月1日起,根据船舶类型、吨位和建造日期分步骤强制配备 ECDIS。ECDIS 需满足的国际标准和规范主要来自国际海事组织(IMO)、国际水道测量组织(International Hydrographic Organization,IHO)和国际电工协会(IEC)等三个组织。这些标准和规范主要包括:

(1)1991年11月IMO发布的《作为全球海上遇险与安全系统(GMDSS)组成部分的船载无线电设备和电子助航设备的一般要求》[IMO A.694(17)]。

(2)2002年8月发布的《海上导航和无线电通信设备和系统——通用要求——试验方法和要求的试验结果》(IEC 60945)。

(3)2004年12月IMO发布的《船载导航显示器上导航相关信息显示的性能标准》[MSC.191(79)]。

(4)2006年12月IMO发布的《经修订的电子海图显示与信息系统(ECDIS)性能标准》[MSC.232(82)]。

(5)2010年12月IMO发布的《电子海图显示与信息系统(ECDIS)软件的维护》(SN.1/Circ.266-Rev.1)。

(6)2015年8月发布的《海上导航和无线电通信设备与系统——电子海图显示与信息系统(ECDIS)——运行与性能要求、测试方法和测试结果》(IEC 61174)。

(7)2020年3月IHO发布的S-63标准:《IHO数据保护方案》。

(8)2020年4月IHO发布的S-57标准:《IHO数字式水道测量数据传输标准》。

(9)2020年12月IHO发布的S-52标准:《IHO ECDIS海图内容与显示规范》。

(10)2021年12月发布的《海上导航和无线电通信设备和系统——船载导航显示器上导航相关信息的表示——通用要求,测试方法和要求的测试结果》(IEC 62288)。

除上述国际相关公约、规范和标准外,各国政府、主管机关为了履约和保证航行安全,还相继出台了适合各国国情的法律、法规。中华人民共和国海事局2010年4月印发《国内航行船舶船载电子海图系统和自动识别系统设备管理规定》,明确给出了电子海图系统(Electronic Chart System,ECS)的分类以及不同吨位和类型的船舶配备不同类型 ECS 的最低要求和时间表。

二、ECDIS 基础知识

（一）电子海图

电子海图(Electronic Chart,EC)是用数字形式描述海域水文地理信息和航海信息的数字海图。目前，电子海图分为非标准和标准两大类。按照数据格式，非标准的电子海图通常分为光栅电子海图(Raster Chart,RC)和矢量电子海图(Vector Chart,VC)，标准化的电子海图分为光栅航海图(Raster Navigational Chart,RNC)和电子航海图(ENC)。

(1)光栅航海图；

(2)RNC 通过对国家水道测量机构出版的或其授权出版的纸质海图进行数字扫描而成，符合 IHO 相关国际标准，并由水道测量局或其授权机构出版和维护更正；

(3)电子航海图；

(4)ENC 是指内容、结构和格式均已标准化的矢量海图数据库，由国家水道测量机构或其授权的机构发行和维护更正，符合 IHO S-57 国际标准，专为 ECDIS 使用。

（二）电子海图导航系统

电子海图导航系统将船载雷达、GNSS、AIS、陀螺罗经、航行警告系统、计程仪、测深仪、航行数据记录仪以及自动舵等各类设备的数据进行融合处理，显示在电子海图上，实现航路监视、计划航线设计、航行报警、航行记录、海图改正等多种功能，保障船舶航行安全。电子海图导航系统主要分为：电子海图显示与信息系统(ECDIS)和电子海图系统(ECS)。虽然 ECDIS 和 ECS 都是用以帮助航海人员进行导航和避碰的一种航行信息系统，但 IMO 和 IHO 对于 ECDIS 和 ECS 有明确的界定。部分 ECDIS 和 ECS 设备还支持光栅海图显示与操作模式，通常在没有 ENC 覆盖的海域使用。

1.ECDIS

ECDIS 是一种航行信息系统，可以有选择地显示系统电子航海图(System Electronic Navigational Chart,SENC)中的信息，并从导航传感器获取位置信息，帮助航海人员进行航线设计和航路监视，同时能够按要求显示其他与航海相关的补充信息。如果 ECDIS 具有适当的备用配置，且符合《1974 年国际海上人命安全公约》第 V 章第 19 条和第 27 条关于改正至最新的海图配备的要求，即使用改正至最新版本的官方 ENC，并且其设备取得《海上导航和无线电通信设备及系统——电子海图显示与信息系统(ECDIS)——操作和性能要求、试验方法和要求的试验结果》(IEC 61174)的认证，则可以在法律上取代纸质海图。

2.ECS

ECS 是最早的电子海图的通俗应用概念，现在通常将不符合 IMO 关于 ECDIS 相关国际标准的电子海图系统统称为 ECS，ECS 可以使用非官方、非 S-57 标准格式的海图数据库。

3.光栅海图显示系统

光栅海图显示系统(Raster Chart Display System,RCDS)是一种使用光栅航海图的电子海图系统。部分 ECDIS 设备支持 RCDS 操作模式，通常在没有 ENC 覆盖的海域使用。

第二节　ECDIS 的组成及功能

一、ECDIS 的组成

为满足 IMO 关于 ECDIS 的最低性能标准要求,系统逻辑上由系统硬件、应用软件和系统电子航海图数据库组成。

（一）电子海图系统硬件

ECDIS 本质上是一个由计算机系统、输入设备、输出设备和相关网络设备集成的系统。计算机系统为 ECDIS 应用软件运行提供必要的硬件和支撑环境,其系统硬件由中央处理器、存储器、显示器、键盘、鼠标、音箱等 I/O 设备组成。计算机系统的信息处理和存储能力应通过 IEC 的性能测试,应保证显示一幅电子海图所需时间不超过 5 s。事实上,随着计算机硬件技术的迅猛发展,加上对于系统电子航海图的合理设计,目前完全可以做到在 1 s 内完成一幅电子海图的显示。

系统显示器可以配置 1 个,也可以配置多个,其尺寸、颜色和分辨率应符合 IHO S-52 标准的最低要求。无论配备几个显示器,海图显示区的有效尺寸应不小于 270 mm×270 mm,不少于 64 种颜色,像素尺寸小于 0.312 mm。通过船用通信设备不仅可以自动接收电子航海图（ENC）的改正数据,实现电子海图的自动更新,还可接收其他诸如气象预报等数据。

内部接口应包括图形卡、声卡、硬盘和光盘控制卡等。以光盘或软盘为载体的 ENC 及其改正数据,以及用于测试 ECDIS 性能的测试数据集可通过内部接口直接录入硬盘,船舶驾驶员在电子海图上所进行的一些手工标绘、注记,以及电子海图的手动改正数据的输入等可通过键盘和鼠标实现。同扬声器相连接的声卡,用以实现语音报警。

通过与其他传感器连接,ECDIS 可以接收、解析、处理各种传感器数据并以文字或图形等方式显示,从而为航海人员集成显示所需信息并提供有效的决策支持。性能标准要求,ECDIS 必须通过外部接口与定位设备（如 GNSS 接收机等）、陀螺罗经、航速与航程测量设备（如计程仪）等三类传感器连接。对于未装有陀螺罗经的船舶,可采用艏向发送装置。此外,性能标准也对 ECDIS 与雷达、AIS 的连接要求做了较为详细的规定,但并没有强制要求与这两类传感器连接。其他设备或传感器包括 NAVTEX、EGC 接收机、测深仪、风速风向仪、自动舵等,也可通过集成接口并按照一定的调度策略向 ECDIS 发送航行警告和气象等信息。

ECDIS 能够为船载航行记录仪（VDR）、驾驶台航行值班报警系统（Bridge Navigational Watch Alarm System,BNWAS）等设备输出必要的航行信息。同时,ECDIS 能够与雷达、驾驶台报警管理（Bridge Alarm Management,BAM）、ECDIS 备份设备交互必要的航行信息。图 9-2-1 中虚线框为可选装设备或传感器。

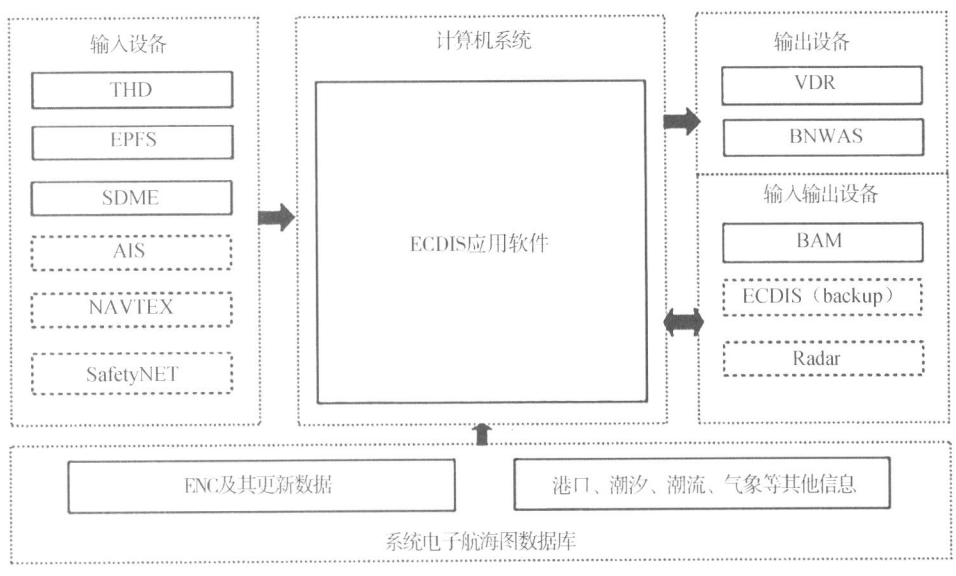

图 9-2-1 ECDIS 逻辑组成

(二) 电子海图应用软件

应用软件是 ECDIS 系统信息处理的核心,是在计算机系统中运行的满足 IMO ECDIS 性能标准要求的软件平台。该软件需具备系统电子海图管理、电子海图显示控制、航线设计、航线监控、航行记录、传感器接口以及基本航海问题求解等功能模块,以实现相关操作和性能标准要求的基本功能。

(三) 系统电子海图数据库

ECDIS 内部直接用于读取和显示海图的业务数据库称为系统电子航海图(SENC),格式由设备制造商确定,内容由电子航海图(ENC)和改正数据转换而成,与改正至最新的纸质海图等效。SENC 还包含由航海人员添加的港口、潮汐、潮流、气象信息,以及系统运行时产生的本船动态数据、报警、航行记录等航行相关数据。SENC 还可以包括其他航海信息,例如,航线设计使用的点、线和区域,以及电子海图使用符号库中的任何物标和文本注记信息。

S-57 传输标准是为了交换数字海图数据而设计的,对于应用系统的显示来说,它不是存储、操作或者准备数据最有效的方法。每个 ECDIS 系统的生产者都可以而且应当设计自己的存储格式或者数据结构,建立 SENC 数据库,使其系统满足规范的功能和性能要求,有效地支持海图信息的查询、浏览,指定海图的显示,指定范围的拼接,以及进行航线设计、航线监控和实现其他功能。

二、ECDIS 的基本功能

ECDIS 以符合国际 S-57 标准的数字海图为基础,结合全球卫星导航系统定位数据,能够实现电子海图管理和海图改正、电子海图显示与控制、航线设计、航线监控、航行记录与回放、航海问题求解等多种保障航行安全的功能,以可视化图形与语音方式辅助航海人员进行航海作业,提高航海安全的保障水平和信息化程度。

（一）电子海图管理和海图改正

系统电子航海图管理具备实现 ENC-SENC 转换、电子海图管理、电子海图自动和手工更新、海图符号库管理、航海信息查询管理、用户数据管理等功能。其中，电子海图管理和保证 ENC 有效更新的海图改正功能是《1978 年海员培训、发证和值班标准国际公约》对船员正确使用 ECDIS 的基本操作能力的要求。

1.电子海图管理

为满足电子海图市场的需求，各个区域性 ENC 服务中心、水道测量机构以及商业实体建立了不同的 ENC 服务方式，例如，SENC 服务、IHO S-57 ENC 服务、IHO S-63 ENC 服务等。目前，ECDIS 设备制造商根据自身特点选择不同的 ENC 服务方式建立 ENC 管理机制，以满足 IMO ECDIS 性能标准要求以及《STCW 公约》对船员的电子海图数据管理能力要求。其主要功能可分为 S-57 海图管理、S-63 许可管理等。

（1）S-57 海图管理：对官方 S-57 海图进行管理，主要包括海图的导入、导出、删除、还原、升级、详细信息查询、更新历史查询等。

（2）S-63 许可管理：对 S-63 加密海图添加许可文件，包括 S-63 许可证导入、删除和详细信息查询等功能。

2.电子海图改正

根据《1978 年海员培训、发证和值班标准国际公约》对船员的电子海图数据管理能力的要求，ECDIS 能够接受自动或手工输入来改正 ENC 数据，并能在最终接受这些改正数据之前用简单的方法加以验证。

（二）电子海图显示与控制

ECDIS 平台提供了丰富的电子海图合成、显示、控制与查询功能，在符合相关国际标准规定的基础上，满足航海人员在不同环境和工作要求下的电子海图显示与控制需要。

ECDIS 所有显示内容必须符合 IHO S-52 标准的要求。该标准详细规定了 ECDIS 海图内容和显示的要求与规范，它包含的附录说明了海图更新的方法/过程、颜色和符号规范，以及 ECDIS 有关条款的术语汇编。IHO 的《ECDIS 颜色与符号规范》作为 S-52 标准的附录在满足 IMO 的性能标准的前提下，确定了在 ECDIS 显示中表示 SENC 信息的方法和意义，如表 9-2-1 所示。

表 9-2-1　电子海图显示与控制

No.	功能名称	功能描述
1	海图载入	自动载入：在 SENC 中查找符合当前显示比例尺且能够覆盖当前船位的屏幕海图；手动载入：通过海图列表选择特定海图并依据被选择海图原始比例尺以及中心位置显示
2	显示背景	根据驾驶台的光线条件设置白天、黄昏、夜晚显示背景
3	显示分层	设置基础显示、标准显示、其他显示
4	强调显示	根据安全水深、安全等深线设置浅水区、浅点等增强显示
5	比例尺	放大、缩小、预设比例尺、鼠标拉框放大、滚轮缩放、预设中心点、鼠标中心点漫游等
6	运动模式	真运动模式和相对运动模式
7	显示方向	北向上（North-Up）、艏向上（Head-Up）、航向向上（Course-Up）

用于 ECDIS 海图显示的信息可以分为三大类：基础显示信息、标准显示信息和其他信息，对应产生三种 ECDIS 显示方式。基础显示信息表示不能从显示中擦除的显示信息，它主要由任何地域、任何时间、任何条件下均为必需的信息构成。标准显示信息是指用于航路设计和航行监测时可由航海人员根据情况显示或者擦除的显示信息。其他信息是指在默认情况下不显示，航海人员需要时才显示的信息。

（三）航线设计

航线设计具备实现绘制和修改计划航线、检查计划航线安全性、管理经验（推荐）航线库、生成航行计划列表（每个航段的航程、航速、航向、航行时间等）等功能。

ECDIS 航线设计支持图形编辑方式和表格编辑方式，前者利用鼠标直接在电子海图界面上绘制转向点来设计航线，后者利用转向点列表输入各转向点的经纬度值以及相关参数来设计航线。

航线设计过程实际是航次计划的形成过程。在定义并编辑航线的过程中，航海人员需设置每个转向点及其航段的开航时间、等待时间、航速和预计抵达时间等基础航次参数，实现航次计划的创建、保存、查询、修改、删除、打印等基本功能。

（四）航线监控

航线监控能够针对本船的计划航线、船舶位置和动态，以及水文地理信息、物标、雷达探测目标、AIS 报告目标等的相互关系，实现船舶动态实时显示与监控报警。其主要功能包括航线监视、航行状态查看、船位调整以及报警与警示。航线监视中需要报警的内容主要包括航行预警和航行报警。航行预警，即对还未发生但有可能发生的危险情况进行预报警，其内容包括：搁浅预警、限制区域预警、碰撞预警、转向点提醒。航行报警的内容包括：航迹偏移报警、航向偏移报警。

（五）航行记录与回放

电子航海航行记录用于记录船舶航行过程中所使用海图的详细信息以及航行要素，实现类似"黑匣子"的功能，能够再现航行过程，以便于航行经验总结以及航行事故分析。

IMO 的性能标准要求，ECDIS 应以 1 min 的时间间隔记录时间、位置、艏向、速度数据，以能够再现航行过程，并且能查验最近 12 h 使用的官方 ENC 资料，包括：ENC 数据源、版本、发布日期、海图单元及更新历史。ECDIS 应记录整个航次的全部航迹，带有时间标记并且时间间隔不超过 4 h，不允许伪造或更改所记录的数据。

（六）航海问题求解

ECDIS 能够实现船位推算、恒向线和大圆航法计算、距离和方位计算、陆标定位计算、不同大地坐标系之间的换算等功能。相关理论和计算公式可以查阅航海专业数学的相关教材。

第三节 ECDIS 设备接口

根据图 9-2-1 系统的基本逻辑组成,ECDIS 应与其他通信导航或航行设备、传感器等连接,以实现其系统功能。

一、基本输入/输出设备及信息

根据《海上导航和无线电通信设备及系统——电子海图显示与信息系统(ECDIS)——操作和性能要求、试验方法和要求的试验结果》,ECDIS 基本输入、输出设备及其基本信息,以及 ECDIS 设备为驾驶台相关系统或设备提供的基本信息分别如表 9-3-1 和表 9-3-2 所示。

表 9-3-1 ECDIS 基本输入设备及其基本信息

序号	传感器	是否强制	信息描述
1	THD	强制	本船首向
2	EPFS	强制	本船位置、对地航向、对地航速以及大地坐标基准
3	SDME	强制	本船对地/对水航速和航程
4	AIS	可选	本船周围 AIS 报告目标信息
5	NAVTEX	可选	本船航次相关的气象信息
6	Radar	可选	本船周围雷达目标信息、跟踪目标信息
7	SafetyNET	可选	SafetyNET 相关海事安全信息
8	BAM	强制	BAM 发送的报警指令并确认
9	ECDIS 备份	可选	至少提供本船的航线信息

表 9-3-2 ECDIS 基本输出设备及其基本信息

序号	传感器	是否强制	信息描述
1	VDR	强制	完整的 ECDIS 显示与操作,以及海图资料及其使用版本
2	BNWAS	强制	ECDIS 操作记录
3	BAM	强制	ECDIS 当前报警列表、新的报警信息
4	ECDIS 备份	可选	至少提供本船的航线信息

ECDIS 通过物理串口与外部设备连接,而通常电脑串口数量无法满足诸多设备的接入,因此,目前多采用以下方法拓展串口:

(1)多串口卡。将 ECDIS 的一个串口扩展为多个串口,传感器通过各自的串口单独接入,可分别控制端口号、波特率等;

(2)串口分配器。各传感器分别连接到一个集成端口,ECDIS 自动解析信号,控制是否连接某设备；

（3）网络串口分配器。外部设备通过网络串口通信。

二、物理接口及其通信协议

ECDIS 通常可配备 COM、USB、串口、DVI、LAN 等接口。表 9-3-3 为 FURUNO 某型号 ECDIS 标准配置中的接口配备表，图 9-3-1 为 FRUNO 某型号 ECDIS 接口连线示意图。除物理接口外，针对电子设备之间的数据交换与传递，NMEA 和 IEC 分别制定了 NMEA 和 IEC 61162 系列标准，明确了海上导航和无线电通信设备之间数据交换的接口协议和数据传输编码协议，相关内容详见第十一章第二节。

表 9-3-3　FRUNO 某型号 ECDIS 标准配置中的接口配备表

序号	接口类型	数量/个	接口描述
1	DVI-D	2	视频信号接口 DVI-D 1 号和 2 号，信号相同
2	DVI-I	1	视频信号接口 DVI-I 1 号，用于 Conning 或 VDR
3	LAN	3	以太网 1000 Base-T，其中 1 个端口仅适用于雷达传感器
4	COM	2	RS-485，用于控制宽度
5	USB	4	USB2.0A 接口类型
6	串行 I/O	8	IEC 61162-1/2（2 个端口），IEC 61162-1（6 个端口），可支持的语言：ABT、DPT、DSC、DTM、FSI、GGA、GNS、HDG、HDM、HDT、RMA、RMB、RMC、RTE、ROT、THS、MTW、MEV、VDR、VDM、VDO、VHW、VTG、VWR、WPL、ZDA、ALR
7	数字输入	1	ACK 信号输入

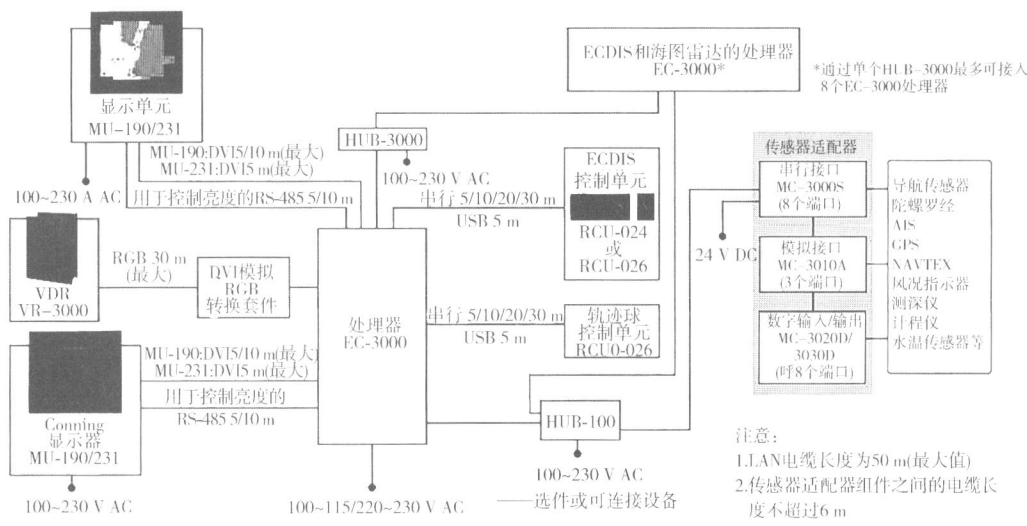

图 9-3-1　FRUNO 某型号 ECDIS 接口连线示意图

三、ECDIS 传感器接口基本功能

根据 IMO 的性能标准,ECDIS 传感器接口功能及其形式至少包含接口设置、传感器接口连接及其状态查看、传感器信号维护等基本功能。

(一)ECDIS 传感器接口设置

ECDIS 传感器接口设置的内容包括:管理传感器接口,并根据不同的传感器类型、接口协议以及系统逻辑分配管理;设置设备接入端口、波特率、数据位、奇偶校验位、停止位、数据流控制位等通信参数,如表 9-3-4 所示。

表 9-3-4　ECDIS 传感器接口设置

序号	名称	描述
1	设备接入端口(N)	端口号选项范围:COM1~COM99
2	波特率(B)	带宽速率选项范围:300,2 400,4 800,9 600,19 200,38 400……
3	数据位(D)	数据位选项范围:5,6,7,8
4	奇偶校验位(P)	奇偶校验选项范围:无,奇校验,偶校验
5	停止位(S)	停止位选项范围:1,1.5,2
6	数据流控制位(F)	数据流控制选项范围:无,硬件,Xon/Xoff

(二)ECDIS 传感器接口连接及其状态查看

根据 IMO 性能标准,ECDIS 在确保自身正常工作的条件下,可以有选择性地接入传感器数据。ECDIS 平台需提供传感器连接及其状态查看窗口。

(三)ECDIS 传感器信号维护

为了准确、及时地检查传感器故障,传感器物理接口故障,传感器接口设置,部分 ECDIS 平台提供传感器信号维护功能。该功能可在 ECDIS 非在线航行的状态下通过设置相关通信端口以及波特率,检查其通信端口工作状态,以此来判断相应传感器的工作状态。

【复习与思考】

1. 什么是电子海图?
2. 什么是电子航海图?
3. 什么是系统电子航海图?它与电子航海图的区别是什么?
4. ECDIS 需满足的国际标准和规范主要有哪些?
5. 简述 ECDIS 系统构成及作用。
6. ECDIS 的基本功能包括哪些?

7. 为满足 ECDIS 最低性能标准要求，ECDIS 的基本输入设备有哪些？这些设备为 ECDIS 工作分别提供哪些基本信息？

8. 在综合航行系统（INS）中，ECDIS 设备为哪些驾驶台相关系统或设备提供基本信息服务？这些基本信息包括哪些？

第十章

船舶远程识别与跟踪系统

　　船舶远程识别与跟踪系统(Long Range Identification and Tracking, LRIT)作为提升海上保安水平的措施之一,由国际海事组织(IMO)提出并强制实施。2006年5月,IMO海上安全委员会(MSC)第81次会议通过了《关于船舶远程识别与跟踪系统(LRIT)的国际海上人命安全公约修正案》。新增有关LRIT的条款被写入《1974年国际海上人命安全公约》第V章"航行安全"第19-1条,规定除了航行于A1海区且已经配备了AIS的船舶之外,从事国际航行的客船(包括高速客船)、300总吨及以上的货船(包括高速船)和海上移动式钻井平台,都必须强制实施船舶的远程识别和跟踪,并于2008年1月1日生效,2008年12月31日实施,航行于A4海区的船舶不晚于2009年7月1日实施。有关"海区"的概念见李建民老师编写的教材《船舶综合驾驶台通信与导航系统》的第十二章。

　　船舶远程识别与跟踪系统通过AIS船载设备、外接船载全球卫星导航系统(GNSS)设备或内置GNSS系统获取数据,以一定的时间间隔向LRIT数据中心发送数据报告,数据中心再传输LRIT数据至经授权的LRIT终端,实现对船舶的远程识别与跟踪。

第一节 LRIT 系统组成和工作原理

一、LRIT 的主要功能

船舶远程识别与跟踪系统具有海上保安、海上搜救支持、船舶监管、海上环境保护等功能。

(1) 海上保安

LRIT 用于海上保安的功能包括加强船舶保安和沿岸国、港口国的保安。通过 LRIT 信息监控,各缔约国政府可以协助船舶和港口预防恐怖袭击,减少其遭遇恐怖袭击的可能,大大提高全球海上船舶保安能力。海上保安功能是 LRIT 最直接也最重要的功能。

(2) 海上搜救支持

LRIT 可为海上搜寻救助提供信息支持。例如,LRIT 可以向海上搜救中心提供遇险船舶附近水域的其他船舶的信息。通过获取的 LRIT 信息,搜救人员可以更好地组织和开展搜寻救助工作,缩短搜救反应时间。

(3) 船舶监管

船旗国、港口国和沿海国可以实时跟踪和查询相关船舶的航迹,便于各国政府对其所属船舶的监督、管理和事故调查。

(4) 海上环境保护

LRIT 可为调查海上非法排放、溢油事故等提供信息支持。缔约国政府能够重点跟踪危险货物运输船舶的船位,防止泄漏、溢油等事故的发生。

(5) 其他用途

LRIT 通过与 AIS 系统数据的整合,建立动态的船舶远程监控和管理系统,并将其应用于全球航运生产和管理、卫生防疫、海关等相关管理部门。

二、LRIT 的组成

LRIT 由船载设备、通信服务提供方(Communication Service Provider,CSP)、应用服务提供方(Application Service Provider,ASP)、数据中心(Data Centre,DC)或船舶监控系统(Vessel Monitoring System,VMS)、国际数据交换(International Data Exchange,IDE)、数据分配计划(Data Distribution Plan,DDP)和数据用户(Data Users,DU)等七部分组成,如图 10-1-1 所示。

(一) 船载设备

LRIT 船载设备是指船舶配备的符合《1974 年国际海上人命安全公约》的要求和 IMO 相关性能标准,能够自动发送船舶远程识别与跟踪信息至各级 LRIT 数据中心的船载无线电设备。船舶安装的 LRIT 终端必须通过应用服务提供方的测试,并由其签发认可证书。LRIT 船载终

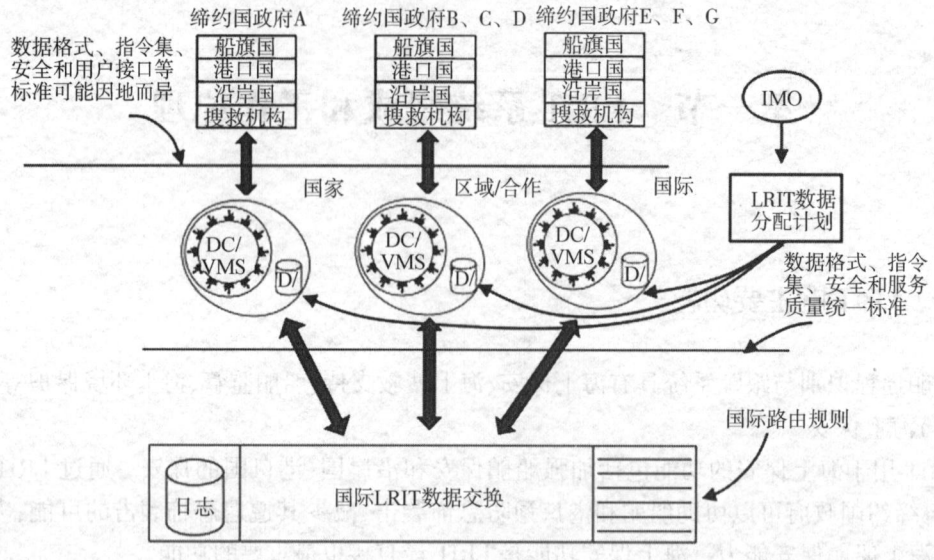

图 10-1-1 LRIT 的基本组成

端应满足 IMO A.694(17)决议(《作为全球海上遇险与安全系统(GMDSS)组成部分的船载无线电设备和电子助航设备的一般要求》)的要求,能够覆盖船舶所航行的区域,通常首选 Inmarsat-C 或 Inmarsat Mini-C 船站进行数据传输。目前其他的船载 LRIT 设备还包括有 Inmarsat-D+终端和铱星终端。

(1)Inmarsat-C 终端利用询呼(Polling)和数据报告(Data Report)业务实现 LRIT 数据报告;

(2)Inmarsat Mini-C 终端多用于船舶保安报警系统(Ship Security Alert System,SSAS),同时兼作 LRIT 终端;

(3)Inmarsat-D+终端尺寸小、通信成本低,尤其适合没有安装 Inmarsat-C 船站的船舶;

(4)铱星终端具备数据传输能力,也可用于 LRIT 信息传输,高纬度航行船舶可选用铱星终端。

具体理论知识参见李建民老师编写的教材《船舶综合驾驶台通信与导航系统》,在第二篇详细讲述。

(二)通信服务提供方(CSP)

通信服务提供方为 LRIT 提供通信基础设施和服务。船舶发送的 LRIT 信息通过通信服务提供方建立的通信链路传送到应用服务提供方(ASP),通信服务提供方也可以作为应用服务提供方提供服务。

(三)应用服务提供方(ASP)

应用服务提供方(ASP)指负责 LRIT 信息的收集、处理、存储和传输,为 LRIT 数据中心(包括国家数据中心、有关区域或协作数据中心和国际数据中心)提供服务的机构。ASP 提供通信服务提供方(CSP)和数据中心(DC)之间的通信协议接口,监控 LRIT 信息的数据流和路由,确保以安全可靠的方式收集、保存和传送 LRIT 信息。

LRIT 船载设备的符合性测试由应用服务提供方完成。在我国,LRIT 船舶主管当局是中国海事局,中国交通通信信息中心是中国海事局认可的测试应用服务提供方,负责我国LRIT船载终端入网注册和符合性测试,并出具和提供测试证书。

(四)数据中心(DC)

LRIT数据中心处理进出国际数据交换(IDE)的所有信息,可分为国家数据中心(NDC)、区域或合作数据中心(RDC/CDC)和国际数据中心(IDC)。船载设备在无须任何人工干预的状态下自动每隔6 h或以其他时间间隔向DC发射LRIT信息。

1.国家数据中心

缔约国可以建立国家级LRIT数据中心(NDC),并向IMO提供建立该中心的相关细节,在发生变更时应及时更新信息。

2.区域或合作数据中心

一组缔约国可以建立一个区域性或合作性的LRIT数据中心(RDC/CDC)。缔约国之一应向IMO提供该中心的相关细节,在发生变更时应及时更新信息。

3.国际数据中心

除根据要求向国家级、区域性或合作性LRIT数据中心发送LRIT信息的船舶之外,其他船舶都需将LRIT信息发送给国际LRIT数据中心(IDC)。对于船舶数量少或者对LRIT数据依赖少的国家可直接纳入国际数据中心。

数据中心主要功能:

①负责响应本国或本地区船舶数据请求,并对请求者按照港口国、沿岸国、搜救或环境保护机构分类,将信息直接从其数据库中发送给请求者;
②接收船舶传送至该中心的LRIT信息;
③通过IDE从其他LRIT数据中心获取信息和向其他LRIT数据中心发送信息;
④执行收到的LRIT数据用户关于船舶的LRIT信息轮询或更改发送间隔的请求;
⑤根据请求,向LRIT数据用户发送信息,并在某一特定船舶停止发送信息时,通知LRIT用户和主管机关;
⑥接收的船舶LRIT信息至少存档1年;
⑦向搜救(SAR)服务机构提供其服务区域内所有船舶的LRIT信息。当船舶位置处在搜救区域之外,但在搜救服务发生时,也应提供LRIT信息。

(五)国际数据交换(IDE)

国际数据交换与所有LRIT数据中心建立连接,使用LRIT数据分配计划(DDP)中的分配信息,在LRIT数据中心之间建立信息传输路由,自动保存包括标题信息的日志,至少存档1年,直到MSC审查和接收了LRIT协调员对其运行审核的年度报告。

(六)数据分配计划(DDP)

LRIT数据分配计划决定了数据中心为不同缔约国分配LRIT信息的规则。缔约国根据相关公约及有关技术规范文件向IMO提交数据分配申请,包括各缔约国有权请求LRIT信息的地理区域信息、国家联络人信息、港口设施清单,以及搜救机构信息等。

计划的主要内容有:

(1) 各缔约国政府和搜救服务机构的清单及其联络点；
(2) 各缔约国接收船舶 LRIT 信息的地理区域边界信息；
(3) 船旗国接收 LRIT 信息的规定、港口国和沿岸国接收信息的离岸距离等指令；
(4) 船旗国领海边界信息；
(5) 船旗国是否对外提供 LRIT 信息的指令；
(6) 各缔约国领土内的港口和港口设施清单及地理坐标；
(7) 所有 LRIT 信息中心清单及其联络点,并标明该中心为哪些缔约国政府提供服务。

（七）数据用户（DU）

LRIT 数据用户是经过授权的可以接收和请求 LRIT 信息的船旗国、港口国、沿岸国和搜救机构等。

其中缔约国政府获取 LRIT 信息的权利有：
(1) 不管船舶航行在何处,船旗国有权利获取 LRIT 信息。
(2) 船舶即将停靠港或目的地港的港口国有权利获取 LRIT 信息,但是不包括船舶在外国内海水域。
(3) 来自距本国海岸 1 000 n mile 以内（不包括位于外国内海水域）的海上航行船舶,缔约国有权获取船舶 LRIT 信息。

三、LRIT 工作原理

（一）LRIT 系统通信路由

如图 10-1-2 所示,在 LRIT 中,航行船舶使用被应用服务方（ASP）认证的船载设备,例如,Inmarsat-C 等卫星船站,通过卫星把 LRIT 信息发送到通信服务提供方（CSP）台站。CSP 台站再通过 ASP 将信息传送到数据中心（DC）,ASP 负责 CSP 到 LRIT 数据中心段的通信（通信与接口协议）,提供路由管理,安全、可靠地搜集、保存和传送 LRIT 信息；数据中心负责信息的存储、处理。

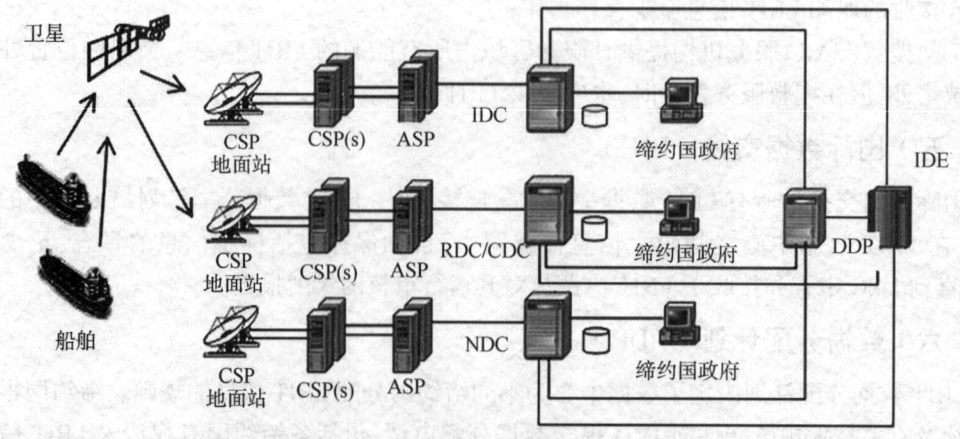

图 10-1-2　LRIT 系统通信路由

数据中心接收到船舶识别与跟踪信息,可将信息直接发送给船舶所属船旗国的缔约国政府,后者就可以实现对航行船舶的全球识别与跟踪。国际数据交换(IDE)连接所有的数据中心,形成通信路由;数据分配计划(DDP)掌握决定数据分配规则;国际数据交换按照数据分配计划的信息分配 LRIT 数据,负责各数据中心间的数据管理和交换。

一些国家的 LRIT 系统,一个机构同时承担几个分系统的工作,比如,CSP 同时承担 ASP 和各数据中心的功能。LRIT 系统还可以把 LRIT 信息发送给其他经授权的用户,如港口国、沿岸国和搜救机构等。

(二) LRIT 信息请求

港口国政府有权要求意欲进入其港口水域或其管辖水域岸外设施的船舶提供 LRIT 信息,但须向 IMO 呈报船舶到本国的离岸距离和预计到港的时间段,船舶只有进入这个地理或时间范围,才能收到信息。

当发生海上事故时,LRIT 数据中心应向海上搜救中心提供 LRIT 数据,包括遇险船舶 LRIT 数据和位于遇险船舶搜救指定水域范围内的所有船舶 LRIT 数据,以便迅速识别可能被要求为海上遇险人员的搜救提供协助的所有船只。中国 LRIT 搜救用户信息请求流程如图 10-1-3 所示。

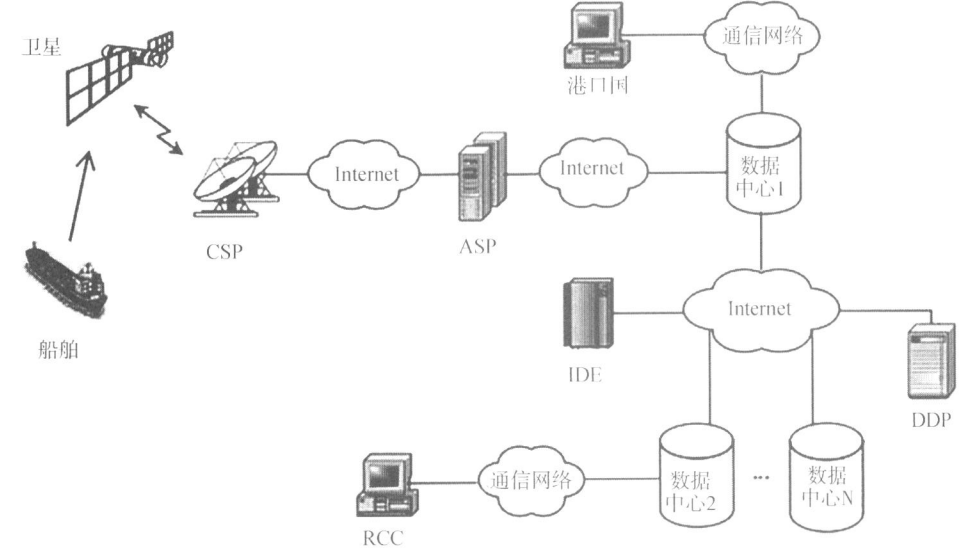

图 10-1-3 港口国、搜救机构信息请求流程

港口国、沿岸国和 RCC 通过通信网络向当地数据中心提出数据请求,国际数据交换 IDE 与所有 LRIT 数据中心建立连接,使用 LRIT 数据分配计划(DDP)中申请后获得授权的分配信息,在 LRIT 数据中心之间建立信息的传递,将港口国或 RCC 申请的进入本国外籍船舶和可能提供救援的船舶 LRIT 信息,传送给申请港口国、沿岸国或 RCC。

第二节 LRIT 船载设备

一、LRIT 船载设备性能标准和技术标准

如图 10-2-1 所示,LRIT 船载设备每天发送 4 次信息,每隔 6 h 发送 1 次,内容包括船舶识别、船位、日期/时间,并且不再涉及船舶其他信息。最终船舶 LRIT 信息被存储于数据中心。如果 LRIT 船载设备是构成船舶 GMDSS 设备或电子助航设备的一部分,在性能方面 LRIT 船载设备除满足 IMO 关于 GMDSS 设备和助航设备的要求外,还须满足以下要求。

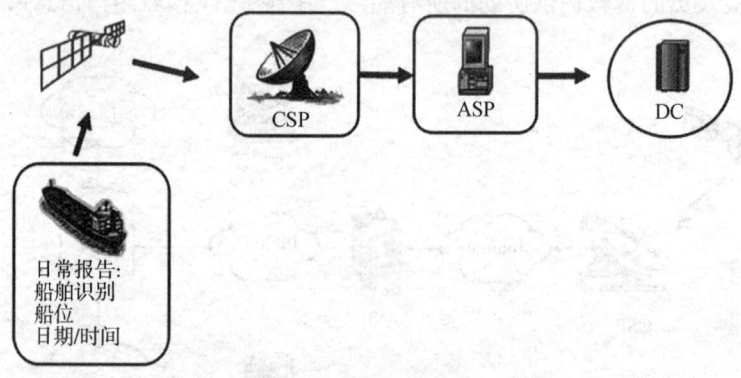

图 10-2-1 船舶到 LRIT 数据中心信息传输示意图

(一) LRIT 信息性能要求

LRIT 船载设备如果是 GMDSS 或其他设备的一部分,不得降低原设备的性能标准,遇险、紧急和安全通信的优先等级高于 LRIT 信息。设备在默认情况下,无须人工干预,自动以 6 h 的时间间隔向 DC 发射本船 LRIT 信息,也可以预先设定时间间隔由最短的 15 min 到 6 h,但是当船舶遭遇危险、载运危险货物或者是特种船舶时,LRIT 信息的发射时间间隔需要降低到 15 min。当船舶靠港、进入船坞修理或者长时间不使用时,船长或者主管机关可以将 LRIT 信息的发射时间间隔延长到 24 h,或者暂时停止发射。

(1) LRIT 船载设备如果是 GMDSS 或其他设备的一部分,不得降低原设备的性能标准,遇险、紧急和安全通信的优先等级高于 LRIT 信息;

(2) 需具备可远程遥控发送 LRIT 信息给指定数据中心的功能,船上用户不能设置和删除该功能,数据发送默认时间间隔为 6 h;

(3) 可以被遥控设置以不同时间间隔发送 LRIT 信息;

(4) 可以响应轮询指令发送 LRIT 信息;

(5) 能够发送表 10-2-1 中所有信息;

(6) 发送 LRIT 信息使用的通信系统覆盖范围,应该能够覆盖船舶航行的海区;

(7)在船上能够关闭或者终止 LRIT 信息的发射;
(8)可被遥控终止发射 LRIT 信息。

LRIT 信息报告包含表 10-2-1 列明的所有信息。

表 10-2-1　LRIT 船载终端发送信息

名称	内容
船舶识别	船载设备识别(MMSI﹑IMO 码、船名)
船位	无人工干预的船舶 GNSS 经纬度(WGS-84)
时间和日期	提供船位的 UTC 时间和日期

(二)技术要求

(1)设备需外接船舶全球卫星导航系统(GNSS)定位设备,或者自身配置 GNSS 定位设备,也可以从 AIS 船载设备远程通信接口获取船位数据。

(2)环境要求应声明设备安装时是直接安装还是需要加装保护装置。

(3)电磁兼容性须符合 IMO A.813(19)[《所有船舶电气和电子设备电磁兼容性(EMC)的一般要求》],或 IEC 60945(《海上导航和无线电通信设备和系统——通用要求——测试方法和要求的测试结果》)的要求。

(4)设备在断电后,重新加电能够恢复发射 LRIT 信息。

(5)辐射干扰满足 IEC 60945 的相应要求。

二、符合性测试

按照 MSC.1/Circ.1296 文件(《船舶符合发送 LRIT 信息要求的检验和发证的导则》)的规定,所有适用船舶在纳入 LRIT 系统前,必须进行船载设备符合性测试,以检验船载设备能否满足要求。2008 年 11 月 4 日,中国海事局授权中国交通通信中心为中国旗船舶测试 ASP。寻址机制采用数据网络识别(DNID,Data Network Identifier),测试前通过卫星链路远程下载到卫星终端,测试内容如表 10-2-2 所示。

表 10-2-2　LRIT 船载终端符合性测试要求

测试编号	IMO 测试要求	检测方式证明/审查	IMO 验收方式
—	设备已在 ASP 激活	证明	ASP 发出激活指令,CSP 确认接收
1	设备自动发送信息	证明	接收信息确认
2	信息中含有船舶识别	证明	接收信息确认
3a	信息中含有船位	证明	接收信息确认
3b	船位基于 WGS-84 测地系	审查	符合 IMO 导则
4a	信息中含日期、时间	证明	接收信息确认
4b	日期/时间为 UTC 格式	证明	ASP 检查接收电文结构
4c	设备自动生成船位和时间戳	证明	ASP 检查接收电文结构

续表

测试编号	IMO 测试要求	检测方式证明/审查	IMO 验收方式
5	设备是 ASP 认可的型号	审查	符合性测试前由 ASP 认可
6	设备可以被关闭或终止信息发射	证明	ASP 指令停止,CSP 收妥,90 min 内无发射
7	设备满足 IMO 电磁兼容性要求	审查	生产商文件载明设备完成了电磁兼容性测试
8a	可设置 15 min 间隔自动发送信息	证明	ASP 发出指令后收到 48 个连续 15 min 的信息
8b	可设置 60 min 间隔自动发送信息	证明	ASP 发出指令后收到 12 个连续 60 min 的信息
8c	以 6 h 间隔自动发送 LRIT 信息	审查	ASP,或生产商,或技术规范确认
8d	可设置 24 h 间隔自动发送信息	审查	ASP,或生产商,或技术规范确认
8e	发送的信息 15 min 内可以被接收到	证明	ASP 收到信息后检查船位时间戳
9	设备连接外接或内置 GNSS	审查	若内置,ASP 或生产商或技术规范确认;若外接,船东在测试之前在测试注册中声明
10	同时连接主电源和应急电源	审查	船东在测试之前在测试注册中声明
11	可遥控停止信息发送	证明	ASP 发出指令后收到 CSP 的收妥或通知

整个测试过程大约需要 30 h 才能完成。设备使用过程中,若发生下述情况,符合性测试报告将被视为不再有效:

(1)LRIT 船载信息发送设备发生变更;

(2)船舶旗籍变更为另一缔约政府。

(一)符合性测试流程

按照 MSC.1/Circ.1296 文件的规定,LRIT 船载设备符合性测试的流程包括:船载设备登记、卫星链路管理、执行测试流程、出具测试报告和测试证书。其中,执行测试流程是最终确定设备是否符合要求的关键。按照要求,测试 ASP 必须完成对设备的 15 个项目的测试。一般在收到船舶测试申请 5 个工作日内与船舶约定测试时间,在测试完成 5 个工作日内签发测试报告。

(二)符合性测试报告

符合性测试分为多个阶段,每个阶段需要对船舶位置点和时间进行严格的计算,所以测试过程必须利用计算机实现自动化。船东提交的测试资料经过测试管理员审核后,即可启动自动化测试程序,测试按照测试步骤逐条进行,若船载设备通过所有步骤,即可成功通过测试。设备使用中若发生下述情况,符合性测试报告将被视为不再有效:

(1)船载 LRIT 信息发送设备发生变更。

(2)船舶改挂其他缔约国政府的船旗。

(3)主管机关撤销了对进行符合性测试的 ASP 的认可或授权。但在此情况下,主管机关可以决定,在撤销认可或授权的日期之前或主管机关确定的日期之前签发的符合性测试继续保持有效。

三、维护和使用注意事项

典型的 LRIT 船载设备连接包括通信设备、控制单元和电源,示例图(见图 10-2-2)中以 FURUNO FELCOM-15 作为通信设备。如果设备是构成 GMDSS 设备或电子助航设备的一部分,可按照 GMDSS 设备和助航设备的维护保养要求进行维护。设备工作时自动运行,运行中遇到以下情况时,会产生信息停止或异常发送。

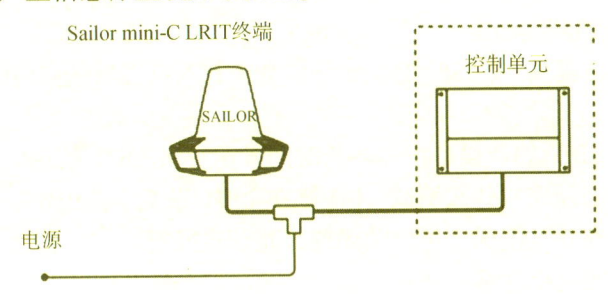

图 10-2-2　典型的 LRIT 船载设备连接图

(1)船载设备通信繁忙,尤其是在发送 LRIT 信息的规定时间正在进行高优先级(遇险、紧急和安全)通信。

(2)船载设备切换洋区,对于同一个终端设备,不同洋区对应不同的 DNID,需重新输入入网识别。

(3)船载设备超出通信卫星覆盖范围。

(4)港口无线电设备干扰,影响 LRIT 信息报送。

(5)船载设备更换注册国籍。

(7)船舶设备故障,例如作为 LRIT 终端定位源的 GPS 故障,GMDSS 通信设备故障等。

除了以上原因,CSP 站台性能下降等也会影响 LRIT 终端信息的发射。

LRIT 船载设备一般情况下不需要人工干预,自动发送信息。只有出现以下特殊情况,船上人员才可以关闭终端或者终止信息发送:

(1)船舶航行于国际规定的保护航行信息区域。

(2)非常情况下,当船长认为 LRIT 设备工作可能对船舶和人员构成威胁时。但船长应尽快将关闭设备。

(3)LRIT 设备的决定通知主管机关,并将关闭 LRIT 设备的情况记录在航海日志。一旦非常情况解除,应重新开启 LIT 设备。

(4)船舶所属国家主管机关出于船舶保安及其他方面的安全考虑,在任何时候有权决定不对其他缔约国提供本国国籍的船舶 LRIT 信息,并可以决定此措施的有效期限。

【复习与思考】

1. 简述 LRIT 的基本组成。
2. 简述 LRIT 船载的基本功能。
3. LRIT 中应用服务提供方（ASP）的功能是什么？我国负责测试应用服务提供方（ASP）的是哪个机构？
4. 按照一般要求，LRIT 船载设备每隔多长时间发送一次 LRIT 信息？包含哪些信息？
5. LRIT 船载设备必须完成什么测试，才能够在 LRIT 系统中使用？
6. LRIT 船载设备在什么情况下可以关闭或终止信息发射？
7. LRIT 船载设备的选择有哪几种？
8. LRIT 船载设备进行符合性测试前，需要提供哪些信息？
9. 简述 LRIT 系统运行的注意事项。

第十一章

船舶综合驾驶台系统与综合航行系统

随着计算机软硬件、网络、信息处理、通信导航及现代控制等技术的发展，人们开始关注利用新技术综合提高船舶航行的自动化程度，保障船舶航行安全、提高船舶运营管理效益。20世纪60年代至70年代初，出现了具有导航线的导航系统。20世纪70年代末至80年代初，具有综合信息显示和自动保持航迹向功能的综合驾驶台系统出现。20世纪80年代至90年代初，出现雷达图像与电子海图信息融合的综合驾驶台系统。20世纪90年代初至今，具有现代航海信息综合处理和监督航行安全功能的综合驾驶台系统开始在船舶应用，而且信息融合、保障航行安全的能力在逐渐提高。2006年，IMO提出E-航海(E-Navigation)的概念，随之迎来了智能航运、智能船舶等航海研究领域的大发展，标志着航运业"智能时代"的正式开启。航运业呈现智能化、网联化、协同化发展趋势，智能型设施和设备成为支撑航运发展的重要基础。

本章将重点介绍综合驾驶台系统(IBS)的功能和配置，以及与通信导航系统息息相关的综合航行系统(INS)的功能、配置、接口、误差和局限性。

根据交通运输部海事局《海船船员考试大纲》(2022版)对维护和修理驾驶台航行设备的要求，电子电气员应该掌握的综合驾驶台系统知识，具体要求如下表11-1所示。

表11-1 综合驾驶台系统对电子电气员的要求

序号	要求
1	了解IBS的用途、构成和功能

第一节 综合驾驶台系统

一、综合驾驶台系统的概念

"综合驾驶台系统"的英文缩写是 IBS,全称为 Integrated Bridge System,有些资料也将其翻译为"综合船桥系统"。《关于综合驾驶台系统(IBS)性能标准的建议案》[MSC64(67)附件1]将 IBS 定义为,通过内部连接,以便允许集中接入获取传感器信息或者从工作站发出指令或者控制信息的多个系统的综合,其目的是提升适任人员管理船舶的安全性和效能。可见,综合驾驶台系统采用了系统设计的方法,将船上的各种导航设备、船舶操作控制设备通过网络技术有机结合起来,利用计算机、现代控制、信息融合等技术实现其功能。综合驾驶台系统由若干子系统有机连接和组合,集中获取多元传感信息,以方便适任人员在工作站指挥和控制船舶,高效管理船舶,提高船舶运营的安全性。

目前,IBS 主要还是从综合航行的基本需求出发,结合船舶首向发送装置(THD)、电子定位系统(EPFS)、船舶航速与航程测量设备(SDME)、水深测量设备、雷达系统、电子海图显示与信息系统、自动识别系统、自动舵等各种导航、船舶操纵设备和管理系统,形成的具有综合导航、船舶控制、自动避碰、综合显示信息、通信和航行管理控制等多种功能的综合驾驶台系统。

二、综合驾驶台系统的相关国际标准

1996 年,IMO 发布的《关于综合驾驶台系统(IBS)性能标准的建议案》[MSC.64(67)附件1],指明了综合驾驶台系统(IBS)的基本定义。

1999 年,国际电工委员会发布的《海上导航和无线电通信设备和系统——综合驾驶台系统(IBS)——操作和性能要求、测试方法和要求的测试结果》(IEC 61209)规定了 IBS 设计、制造、集成和测试的最低要求,并符合 IMO MSC.64(67)附件 1 中 IBS 的相关规定。

2000 年,IMO 发布的《驾驶台设备和布局人机工程学标准指南》(MSC/Circ.982)对驾驶台布局、工作环境、工作视野、人机交互、信息显示等进行了定义。

三、综合驾驶台系统的功能

综合驾驶台系统应能够执行以下任务:
(1)航路执行
航路执行主要包括锚泊、靠泊、操纵、避碰、航行等操作控制。
(2)通信
通信主要包括船舶内部通信、外部通信、人机通信、人员通信等操作控制。

(3)机械控制

机械控制主要包括报警、电源、舵机、锅炉、加热、通风、空调、燃油、系统性能诊断等操作控制。

(4)装卸载和货运管理

装卸载和货运管理主要包括污水、防污染、货舱、货物装配载、油水、舱门等操作控制。

(5)航行安全和船舶保安

航行安全和船舶保安主要包括消防、船损、防海盗、紧急事件响应等任务。

(6)船舶管理

船舶管理主要包括船员培训、值班演习、货运证书、救生设备、航次管理、船舶维护保养、人事管理等操作控制。

四、综合驾驶台系统的功配置

(一) IBS 配置基本原则

《1974年国际海上人命安全公约》并未对船舶综合驾驶台系统提出强制配备要求,不同船级社对 IBS 的配置要求亦有所不同。受到船上具体设备规格、配置及环境的制约,IBS 基本配置的主要原则包括但不限于:

(1) IBS 中的任何模块、设备或子系统都必须满足 IMO 关于该部件的相关标准要求。

(2) IBS 任何功能运行和任务操作不会影响其他功能和操作的正常运行,相关的系统功能、任务能够协同运行,完成复杂的控制任务。

(3) IBS 的功能一定不低于独立使用各个设备时所达到的功能。

(4)对于保证航行安全必要的显示和控制,要有可以替代的设备。

(5)重要的信息要有可以替代的信息源。

(6)能够指明可能发生的系统错误和与重要功能有关的连接错误。

(7)警报必须要有提示信息,警报管理至少应符合 IMO 决议《警报和指示器规则》[IMOA.830(19)]的要求。

(8)接口要符合相关的国际航海用接口标准。

(二) 船舶综合导航系统的配置

根据组合的传感器设备和操舵控制设备的不同,INS 分为三类。

1. INS(A)

INS(A)提供有效的、正确的、统一的参考系统,这个系统至少提供船舶位置、速度、航向、时间。INS(A)的基本配置包括磁罗经、陀螺罗经、计程仪、电子定位系统(Electronic Position Fixing System, EPFS)和测深仪。

(1)陀螺罗经

陀螺罗经实时、连续、精确地向有关设备输出航向信息,是重要的导航传感器。

(2)磁罗经

为提高组合导航系统的可靠性,船舶一般还配有标准磁罗经一个。

(3) 多罗经组合

为了提高可靠性，INS 通常通过电子控制单元选择精度高、可靠性好的多罗经信号组合后作为航向信号。

①陀螺罗经和磁罗经(GM)组合

陀螺罗经和磁罗经(GM)组合是最基本的组合方式，系统输入陀螺罗经和磁罗经信号，按照标准输出格式输出航向船舶综合驾驶台通信与导航系统信号到 INS 的其他单元。新型的 GM 组合还增加一个罗经显示控制单元，有操作键可根据需要选择功能，也称为 GM-C 组合。显示控制单元一般安装在驾驶台上。

②双陀螺罗经和磁罗经(GGM)组合

双陀螺罗经和磁罗经(GGM)组合方式输入两个陀螺罗经和一个磁罗经信号，配有一个转换开关，按照标准输出格式将航向信号输出到 INS 的其他单元。双罗经系统可以检测出罗经故障，保证选入一个可靠的陀螺罗经信号，从而提高系统的可靠性。新型的 GGM 组合还增加一个罗经显示控制单元，也称为 GGM-C 组合。

(4) 计程仪

计程仪用于测量船舶速度。INS(A)中要求配电磁计程仪用于测量船舶首尾向对水速度。

(5) 电子定位系统

电子定位系统一般配置 GNSS、DGNSS 定位仪各一台，或配置两台 DGNSS 定位仪，GNSS/DGNSS 能实时、连续、精确地显示时间和本船的位置信息。

(6) 测深仪

测深仪能显示水深信息，并提供浅水报警功能。

2. INS(B)

INS(B)除了包括上述 INS(A)的功能外，还能提供有助于避开危险的相关信息，在雷达或 ECDIS 上自动连续地标绘出船舶位置、速度、航向、水深和预测危险等情况。INS(B)在 INS(A)基础上，再配备双雷达系统、电子海图显示与信息系统(ECDIS)、船舶自动识别系统(AIS)。

(1) 双雷达系统

双雷达系统通常由一台 X 波段和一台 S 波段雷达组成。

(2) 电子海图显示与信息系统(ECDIS)

驾驶员的重要工作包括制订航线计划并监督船舶执行计划航线的情况和预测航行危险。对于未配备 ECDIS 的船舶，驾驶员通常要将通过各种定位手段得到的船舶位置标绘在纸海图上；在配备 ECDIS 的船舶上会显示计划航线，标绘实际航线的任务就可由 ECDIS 自动完成。

ECDIS 的核心是电子海图/综合信息显示处理器。其输入接口接收计程仪、罗经、GNSS/DGNSS、测深仪、风速仪、雷达、AIS、主机转速、螺距、舵角指示器、机舱状态等数据；输出接口连接至船舶局域网和自动舵。

ECDIS 通过网络总线和 IBS 的综合信息控制台相连，接收从综合信息控制台送来的导航传感器信息和向综合信息控制台发送控制命令。ECDIS 也可通过网络总线和雷达相连以实现视频叠加功能，实现 ECDIS 与雷达图像叠加，或雷达图像与 ECDIS 叠加。前者侧重于雷达应用，后者常用于航行监控。雷达图像与 ECDIS 叠加可有两种方法：一种是雷达跟踪目标叠加在 ECDIS 上；另一种是完整清晰的雷达图像叠加在 ECDIS 上。前者有利于避碰，后者更有利于定位和导航。

(3) 船载自动识别系统(AIS)

AIS获取目标船静态、动态和航次相关信息,协助雷达进行避碰、定位和导航。AIS能够在雷达工作受限制区域和恶劣气象条件下扩大对目标的探测范围和提高目标检测能力,AIS信息可以弥补雷达信息在目标识别、分辨能力和可靠性上的缺陷。有助于提高对目标跟踪的可靠性,保障船舶航行安全。

如果将雷达跟踪目标和AIS报告目标叠加和显示到ECDIS上,驾驶员就可以在ECDIS上更为全面地掌握海面交通状况,监视船舶航行状态,检查计划航线和监测航行危险等。

3. INS(C)

INS(C)是基本的IBS,其在INS(B)的基础上,再配备航向、航迹、航速控制系统、BNWAS和综合信息处理和显示系统。

(1) 航向、航迹、航速控制系统

航向、航迹控制是通过自动操舵系统控制船舶沿预定的航向或计划航线航行。《SOLAS公约》要求1万总吨以上的船舶要配备航向自动舵和航迹自动舵。一些船级社还要求自动舵必须和驾驶台值班报警系统同时配备,其目的是当自动舵有故障时,可以提醒驾驶员启动人工操作,或保证在驾驶员不能胜任工作时,可以报警方式向其他驾驶员求助。自动舵具有陀螺罗经、磁罗经、航行管理系统(见本章第三节)等设备的输入接口。航向保持自动舵按照陀螺罗经或磁罗经指示的航向航行,航迹保持自动舵接收航行管理系统指令(导航方式),操纵船舶按照计划航线航行。航速控制是指控制船舶按照设定的航速或ETA航行。

(2) 驾驶台航行值班报警系统

驾驶台航行值班报警系统(Bridge Navigational Watch Alarm System, BNWAS)通过系统功能或感知设备监视值班驾驶员(OOW)的活动。设备操作动作和警觉意识,避免由于OOW失去工作能力而可能导致的海上事故。在设定的时间内,只要OOW未参与履行其工作职责的活动,系统将发出视觉和听觉报警,提醒OOW履行职责;如果OOW仍然没有任何操作反应,系统将自动向船长或其他有能力的驾驶员,甚至向全船公共场所发出报警。此外,BNWAS还可以为OOW提供选择呼叫和应急求助措施。

IMO MSC 128 (75) 和 IEC 62616 BNWAS 性能标准都对BNWAS的使用性能和技术标准提出了相关要求。按照《SOLAS公约》要求,2011年7月1日以后建造的所有大于150总吨的船舶以及所有吨位的客船都必须安装BNWAS;2011年7月1日以前建造的船舶,根据船舶的吨位不同,其安装的时间有所不同,但最晚不迟于2014年7月1日以后的第一次年检日。

①BNWAS 组成

BNWAS由操作控制台、主处理器、输出及报警装置、复位控制器、活动/操作传感器和选择呼叫器等组成,如图11-1-1所示。操作控制台用于系统设置、报警信息显示、报警复位操作以及使用应急呼叫器在驾驶台直接启动全船所有报警;主处理器根据设定程序和驾驶台其他设备报警产生报警信息,处理传感器及操作信息,将信息输出到输出及报警装置;选择呼叫器可以选择呼叫船长或其他驾驶员;输出及报警装置包括三级报警装置和VDR:第一级报警装置安装在驾驶台显著位置,第二级报警装置安装在船舶重要的舱室(如船长和驾驶员舱室),第三级报警装置一般安装在公共场所;复位控制器由分布在驾驶台的若干个复位按钮组成,用于复位报警使设备重新进入休眠期;活动操作传感器用于感知OOW在驾驶台的活动(语音和运动)和设备操作动作,用于自动复位BNWAS。BNWAS由船舶主电源和应急电源供电。组成中的等分虚线框图部分不是性能标准要求必须具备的功能。

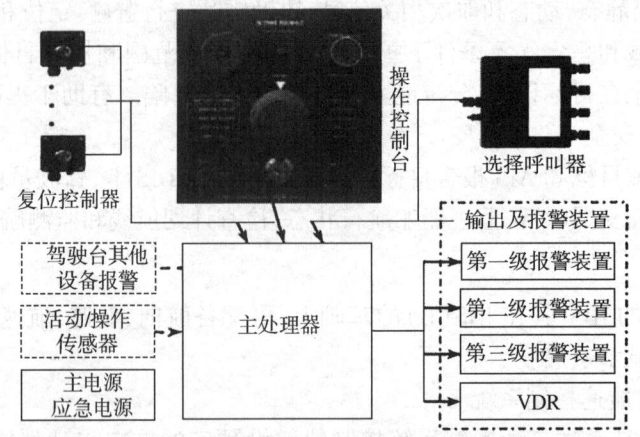

图 11-1-1　BNWAS 系统组成

②BNWAS 功能

BNWAS 通过监视 OOW 的活动、设备操作动作和警觉意识确认 OOW 的工作状态。系统启动后,在设定的时间内未监测到驾驶台人员活动或感知到 OOW 履行工作职责的操作动作,便启动报警机制。报警自动依次从驾驶台转到船长/其他驾驶员舱室,最终至公共活动场所(如餐厅),以要求援助。

a.工作模式

用钥匙启动 BNWAS 后,可选择"OFF""ON"和"AUTO"三种模式。

OFF 模式,在此模式时,系统在任何情况下都不运行。

ON 模式,此模式启动时,系统按照驾驶员的设置保持 3~12 min 的休眠期,并开始倒计时显示时间,在休眠期中,通过系统功能和传感器感知 OOW 履行工作职责的活动,直到休眠期结束时。如果系统一直未发现 OOW 有任何履行工作职责的活动,报警系统启动,驾驶台报警灯闪烁发出视觉预警。如果此时没有人将系统复位,在 15 s 之后系统就会启动第一级报警(听觉及视觉);如果此时还没有人将系统复位,在 15 s 之后系统就会在船长和/或驾驶员舱室启动第二级远程报警(听觉及视觉);如果此时仍然没有人将系统复位,在 90 s 之后系统就会在能够采取正确纠正措施的其他船员处所(如公共活动场所/餐厅)启动第三级远程报警(听觉及视觉)。在大型船舶上,为了保证船长和/或替补驾驶员有足够的时间抵达驾驶台,第二级和第三级听觉报警时间间隔可以在安装时设定最长为 3 min。在非客运船舶上也可以同时启动第二级和第三级报警,即实际上系统只设计有两级报警。

AUTO 模式,当设为 AUTO 模式时,系统仅在艏向或航迹控制系统工作时自动启动,进入倒计时正常工作状态。

b.复位

复位只能在驾驶台完成,可以是驾驶员通过复位控制器按钮(硬按键或软按键或光标)完成复位;或可以是感知 OOW 工作语音;也可以是能够感知驾驶台人员运动的传感器(如红外传感器或驾驶台甲板压力传感器)完成复位;还可以是驾驶员操作其他驾驶台设备(如雷达和 ECDIS 等)的动作完成复位。复位可以取消 BNWAS 所有视觉和听觉报警,并启动新的休眠期,在休眠期尚未结束时实施复位,休眠期也会重新开始。

c.应急呼叫

在紧急情况下,驾驶员可以使用应急呼叫器直接启动系统的第二级以及随后的第三级报警,向船长、其他驾驶员和全船求助。

驾驶台其他导航/航行设备(如 INS 和航迹控制系统)故障引起的报警也可以直接启动应急呼叫。

d.设置

只有船长有权进行 BNWAS 的系统设置。通常在系统启动时即转动钥匙从"OFF"至"ON"位置时完成工作模式设置和休眠期设置,休眠期设置范围为 3~12 min。

e.故障报警与自检

BNWAS 可以指示系统的工作状态及故障,包括主电源和备用电源失电指示以及系统自身故障指示。

系统自检功能在任何情况下都能够启动,按下"TEST"键后系统开始自检,操作控制台、复位控制器、应急呼叫器、报警装置均会发出听觉及视觉报警,再次按下"TEST"键则消除所有报警。

(3)综合信息处理和显示系统

综合信息处理和显示系统通过计算机网络接口单元连接导航、轮机监控、气象等传感器数据特合 IEC 61162 格式的传感器可通过串行接口直接连到综合信息处理器,模拟信号可通过模数转换接口连到综合信息处理器。综合信息处理器将采集到的各种信息按照一定的数学模型进行综合处理,给驾驶员提供可信的、有效的、完善的(参见本章第二节)高精度导航信息,实现航路执行功能。

(三)船舶驾驶台功能区分布

船舶不论尺寸大小,其船载航行设备均应满足表 11-1-1 中列出的要求。

表 11-1-1 适用于各种尺寸船舶设备的基本要求

任务及目标	设备装载要求	其他要求
确定艏向,并在主操舵位置显示	1 台经过适当校正的标准磁罗经,或其他装置	独立于任何电源
水平 360°范围内测量方位,校正艏向和方位	1 台哑罗经,或罗经方位装置,或其他装置	独立于任何电源
航路监视	海图和航海出版物,电子海图显示与信息系统(ECDIS,备用);若航路监视功能全部或部由电子装置完成,应有满足本功能的后备装置	合适的纸质航海图可作为 ECDIS 的后备装置
确定和更新船位	1 台全球导航卫星系统或陆地无线电导航系统的接收机,或其他装置	
能被他船雷达探测到	1 台雷达反射器,或其他装置	适合于船舶小于 150 总吨且实际可行的情况
声响应听	1 套声响接收系统,或其他装置	若船舶驾驶台是完全封闭的和除非主管机关另有规定

| 向应急操舵位置(如设有)传递艏向信息 | 1部电话,或其他装置 | |

船舶驾驶相关的船载航行设备和系统大部分布置于船舶驾驶台。《1974年国际海上人命安全公约》第V章从方便驾驶台团队操作和使用驾驶台的各种系统、设备,以及优化驾驶台资源等角度出发,对航行系统、设备和驾驶台程序的设计和安排做出了规定,海上安全委员会通函《驾驶台设备和布置的人机工程学衡准指南》(MSC/Circ.982)为公约提供了技术性支持。MSC/Circ.982列出了船舶驾驶台各功能区的可能布局,并推荐相应的航海设备设置,如图11-1-2所示。

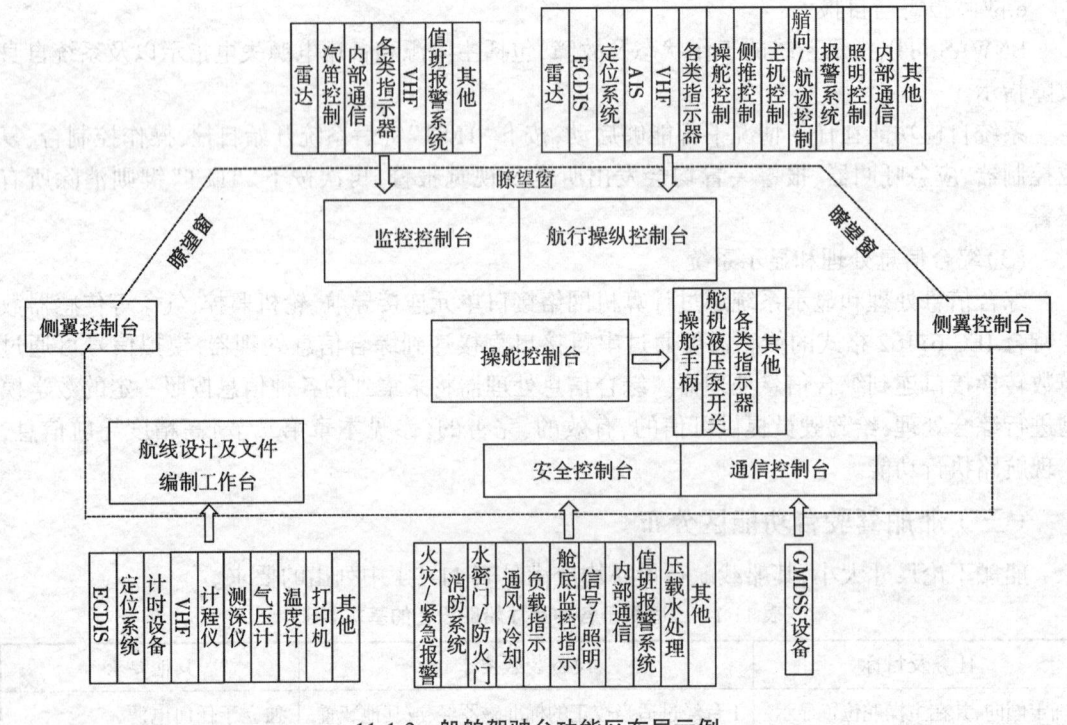

11-1-2 船舶驾驶台功能区布局示例

1.监控控制台

监控控制台的放置应保证人员在站立/端坐时能够持续观察仪器的操作及船舶周围的环境,也可用于船长或引航员履行控制和指导的职能。

2.航行操纵控制台

航行操纵控制台用于操纵设备以控制船舶运动,该控制台应保证船舶操纵的安全性,无论人员站立/端坐进行操纵时都拥有最佳的瞭望视野,并能够集中显示船舶综合信息(Conning)。

3.操舵控制台

操舵控制台保证舵手尽可能规范地或者按其他要求控制船舶航向。

4.航线设计及文件编制工作台

航线设计及文件编制工作台用于对船舶的操纵进行计划,如航线规划、填写航海日志;也可用于将船舶操纵状况记录归档等文档类工作。

5.安全控制台

安全控制台主要用于对船舶火灾报警系统、消防系统等安全系统进行检测和必要的控制,例如,查验火灾报警点、消除报警、启动消防水系统等。

6.通信控制台

通信控制台主要用于控制和操作全球海上遇险与安全系统(GMDSS)和常规通信设备,主要完成遇险、紧急和安全通信,并兼顾其他通信。有关 GMDSS 的知识,我们将在第二篇学习。

7.侧翼控制台

位于驾驶台两翼(Wings)的用于靠离泊位操纵的侧翼控制台,应使操作者能够方便观察并获得所有船舶内部及外部信息并控制船舶操纵。

(三)综合信息显示单元

IMO 将多功能显示(Multifunction Display)定义为"一个单一的视觉显示单元,可以同时或通过一系列可选页面显示来自多个系统操作的信息"。虽然船舶电子设备和仪器分布各处,但是导航操纵控制台的 Conning 提供了多功能显示的功能,极大地满足了操作者便捷掌握船舶基本信息的需求。

接下来我们以 JRC 某型号 Conning 单元为例,说明驾驶台信息集成情况。如图 11-1-3 所示,图中 Conning 信息主界面包含以下区域:导航模式和航线信息区域、报警区域、车/舵/侧推器信息区域、速度信息区域和自动舵信息区域,以及其他基本信息区域。

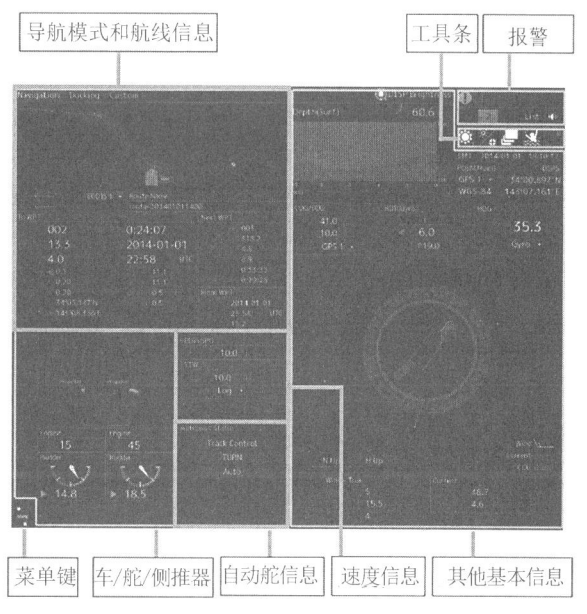

图 11-1-3 JRC 某型号 Conning 单元界面图

1.导航模式和航线信息区域

本区域可以选择 3D 航路显示区域数据源(来自 ECDIS);在 3D 区域中使用不同颜色箭头指示本船对地航向(COG)和操舵航向(Course to Steer,CTS,仅显示在自动驾驶模式下);给出航线基本信息,如下一个航路点、最终航路点的基本信息等。

2.报警区域

本区域主要显示报警信息、报警列表,并可关闭报警声音。

3.车/舵/侧推器信息区域

本区域显示舵角、主机/螺旋桨和推进器的运行状态,可在航行模式和靠泊模式间转换。

4.速度信息区域和自动舵信息区域

速度信息区域可显示计划航速(Plan SPD)、对水航速(STW),并可选择航速数据源。自动舵信息区域显示已安装的自动舵的状态。

5.其他基本信息区域

其他基本信息区域为自定义区域,最多可以显示六项信息,包括天气信息、车钟信息、水深图示、舵角图示、舵角/船首图示、主机/螺旋桨转速图示。

6.工具条

工具条可设置日间/夜间显示转换、屏幕和面板亮度、颜色、人员落水(Man over Board, MOB)信息提示、任务屏幕的转换等。

第二节 综合航行系统

"综合航行系统"一词的英文全称为"Integrated Navigation System",缩写为 INS。由于"Integrated"一词具有"综合""组合"的含义,而"Navigation"具有"导航""航行"的意思,因此 INS 又被翻译为"组合导航系统"或者"综合导航系统"。这两种含义切实反映了 INS 的最初含义,即将飞机或者船舶等载运工具上的两种或两种以上的导航设备组合在一起的导航系统。如果考虑 IMO《通过经修订的综合航行系统(INS)性能标准》[MSC.252(83)],INS 除具有综合导航功能外,还兼具航速控制、艏向或航迹控制功能。本教材把"Integrated Navigation System"翻译为"综合航行系统"。

一、综合航行系统(INS)的概念

(一)综合航行系统(INS)与综合驾驶台系统(IBS)的关系

INS 和 IBS 几乎是同一时期出现并发展起来的,INS 与 IBS 的关系如图 11-2-1 所示。从系统构成来看,INS 集成了雷达、AIS、ECDIS、EPFS、THD、SDME、测深仪和计程仪等传感器,并且与艏向或航迹控制、航速控制、机械控制等传感器连接;而 IBS 在 INS 的基础上进一步融入了系统管理、航行安全与船舶保安、装卸载/货运管理,以及通信等设备或者系统。从功能上看,INS 通过集成雷达、AIS、ECDIS、EPFS、THD、SDME、测深仪等,以及艏向或航迹控制装置等传感器,实现了船舶导航、定位、识别,以及艏向或航迹、航速控制等基本航行功能;而 IBS 在此基础上还可以实现系统管理、航行安全与船舶保安以及通信等其他功能。

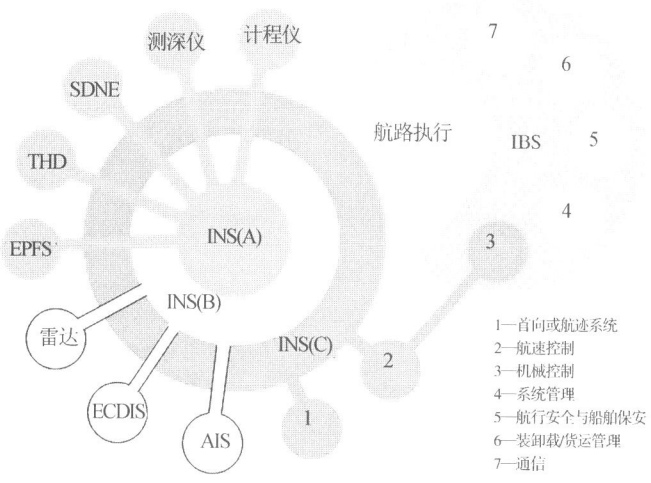

图 11-2-1　INS 与 IBS 的关系

总的来讲,可将 INS 与 IBS 的关系理解为,INS 是 IBS 得以实现的基础,IBS 是 INS 与其他多种控制系统在功能和设备上的有机结合。从未来发展视野看,IBS 又是智能船舶、水面自主航行器发展的技术基础。

(二)综合航行系统的构成

如前所述,INS 是由若干航海仪器组合在一起,为船舶提供优化的综合航行信息,主要用来完成航路执行功能的系统。站在软硬件的角度,INS 包含多个保障船舶航行安全的设备或子系统。站在功能和任务的角度,INS 可以被划分为多个功能模块或者任务站。从设计思想上看,INS 主要是通过向用户提供本船运动信息,安全水深信息,其他水面航行器、障碍物和危险物标、导航目标和海岸线相对于本船的位置及运动信息,帮助驾驶台团队制订航行计划、监测航线,手动或自动引导和控制船舶安全航行;帮助驾驶台团队能够在所有航行情景下方便、持续和高效地利用驾驶台资源,最大限度地避免地理环境、船舶交通、气象海况和人为因素等风险。从本质上看,INS 以信息融合为手段提高驾驶台综合服务能力,最终达到为船舶安全、经济和高效航行提供"增值服务"的目的。

二、综合航行系统相关国际标准

1998 年,IMO《关于综合航行系统(INS)性能标准的建议案》[MSC.86(70)附件 3],补充了 IBS 规范中有关对 INS 的要求,2000 年 1 月及以后(但在 2011 年 1 月 1 日前)装船的 INS 执行该标准。

2006 年,国际电工委员会的《海上导航和无线电通信设备和系统——综合航行系统——操作和性能要求、测试方法和要求的测试结果》(IEC 61924)规定了 INS 设计、制造、集成、测试方法和所需测试结果的最低要求,以符合 IMOMSC.86(70)附件 3 的规定。2011 年 1 月 1 日之前装船的 INS 需要符合该标准。

2007 年,IMO 通过了《经修订的综合航行系统(INS)性能标准》[MSC.252(83),本章中均简称《INS 性能标准》]。该文件规定,2000 年 1 月 1 日及以后(但在 2011 年 1 月 1 日之前)装船的 INS,执行 MSC.86(70)附件 3 规定的标准;2011 年 1 月 1 日及以后安装的 INS,执行 MSC.252(83)附件的标准。同年,国际标准化组织(ISO)颁布的 ISO 8468 也对船舶驾驶台的布局和设备提出了要求。

2021 年,国际电工委员会的《海上导航和无线电通信设备和系统——综合航行系统(INS)——第 2 部分:INS 模块化结构——操作和性能要求、测试方法和要求的测试结果》(IEC 61924-2:2021)规定了综合航行系统的设计、制造、集成、测试方法和所需测试结果的最低要求,以符合 IMO MSC.252(83)标准的规定。

三、综合航行系统的功能

INS 必须具备航线设计、航线监控、避碰、航行控制数据、航行状态和数据显示以及报警管理等六个系统功能,不同的功能为不同的航行任务提供船舶安全航行信息。"关键信息"是安全航行功能不可或缺的信息。航线监控、避碰、航行控制数据和报警管理是"关键信息"的来源。航线设计、航行状态和数据显示属于航行规划或支持功能,其信息属于"附加航行信息"。

(一)航线设计

航线设计是 INS 的基本功能,主要完成管理和完善航线设计任务,并提供附加导航信息。航线设计任务站默认的功能性配置应满足 IMO 海上安全委员会《经修订的〈电子海图显示与信息系统(ECDIS)性能标准〉》[MSC.232(82),简称《ECDIS 性能标准》]的要求,具备适当比例尺、准确和最新版的海图、所航行水域永久和临时航行通告及无线电航行警告;如果航行系统具备相应的功能,还能够提供潮流和潮汐、气候、水文和海洋学数据以及其他适当的气象资料。

(二)航线监控

航线监控提供持续监控本船位置与计划航线和水域关系等功能,完成相应的航行任务:显示地理经纬度、航向、STW、COG、SOG、水深、ROT;测量水深并启动水深报警;AIS 航标报告;雷达视频与海图叠加作为可选功能,用以标示导航物标、限制区和危险物,方便位置监控和物标识别;如果 INS 集成了航迹控制系统,则航线监控任务站还可以显示与航线相关的数据和船舶操纵参数,监视船舶是否按照计划航线航行。

此外,INS 航线监控任务站还可设置搜救模式和人员落水模式。在搜救模式下,航线监控任务站能够显示搜索基点和初始搜索区域。INS 航线监控任务站的默认设置可参见 INS 性能标准、ECDIS 性能标准和《海上导航和无线电通信设备和系统——电子海图显示与信息系统(ECDIS)——操作和性能要求、测试方法和所需测试结果》(IEC 61174)的要求。

(三)避碰

对于 INS 来讲,避碰就是通过探测和标绘其他船舶和运动物标,避免本船和他船发生碰撞的一类航行任务。对于 INS 而言,最为重要的用于完成避碰任务的航海仪器就是船舶导航雷达。关于雷达设备的应用,参见第六章。

(四)航行控制数据

在航行控制任务站上,航行控制数据可以为手动和自动控制船舶提供信息。因此,按照

INS 性能标准,航行控制数据分为用于手动和自动控制船舶运动的数据,以及报告和处理外部安全相关信息的数据。手动控制船舶运动的数据至少包括:水深及其分布概况、STW、SOG、COG、船位、艏向、ROT(由测量或由首向变化计算获得)、舵角、主机推进数据、流向、流速、风向、风速(若有,应可由操作员选择真风或者视风)、激活的操舵或速度控制模式、到施舵点或下一个转向点的时间和距离、安全相关信息。自动控制船舶基本运动的数据至少包括:以上手动控制需要的所有数据,以及到下一个航段设定的和实际测量的半径或 ROT。

(五)航行状态和数据显示

航行状态和数据显示是 INS 的辅助支持功能,为驾驶台团队提供航行安全必要的可视化信息。

(六)报警管理

中央报警管理功能除了负责报警信息的管理,还监视 INS 及其他已安装设备和系统的状态,如艏向、航迹控制、EPFS、SDME、目标跟踪雷达、ECDIS、AIS、测深设备、GMDSS 设备、用于报警的相关机械装置等,提供视觉报警信息和听觉报警信息,至少显示 20 个最近发生的,特别是处于活动状态的事件、故障。报警信息用于协调管理 INS 及其相关的独立航行模块、功能模块,以及传感器中的报警监测、处理、分发和报告,提醒操作者了解影响航行安全的异常情况、信息及其来源和报警原因。所有听觉报警都可暂时静音。

1.报警分级

在 INS 中,报警分为警报(Alarm)、警告(Warning)和警示(Caution)三个优先级别,只有在能够进行适合局面评估和决策支持的 HMI 或具体的任务站上,才能确认警报和警告。

警报是对需要操作者立即注意并采取措施以避免危险状况的报警,是报警的最高级别。如关键设备故障报警、碰撞危险报警、搁浅报警、偏航报警等影响航行安全的报警都视为警报,有的警报来自未被确认但需要升级的警告。

警告是出于预警的需要,对可能继续变化且不具有紧迫危险性的状况的报警,如果不采取行动,则可能会发生紧迫危险。

警示是对不构成警报或警告状况的报警,通常是针对非同寻常的情景或信息,提醒操作员重点关注。警示是报警的最低级别。

2.报警分类

A 类报警指在直接指定功能的任务站上发生的,需要图形信息界面实现的报警,如完成避碰功能的雷达任务站发生的碰撞危险报警,或完成航线监控功能的 ECDIS 任务站发生的搁浅危险报警。A 类报警能够作为评估报警相关状况的决策支持,其听觉报警通常发生在生成报警功能的任务站上。

B 类报警指除了在 HMI 上显示的信息外,无须为决策支持提供其他信息,如图形界面信息的报警。所有不属于 A 类的报警均为 B 类报警。B 类报警通常可以通过字母、数字信息确定。在 HMI 上可以访问按照发生时间顺序排列的 B 类报警历史清单,包括报警内容、发生、确认和纠正的日期和时间。清单内容可以搜索,至少保存 24 h。

表 11-2-1 给出了 INS 性能标准中规定的报警分级与分类。

表 11-2-1　INS 性能标准中规定的报警分级与分类

数据源	原因	警报	警告	警示	A类	B类
INS	系统功能缺失	X				X
	无法进行完善性检测		X			X
	未通过有效性检测的信息被用于功能		X			X
	未通过有效性检测的信息未用于功能				X	X
	输入了不同的阈值				X	X
	系统通信缺失		X			X

四、综合航行系统配置及信息处理基础

（一）综合航行系统配置

从实现不同航行功能的硬件配置上看，INS 由子系统及其传感器组成；从完成不同航行任务的软件配置上看，INS 由任务站及其数据源组成。

1. 系统硬件配置

在 INS 中，各种独立的航海仪器设备或系统，如艏向传送装置、电子定位系统、航速和航程测量系统、自动识别系统、电子海图系统、雷达、风向风速仪、轮机舵机控制设备等，可以通过有目的的相互组合，构成不同的子系统，实现不同功能，完成不同的航行任务。在特定的子系统中，为支持其功能所集成的航行设备或系统称为传感器；在不同的子系统中，航行设备或系统之间可以互为传感器。

2. 系统功能性配置

按照 INS 性能标准，INS 采用面向任务的功能模块化配置，可以帮助驾驶台人员完成诸如航线设计、航线监控、避碰、航行控制数据、航行状态和数据显示以及报警管理等多种航行任务，且应至少完成避碰和航线监控任务。航行任务通常分配给一组指定的多功能任务站，由操作者在任务站上操作，以获得最佳航行信息。INS 性能标准要求，在任何时候应只有一个明确标示的任务站控制自动航行功能、接受控制命令；控制权可以由其他任务站接管，且所设置的控制值和限制条件应保持不变。

（二）综合航行系统信息处理基础

1. 综合航行系统基本信息

INS 基本信息包括本船动态信息，其他水面航行器、障碍物及危险物、导航目标和海岸线相对于本船的位置、运动信息及水文地理信息等。

2. 统一公共基准系统

统一公共基准系统(Consistence Common Reference System，CCRS)是指用于获取、处理、储存、监视和分发数据和信息的 INS 子系统或功能，为 INS 的子系统和相关功能以及所连接的其他设备(如果有)提供统一和强制的参考信息数据。CCRS 是保障 INS 正常运行的基础。

例如,本船位置、对水速度、艏向、时间等。INS 应该确保分配到相关子系统的不同类型的信息采用了 CCRS。CCRS 的信息要满足:

(1)参照相同的地点和时间,如果不满足这一点,系统就会给出报警,显示的信息有报警提示。

(2)延时性,如果不满足这一点,系统就会给出报警,显示的信息有报警提示。

(3)有效性,如果系统所要的重要信息或所控制的功能必需的数据变为无效、不合格或不可用时,系统就会发出报警,显示的信息标注无效,要求 OOW 立即给出响应。

(4)可信性,如果不满足这一点,系统就会发出报警,显示的信息标注不可信,要求 OOW 立即给出响应。

3.统一公共基准点

统一公共基准点(CCRP)是指本船上所有基于本船的水平测量,如目标距离、方位、相对航向、相对航速、最近会遇距离(DCPA)或最近会遇时间(TCPA),均参照的一个位置。CCRP 典型建议位置为驾驶台的指挥位置,通常在系统安装时指定。虽然 INS 性能标准并未对其位置给出建议,但在被明确标示和能够显著区分的情况下,有的设备上可以设置多个 CCRP,在航行中由驾驶人员根据航行任务的需要酌情选择。

4.数据验证

所有应用于 INS 的数据必须满足有效性(Validity)、合理性(Plausibility)、完善性(Integrity)和时滞性(Latency)监测要求,并标明监测结果。INS 数据的验证机制是保障系统信息安全的基础。

(1)有效性是指数据与逻辑和规范的符合度。所有收到、使用和分发的数据都需要进行有效性检测,对未通过检测的数据应发出警告或警示。

(2)合理性验证主要考察数据的格式及其值是否在正常、合理的范围之内。例如,艏向值是否在 0°~360°,或速度(STW 或 SOG)是否超过本船速度的数值范围。

(3)完善性验证是通过比较来自至少两个独立传感器(如果有的话)的数据,以及时、完整和明确的方式向操作者提供符合要求的信息,并对不符合完善性要求的数据在规定的时间内发出报警,提醒驾驶人员谨慎使用或者不要使用。

(4)时滞性是指数据的产生和结果之间的时间间隔,包括数据接收、处理、传输和显示的时间。数据的时滞性应符合航行任务的时滞性要求。

五、综合航行系统接口

综合导航系统一方面是指将驾驶台上所有的航海仪器通过机械组合为一个整体;另一方面是指各个航海仪器通过电气组合实现相互之间的信号传递。综合导航系统电气组合通常有网络连接和接口电路连接两种方法。

(一)航海仪器接口标准

综合航行系统(INS)包括 EPFS、罗经、计程仪、雷达、ECDIS、自动舵等各种航海仪器。目前,大多数航海仪器已实现了数字化,各航海仪器间的连接,实际上就是计算机通信。计算机通信分为串行通信和并行通信两种方式,串行通信又有同步与异步之分。

使用最广泛的计算机通信技术是串行异步通信方式。RS-232 接口适合于近距离通信或仪器内部之间的通信，而 RS-422 接口适合于远距离的数据传输。航海仪器之间的数据传送除了电平输出格式匹配外，还要采用统一的数据通信格式。

在航海仪器中广泛使用的串行异步通信格式是遵循 NMEA 协议中的标准。NMEA 协议由美国国家航海电子协会（National Marine Electronics Association，NMEA）在 1983 年 3 月首次公布使用，版本为 NMEA 0183，此后经过多次升级，目前最新的版本为 NMEA 2000。IEC 也制定了航海仪器数据通信的标准协议 IEC 61162：IEC 61162-1 即 NMEA 01834.0 版；IEC 61162-2 即 NMEA 0183 HS 版；IEC 61162-3 即 NMEA 2000 版。

1. NMEA 0183 信号特性

NMEA 0183 标准规定数据由异步串行 ASCII 码组成，它具有如下信号特点：波特率为 4 800 bits/s（IEC 61162-1），38 400 bits/s（IEC 61162-2）；8 个数据位（第个数据位总为 0），1 个终止位，无奇偶校验位；输入电路为电流环电路，如图 11-2-2 所示；输出电路为 RS-422，如图 11-2-3 所示；或 TTL 电平，如图 11-2-4 所示。

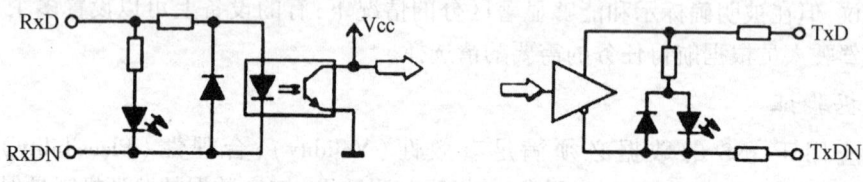

图 11-2-2　IEC 61162 输入电路　　　图 11-2-3　IEC 61162 RS-422 输出电路

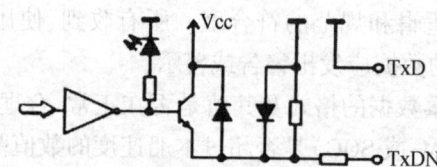

图 11-2-4　IEC 61162 TTL 电平输出电路

但有些厂家生产的 NMEA 0183 接口却不具有 TTL 电平，它们的信号电平输出使用 RS-422 接口或 RS-232 接口。NMEA 0183 只规定了输入信号和输出信号，并没有规定数据流向控制、硬件和软件等。表 11-2-2 是航海仪器常用的 NMEA 0183 语句。

表 11-2-2　航海仪器常用的 NMEA 0183 语句

设备	语句	语句说明
GPS	VTG	Course over Ground and Ground Speed/对地航向和航速
GPS	WPL	Waypoint Location/转向点位置经度/纬度
GPS	XTE	Cross Track Error/偏离航线距离
GPS	ZDA	Time&Date/UTC 时间和日期
GPS	GGA	Global Positioning System Fix Data/GPS 定位数据
GPS	GLL	Geographic Position Latitude/Longitude/地理位置经度/纬度

续表

设备	语句	语句说明
GPS/ECDIS	APB	Autopilot Sentence "B"/自动舵语句：包含偏离航线距离，到转向点航向等
GPS/ECDIS	ASD	Autopilot System Data/自动舵系统数据：包括自动舵操作参数，报警状态，航向命令和舵向
测深仪	DBT	Depth Below Transducer/探头以下水深
陀螺罗经	HDT	Heading, True/艏向，真值
计程仪	VBW	Dual Ground/Water Speed/对水对地双轴速度
计程仪	VHW	Water Speed and Heading/对地速度和艏向
雷达	TLL	Target Latitude and Longitude/目标经度纬度信息
雷达	TTM	Tracked Target Message/跟踪目标信息

2. NMEA 2000 信号特性

2001年，NMEA推出了最新的网络版NMEA 2000 1.0版，同时IEC与NMEA合作，于2004年制定了符合《SOLAS公约》的海上导航和无线电通信设备与系统数据交换标准NMEA 2000 1.2版（IEC 61162-3）。其关键技术是广泛采用了用在工业总线的CAN（Controller Area Network）控制器局域网络。CAN总线的数据通信具有突出的可靠性、实时性和灵活性。该标准定义了一种低成本、双向通信的串行数据通信网络，协议包括数据格式、网络协议、仪器间相互连接所必需的最少物理层等。

CAN总线采用多主竞争式结构，可实现点对点、一点对多点和广播方式传输数据，具有多主站运行和分散仲裁的串行总线以及广播通信的特点。NMEA 2000是船载设备中控制单元间进行数据交换的通信协议，由CAN控制器完成，电气、机械接口由CAN接口电路实现。由于NMEA 2000网络是一种总线式结构，数据、指令以及状态信息共享一条传输介质，传输速率比NMEA 0183的传输速率高。

3. NMEA 2000 在航海中应用

在NMEA 2000标准中，传输的所有数据以群的形式进行组织，并赋予一个唯一的标识符，通常以数字的形式表示，定义为参数群编号PGN。对于网络中的每个设备，如陀螺罗经、GPS、计程仪、雷达等，都相应地定义了一系列的参数群编号PGN，用来组织要传送的数据。船舶电子设备之间的数据是以帧的格式传送的，并采取强差错检验和帧确认的传送方式。NMEA 2000标准中典型的数据包括两种类型：一种是离散数据，如GPS的经纬度、GPS状态参数、陀螺罗经向自动舵发出的操舵指令；另一种是特定的数据列，如转向点、适度长短的数据块、电子海图数据的更新等。NMEA 2000标准也适用于宽带应用，如传输雷达数据、电子海图或者视频数据以及其他文件的集中传送。

NMEA 2000网络是一个即插即用系统，容易实现网络扩展，适合于船舶电子设备之间的连接，并且不同厂家提供的设备之间可以交换和共享数据。

NMEA 0183通信协议对船载电子设备信息源类型的标示规定如表11-2-3所示。

表 11-2-3 信息源类型表

信息源	标识符	信息源	标识符	信息源	标识符
自动舵	AG/AP	BNWAS	BN	GNSS	GN
AIS（A/B 类）	AI	VHF	CV	欧盟 Galileo 系统	GA
ECDIS	EI	测深仪	SD	俄罗斯 GLONASS 系统	GL
磁罗经	HC	VDR	VR	美国 GPS 系统	GP
陀螺罗经	HE	多普勒计程仪	VD	中国北斗系统	GB
雷达	RA	电磁式计程仪	VM	印度 IRNSS 系统	GI
转向率指示器	TI	Loran C	LC	日本 QZSS 系统	GQ

图 11-2-5 所示为船舶电子设备的简易连接示意图。

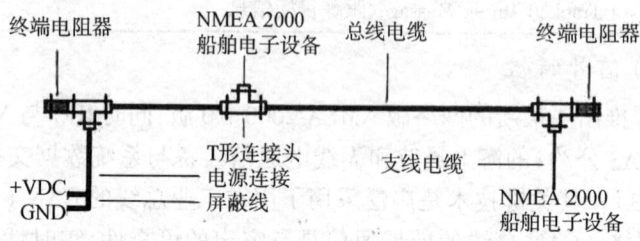

图 11-2-5 船舶电子设备的简易连示意接图

（二）航海仪器接口类型

在综合航行系统中，根据传感器信息不同，通信接口可分为数字接口和模拟接口。

1.数字接口

较新型的航海仪器都采用数字接口，不需要格式转换，连接较为简便。对于串行通信协议的扩展接口，常见的船载电子设备串行接口可分为 RS-232、RS-422 和 RS-485（如图 11-2-6 所示）。这三种接口标准均由美国电子工业协会（Electronic Industries Alliance, EIA）制定并发布。目前，RS-232 主要用于船舶近距离通信或仪器内部之间的通信，其最大传输距离不超过 20 m；而 RS-422 和 RS-485 接口适合于远距离的数据传输，RS-422 的最大传输距离为 4 000 ft（约 1 219 m），RS-485 的最大传输距离标准值为 4 000 ft，实际上可达 3 000 m。基于即插即用的实际需求，部分航海仪器也配备了通用串行总线接口（即 USB 接口, Universal Serial Bus）。

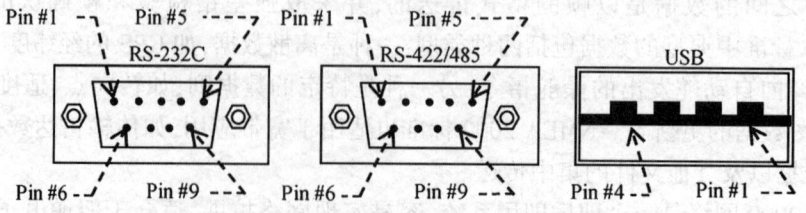

图 11-2-6 串行接口 DB9 示意图

（1）RS-232 标准规定采用一个 25 脚的 DB25 连接器，并对连接器的每个引脚的信号内容加以规定，还对各种信号的电平加以规定。RS-232 标准的 RS-232C 版本，其 DB9 连接器中：Pin #1——DCD（数据载波检测）; Pin #2——RXD（串口数据输入）; Pin #3——TXD（串口数据输出);Pin #4——DTR(数据终端就绪);Pin #5——GND(地线);Pin #6——DSR(数据发送就绪);Pin #7——RTS(发送数据请求);Pin #8——CTS(允许发送);Pin #9——RI(铃声提示)。其中,Pin #2、Pin #3 和 Pin #5 被用作 I/O 通信,必须连接。

(2)RS-422 由 RS-232 发展而来,改进了 RS-232 的通信距离和速率,RS-422 定义了一种平衡通信接口,将速率提高到 10 Mbit/s,传输距离也延长了,并允许在一条平衡总线上连接最多 10 个接收器。RS-422 是一种单机发送、多机接收的单向平衡传输规范。RS-422 采用四线模式,在实际连线中,根据设备定义决定所在的引脚,其中必须连接的包括 GND(地线)、TXA(发送 A)、RXA(接收 A)、TXB(发送 B)和 RXB(接收 B)。

(3)为了增强多点、双向通信能力,EIA 在 RS-422 基础上提出了 RS-485 标准接口。RS-485 与 RS-422 相仿,可以采用二线与四线方式。对于四线 RS-485 而言,必须连接的引脚包括 TDA-/Y(发送 A)、TDB+/Z(发送 B)、RDA-/A(接收 A)和 RDB+/B(接收 B)。

USB 接口的四个引脚分别代表:Pin #1——VCC;Pin #2——DATA-;Pin #3——DATA+;Pin #4——GND。

2.模拟接口

型号较为陈旧的航海仪器可能使用模拟接口,其输出的模拟信号需要通过信号转换接口,将信号转换为其他设备可接收的信号格式。模拟信号陀螺罗经接口是一种将罗经航向信号变换成其他仪器能够接收的角位移信号或电信号的装置。根据工作原理不同,模拟信号陀螺罗经可分为同步型和步进型两种,提供的模拟量信号分别为自整角机电压或步进电机电压,其对应航向角位移信息的比例关系通常为 1°/r、2°/r 或 4°/r,其中 r 表示自整角机或步进电机转子的一转。为保证罗经信号正确传输,连接电缆应采用屏蔽电缆,且屏蔽层和接地线应有一个公共点。模拟信号计程仪输出信号通常为 200 个脉冲/n mile,也可以是 100 个脉冲/n mile、400 个脉冲/n mile 或 2 000 个脉冲/n mile 等,模拟接口电路将该信号按照比值计数,获得船舶速度。

(三)航海仪器间的串行连接

目前,综合航行系统各航海仪器之间通过串行接口进行数据传送,其相互传送如表 11-2-4 所示。

表 11-2-4 航海仪器输入/输出

接口	陀螺罗经	计程仪	测深仪	风速仪	GNSS	雷达	ECDIS	自动舵	AIS	VDR
输入接口信号	计程仪 GNSS	GNSS 陀螺罗经 测深仪	GNSS 计程仪	GNSS		陀螺罗经(磁罗经)计程仪 GNSS AIS ECDIS	陀螺罗经(磁罗经)GNSS ROT 计程仪 测深仪 风速仪 雷达 AIS	陀螺罗经(磁罗经)ECDIS GNSS	GNSS 陀螺罗经 ROT 对地计程仪	陀螺罗经 GNSS 计程仪 测深仪 风速仪 雷达 ECDIS 自动舵 AIS

续表

接口	陀螺罗经	计程仪	测深仪	风速仪	GNSS	雷达	ECDIS	自动舵	AIS	VDR
输出接口信号	雷达 自动舵 ECDIS AIS 计程仪 VDR	雷达 陀螺罗经 ECDIS AIS VDR	ECDIS VDR	ECDIS VDR	雷达 ECDIS 陀螺罗经 计程仪 测深仪 风速仪 AIS 自动舵 VDR GMDSS	ECDIS VDR	自动舵 雷达 VDR	VDR	雷达 ECDIS VDR	

第三节 综合导航系统航行管理系统

航行管理系统(VMS)能够建立和实施航行计划,是综合导航系统的管理控制核心,其重要任务是为驾驶员提供直观、快捷的实时信息,它具有电子海图显示、航迹控制、综合信息显示、计划航线显示等功能。VMS 通常由辅助工作台、导航工作台和综合信息控制台三个子系统组成,如图 11-3-1 所示,它们之间通过局域网通信并且通过接口单元与其他传感器相连。

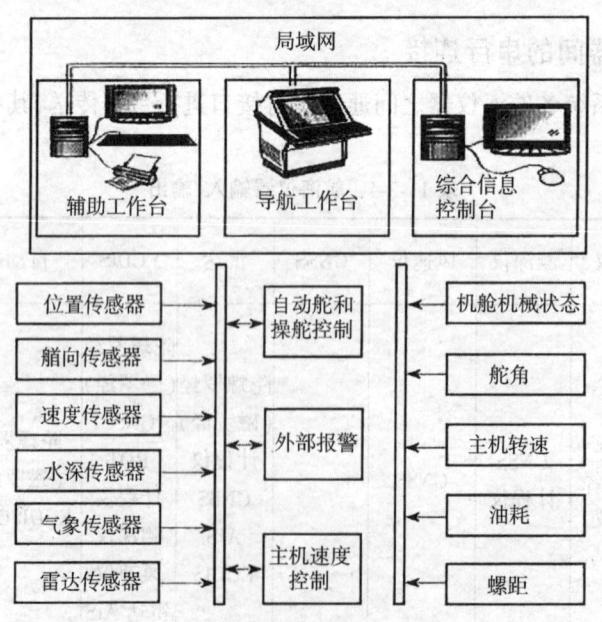

图 11-3-1 航行管理系统框图

其中辅助工作台和导航工作台功能基本相同,其功能发挥取决于与 VMS 连接(联机/脱机)的状态。

一、VMS 辅助工作台

VMS 辅助工作台的主要作用是制订航行计划、对电子海图进行编辑和改正。为了不影响导航工作台的航路执行工作,它通常通过脱机方式与 INS 连接完成海图更正和航线设计。

VMS 辅助工作台可以发送、生成和更新电子航行海图,制订和修正航行计划,也可以输入操船的各种参数,还可以进行导航计算。辅助工作台将事先选定的电子海图和计划航线提交 VMS 导航工作台,完成航路执行工作。

电子海图可以支持显示矢量化电子海图和光栅电子海图。光栅电子海图是一种电子海图数据库的形式,是通过对纸制海图的一次性扫描形成的,是纸制海图的复制品,驾驶员不能对光栅海图进行查询(如查询某一海图特征、隐去某类海图要素等);矢量化电子海图是另一种电子海图数据库的形式,能够对数字化海图信息分层存储与显示,使用者可根据需要对海图缩放、剪接并根据需要选择不同层次的信息,如等深线、助航标志等。可以定期通过光盘、软盘、接收卫星信号等方法对海图改正。可以对计划航线辅助设计、编辑、更正和存储,在需要时将计划航线调出显示,可以从陀螺罗经、计程仪、GNSS/DGNSS、气象仪等传感器接收航向、航速、船位及气象信息,解算出本船的最佳船位,将计算结果实时自动地标绘在电子海图上。监测本船航迹可以在电子海图上设置各种报警安全门限和避险区域,如本船偏离航线门限、本船的安全水深门限、本船的警戒区、危险区等,并自动发出报警。ECDIS 还可以与雷达进行信息交换,叠加雷达图像或雷达跟踪目标,方便船舶导航和避碰行动。一些较先进的电子海图还配置了自动导航航迹保持(ANTS)软件,具有自动导航、航迹保持、避碰和防搁浅等功能。电子海图类型如表 11-3-1 所示。

表 11-3-1 电子海图类型

海图格式	海图类型	海图供应商
ARCS	光栅海图	英国皇家海军
BSB	光栅海图	美国国家海洋空间署(NOAA)
S-57	矢量化海图	国际水道测量组织(IHO)
CM-93	矢量化海图	挪威 C-MAP 公司
TX-97	矢量化海图	英国船商公司(Transas)

二、VMS 导航工作台

VMS 导航工作台是 INS 中的实时航路执行工作台,它监视船舶各个导航传感器工作状态。自动控制船舶按计划航线和航速航行,VMS 导航工作台将电子海图和传感器数据、操作者指令菜单等综合显示在一个显示器上,以方便使用者操作。VMS 导航工作台也可以使用脱机方式进行航线设计,完成VMS辅助工作台的功能。

(一)航路执行

在航行过程中,VMS导航工作台在联机方式下将导航传感器提供的数据与计划航线比较,计算船舶航向和转向速率(考虑到风流压差角的影响),并不断计算到下一转向点的航行参数,按设定的航行模式直接控制自动舵,完成航路执行工作。

(二)航行安全监控

VMS导航工作台能够根据导航传感器的数据监控船舶的航行状况和发现潜在危险,保障船舶安全航行。

1. 航行避碰

VMS导航工作台能够接收关联雷达跟踪目标和AIS报告目标,将目标CPA/TCPA与驾驶员设置的安全门限比较,对危险目标及时发出报警。

2. 危险区域监控

驾驶员可以在VMS导航工作台上设置航行危险区域和本船的安全门限。VMS导航工作台不断检测危险区域,与本船的安全门限比较,一旦发现危险,立即发出报警直至驾驶员应答。

(三)数据记录

VMS导航工作台自动记录本船位置、航向、航速和时间,数据记录可根据需要打印或存储。

三、VMS综合信息控制台

INS信息集中在VMS综合信息控制台上显示,必要时也可以在VMS导航工作台上显示。

VMS综合信息控制台通过局域网与VMS导航工作台、VMS辅助工作台、导航传感器、机舱信息传感器等连接,集成船舶导航、控制、管理等综合信息,按照操作者选定的页面格式显示。

综合信息显示可以分多页面显示综合信息、气象信息和轮机信息等船舶信息,其显示界面如图11-3-2所示。图中以图形、字母、数字形式显示本船位置、计划航向和艏向、航速(STW/SOG)、转向点信息、转向半径和转向速率、侧推、舵角、螺距、主机转速等信息,还显示本船周围环境信息,如流向、流速、水深、气象等。

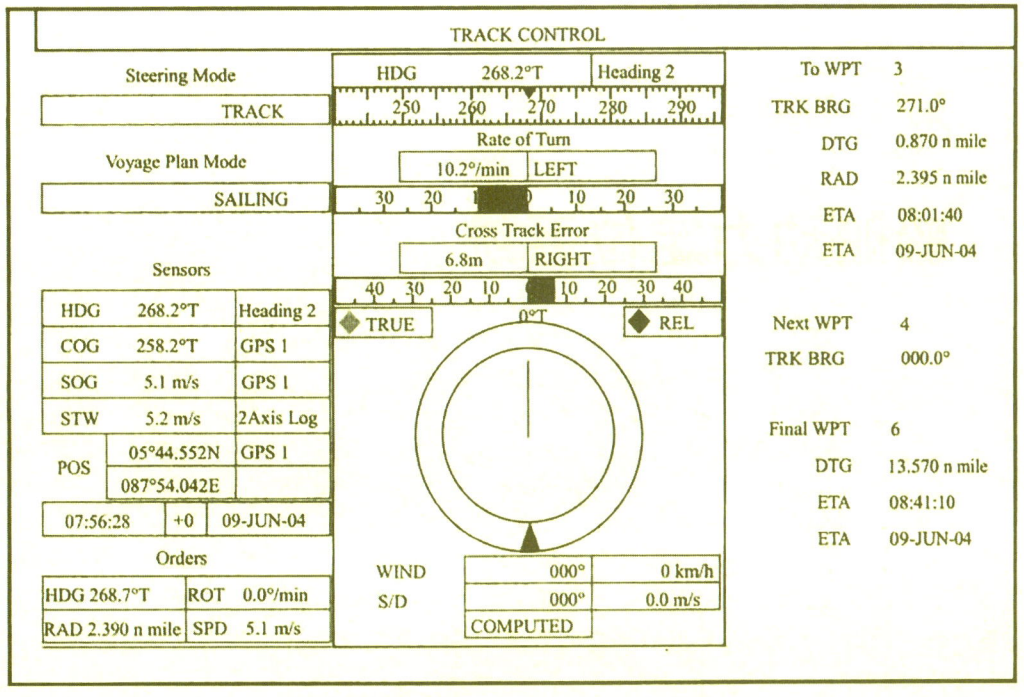

图 11-3-2 综合信息显示

【复习与思考】

1. 简述船舶综合驾驶台系统(IBS)和船舶综合航行系统(INS)的基本概念。
2. 简述船舶综合驾驶台系统(IBS)的基本配置和主要功能。
3. 简述船舶综合航行系统(INS)与船舶综合驾驶台系统(IBS)的关联。
4. 简述船舶综合航行系统(INS)的基本配置和主要功能。
5. 船舶综合航行系统(INS)有哪些任务站?分别完成什么任务?
6. 船舶综合航行系统(INS)的报警是如何分级和分类的?
7. 试举例解释 INS 信息有效性(Validity)、合理性(Plausibility)、完善性(Integrity)和时滞性(Latency)的监测机制。
8. 船舶综合航行系统(INS)内部有线通信协议总体上可分为哪几类?
9. 船舶综合航行系统(INS)传感器接口应符合什么标准?
10. 画图描述船舶综合航行系统(INS)中各船载设备间的数据传输流向。

第十二章

船舶动力定位系统

随着远洋船舶的迅猛发展,大型穿梭油船等都装备了动力定位系统。在海上遇险搜救时,迅速搜寻到落水人员,然后应用船舶动力定位系统快速将救助船舶定位到遇险人员位置是一个重要的研究课题。另外,也可用动力定位系统在恶劣海况时进行遇险船舶到安全船舶人员转移过程的控制。

最早的船舶只能靠系泊实现码头停泊定位、靠抛锚实现水上停泊定位。随着科技的发展,自 1977 年挪威船级社(DNV)制定了动力定位系统试行规范后,在 20 世纪 70 年代开始出现船舶在水上不停泊定位,即动力定位。船舶动力定位系统可根据风向、风速、海流和船舶运动姿态等外部信号,自动控制主柴油机、艏艉侧推和舵机等动力装置,而不是借助于锚泊系统,使船舶对抗所受风、浪和流等外力带来的横移、纵移、转向和摇摆,保持既定的船位,或通过设定沿着预定的轨迹运动,或跟踪水下信标,配合海上特殊的调查作业,或保持海上施工。简单地说,船舶动力定位系统可以完成定位于某一点的悬停或从某位置向目标位置移动的机动等功能。在 6 级风、1 kn 海流以下的海况下,定点控位精度可在 3 m 以内。目前,对船舶动力定位系统的悬停功能研究较多,而对其机动功能研究较少。

当前世界上较有名的生产动力定位产品的公司只有挪威的 Kongsberg Simrad、法国的 Alstom 和英国的 Nautronix 三家,其中 Kongsberg Simrad 公司的产品以一定的优势占领当前国际船舶动力定位系统市场。1998 年,中国首套动力定位系统在哈尔滨工程大学研制成功并交付使用。2002 年,中国船级社正式出版第一本动力定位规范。

由文献可知,动力定位系统的定位能力一般确定为能抵抗 1 kn 海流、7 级风较为合理。这能保证船舶动力定位系统在接近 90% 的气象条件下可以正常工作。

动力定位系统指的是动力定位船舶实现动力定位所必需的一整套系统。动力定位系统包括下列分系统:(1)动力系统;(2)推进器系统;(3)动力定位控制系统。

动力系统指的是为动力定位系统供电的所有必需的组件和系统。动力系统包括:(1)必要的辅助系统和管路的原动机;(2)发电机;(3)配电板;(4)配电系统(包括电缆敷设和线路选择)。

推进器系统指的是为动力定位系统提供推力和方向的所有必需的组件和系统。推进器系统包括:(1)带有驱动设备和必要附属系统(包括管路)的推进器;(2)在动力定位系统控制下的主螺旋桨和舵;(3)推进器控制电子设备;(4)手动推进器控制;(5)相关电缆和电缆布线。

动力定位控制系统是指动力定位船舶所必需的所有的控制系统和元件、硬件和软件。动力定位控制系统包括以下几部分：(1)计算机系统/操纵杆系统；(2)传感器系统；(3)显示系统(操作面板)；(4)位置参考系统；(5)相关电缆和电缆布线。

根据交通运输部海事局《海船船员考试大纲》(2022版)对维护和修理驾驶台航行设备的要求，电子电气员应该掌握的船舶动力定位系统知识，具体要求如下表12-1所示。

表12-1 船舶动力定位系统对电子电气员的要求

序号	要求
1	3.3 了解动力定位系统DPS的用途、构成和功能

第一节 船舶动力定位系统的发展

一、船舶动力定位系统的概念

国际海事组织(IMO)定义动力定位系统是"自动控制船舶的位置和艏向的系统，仅仅依赖于自身的推进系统"。所谓动力定位船舶，是指通过推进器推力能够自动地保持位置(固定位置或预设航迹)的船舶。

动力定位系统是一个闭环控制系统，利用自身装备的各类传感器测出船舶的运动状态与位置变化，以及外界风力、波浪、海流等扰动力的大小与方向，利用计算机进行复杂的实时计算，控制船舶主副推力装置产生适当的推力与力矩，以抵消扰动力，使船舶尽可能保持目标船位与艏向。

二、船舶动力定位系统的发展

石油最先是在里海(Caspian Sea)附近的陆地上被发现的，但随着能源问题变得越来越突出，人们把寻找能源的目光不约而同地转移到了蕴藏着丰富石油资源的海洋上。早在18世纪初，人类在距离巴库(Baku，阿塞拜疆共和国首都)的海岸线大约30 m的地方打了一口井，1925年人类在里海成功地打出了第一口生产井。

岸基水上平台在很短时间内就被自由直立的采油平台取代，以下列明了从岸基平台到今天的钻井平台的发展过程：

1869年，美国人Thomas F.Rowland和Samuel Lewis各自独立地拿出了自升式钻井平台的专利并且为一艘自升式的船舶建造了一套此类型设备。

1897年，在加利福尼亚的Summerland通过与岸相连的木制的钻塔实现了油井钻探。

1906年，Summerland的海岸出现了200口近岸油田生产井，如图12-1-1所示。

1924年，第一口油井出现在Lake Maracaibo(委内瑞拉西北部)。

图 12-1-1　1906 年加利福尼亚的 Summerland 海上油井

1934 年,第一艘钢质钻井平台在 Artem Island 附近的里海建成了。

1963 年,设计钻井水深 75 m 的自升式钻井平台 Leourneau 建成。

1976 年,在南加利福尼亚沿海水深 260 m 的地方建成了 Hondo Field 平台。

1978 年,在密西西比沿海水深 312 m 的地方建成了重达 59 000 t 的 Cognac Field 平台,在北海水深 138 m 的 Ninian 油田建成了实体平台。

1988 年,自重大约 77 000 t 的 Bullwikle 自升式平台在墨西哥湾水深 411 m 处安装成功,创造了世界纪录。

当人们发现固定式平台造价昂贵,不利于移动,同时受水深的限制,锚泊式钻井平台和可移动的钻井平台因此而产生,其可以使用几个锚或者配重来固定船或平台的位置,尽量减少了平台的移动。

1953 年,出现了第一艘采用锚泊定位系统的钻井船"Submarex"号,可在远离加利福尼亚海岸、水深为 120 m 的海上作业,如图 12-1-2 所示。

图 12-1-2　第一艘锚泊定位的钻井船"Submarex"号

1954 年,第一艘钻井船出现在墨西哥湾。

1962 年,第一艘半潜式钻井平台 C.P.BAKER 在美国建造。

1970 年,钻井船 Wodeco 4 在水深 456 m 处试验钻井。

1976 年,在泰国(Thailand)沿海水深 1 055 m 地方处于锚泊状态的"发现 534" (Discoverer 534)创造了深水钻井的世界纪录。

1987 年,"发现 534"在水深 1 985 m 处创造了新的深水钻井世界纪录。

随着人类发现锚泊系统的钻井船在深水作业时需要配备大量的锚、缆和绞车等,限制了钻井船的操纵性能,同时也容易受风、流、涌浪的影响。为了挑战深水作业,提高更加精准的定位打井,动力定位技术应运而生。

动力定位技术发源于美国,作为 1957 年美国"莫霍深钻计划"的一部分,人们开始研制一种能够满足深水作业需求的位置保存系统来取代锚泊系统。1961 年 3 月,装配 4 个 147 kW 的全回转推进器的"CUSS 1"号钻井船在美国的加利福尼亚海岸进行钻探作业,如图 12-1-3 所示。"CUSS 1"号钻井船在动力定位的辅助下能在钻探深度为 948 m 处保持位置,一段时间后,其在 3 560 m 钻探深度同时打了 5 口钻井,"CUSS 1"号钻井船的位置可以保持在半径为 180 m 的圆周范围内。为了确定船的相对位置,在船周围半径 180 m 的水面上布置 4 个锚泊浮标作为参照物,用于向船雷达发送无线电信号,水下布置了 1 套水声定位器。它由 2 名操作人员根据目测水面浮标的相对位置和水声显示器提供的位置信息对动力定位系统进行手动操作,从而保存船舶的位置。

图 12-1-3 美国"CUSS 1"号钻井船

1961 年,美国壳牌公司一艘钻井船"Eureka"号下水(船长 40 m,排水量 450 t),如图 12-1-4 所示。为了降低工作人员的操作难度和劳动强度,提高船舶的定位精度,耶鲁大学电子工程专业毕业的负责该船设备的工程师 Howard Shatto 提出开发一套自动控制单元以实现船舶的自主动力定位,并在"Eureka"号进行了成功应用。"Eureka"号成为世界上第一艘具有全自动动力定位能力的船舶。"Eureka"号在高浪 6 m 和风速 21 m/s 下可达到 1 300 m 钻探深度。1964 年,另一艘有相似设备的"Caldrill 1"号交付给了美国的 Caldrill Offshore 公司,"Caldrill 1"号钻井船可以达到最大 2 000 m 钻探深度,并装备 4 个可操纵推进器,每个推进器的功率为 221 kW,船的位置由两个张紧索参考系统确定。

1963 年,法国又造出了动力定位铺管作业船"Salvor"号和"Terebel"号在地中海铺设管道。

图 12-1-4　美国"Eureka"号钻井船

1974 年,英国通用电气有限公司把一条船名为"Welpey Sealab"的货船改装为装有动力定位设备的钻井船。

1977 年,法国又在一个半潜式钻井平台"Uncle John"上安装了动力定位设备。

1975 年,挪威 Kongsberg Albatross 由 Kongsberg Våpenfabrikk 公司创建,旨在开发和供应动力定位系统,该公司当年实现了首次销售,1977 年交付了第一套动力定位系统。1977 年 5 月 17 日出现了第一艘使用挪威动力定位系统的 Seaway Eagle 船。

从 1961 年第一条动力定位船诞生起,动力定位的基本理论始终都是不变的,但随着科学技术突飞猛进的发展,动力定位也发生了一系列的变革,不仅设备在不断地更新,而且动力定位技术也在不断地完善。

从技术的角度看,动力定位系统近 60 年经历了三个发展阶段:

第一代动力定位产品出现于 20 世纪 60 年代,主要采用经典的控制理论设计控制器,通常采用常规的比例积分微分(Proportional-Integral-Derivative,PID)控制方法,同时为了避免一阶波浪力及高阶噪声对定位精度的影响,采用低通滤波器滤除测量信号中的高频分量和环境噪声。

第二代动力定位产品出现于 20 世纪 70 年代,主要通过将卡尔曼滤波理论和现代控制理论相结合以提高其定位性能,位置传感器则由单一型发展为综合型,提出了风前馈控制策略,控制系统、测量系统、推进系统均采用了冗余设计,显著提高了系统的定位精度和可靠性。

第三代动力定位立产品主要使用非线性模型预测控制、自适应模糊控制、鲁棒控制等智能控制方法来提高对船舶在运动非线性、传感器误差、海况多变等条件下定位控制的精度。

第二节 船舶动力定位系统的组成

船舶动力定位系统主要由测量系统、控制系统、推进系统和动力系统四个部分组成,如图12-2-1所示。

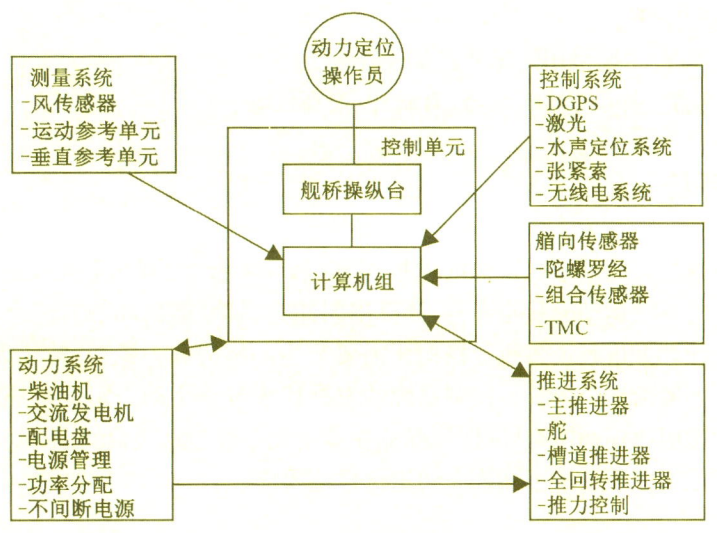

(a)动力定位系统基本组成

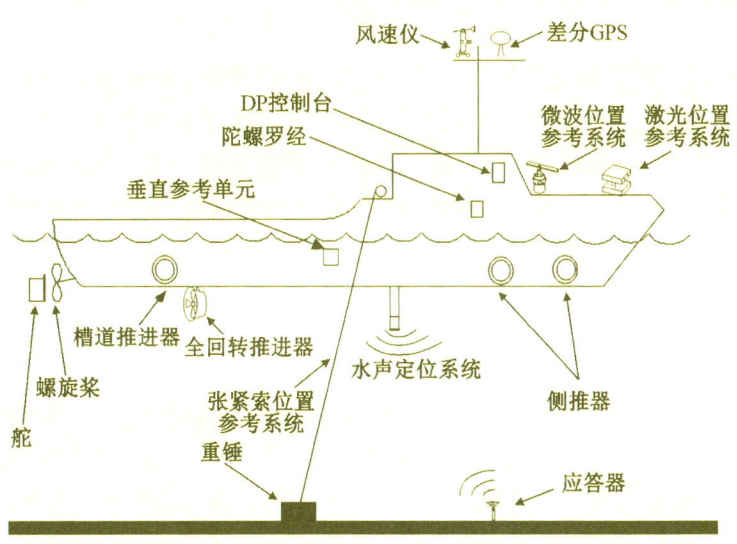

(b)工程船的动力定位系统组成

图12-2-1 动力定位系统的组成部分

一、测量系统

测量系统用于感知船舶相对于某参考点的位置、姿态和海洋环境状态信息,并实时将数据传输给控制系统。船舶动力定位中的测量系统主要包括:

1. 位置参考系统:主要采用全球卫星定位系统、水声位置参考系统、张紧索系统、微波定位系统、激光定位系统等。通常动力定位系统无须对船舶的横摇、纵摇和垂荡三个自由度的运动加以补偿,但需要利用包括垂直参考系统和运动参考单元测量得到的船舶运动状态参数对船舶的位置信息进行修正。
2. 船向参考系统:主要采用陀螺罗经等。
3. 环境测量系统:主要有风传感器、海流计、浪高仪等。

二、控制系统

控制系统通过接收测量系统发送的位置、船向和环境参数,利用船舶状态估计(滤波器)滤除测量信号中的高频运动分量与噪声,计算出船舶在纵荡、横荡和艏向三个方向的控制力,由推力分配模块计算推进系统各执行机构所需要产生的推力和力矩,并转化为转速、螺距、转向角等控制指令下发给推进系统。控制系统的发展代表着整个动力定位系统的发展水平,其核心是寻找高效实用的控制策略,以保证船舶在本身动态性能改变和外界环境干扰条件下仍能满足船舶与海洋工程领域中不断提高的定位性能要求。

三、推进系统

推进系统根据控制系统发送的指令产生使船舶保持其固定的位置或沿着预先设定的轨迹移动所需要的推力和力矩。动力定位船舶常用的推进器类型包括主推进器(带舵)、全回转推进器、槽道推进器等。推进系统是能量消耗的主体,为降低推进系统的能量消耗,需要在推力分配算法中考虑相关因素,力求在不影响船舶正常作业的情况下减少不必要的能量消耗和机械磨损。

四、动力系统

动力系统主要给推进器和其他辅助系统分配功率,实现船舶根据周围环境条件的变化对电站功率的综合优化管理。动力定位船舶在进行定位工作时,其推进系统消耗功率较大,但在未进行定位时,只需提供功率消耗较少的生活用电。为了满足船舶在各种海况与工况下的综合供电要求,动力定位船舶需要配备独立的电力监控系统,并与船舶自身的电站管理系统协同工作,保证电站运行的经济性与安全性。动力定位船舶通常采用柴油-电力推进相结合的方式,相比传统的推进方式,其配置更灵活,推进性能更好。典型的动力定位船舶操作要求有大的功率变化,在级别为 DP-2 和 DP-3 的动力定位船舶中,计算机、控制台、显示器、警报器和测量系统要求由无间断电源(UPS)供电。当船舶的主交流电供应发生中断时,不间断电源应能为用电系统提供不少于 30 min 的电力。

第三节 动力定位系统的工作原理与功能

一、动力定位系统的工作原理

船舶动力定位系统原理框图如图 12-3-1 所示。

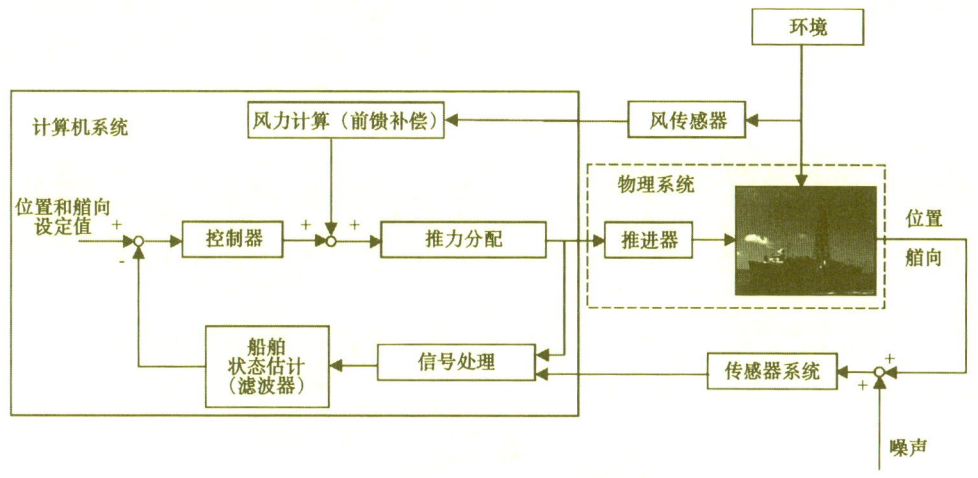

图 12-3-1 动力定位系统原理框图

其中,由计算机系统组成的控制系统是整套系统的核心部分。船舶的位置和艏向通过船舶模型、位置参考系统和陀螺罗经的测量以及状态观测估计获得。控制器给出的推进器指令是基于当前估计状态与期望状态的偏差和控制算法计算得到的,最终由推进器系统为船舶提供抵抗外界环境力所需的推力和转矩。对于传感器测量获得的信号,由于其测量值中含有因测量噪声(由传感器类型和测量方法决定)和船舶纵横摇所引入的干扰,因此需要经过信号预处理来剔除相应的错误信号值并进行纵横摇补偿。船舶状态估计(滤波器)除了给出船舶状态的估计值(如位置、航向、速度、流向、流速等)外,还兼具滤除海浪高频干扰的作用。动力定位系统综合利用传感器(陀螺罗经、风传感器和运动参考单元)、位置参考系统以及船舶模型的相关信息进行运动控制。通常采用的动力定位控制方法是基于位置和艏向偏差的反馈控制,为了补偿静态环境干扰,可以适当引入积分作用,对于风作用力采用前馈控制方法。对于控制器给出的合力/力矩指令,则通过推力分配计算以转速、方向角、舵角以及螺距等指令形式发送到各个推进器单元。

二、动力定位系统的基本功能

(1) 艏向控制

当船舶的当前艏向和设定艏向存在偏差时,动力定位系统自动改变船舶的当前艏向,将船舶的艏向精确控制到给定值。

(2) 定点控位

船舶定点控位的设定值为固定坐标系上的某一点。对于水面船舶来说,可以设定为北东位置(北纬、东经值)。当船舶偏离设定位置时,动力定位系统能自动移动船舶到其设定位置,并精确保持位置。

(3) 航迹控制

船舶在作业或航行过程中,往往需要沿一个预定轨迹前进。典型的应用是海洋调查船的循迹(梳子形轨迹)控制,以及用于海洋石油管线的铺设与检修。航迹控制需要人工或机器给定航迹指令及速度指令,由动力定位系统来自动控制船舶沿预定的路线前进,直到终点。

三、动力定位系统的工作模式

动力定位系统可以采用几种不同的模式对船舶进行控制。这些模式的不同点在于其位置和速度设定点的产生方式不同。

1. 手动(Joystick)模式:允许操作员使用操纵杆手动控制船舶的位置和艏向。
2. 自动定位和艏向(Auto Heading)模式:自动地保持船舶的位置和艏向,如图 12-3-2 所示。

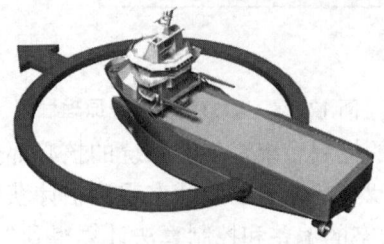

图 12-3-2　自动定位和艏向模式

3. 自动区域定位(Station Keeping)模式:在最小能耗条件下自动地将船舶保持在允许区域内,并将艏向保持在允许的艏向范围内,如图 12-3-3 所示。

图 12-3-3　自动区域定位模式

4.自动跟踪模式(Autotrack Mode):可以使船舶跟踪由一组航迹点描述的指定航迹。

(1)低速(Low-speed)模式:在自动跟踪低速模式下,利用全部三个轴向的位置和艏向控制来控制船舶的运动。这种策略具有很高的控制精度且允许自由选择船舶的艏向值。此时航速一般限定在3~4 kn以内,如图12-3-4所示。

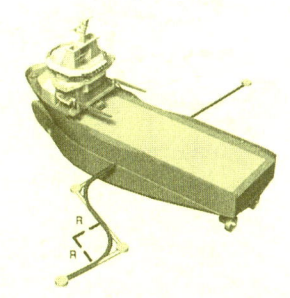

图12-3-4 自动跟踪低速模式

(2)移动(Move-up)模式:在自动跟踪移动模式下,利用全部三个轴向的位置和艏向控制来控制船舶的运动。这种策略具有很高的控制精度且允许自由选择船舶的艏向值。此时航速一般限定在3~4 kn以内,如图12-3-5所示。

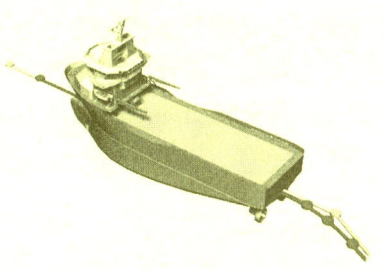

图12-3-5 自动跟踪移动模式

(3)高速(High-speed)模式:自动跟踪高速模式允许船舶在超过3~4 kn的航速跟踪船舶轨迹。为了将船舶保持在预设航迹上,系统根据船舶速度和方向以及环境力的大小连续计算期望艏向值。如果船舶将要漂离航迹系统,那么系统将连续对艏向加以控制,使得船舶回到航迹上,如图12-3-6所示。

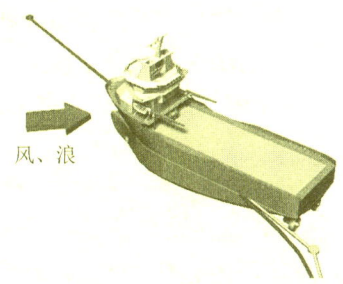

图12-3-6 自动跟踪高速模式

5.自动驾驶模式(Autopilot Mode):可以使船舶自动沿预设航向行驶。

6.目标跟踪模式(Follow Target Mode):可以使船舶自动跟踪一个连续变化的位置设定点,使船舶自动跟踪目标并与目标保持恒定的距离,如图12-3-7所示。

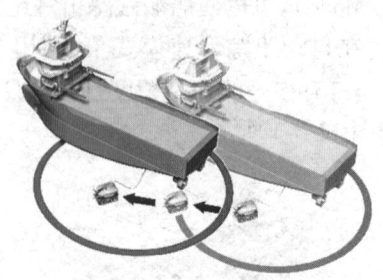

图 12-3-7 目标跟踪模式

第四节 动力定位系统的分级

动力定位系统硬件和软件的要求是与冗余性的级别紧密相连的。冗余性的定义是:当一个单体出现故障时,组件或者系统维持或者恢复其功能的能力。这个性质可以通过安装多个组件、系统或者执行功能的替代手段来实现。随着人们对海上作业安全和环境保护的要求越来越高,IMO 和各著名船级社根据船舶任务种类的不同对动力定位系统的安全水平提出了不同的分级标准。

一、IMO 动力定位分级和要求

一套动力定位系统包括组件和系统,它们共同工作来充分实现可靠的定位能力。动力定位系统的可靠性是由移位后保持定位能力的后果来确定的。后果越严重,动力定位系统就越可靠。为了实现这一理念,要求其被分为三个不同的设备级别,该设备级别取决于具体动力定位操作。

IMO 对于设备级别的简短说明如下:

(1)对于设备等级 1(Class 1),一个单体故障可能会引起移位。

(2)对于设备等级 2(Class 2),任何活跃组件或者系统中的单体故障不会引起移位。静态组件被认为不会出现故障,已经证实有足够的保护以防止损坏,并且可靠性能够得到主管部门的满意。

单体故障准则包括:①任何活跃组件或者系统(发电机、推进器、配电板、遥控阀等);②任何正常静态组件(电缆、管路、手动阀等),这些没有妥善记录与保护和可靠性相关的东西。

(3)对于设备等级 3(Class 3),单体故障包括:①2 级设备所列出的和任何被认为有故障的静态组件;②任何一个水密舱室中的所有组件,防火灾或水灾;③任何一个防火分隔区的所有组件,防火灾或水灾(对于电缆,另见 IMO MCS/Cric.645,3.5.1)。

IMO 对每一级别的要求见表 12-4-1。

表 12-4-1　IMO 对每一级别的要求

子系统或者组件			每一级最低要求		
			1 级	2 级	3 级
动力系统	发电机和原动机		没有冗余	有冗余	有冗余,在隔离舱室
	主配电板		1	2 个母排网络	2 个正常开式母排网络。在 A60 标准隔离舱室内
	母排断路器		0		2
	配电系统		没有冗余	有冗余	有冗余,在隔离舱室
	电源管理		没有冗余	如果安装电源管理系统。应当证明具有适当的、令管理部门满意的冗余性或者可靠性	如果安装电源管理系统,应当证明具有适当的、令管理部门满意的冗余性或者可靠性
推进器系统	推进器的布置		没有冗余	有冗余	有冗余,在 A60 标准隔离舱室内
控制系统	自动控制;计算机系统数量			2	2,再加上 1 个备用
	手动控制;带有自动船向操纵杆		是	是	是
	每个推进器有单一操纵杆		是	是	是
传感器系统	位置参考系统			3	3,其中 1 个作为备用控制站直接与后备系统相连
	外部传感	风	1	2	3,其中 1 个作为备用控制站
		VRS	1	2	3
		陀螺罗经		3	3
		其他必要传感器			
UPS(每个 DP 计算机系统都应该提供)			1	2	2+1 隔离舱内
备用单元的替代控制站			否	否	是

2级或者3级应该包括"结果分析"功能，即使发生最坏的单体故障，它仍可以持续地证明船舶保持位置。IMO 规则还规定了设备级别和操作类型之间的关系。根据 IMO 规定，动力定位钻井操作和碳氢化合物的生产要求 3 级设备。在表 12-4-2 中，DNV、LR、ABS 和 CCS 等各国船级社的动力定位级别符号都有显示。

表12-4-2 各国船级社动力定位级别符号对应表

		不适用	IMO 设备级别		
			1级(Class 1)	1级(Class 1)	1级(Class 1)
ABS	American Bureau of Shipping(USA)	DPS-0	DPS-1	DPS-2	DPS-3
BV	Bureau Veritas (France)	DYNAPOS SAM	DYNAPOS AM/AT	DYNAPOS AM/AT R	DYNAPOS AM/AT RS
CCS	China Classification Society(China)		DP-1	DP-2	DP-3
DNV	Det Norske Veritas (Norway)	DYNPOS (AUTS)	DYNPOS (AUT)	DYNPOS (AUTR)	DYNPOS (AUTRO)
		DPS 0	DPS I	DPS 2	DPS 3
GL	Germanischer Lloyd(Germany)		DP 1	DP 2	DP 3
IRS	Indian Register of Shipping(India)		DP(1)	DP(2)	DP(3)
KR	Korean Register of Shipping(Korea)		DPS(1)	DPS(2)	DPS(3)
LR	Lloyd's Register of Shipping(UK)	DP(CM)	DP(AM)	DP(AA)	DP(AAA)
NK	Nippon Kaiji Kyokai(Japan)		Class A DP	Class B DP	Class C DP
RINA	Register Italiano Navale (Italy)	DYNAPOS SAM	DYNAPOS AM/AT	DYNAPOS AM/AT R	DYNAPOS AM/AT RS
RS	Russian Maritime Register of Shipping(Russia)		DYNPOS-1	DYNPOS-2	DYNPOS-3

二、DNV 动力定位分级和要求

在表 12-4-3 中，DNV 已经列出对动力定位级别符号的最低要求。附加船级符号 DPS 和 DYNPOS 适用于装有动力定位系统的所有船舶。这两种船级系列符号的特定要求不同，通常情况下 DYNPOS 系列符号比 DPS 系列符号要求有更高程度的适用性与鲁棒性。例如：DYNPOS(AUTS)/DPS(1)，DYNPOS(AUTR)/DPS(2)，DYNPOS(AUTRO)/DPS(3)是要求冗余性和系统分离对比级别的符号。合格符合"A"可能被添加到特定的符号中，从而表明年度检验要求。

表 12-4-3 DNV 对动力定位级别符号的最低要求（2021 年 7 月）

系统或组件		DYNPOS(AUTS)	DYNPOS(AUT) DPS(1)	DYNPOS(AUTR) DPS(2)	DYNPOS(AUTRO) DPS(3)
电力系统	电源系统	没有冗余③	没有冗余③	在技术设计上有冗余	在技术设计上有冗余并要物理隔离(隔离舱)
	主配电板	1	1		2,在隔离舱内
	母排网络断路器	0	0		2,每个 MSB 上都有 1 个
	配电系统	没有冗余	没有冗余	有冗余	具有冗余性,在隔离舱内
	电源管理	否	否	DYNPOS(AUTR):是 DPS(2):否	DYNPOS(AUTR):是 DPS(2):否
推进器系统	推进器的布置	没有冗余	没有冗余	在技术设计上具有冗余性④	在技术设计上有冗余并要物理隔离(隔离舱)
	主 DP 控制中心每个推进器的单独控制杆	是	是	是	是
位置控制系统	自动控制;计算机系统的数量	1		2	2+1,在备用控制中心
	手动控制;带有自动航向控制的独立操纵杆系统②	否	是	是	是
传感器系统	位置参考系统		2	3	3,其中 1 个在备用控制中心
	外部传感器 风传感器	1	1	DYNPOS(AUTR):3 DPS(2):2	DYNPOS(AUTRO):3 DPS(3):2,其中一个与备用控制中心相连
	外部传感器 航向参考系统			3	3,其中 1 个在备用控制中心
	外部传感器 垂直参考传感器(VRS)	1	1	DYNPOS(AUTR):3 DPS(2):23	3,其中 1 个在备用控制中心
UPS		0		2	2+1,在备用控制中心
打印机		是⑥	是⑥	是⑥	是⑥
动力定位备用控制系统的备用控制中心		否	否	否	是

注意事项:
①艏向参考系统应遵循 IMO Rex.A424(X)陀螺罗盘的性能标准。当需要 3 个艏向参考系统时,3 个中的

1个可以被1个基于另一种原理的艏向测量装置所取代,只要这个艏向装置的类型被作为 IMO Re.MSC.116(73)指定的 THD 批准。对于符号 DYNPOS(AUTRO)和 DPS(3),这不是放置在备用控制单元的陀螺罗盘。基于其他原理的艏向传感器可以根据特殊的考虑被接受。

当做出这样考虑的时候,相对于安装艏向装置的数量,使用原则和设备安装的信号传输、电力供应和物理安装(包括分离),整个艏向装置的安装更应该考虑到冗余性、鲁棒性和容错性。

②艏向输入可以来自任何要求的艏向输入装置。

③当这是船舶正常电力系统一部分的时候(即用于正常的船舶系统,不仅仅是 DP 系统),那么船舶级别 Pr.4 CH.8 的 DNV GL 规则适用。

④对于 DPS(2)另参见 DNV《船舶入级规则(2021)》,第7章第6部分4.3.2节。

⑤位置参考系统必须正确运行的地方,应该为 DPS(2)符号提供至少3个垂直参考传感器。如果 DP 控制系统能够在不用 VRS 更正的操作限制下定位船舶。

⑥动力定位系统。打印机可以被1个独立的电子数据记录器所取代,只要数据被储存在冗余电子媒体(DP 控制系统操作站可以被用作冗余储存媒体)上,并且数据记录器具有符合(8)的 UPS 供应。数据记录器应具有 HMI 和操作人员可以用更有效的方式访问和查看储存数据的功能。数据记录器应该具有对至少七天的运行数据进行储存的储存容量。它应该能够上传到离线储存媒体,这是为了使数据储存时间比数据记录时间更长。数据记录器最好应该是时间与其他的警报和记录系统同步,这是为了支持性能和事故分析。

当被船东要求的时候,一个合格符合"A"可以被分配给带有 DYNPOS(AUTR)或者 DYNPOS(AUTRO)或者 DPS(2)或者 DPS(3)符号的船舶,然后根据5年适用检验范围进行年度检验。这意味着年度检验还要包括完全性检验,这样的符号的例子:DYNPOS(AUTR,A)或者 DPS(2,A)。不同符号 DYNPOS 系列和 DPS 系列的系统布置的要求汇总于表12-4-4。

表12-4-4 不同符号 DYNPOS 系列和 DPS 系列的系统布置的要求

符号等级		描述
不要求有冗余的符号	DINPOS(AUTS)	没有冗余的动力定位系统
	DPS(1)	带有单独备用操纵杆系统和备用位置参考系统的动力定位系统
	DYNPOS(AUT)	带有单独备用操纵杆系统和备用位置参考系统的动力定位系统。相比于 DPS(1),附加要求会具有更高的适用性与可意性
要求有冗余的符号	DPS(2)	在技术设计上带有冗余性的动力定位系统并且带有单独的备用操纵杆系统
	DYNPOS(AUTR)	在技术设计上带有冗余性的动力定位系统并且带有单独的备用操纵杆系统。相比于 DPS(2),附加要求会具有更高的适用性与可意性
要求有冗余的符号并且要单独隔离	DPS(3)	在技术设计上带有冗余性的动力定位系统并且带有单独的备用操纵杆系统,加一个备用动力定位控制系统在备用动力定位控制中心,并为组件设计物理隔离以提供冗余度
	DYNPOS(ALTRO)	在技术设计上带有冗余性的动力定位系统并且带有单独的备用操纵杆系统,加一个备用动力定位控制系统在备用动力定位控制中心,并为组件设计物理隔离以提供冗余度。相比于 DPS(3)附加要求会具有更高的适用性与可意性

DYNPOS(AUTS):不带有任何冗余的动力定位系统;如果出现单体故障将会引起移位。设备包括1套计算机系统,1个位置参考系统,1个风传感器,1个 MRU/VRS,1个罗经罗盘,1台打印机,如图12-4-1所示。附加包括手动杆。

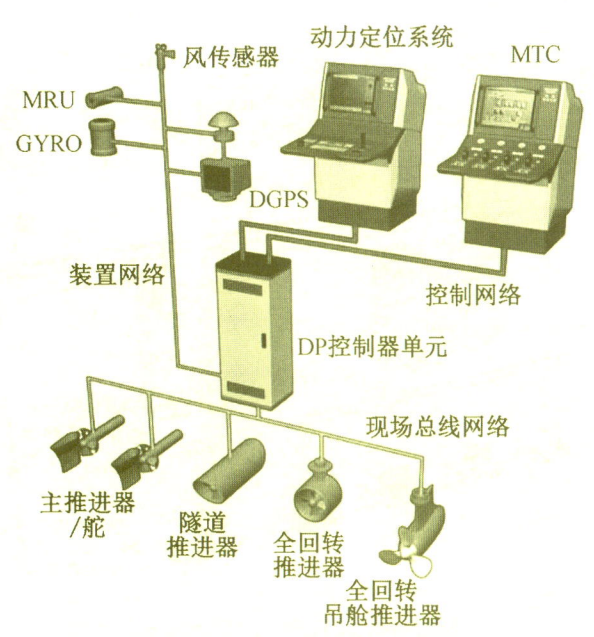

图 12-4-1 DYNPOS(AUTS)

DYNPOS(AUTS)(1级)(也是 AUTS+):带有自动艏向的独立备用操纵杆系统;备用位置参考系统;UPS 电源供应,如图 12-4-2 所示。

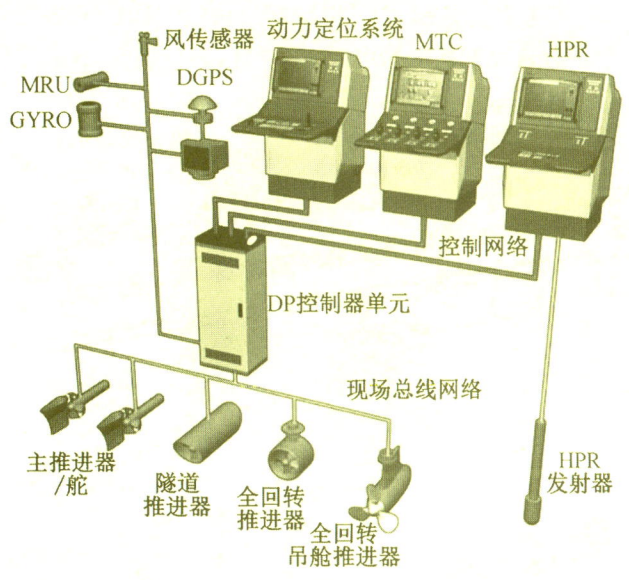

图 12-4-2 DYNPOS(AUT)(1级)

设备最低要求:1套计算机系统,2个位置参考系统,1个风传感器,1个 MRU/VRS,1个罗经罗盘,1台打印机。附加包括1个带有自动艏向的操纵杆、手动杆,1个 UPS。

DYNPOS(AUTS)(2级)(也是 AUTS+):技术设计上带有冗余。任何活跃的组件或者系统的单体故障不会引起移位;水灾或者火灾不在主要入级要求的考虑范围内,如图 12-4-3 所示。最低设备要求包括2套计算机系统,2个操作站,3个位置参考系统,2个风传感器,2个 MRU/VRS,3个罗经罗盘,1台打印机。附加包括1个带有自动艏向的操纵杆、手动杆,2个 UPS。

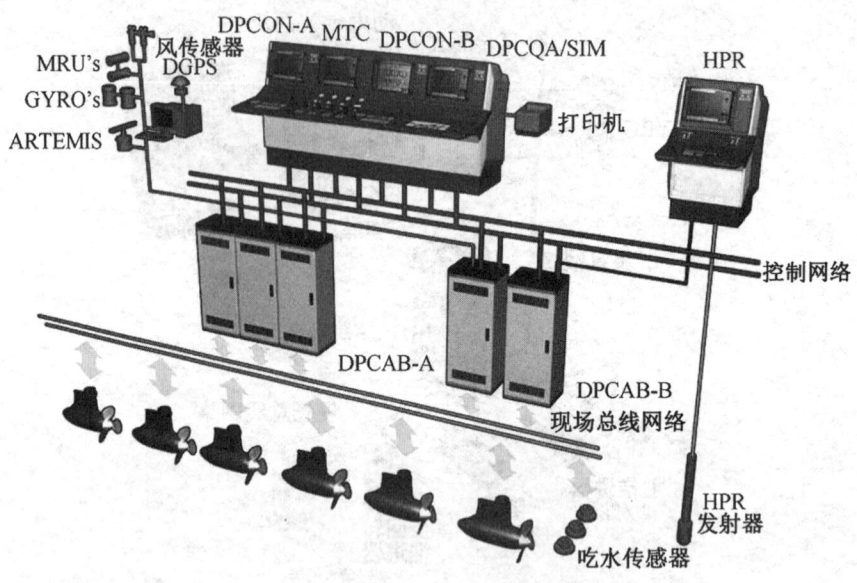

图 12-4-3　DYNPOS(AUT)(2级)

DYNPOS(AUTS)(3级)(也是 AUTS+):单体故障的定义延伸到包括在任何水密舱内发生水灾和在任何隔火舱室内发生火灾;在隔离舱室内的备用 DP 控制系统,单独的主机房,单独的推进器房,单独的配电板舱等,如图 12-4-4 所示。设备最低要求包括:2+1 套计算机系统,2+1 个操作站,2+1 个位置参考系统,1+1 个风传感器,2+1 个 MRU/VRS,2+1 个罗经罗盘,1 台打印机。附加包括 1 个带有自动艏向的操纵杆、手动杆,3 个 UPS,不是所有设备都要分离。

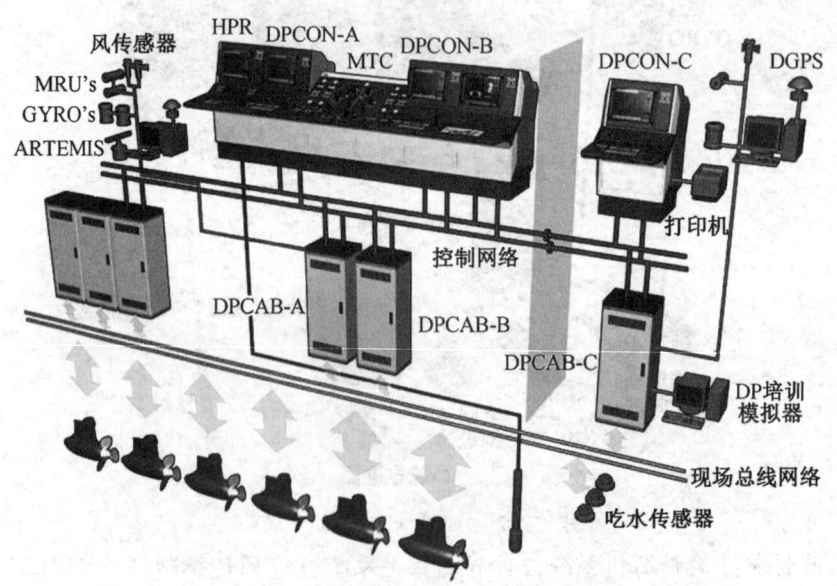

图 12-4-4　DYNPOS(AUT)(3级)

三、ABS 动力定位分级和要求

表 12-4-5 中,ABS 列出了对动力定位等级符号的系统要求。动力定位系统的建造和测试要遵循表中的要求并且相关规则要按照不同的等级符号,根据按如下定义的系统内的冗余性级别进行分配。这些符号不是船舶入级的要求,仅仅是根据船东的特定要求分配给船舶的。

表 12-4-5 ABS DPS 符号的 DP 系统要求要点(2021 年 3 月)

子系统或者组件	设备	每一等级符号的最低要求				备注
		DPS-0[①]	DPS-1[⑦]	DPS-2[⑧]	DPS-3[⑤][⑨]	
动力系统	发电机和原动机	没有冗余	没有冗余	有冗余	有冗余,在隔离舱内	见小节 3/3
	主配电板	1	1	1 个带有母排网络开关	2 个带有母排网络开关,在隔离舱内	见小节 3/5
	母排网络熔断器		0		2	
	配电系统	没有冗余	没有冗余	有冗余	有冗余,在隔离舱内	
	电源管理	否	否	是	是	
推进器系统	推进器的布置	没有冗余	没有冗余	有冗余	有冗余,在隔离舱内	见小节 4/3
控制系统	DP 控制:控制计算机的数量	0	1	2	2+1,在备用舱室	见小节 5/3.5
	手动位置控制:带有自动舵向的操纵杆	是	是	是	是	
	手动推进器控制	是	是	是	是	见小节 4/9.5
	位置参考控制	2	3	2+1,在备用舱室		
	传感器 风	1	2	3	2+1,在备用舱室	见小节 5/11, 10/3.3,10/5.5, 10/7.3
	传感器 MRU[③]	0	1	3	2+1,在备用舱室	
	传感器 f 罗盘[⑥]	1	2	3	2+1,在备用舱室	
	UPS	0	1	2	2+1,在备用舱室	见小节 3/9
备用单元的备用控制站		N/A	N/A	N/A	是	见小节 5/9.3
结果分析		否	否	是	是	见小节 5/13
FMEA		否	否	是	是	见小节 2/11

注意事项:

①DPS-0 是 ABS 系统等级。它是带有自动舵向控制的手动位置控制系统并且配有独立式位置参考系统。DPS-1、DPS-2 和 DPS-3 分别与 IMO 的设备 1 级、2 级和 3 级相对应。

②如果所有的推进器都是由主机直接驱动,就不需要电力管理系统了。

③(2013 年 11 月 1 日)如果位置参考系统依赖于滚轴和节距噪声测量措施的校正,就需要与其相关的 MRUs。

④对于增强系统(EHS-E、EHS-P、EHS-F 和 EHS-C)。

⑤(2013 年 11 月 1 日)其中"隔离舱"的意思是,设备要被放置在单独的舱室。这个舱室被安排支持最坏情况下的设计意图,就 DPS-3 故障准则来说。

⑥如果需要 3 个罗盘,其中一个可能是传输航向设备(Transmitting Heading Device,THD),比如,GPS 罗经。这是为了使传输航向设备(THD)符合船舶性能标准的型式认可,根据《SOLAS 公约》第 V 章要求,并由认可的代理/组织认可。

⑦DPS-1+标注可以指定满足 DPS-1 要求的动力定位系统加上 1 个船尾推进器。

⑧DPS-2+标注可以指定满足 DPS-2 要求的动力定位系统加上 2 个船尾推进器和冗余的静态组件。

⑨DPS-3+标注可以指定满足 DPS-3 要求的动力定位系统加上 3 个船尾推进器。

DPS-0 对于船舶来说,应该装有中央手动位置控制系统和自动艏向控制系统,用来在指定最恶劣环境条件下保持位置和艏向。

DPS-1 对于船舶来说,应该装有带有手动控制系统的动力定位系统,其能够在指定的最恶劣环境条件下自动保持位置和艏向。

DPS-2 对于船舶来说,应该装有动力定位系统,其能够在指定的最恶劣环境条件下,在发生任一单体故障不包括舱室的损坏期间或之后仍能自动保持船舶的位置和艏向。

DPS-3 对于船舶来说,应该装有动力定位系统,其能够在指定的最恶劣环境条件下,在发生任一单体故障包括舱室因为火灾或水灾导致的损坏期间或之后仍能自动保持船舶的位置和艏向。

DPS-1、DPS-2 和 DPS-3 级别符号都是按照 IMO MSC/Cir.645"动力定位系统船舶准则"规定的。DPS-1、DPS-2 和 DPS-3 分别与 IMO 设备等级 1、2 和 3 相对应。

在船东的要求下,加强系统符号(EHS)作为 DPS 系列符号的一个补充,可以被分配给船舶。该符号提供了 DP 系统组件增强性测量的基础,包括动力系统、推进器系统和控制系统。加强系统符号的主要目的是提升可靠性、操作性和维护性。一个带有 DPS-2 或者 DPS-3 符号的船舶可以被分配给加强系统符号,如果系统满足附加要求的话。对于一个带有 DPS-2 符号的船舶,加强动力和推进器系统符号(EHS-P)、加强控制系统符号(EHS-C)、火灾和水灾保护符号(EHS-F)或者任何组合,如 EHS-PC、EHS-PF、EHS-PCF 都可以被分配给船舶。对于一个 DPS-3 船舶,如果 DPS-3 有更高级别的火灾保护要求,EHS-F 就不需要了。加强系统符号(EHS 系列)是对相应 DPS 系列符号的补充。表 12-4-6 就遵循这个原则,同时也遵循加强系统符号(EHS 系列)。

表 12-4-6　DP 系统对于 EHS 符号要求的要点(2013 年 11 月 1 日)

EHS-E	EHS-P	EHS-C	EHS-F
	自控发电机组①	2+1 个备用 DP 控制计算机和控制器	发电机和原动机
母排网络断路器每个总线之间的冗余配置	母排网络断路器每个总线之间的冗余配置	风传感器 3+1 个在备用控制站	隔离舱室,A60 最高火灾风险区域,损坏水线下的水密
加强型发电机保护①,②	加强型发电机保护①,②	罗盘 3+1 个在备用控制站	电力分配系统 A0 冗余组之间,损坏水线下的水密

续表

EHS-E	EHS-P	EHS-C	EHS-F
加强型电源管理[①,③]	加强型电源管理[①,③]	MRU 3+1 个在备用控制站	推进器系统 A0 冗余组之间，损坏水线下的水密
	自动推进器组[①]	位置参考系统 3+1 个在备用控制站[⑤]	控制间 A0 冗余组之间

注意事项：

①这些功能的控制和监管将被整合到带有中央控制系统的控制中心内并且与动力定位控制相互传达信息。

②加强型发电机保护功能由小节 8/3 提供。

③加强型电力管理能力由小节 8/3 提供。

④(2013 年 11 月 1 日)对于 DPS-2 船舶,手动位置控制系统能被 8/3.3.1(a)中的附加 DP 控制系统取代。DP 数据记录器包括在 8/3.3.1(b)内。

⑤位置参考系统要基于至少两种不同的设计原理。对于深水环境,GPS 和水、电、声学可以被使用。

此外,在船东的要求下,位置保持性能符号(SKP),作为 DPS 系列符号的补充,也可以被分配给船舶。位置保持性能符号的目的是识别 DP 能力,并鼓励 DP 系统的稳定设计。其他可选择符号也可能适用于 DP 系统,如集成软件质量管理(ISQM)和系统认证(SV)。

四、CCS 动力定位分级和要求

根据动力定位系统的不同冗余度,经船东申请,授予下列附加标志：

(1)DP-1：安装有动力定位系统的船舶,可在规定的环境条件下,自动保持船舶的位置和艏向,同时还应设有独立的联合操纵杆系统。

(2)DP-2：安装有动力定位系统的船舶,在出现单个故障(不包括一个舱室或几个舱室的损失)后,可在规定的环境条件下,在规定的作业范围内自动保持船舶的位置和艏向。

(3)DP-3：安装有动力定位系统的船舶,在出现单个故障(包括由于失火或进水造成一个舱室的完全损失)后,可在规定的环境条件下,在规定的作业范围内自动保持船舶的位置和艏向。

根据不同的附加标志,动力定位系统的布置设计应至少满足表 12-4-7 的要求。

表 12-4-7 动力定位系统的布置

设备	附加标志	DP-1	DP-2	DP-3
动力系统	发电机和原动机	无冗余	有冗余	有冗余,舱室分开
动力系统	主配电板	1	1	2,舱室分开
动力系统	功率管理系统	无	有	有
推进器系统	推进器的布置	无冗余	有冗余	有冗余,舱室分开
控制系统	自动控制,计算机系统数量	1	2	3(其中1个在另一控制站)
控制系统	独立的联合操纵杆系统	1	1	1
控制系统	各推进器的单独手柄	有	有	有
传感器系统	位置参考系统	2	3	2+1,其中1个在另一控制站
传感器系统	垂直面参考系统	1	2	2+1,其中1个在另一控制站
传感器系统	陀螺罗经	1	2	2+1,其中1个在另一控制站
传感器系统	风速、风向	1	2	2
UPS 电源		1	1	2+1,舱室分开
备用控制站		没有	没有	有
打印机		要求	要求	要求

【复习与思考】

1. 动力定位系统包括哪些分系统？
2. 国际海事组织(IMO)是如何定义动力定位系统的？
3. 了解动力定位系统的发展史,对自己有什么启示？
4. 根据图 12-3-1,动力定位系统包括的组成是什么？
5. 动力定位系统的基本功能有哪些？
6. 动力定位系统的工作模式有哪些？
7. 国际海事组织(IMO)是如何对动力定位系统进行分级的？
8. DNV 船级社是如何对动力定位系统进行分级的？
9. ABS 船级社是如何对动力定位系统进行分级的？
10. CCS 船级社是如何对动力定位系统进行分级的？

参考文献

[1] 刘彤.航海仪器(下册:航海雷达)第 2 版[M].大连:大连海事大学出版社,2016.
[2] 刘彤.航海仪器(下册:航海雷达)第 3 版[M].大连:大连海事大学出版社,2023.
[3] 王世远.航海雷达与 ARPA[M].大连:大连海事大学出版社,1998.
[4] 智森航海电子科技有限公司.智森航海雷达用户手册.
[5] 海兰信.HLD-RADAR 900/900C 产品手册.
[6] FURUNO ELECTRIC CO., LTD. FAR 雷达用户手册 FURUNO ELECTRIC CO., LTD. FAR 雷达用户手册.
[7] 中国海事服务中心.信息技术与通信导航系统[M].大连:大连海事大学出版社,2012.
[8] 刘彤,陈铎,张国强.船舶综合驾驶台通信与导航系统[M].大连:大连海事大学出版社,2012.
[9] 刘彤,李建民,丁峰.信息技术与通信导航系统[M].大连:大连海事大学出版社,2021.
[10] 李建民.船舶综合驾驶台通信与导航系统[M].大连:大连海事大学出版社,2023.
[11] 张显库,张国庆.船舶智能航行控制系统研究[M].大连:大连海事大学出版社,2022.
[12] 李文华,林珊颖.锚泊及动力定位系统[M].大连:大连海事大学出版社,2022.
[13] 王勇,马海洋.航海仪器[M].大连:大连海事大学出版社,2019.
[14] 关政军.航海仪器[M].大连:大连海事大学出版社,2017.
[15] IEC.IEC 61162-2:Maritime navigation and Radio communication Equipment And Systems-Digital interfaces-Part2:Single talker and multiple listeners, high-speed transmission, Edition 1,1998.
[16] IMO.IMO Resolution MSC.192(79):Revised Recommendation on Performance Standards for Radar Equipment, 2004.
[17] IEC.IEC 62388:Maritime Navigation and Radio communication Equipment and Systems-Shipborne Radar-Performance Requirements, Methods of Testing and Required Test Results, Edition 1,2007.
[18] IMO. Manila Amendments to the International Convention on Standards of Training, Certification and Watchkeeping for Seafarers, 2010.
[19] IEC. IEC 62388:Maritime navigation and Radiocommunication Equipment And Systems-Shipborne radar-Performance requirements, methods of testing and required test results, Edition 2, 2013.
[20] NMEA.NMEA 2000-Standard for serial-data networking of marine electronic Devices. Edition

3.101, 2016 NMEA.NMEA 2000-Standard for serial-data networking of marine electronic Devices. Edition 3.101, 2016.

[21] NMEA.NMEA 0183-Standard for Interfacing Marine Electronic Devices. Version 4.11, 2018.